楚國文化研究叢刊

劉玉堂◇主編

# 楚國禮儀制度研究

楊　華等○著

昌明文化

楚國文化研究叢刊 A0201007

# 楚國禮儀制度研究

主　　編　劉玉堂
作　　者　楊　華
責任編輯　蔡雅如

發 行 人　林慶彰
總 經 理　梁錦興
總 編 輯　張晏瑞
編 輯 所　萬卷樓圖書股份有限公司
排　　版　林曉敏
印　　刷　百通科技股份有限公司
封面設計　斐類設計工作室

出　　版　昌明文化有限公司
桃園市龜山區中原街 32 號
電話 (02)23216565
發　　行　萬卷樓圖書股份有限公司
臺北市羅斯福路二段 41 號 6 樓之 3
電話 (02)23216565 傳真 (02)23218698
電郵 SERVICE@WANJUAN.COM.TW
大陸經銷
廈門外圖臺灣書店有限公司
　電郵 JKB188@188.COM

ISBN 978-986-94604-6-0
2020 年 7 月初版二刷
2017 年 3 月初版
定價：新臺幣 400 元

如何購買本書：

1. 劃撥購書，請透過以下郵政劃撥帳號：
　帳號：15624015
　戶名：萬卷樓圖書股份有限公司

2. 轉帳購書，請透過以下帳戶
　合作金庫銀行　古亭分行
　戶名：萬卷樓圖書股份有限公司
　帳號：0877717092596

3. 網路購書，請透過萬卷樓網站
　網址 WWW.WANJUAN.COM.TW

大量購書，請直接聯繫我們，將有專人為您服務。客服：(02)23216565 分機 10

國家圖書館出版品預行編目資料

楚國禮儀制度研究 / 楊華著. -- 初版. --
桃園市：昌明文化出版；臺北市：萬卷樓
發行, 2017.03, 面 ；　公分. -- (楚國文化研究
叢刊 ; A0201007)
ISBN 978-986-94604-6-0(平裝)
1.文化史　2.楚國
631.808　　　　　　　　　　106003978

# 目　次

# 總　序①

　　春秋戰國時期領異標新、驚采絕豔的楚文化，為中華文化的形成與發展完美地奉獻出了自己的珍藏。楚學的使命就是對這一稀世珍藏進行廣泛而深入的挖掘、整理和研究。這是一項異常艱辛而又充滿愉悅的工作，需要眾多的志士仁人協力同心共同完成。

　　楚文化是古老的，它的誕生在三千年以前；但楚學是年輕的，人們有幸對它進行系統的科學研究至今還不過百年光景。

　　楚文化的遺存埋藏在地下達三千年之久，直到20世紀20年代至40年代才被盜墓者「驚起」。當時，在安徽壽縣和湖南長沙出土了大量戰國時期的楚國銅器和漆器，其工藝之精絕，風格之獨特，令史學家和古董商歎為觀止。但這還只是「小荷才露尖尖角」，人們一時還很難捕捉它們的意態風神。從20世紀50年代起，楚文化的遺存在湖南、

---

① 簡體版由湖北教育出版社於二〇一二年出版。今繁體版於臺灣重新編輯印刷，因考量兩岸學術寫作習慣不同，故在編輯體例上作出些微調整，以符合繁體區的閱讀方式與學術格式。茲向讀者說明如下：

　　1.若遇特殊名詞，則改為繁體區習慣用語。如：「糎米」，改為「公釐」。「米」，改為「公尺」。其他以此類推。

　　2.本套書各冊之〈總序〉、〈序〉與〈後記〉，皆照錄簡體版之原文。

　　3.原書的簡體字，如「杰」、「云」……等，皆改為相應之繁體字。

　　4.字體簡繁轉換，造成用字不同，皆以該單位原有繁體之名稱為準。如：「岳麓書社」，改為「嶽麓書社」。

總
序

湖北、河南、安徽等地一批又一批地被考古學家喚醒，引起學術界和文藝界一陣又一陣的狂歡。「驚起卻回首」，人們重新審視哲學史上的老莊和文學史上的屈宋，徹然大悟，原來它們也都是楚文化的精華。

楚文化因楚國和楚人而得名，是周代的一種區域文化，集中了東周文化的大半精華。它同東鄰的吳越文化和西鄰的巴蜀文化一起，曾是盛開在長江流域古區域文明的奇葩。與並世共存的先進文化相比，楚文化可以說是後來居上。當楚文化跡象初露之時，它只是糅合了中原文化的末流和楚蠻文化的餘緒，特色不顯，影響不大，幾乎無足稱道。到了西周晚期，它才脫穎而出，令北方有識之士刮目相看。及至春秋中期，它竟突飛猛進，已能與中原文化競趨爭先了。楚文化不僅有爐火純青的青銅冶鑄、巧奪天工的漆木髹飾和精美絕倫的絲織刺繡，而且還有義理精深的老莊哲學、鑠古切今的屈宋辭賦和出神入化的美術樂舞。透過這耀眼的紛華，我們還能領悟到楚人進步的思想精髓和價值追求：「篳路藍縷」的進取精神、「撫夷屬夏」的開放氣度、「鳴將驚人」的創新意識、「和眾安民」的和合理念以及「深固難徙」的愛國情結。它們無疑是楚人留給世人的最寶貴的文化遺產。

為了對楚文化研究成果進行階段性總結和集中展示，20世紀90年代中期，湖北教育出版社推出了由張正明先生主編的大型學術叢書「楚學文庫」（18部），在學術界產生了強烈而持續的影響，「楚學」至此卓然而立，蔚為大觀。

自「楚學文庫」出版至今十數年間，隨著湖北棗陽九連墩大墓、河南新蔡葛陵楚墓、湖北隨州葉家山西周墓群的發掘，尤其是湖北荊門郭店楚簡、上海博物館珍藏的戰國楚竹書和清華大學藏戰國竹簡等出土文獻的陸續問世，以及新的研究方法和新的技術手段的推廣與運用，楚學研究出現了「驚濤拍岸」的高潮，眾多的楚學研究成果如浪花般噴珠濺玉，美不勝收。面對楚學研究的空前盛況，湖北教育出版

社以弘揚學術、嘉惠士林的遠見卓識，約請我主持編纂大型學術叢書「世紀楚學」（12部），這對於全面、系統、深入地探討楚文化的內涵與精蘊，及時展示楚學研究的最新成果，繼承和弘揚楚文化乃至中華文化的優秀傳統，促進社會主義文化強國和中華民族共有精神家園建設，既具有重要的理論意義，又具有重大的實踐價值。

「世紀楚學」選題嚴謹，內容宏富，研究範圍包括楚簡冊、政治、法律、禮儀、思想、學術、文學、地理、農業、水利、交通、飲食、服飾和名物等，大都是楚學研究中十分重要且「楚學文庫」未曾涉及或涉而不深的議題。因此，「世紀楚學」既是對「楚學文庫」的賡續、豐富和完善，又是對「楚學文庫」的延伸、拓展和推進。

之所以將叢書定名為「世紀楚學」，所思者有三：一是現代意義的楚學研究始於20世紀20年代，迄今已近百年；二是本叢書是21世紀推出的第一套大型楚學叢書，帶有鮮明的新世紀的印記；三是「世紀」也可泛指「時代」，意在誠勉本叢書切勿有負時代之厚望。

作為國家出版基金資助項目和湖北省社會公益出版專項資金資助項目，「世紀楚學」致力於從新視角、新構架、新材料、新觀點四個方面，實現楚學研究的新突破、新跨越、新發展，奮力開創楚學研究的新局面！

我忝任主編，限於學識和俗務，時有力不從心之感，幸有張碩、靳強先生襄助，諸事方才就緒，令我心存感念！

任何有益於本叢書的批評和建議，我們都竭誠歡迎！


劉玉堂

2012年2月於東湖之濱

總
序

# 前　言

　　楚人多次自稱「蠻夷」。周夷王（前885年—前878年在位）時，楚國國君熊渠說：「我蠻夷也，不與中國之號諡。」[①]這是楚人首次自稱蠻夷。西元前706年，楚國國君熊通進攻隨國，理由很簡單：「我蠻夷也。……欲以觀中國之政，請王室尊吾號。」兩年後（前704年），他果然「自尊」為王，是為楚武王[②]。這是文獻所見楚人第二次自稱蠻夷。這兩次自稱蠻夷，多少都帶點自外于中原文化的蠻橫和霸氣。

　　西元前560年，楚共王去世後，從臣為之議諡，令尹子囊談到共王的功績時說：「赫赫楚國，而君臨之，撫有蠻夷，奄征南海，以屬諸夏。」[③]顯然，當時楚人一方面以自己能夠「撫有蠻夷」而自傲，同時又把文化上歸附華夏（「以屬諸夏」）作為重要追求。半個世紀之後，此種情況沒有大變。晉定公（前511年—前476年在位）時，楚國大夫王孫圉出使晉國，趙簡子問到楚國之寶，王孫圉的回答是：「若夫嘩囂之美，楚雖蠻夷，不能寶也。」[④]楚人雖仍然自稱蠻夷，但王

---

① 《史記・楚世家》。
② 《史記・楚世家》。
③ 《左傳・襄公十三年》。
④ 《國語・楚語下・王孫圉論楚寶》。

孫圉的答詞處處透露出楚人認同明王聖人、興善去惡之類的「普世價值」，努力將楚國誇飾成一個無異于中原各國的文化大邦。

春秋中晚期的《敬事天王編鐘》與《王孫誥鐘》，分別出土于河南淅川下寺M1和M2，年代相距不會太遠。但是《敬事天王編鐘》稱「敬事天王，至於父兄，以樂君子」，而《王孫誥鐘》則說「以樂楚王、諸侯、嘉賓，及我父兄諸士」[①]，可見，此時楚國貴族既承認周天子，又承認楚王，文化上採取雙重認同的態度。

這種態度影響了整個楚文化的發展趨勢。

一方面，中原各國長期把荊楚視為蠻夷。早在商代中期，武丁就曾「撻彼殷武，奮伐荊楚」[②]。周昭王南征更是為越來越多的史料所證實。周幽王（前781年—前771年在位）時，周王室太史史伯在對司徒姬友的談話中，雖然已經預言了楚國未來的昌大（「融之興者，其在羋姓乎？……唯荊實有昭德，若周衰，其必興矣」），但他很自然地稱楚人為「荊蠻」，將其歸入「蠻、荊、戎、狄」之類，屬「非親則頑」的「頑」族[③]。

西元前546年，在宋國舉行的弭兵盟會上，晉楚爭先，晉國的叔向說，當年周成王的盟會上楚人只配「置茅，設望表，與鮮卑守燎」，而沒有資格參與盟會，在他心目中，500年後的楚國仍然是「荊蠻」[④]。第二年（前545年），魯襄公親赴楚康王的喪禮，忽聞國內季氏發動兵變（「季武子襲卞」），他一度動了借楚軍回國平叛的念頭，但同行的魯大夫榮伯成勸阻說，「君以蠻夷伐之

---

① 劉彬徽、劉長武：《楚系金文彙編》，湖北教育出版社2009年版，第90—91、111頁。劉彬徽先生把它們的年代都斷在他歸納的東周三期，具體說來，就是公元前600年—公元前530年。參見劉彬徽〈楚銅器墓分期續論〉，載氏著《早期文明與楚文化》，嶽麓書社2001年版，第95—103頁。

② 《詩經·商頌·殷武》。

③ 《國語·鄭語·史伯論興衰》。

④ 《國語·晉語八·叔向論務德》。

（魯）」，一旦失敗，便永遠難回魯國了<sup>①</sup>。魯國是宗周禮樂文明的嫡裔，由他們所代表的夷夏觀念，基本固定了楚文化的底色。西元前482年，吳國與晉國在黃池爭霸，吳王夫差的藉口中稱晉國「不式諸戎、狄、楚、秦」，吳國雖然沒有直接稱楚為「蠻」，但對楚人的輕蔑已溢於言表。而晉國的答詞說，「今伯父（對吳國的尊稱——引者注）有蠻、荊之虞」，又說「蠻、荊則何有于周室<sup>②</sup>。這裡的「蠻荊」，可能既包括楚國，也包括越國。到春秋晚期，楚國被視為蠻夷的現狀沒有改觀。「春秋筆法」總括了這種文化觀念，「吳、楚之君不書『葬』」<sup>③</sup>，因為他們都是「僭號稱王」的蠻夷。

另一方面，楚人又在竭力從文化上擺脫自己的蠻夷印記。有很多史事可以說明楚人的這段文化歷程。

《國語·楚語上·申叔時論傅太子》的首篇記載，楚莊王（前613年—前591年在位）讓大夫士亹做太子箴的傅，申公（申叔時）告訴士亹應向太子傳授何種知識，其具體內容是：

> 教之《春秋》，而為之聳善而抑惡焉，以戒勸其心；教之《世》，而為之昭明德而廢幽昏焉，以休懼其動；教之《詩》，而為之導廣顯德，以耀明其志；教之《禮》，使知上下之則；教之《樂》，以疏其穢而鎮其浮；教之《令》，使訪物官；教之《語》，使明其德，而知先王之務用明德於民也；教之《故志》，使知廢興者而戒懼焉；教之《訓典》，使知族類，行比義（儀）焉。<sup>④</sup>

---

① 《國語·魯語下·襄公入楚》。
② 《國語·吳語·吳欲為盟主》。
③ 《公羊傳·宣公十八年》。
④ 「教之《訓典》，使知族類，行比義焉。」王引之讀「義」為「儀」，儀者度也，此句意為「使知事之族類而用其比度」。 王引之：《經義述聞》，江蘇古籍出版社1985年版，第511頁。

這是楚國歷史乃至整個先秦史上的一段名論，為研究上古史的學者所熟知。《春秋》是魯國的編年史，《世》是楚人王公的歷代世譜，《詩》是歌頌先王事蹟的史詩，《禮》是分別尊卑的準則，《樂》是蕩滌心靈的藝術，《令》是頒行天下的時憲，《語》是前人總結的道德格言，《故志》是前代成敗興衰的總結，《訓典》是先王傳授的治國遺訓①。楚國太子的這九種修讀文本，並非楚國所獨有，與中原文化的核心內容幾乎相同。正如清代學者陳瑑所指出的那樣，楚傅之教太子《世》，實際上相當於《周禮·春官·小史》的職責「奠系世，辨昭穆」；楚傅之教《訓典》，則相當於《周禮·春官·外史》的職責「掌四方之志，掌三皇五帝之書，掌達書名于四方」②。幾十年後，楚人王孫圉出使晉國時，還說楚國「有左史倚相，能道《訓典》，以敍百物」③，印證了《訓典》確實是楚國重要的文化教條。幾乎就在士亹傅教太子的同時，西元前621年，中原人也在議論：「予之法制，告之《訓典》，教之防利，委之常秩，道之以禮則。」④可見，至少在上層貴族之間，楚國的禮樂教化和禮樂修養並不落後于中原。

楚國大夫申無宇（范無宇）對楚靈王（前540年—前529年）講的一段話，回憶了楚人早期創制禮樂文化的過程：

地有高下，天有晦明，民有君臣，國有都鄙，古之制也。先王懼其不帥，故制之以義，旌之以服，行之以禮，辯之以名，書之以文，道之以言。⑤

---

① 《左傳·文公六年》：「予之法制，告之訓典。」杜注：「訓典，先王之書。」《詩經·大雅·烝民》：「古訓是式，威儀是力。」《古文尚書·畢命》：「弗率訓典，殊厥井疆，俾克畏慕。」都提到「訓典」之重要。
② 徐元誥：《國語集解》，中華書局2002年版，第485頁。
③ 《國語·楚語下·王孫圉論楚寶》。
④ 《左傳·文公六年》。
⑤ 《國語·楚語上·范無宇論城》。

楚人的制義、施服、行禮、辯名、書文、道言，大概類似於中原文化中周公的制禮作樂，它由哪位先王開始，現已不可考實，但楚莊王在位時確實是楚國整齊禮樂制度的關鍵時期。與上述請求士亹傅教太子的同時，楚莊王任用孫叔敖（蒍敖）為相，實行一系列制度性變革。軍事和政治改革奠定了楚人與晉國決勝的基礎，而在文化尤其是禮制方面的創變也功不可沒：

　　蒍敖為宰……老有加惠，旅有施捨；君子小人，物有服章，貴有常尊，賤有等威；禮不逆矣。德立，刑行，政成，事時，典從，禮順，若之何敵之？[1]

　　經過這場變革，使得楚國上下「禮順」而「不逆」，內部社會秩序進一步穩定，對外則大大推進了楚文化與中原文化的融合、同化過程。

　　西元前6世紀到西元前5世紀，楚文化與中原文化的接軌迎來加速發展時期。楚平王十三年（前516年），周王室內亂，「王子朝及召氏之族、毛伯得、尹氏固、南宮嚚奉周之典籍以奔楚」[2]，他們帶來大批周王室的圖籍典冊，這些主流文脈的輸入，加速了楚國與中原文化的接軌。孔子（前551年—前479年）正生活在這個時代，楚國的葉公曾向孔子問政[3]，孔子答曰：「政在來遠附邇。」楚國聽說孔子在陳、蔡之間，「使人聘孔子，孔子將往拜禮」，但為陳、蔡大夫所阻。西元前489年（楚昭王二十七年），孔子困於陳、蔡，在其最艱危之時，「楚昭王興師迎孔子，然後得免」。楚昭王準備以「書社地七百里」封孔子，令尹子西擔心孔子及其門徒受封後尾大不掉，方才作罷。如果不是楚昭王在當年死去，孔子或許將在楚國有更

---

① 《左傳‧宣公十二年》。
② 《左傳‧昭公二十六年》。
③ 《史記集解》引孔安國語：「葉公名諸梁，楚大夫，食采于葉，僭稱公。」

大的作為①。楚昭王對孔子的禮遇，充分說明楚國對儒家文化的追慕。

孔子及其儒家門徒與楚國君臣的這一番交往，開啟了儒學入楚的大門。因「狀貌甚惡」而導致孔子後悔以貌取人的澹臺滅明（字子羽），曾經「南游至江，從弟子三百人，設取予去就，名施乎諸侯」②。孔子死後，七十高徒「散游諸侯，大者為師傅卿相，小者友教士大夫，或隱而不見。故子路居衛，子張居陳，澹臺子羽居楚，子夏居西河，子貢終於齊」③。經過澹臺滅明等人的傳播，儒家文化在楚地已然生根。孔門弟子中，子游來自吳國，子張來自陳國，都是與楚有關的南方人氏。另據說，孔門弟子公孫尼子也是楚人。

經過上述楚人的多種努力，再假以春秋中後期的時代機緣，楚國貴族所表現出的禮樂修養，已不遜於中原華夏諸國。西元前546年（楚康王十四年），楚國令尹遠罷（字子蕩）到晉國參加盟會，在燕饗即將結束時，賦〈既醉〉之詩，取意詩中「既醉以酒，既飽以德。君子萬年，介爾景福」之句，來讚美晉侯，受到晉國貴族叔向等人的激賞④。七年之後（前539年），鄭伯朝楚，楚靈王燕享他並賦詩〈吉日〉，取意詩中歌頌周宣王田獵之句，以表示願與鄭國友好，而且燕享之後果然與鄭伯田獵於雲夢⑤。楚國上層貴族對於賦《詩》引《詩》之禮的準確掌握和恰當運用，已不遜於中原。又過了四年（前535年），魯國的孟僖子輔佐魯昭公朝楚，楚國按照朝覲禮的程式為之舉行郊勞儀式，魯國的相禮者孟僖子反而不能應答⑥。可見，楚人通過對中原禮制文化的吸收，在具體禮節的執行上竟然超過禮樂宗主魯國

① 以上事蹟均見《史記·孔子世家》。
② 《史記·仲尼弟子列傳》。
③ 《史記·儒林列傳》。
④ 《左傳·襄公二十七年》。
⑤ 《左傳·昭公三年》。
⑥ 《左傳·昭公七年》。

的某些貴族。

《國語‧楚語上‧屈建祭父》載，楚國令尹屈建（？一前545年）的父親屈到臨終前交代家臣，死後用自己生前特別嗜食的菱角（「芰」）來祭祀自己。到「祥祭」時，家人依囑行之，但遭到其子屈建的反對：

其《祭典》有之曰：「國君有牛享，大夫有羊饋，士有豚犬之奠，庶人有魚炙之薦，籩豆、脯醢則上下共之，不羞珍異，不陳庶侈，夫子不以其私慾干國之典。」

由此可知，在春秋晚期楚國已有成型的《祭典》。東漢應劭《風俗通義》專列《祀典》一篇，以序論國家正祀的名類（「記敘神物」）。漢代有《漢祠令》或《漢祀令》（見《史記‧孝文本紀》、《漢書‧文帝紀》注，《漢書‧郊祀志》和《後漢書‧祭祀志》注），西北漢簡中有關於社稷之祭的《祠令》出土，證明了漢代祀典曾以法令形式流佈邊關[①]。

在新近公佈的嶽麓書院所藏秦簡《律令雜抄》中，有《祠令》之名，與《辭式令》、《居室共令》之類寫在同一支簡上[②]。這是中國古代法律文獻中關於祭祀的最早的律令專名[③]。

就在楚國的屈建反對用菱角祭祀乃父之前約200年，魯國的展禽（柳下惠，前720年一前621年）也曾反對大夫臧文仲隨意祭祀一隻叫做「爰居」的海鳥：「夫祀，國之大節也；而節，政之所成也。故慎

---

① 高恒：〈漢簡牘中所見令文輯考〉，載《簡帛研究》第3輯，廣西教育出版社1998年版，第383—384頁。謝桂華：〈西北漢簡所見祠社稷考補〉，載《簡帛研究》（2004年卷），廣西師範大學出版社2006年版，第258—271頁。
② 陳松長：〈嶽麓書院所藏秦簡綜述〉，載《文物》2009年第3期，第87頁。
③ 楊華：〈睡虎地秦簡《法律答問》第25—28號簡補說〉，載《古文字研究》第28輯，中華書局2010年版，第567—571頁。

制祀以為國典。今無故而加典，非政之宜也。」①

屈建所謂「不以其私欲干國之典」，雖然比展禽晚了將近200年，但二者理由完全一致，都是出於對國家祀典的敬畏和維護。在屈建的敘述中，楚人不同等級的貴族所享用的犧牲規格，與華夏諸國的祭禮規制大致相同，或許楚人正是在學習中原祀典的基礎上，才形成了自己的國家祭祀體系。附帶言之，漢代人經常引用的「祀典」文句，大都出於《禮記・祭法》，而據章太炎等學者考證，《祭法》篇「駁雜不純」，羼入了大量楚國祭祀的內容②。若是，則楚人對於秦漢國家祭祀體系的建立，不無貢獻。

《國語・楚語上》的這段史料中還有兩條信息值得注意。第一，在春秋晚期，楚人已行祥祭，所謂「祥」，包括小祥和大祥，指三年之喪中的兩個階段。《禮記・間傳》：「父母之喪……期而小祥……又期而大祥。」分別指死後的一週年祭和兩週年祭。到戰國時期，滕國尚且難行三年之喪，經過孟子的週密策劃和滕文公的強力推行，才為滕定公舉行了一場儒家式的喪葬大禮③。

而在與孔子幾乎同時的年代，楚國貴族屈到死後舉行了祥祭，楚國喪禮的「先進性」可見一斑。第二，屈建反對用菱角祭祀乃父的理由，除了要上對先王、下對民心之外，還有「雖微楚國，諸侯莫不譽」的追求，也就是說，他把受到諸侯稱譽作為其維護禮制的重要動力。在向中原主流文明看齊的過程中，楚人正漸行漸近。

《國語・楚語下》中有兩段著名的對話，反映了楚國的宗教思想和禮制細節，可以與屈建的言行互相印證。〈論絕地天通觀射父〉

---

① 《國語・魯語上・展禽論祀爰居》。

② 章太炎：〈大夫五祀三祀辨〉，載《章太炎全集》第4卷，上海人民出版社1985版，第29—31頁。任銘善：〈《禮記》目錄後案〉，齊魯書社1982年版，第57頁。

③ 楊華：〈「諒陰不言」與君權更替——關於「三年之喪」的一個新視角〉，載《中國社會史評論》第6卷（2005年卷），天津古籍出版社2006年版，第1—20頁。另載楊華《新出簡帛與禮制研究》，臺灣古籍出版有限公司2007年版，第225—258頁。

篇說明了原始先民從「家為巫史」走向「絕地天通」的宗教演變歷程，並說明上古巫、覡、祝、宗產生及職掌和世襲的情況。〈觀射父論祀牲〉篇則說明了上古祭祀的用牲原則、祭祀頻率、祭祀範圍和祭祀方法等。

這兩段材料成為今天研究上古禮制和宗教問題最重要的史料之一。而其中的一些禮儀原則，如「諸侯舍日，卿、大夫舍月，士、庶人舍時。天子遍祀群神品物，諸侯祀天地、三辰及其土之山川，卿、大夫祀其禮，士、庶人不過其祖」；又如「天子舉以大牢，祀以會；諸侯舉以特牛，祀以太牢；卿舉以少牢，祀以特牛；大夫舉以特牲，祀以少牢；士食魚炙，祀以特牲；庶人食菜，祀以魚」，可以說是上述楚國《祭典》的具體化，其內容與當時中原禮制的細節規定已沒有太大區別。總之，楚國在春秋晚期已形成系統的禮學思想和禮制細則。楚地新出的卜筮祭禱簡證明，楚人確實有過「日祭、月享、時類、歲祀」的祭祀頻率[①]。

《國語・楚語下》的兩段禮制名論，都與觀射父有關。如上所述，王孫圉出使晉國時，說觀射父「能作訓辭，以行事于諸侯」，與「能道訓典以序百物」的左史倚相一同被視為國寶。觀射父生活在楚昭王（前515—前489年在位）時代，他與觀從（字子玉，其父為觀起）即使不是直系父兄，至少也是同族人。觀從在楚靈王末年的動亂中，一度支持公子比並，叫他殺死公子棄疾，公子棄疾（即楚平王，前528年—前516年在位）奪取王位後，寬容他並讓他選擇自己的去向（「唯爾所欲」）。觀從說，他的祖先世代為輔助卜人開龜兆的占卜官（「臣之先，佐開卜」），於是平王讓他做了楚國的「卜尹」[②]。

---

①　楊華：〈說「舉禱」——兼論楚人貞禱的時間頻率〉，載《傳統中國研究集刊》第3輯，上海人民出版社2007年版，第70—87頁。
②　《左傳・昭公十三年》。

包山M2法律簡中出現「辻尹」、「大辻尹」之名（簡16、17、145反、149）①，上博楚簡《昭王毀室》篇中也有「辻（卜）命（令）尹」的職官②。學者曾一度揣測此即觀從所擔任的卜尹，不過從簡文所載「卜令尹」的職掌來看，與「卜尹」有所不同。然而，楚簡中另有所見的「釐尹」、「氊尹」則肯定與占卜類宗教事務有關。「贅（釐）尹」之名見於包山M2簡28和曾侯乙墓簡158，在上博簡《簡大王泊旱》篇簡8中也有所見③，同篇簡文中還有「氊尹」（簡2）的職官。因《簡大王泊旱》篇中提到「楚邦之鬼神主」、「鬼神之常」、「臨卜」、「速卜」之類的信息，所以學者都相信釐尹、氊尹是主持楚國宗教事務的職官④。

觀氏家族從事宗教占卜類事務，已為楚地卜筮祭禱簡中反映的貞人名字所證實，包山M2墓主的貞人有觀繃（簡230）、觀義（簡249）等名，可見觀氏家族世襲宗教占卜，至少至戰國中期未有中斷。正是通過像觀氏這樣的世襲家族的職業操練，楚國的宗教禮儀才得以傳承和維護。

《楚語》中觀射父有關禮制的論述，為秦漢人多次引用，後人並沒有把它們視作「荊蠻」的獨特經驗，而以之為上古宗教禮制的共同常識⑤。事實上，到戰國時期，楚人再也沒有自稱為蠻夷的記載。然而與此同時，早在周初就受封的燕國，還在自稱蠻夷，燕昭王曾自稱「寡人蠻夷辟處」，荊軻刺秦王時也稱其同夥秦武陽為「北蠻夷之鄙

---

① 湖北省荊沙鐵路考古隊：《包山楚墓》，文物出版社1991年版，第349—350、352、359、360頁。陳偉：《楚地出土戰國簡冊（十四種）》，經濟科學出版社2009年版，第11、17、56頁。

② 馬承源主編：《上海博物館藏戰國楚竹書》（四），上海古籍出版社2004年版，第184頁。

③ 馬承源主編：《上海博物館藏戰國楚竹書》（四），上海古籍出版社2004年版，第52頁。

④ 關於文字釋讀方面的學術前史，參見陳偉等《楚地出土戰國簡冊（十四種）》，經濟科學出版社2009年版，第25頁注22。《史記·屈原賈生列傳》：「文帝方受釐。」注引如淳曰：「漢唯祭天地五時，皇帝不自行，祠還致福。」又引應劭云：「釐，祭餘肉也。」知釐尹即掌管祭祀之官。

⑤ 例如，《漢書·郊祀志上》就曾引用「家為巫史，享祀無度」一段。

人」①。楚人被稱為蠻夷的記載也很少了。諸子言論中也很少有對楚文化的藐視，只有孟子把來自楚國的農家人物許行斥為「南蠻鴃舌之人」②，這也許只是他「好辯」生涯中的激越之語。戰國晚期的荀子則直接批評了「楚、越不受制」的觀念，把楚國完全納入他設計的文化統一的構架之內，他用五服制度的框架對之進行解釋：

甸服者祭，侯服者祀，賓服者享，要服者貢，荒服者終王。日祭、月祀、時享、歲貢、終王，夫是之謂視形勢而製械用，稱遠邇而等貢獻，是王者之至也。彼楚、越者，且時享、歲貢、終王之屬也，必齊之日祭、月祀之屬，然後曰受制邪？③

他認為楚、越等國在文化上雖然不能像諸夏那樣「同服同儀」，但仍然可以「同服不同制」。楚、越與中原諸夏的區別在於，它們屬於五服中的賓服以遠，對於天子只可終生一朝、一歲一貢、四季獻祭，而不是像中原諸夏那樣日祭、月祀。但這絕不能成為楚、越自外於湯、武教化的理由。從荀子的批評中可知，那種認為楚、越是中華文獻版圖之外的「世俗之見」，已經成為過去式。在〈榮辱〉篇中，荀子還說：「越人安越，楚人安楚，君子安雅。」雅者，夏也。在他眼中，楚文化是介乎夏和越之間的一種文化形態。荀子本人曾久居楚國，對楚國沒有文化歧視。

另從周王室對楚國的態度也可見一斑。戰國時期，周王室分裂為東、西兩個小國，衰落成一種文化象徵而已，但它仍然通過「賜胙致福」（即把祭祖後的餘肉分贈親戚，以象徵共同享受祖先的賜福）的舊禮來維繫與崛起諸雄的關係。西元前360年，隨著商鞅變

① 《戰國策・燕策一・張儀為秦破從連橫謂燕王》、《戰國策・燕策三・燕太子丹質于秦》。
② 《孟子・滕文公上》。
③ 《荀子・正論》。

法的推進，「秦人富強」，周顯王（前368年—前321年在位）致文王、武王廟祭之胙於秦孝公，這是戰國時期文獻中為數不多的一次致胙記錄①。

周王室與楚人的交往不見於史料，包山M2楚簡中的「以事紀年」簡文彌補了此一闕載，簡13、127、130、211有「東周之客許綎致胙於蔵郢之歲」，而其他簡文中「致胙」又寫為「歸胙」（簡58、131、140、141、205、206、207、212、216、218、220、221、224、225）。據學者研究，該年是西元前317年，即楚懷王十二年②。《史記·楚世家》記載周王室前一次周王向楚國致胙發生在西元前671年：

　　成王惲元年，初即位，布德施惠，結舊好于諸侯。使人獻天子，天子賜胙，曰：「鎮爾南方夷越之亂，無侵中國。」於是楚地千里。

這兩次致胙相距約350年，但春秋時期的記載是「賜胙」，而戰國中期的記載是「致胙」和「歸胙」。兩相對比，便會發現楚國地位的變化。春秋時期周王致胙的原因是，希望楚人鎮服南方的蠻夷，消除華夏中國的邊患；而戰國時期的致胙，則是對楚國軍事、政治和文化力量的認同。

翻開後人所編的《戰國會要》，我們看到，戰國時期楚國的制度文化，如禮樂、輿服、職官、學校、選舉、民政、食貨之類，與中原其他國家的差別已不明顯，楚文化已成為中華主流文明的一部分，而少有「蠻夷」的印記了。不僅如此，儒家禮樂文化在楚地的流傳也

---

① 《史記·商君列傳》、《史記·封禪書》「五百歲當複合，合十七年而霸王出焉」下司馬貞《史記正義》。
② 李學勤：〈有紀年楚簡年代的研究〉，載氏著《文物中的古文明》，商務印書館2008年版，第444頁。

已成為不爭的事實。在最近20年來出土簡牘文書中，儒家文獻居多，「六藝」均有所見，涉及禮樂制度的也不在少數。郭店楚簡中的〈尊德義〉、〈五行〉、〈魯穆公問子思〉、〈性自命出〉的主要內容是儒家倫理，〈六德〉講到喪服，〈語叢〉中有不少論述禮義的格言，〈緇衣〉本身就是傳世本《禮記》中的一篇。上博藏楚簡中，〈緇衣〉篇再一次面世，《孔子詩論》、《采風曲目》直接涉及樂禮，〈民之父母〉與《禮記》的〈孔子閒居〉篇差不多，〈武王踐阼〉與《大戴禮記》同篇的內容差不多，〈內禮〉與《大戴禮記》的〈曾子立孝〉篇有關，〈天子建州〉、〈昔者君老〉、〈君子為禮〉、〈三德〉諸篇都講到禮制的大量細節。凡此種種，都說明自孔門弟子澹臺滅明以後，儒家已在楚地生根開花。可以說，到戰國中期，楚人對儒家禮制已經毫不陌生了。

西元前256年，東遷之後的楚國滅掉魯國，儒家禮樂的大本營併入楚人的版圖，這增加了楚文化中的禮樂內涵。秦末農民起義，楚人陳勝、吳廣稱王，深受秦朝禁儒政策之苦的鄒魯儒生「持孔氏之禮器往歸陳王」，孔子八世之孫孔甲（名鮒）竟然做了張楚政權的博士，最後與陳勝一起敗死陳下[1]。

這群「瓦合適戍」，竟然能夠吸引一代儒嗣正脈的加入，並非偶然。正如《史記‧儒林列傳》、《漢書‧儒林傳》所說，這是儒生們對秦朝的積怨所致。然而還有另外的原因——此時楚人早已不再是昔日的化外蠻夷，他們已成為禮樂制度的熱心者。在秦末戰亂中，陳勝、項梁等楚軍將領一波一波舉旗北伐，他們給人的印象居然是「皆齷齪，好苛禮」，所以酈食其才轉而投奔了「慢而易人，多大略」的劉邦[2]。司馬遷在描述鄒、魯之地的風俗時說，此地猶有周公遺風，

<hr>

[1] 《史記‧儒林列傳》。
[2] 《史記‧酈生陸賈列傳》。

「俗好儒，備於禮，故其民齪齪」①。楚軍將領的「皆齪齪，好苛禮」，與鄒、魯之地的「備禮齪齪」何其相似！這都是儒化的結果。

要系統地考察楚人從「禮儀不典」到「好苛禮」的複雜歷程，是一項艱巨的工作。最直接的困難便是史料匱乏。中原華夏文化一直是上古文化史的主流，蠻夷戎狄都沒有獲得話語權，如上所述，楚、越葬其國君，魯國即使接到赴告，也不會載之《春秋》，楚人的其他禮儀活動就更難為後人所知了。正由於此，研究楚國禮制的學術前史極不充分。這包括兩個方面：第一，在楚文化史方面沒有積累。目前所知，對此沒有一部系統的著作，只有宋公文與張君合著《楚國風俗志》、張正明主編《楚文化志》、李玉潔著《楚國史》的部分章節有所涉及。第二，在經學史和禮學史方面，由於20世紀中斷已久，相關研究極為薄弱，更沒有一部以區域為範圍的禮制研究專著。目前已知以「楚禮」為題的研究成果，只有于成龍先生的博士學位論文《楚禮新證——楚簡中的紀時、卜筮與祭禱》②，由題目即知，這是用楚簡材料研究楚地祭祀制度的專論，對其他禮制基本沒有涉及。在某種意義上說，本書的工作是首次嘗試。

我們研究此一題目的基本方法有四：

第一，按照傳統禮學的方法，將楚地禮制分門別類進行考察，而不是籠統視之。禮制的分類，歷來有多種說法③。孔門後儒在實際相禮、行禮的過程中，因各有側重，出現諸多分歧，如果深究細探，恐怕真會出現《禮記‧禮器》所謂「經禮三百，曲禮三千」的格局。

---

① 《史記‧貨殖列傳》。
② 北京大學考古文博學院2004年博士學位論文。
③ 《禮記‧禮運》分為八類：「夫禮，必本於天，殽於地，列于鬼神，達於喪、祭、射、禦、冠、昏、朝、聘。」《禮記‧昏義》分為五類：「夫禮，始於冠，本於昏，重於喪、祭，尊於朝、聘，和於射、鄉，此禮之大體也。」《禮記‧王制》分為六類：「六禮：冠、昏、喪、祭、鄉、相見。」《禮記‧祭統》：「禮有五經。」這五類，大概就是《周禮‧大宗伯》中的分法：吉、凶、賓、軍、嘉。

我們在前人分類的基礎上，分為冠、婚、喪、祭、賓、軍、饗幾個方面來展開敘述，有些「不倫不類」，沒有其他深意，完全是基於史料的充足程度。本來還有很多名目可以討論，但由於史料不足且篇幅有限，只得作罷。

第二，在寫作過程中，特別注意將楚人的禮制行為與中原地區進行對比。每論一題，必首先把「三禮」等文獻中的禮制儀節加以梳理，簡要排列，然後爬梳史料，勾勒出楚人與之相對應的禮制言行，在復原中進行對比，進而說明楚禮的特點所在。

第三，在復原楚人的禮制活動時，格外重視出土文獻和考古實物的禮制信息。《國語・楚語》、《左傳》、《戰國策・楚策》、《史記・楚世家》等傳世文獻本來就字數不多，涉及禮制的內容更是有限，如果沒有考古發掘的新材料，本論題是不可能展開的。20世紀50年代，考古學家陳公柔先生首先將考古發掘與傳世「三禮」文獻進行對比研究，其部分結論隨後受到禮學專家沈文倬先生的質疑①。陳、沈二公的那場著名爭論，影響了新中國考古學和禮學研究的發展方向。本書的討論，正是繼承和實踐這種研究方法的結果。近年來，楚地出土了多批簡帛材料，其中有些本身就是見於傳世文獻的禮學篇章，有些則涉及楚人的禮制活動，我們也儘量吸收簡帛學的研究成果，解讀出土文獻中的禮制信息，藉以復原楚人的禮制活動。

第四，在考察楚人禮制活動時，我們將時間界限稍微放寬。我們認為，從楚人立國到秦朝統一固然是楚文化的核心時段，但是楚文化對整個南部中國的輻射影響，一直持續到秦代和漢初，直到漢武帝時代的文化「大一統」方告一段落，這就是俞偉超先生所謂的「後楚文

---

① 陳公柔：〈士喪禮、既夕禮中所記載的喪葬制度〉，載《考古學報》1956年第4期，第67—84頁。沈文倬：〈對《士喪禮、既夕禮中所記載的喪葬制度》幾點意見〉，載《考古學報》1958年第2期，第29—38頁；另載沈文倬《宗周禮樂文明考論》，杭州大學出版社1999年版，第55—72頁。

前言

化」①。按照這一思路，楚國禮制的諸多問題都可得到較好的解釋。因此，我們利用了楚地秦代和漢初墓葬的部分材料。

　　用上述方法對楚地禮儀制度進行系統復原和平實述論，這是我們的初衷。

---

① 俞偉超：〈江陵九店東周墓・序〉，載湖北省文物考古研究所編《江陵九店東周墓》，科學出版社1995年版。

# 第一章　冠　　禮

　　世界各民族都有成人禮。中國古代的男子成人禮稱為冠禮，女子
成人禮稱為笄禮。在氏族社會，男女青年發育成熟時都要參加「成丁
禮」，然後才能成為本氏族的正式成員，享受應有的權利（如參加氏
族會議、選舉或罷免酋長等），同時履行相應的義務（如參加生產勞
動和對外戰爭等）[①]。

　　「禮始於冠，本於昏，重於喪、祭，尊於朝、聘，和於射、
鄉[②]。」對先秦冠禮，傳諸後世的只有《儀禮‧士冠禮》和《禮記‧
冠義》比較完整地記載了士冠禮的行禮程序。關於楚國冠禮的行禮儀
式及其基本情況，古代文獻基本無記載，近年出土的楚地文物也只能
從某些側面對其進行間接復原。楚人不僅與中原文化有著千絲萬縷的
聯繫，而且在楚文化發展的高峰時期與中原各國的禮制已無太大的區
別。所以，可以《儀禮‧士冠禮》、《禮記‧冠義》的相關記載為基
礎，參照先秦諸國的冠禮儀式和楚地出土的文物信息，來復原楚國的
冠禮。

---

① 　楊寬：〈「冠禮」新探〉，載《中華文史論叢》第1輯，上海古籍出版社1962年版。另載氏著
　　《西周史》，上海人民出版社2003年版，第770—789頁。
② 　《禮記‧昏義》。

## 第一節　冠禮概述

　　雖然存在著去古甚遠、資料不足、制度煩瑣、名物奇多等困難，歷代禮學家對上古冠禮的復原研究也歧見繁多，但根據《儀禮・士冠禮》和《禮記・冠義》的記載，冠禮的行禮儀節，大致可見其梗概。總體而言，可分為三部分：一是冠禮前的準備工作，包括筮日、戒賓、筮賓、宿賓、為期等；二是冠禮的正式儀節，包括陳服器、就位、迎賓及贊者、始加、再加、三加、賓醴冠者、見母、字冠者等；三是正禮後的後續儀節，包括冠者見兄弟、贊者、姑姊，冠者執摯見國君、鄉大夫、鄉先生、醴賓、歸賓俎等。

　　以下對之加以簡述，為直觀、明瞭起見，將儀式按場景劃分。

### 一、行冠禮前的準備工作

　　（一）**筮日**。由主人（將冠者之父）、筮人（掌筮事的有司）、宰（主政教的有司）、占人（占筮之人三位）和宗人（主禮事的有司）參與，在禰廟通過卜筮的辦法，選擇行禮吉日。

　　（二）**戒賓**。在賓家大門之外，主人將舉行冠禮的日期告訴賓，請他屆時參加。賓會作兩次推辭，但最終會答應主人的請求[①]。

　　《儀禮・士冠禮》「主人戒賓。賓禮辭，許」下鄭注：「禮辭，一辭而許；再辭而許，曰固辭；三辭曰終辭，不許也。」

　　（三）**筮賓**。在舉行冠禮的前三天，通過占卜挑選冠禮儀式上為受冠者加冠的正賓。冠禮由受冠者的父或兄主持，但真正為這個青年加冠的則是一位德高望重的正賓。

　　（四）**宿賓**。主人親自去賓家門前邀請被挑選出來的正賓。

---

① 《儀禮・士冠禮》「主人戒賓。賓禮辭，許」下鄭注：「禮辭，一辭而許；再辭而許，曰固辭；三辭曰終辭，不許也。」

（五）**為期**。宿賓次日的傍晚，在禰廟（即父廟）大門之外，主人將冠禮的舉行時間告訴擯者，再由擯者向在場的親戚、宗人轉達主人的決定，並且前往賓的家中，通報剛約定的時間。

二、冠禮的正禮儀節

（一）**陳服器**。準備加冠所需的各種用品，並在儀式開始前陳列出來。

（二）**就位與挽髻**。地點在禰廟。參與者包括主人、將冠者、冠者親戚、賓、贊者和擯者。

（三）**加冠**。所謂「三加」之禮，即賓向受冠禮者加三次不同樣式的冠，分別是緇布冠、皮弁和爵弁。

（四）**賓醴冠者**。正賓在室門西邊，以甜酒款待受冠者。

（五）**冠者拜見母親**。受冠者從座席上下來，來到座席南端面朝北坐下，取些肉脯，然後自西邊臺階走下，到東邊的小門外拜見母親。

（六）**賓為冠者取字**。由正賓主持，賓為冠者取表字，冠者要有語言應對，其應對之詞已不可考。

三、正禮後諸儀節

（一）**主人請醴賓**。取字後，主人將賓送出廟門，並提出宴請賓。賓許，然後到門外更衣處等候。

（二）**受冠者見兄弟、贊者及姑姊**。冠者見親戚與贊者，儀節相同。後又入寢門，禮見姑姑和姐姐，儀節同禮見母親時一樣。

（三）**冠者拜見國君、卿大夫和鄉先生等**。受冠者改穿玄冠、玄端、赤而微黑的蔽膝，帶著禮物去見君、卿大夫、鄉先生。受冠者戴玄冠去見親屬及國君、卿大夫等，表明已正式「成人」。

（四）**酬賓**。主人用醴招待賓，又以一束帛、兩張鹿皮酬謝賓，最後將賓送到大門外。

（五）**送賓歸俎**。主人派人將招待賓用的牲肉送至賓家。

以上是一場冠禮的全部過程。當然，並不是所有的冠禮都要嚴格遵守此程序，《儀禮·士冠禮》中便規定了諸多例外和變通的禮儀，而且，由於社會地位、經濟水平等的差異，冠禮程序也可繁可簡。據《大戴禮記》等書記載，諸侯的冠禮是「四加」，即在「三加」之外又加一道玄冕；天子則為「五加」，是在諸侯「四加」的基礎上，又加一道袞冕。當然，普通百姓「一加」緇布冠也就足夠了。所以，《儀禮·士冠禮》所記的應是一般情況，並不代表所有的冠禮都要按此程序實行。

## 第二節　冠禮日期

先秦時期行冠禮的時間，歷代禮學家爭論不休，主要集中在兩個方面：第一，行冠禮到底有沒有固定的月份？第二，一個月中的哪些日子是行冠禮的吉日？近年來，楚地出土了多批《日書》。所謂「日書」，就是古代「日者」用來占卜和預測人事吉凶、教人趨吉避禍的曆忌之書，類似於今天民間社會每天備查的黃曆（或稱通書、通勝）。這些材料中就有關於「冠日」的記載，為解決楚國冠日的時間和上述禮學懸案提供了可能性。

本節以記載有「冠日」內容的《九店楚簡》和《睡虎地秦簡》為主，兼采其他相關材料，考察先秦時期楚冠禮的擇日問題①。

### 一、文獻所見的冠禮吉日

「筮日」作為行禮的第一個環節，在整個冠禮中具有關鍵作用。《禮記·冠義》謂：「古者冠禮，筮日、筮賓，所以敬冠事。」之所

---

① 參見劉煉〈從楚秦《日書》看冠禮的擇日問題〉，載丁四新、夏世華主編《楚地簡帛思想研究》第4輯，崇文書局2010年版，第195—212頁。

以用煩瑣的儀節來選擇良辰吉日舉行冠禮，是表示對冠禮這一人生大禮的重視，渲染其莊重感和神聖性。

關於冠禮時間的選擇，歷代以來主要有以下兩種觀點：一種觀點認為冠禮有常月。持此論者以唐人賈公彥為代表。他引證《夏小正》中二月冠子之語，認為冠禮應當恒在二月舉行。另一種觀點，亦即大多數經學家認為，冠禮不是在固定的月份舉行。《儀禮·士冠禮》講到行冠禮時所穿的鞋屨規制是「夏用葛，冬皮屨」，可見冠禮有夏有冬，並無定時。《白虎通義》和《通典》亦有「冠無常月」之說[①]。

既然行冠禮沒有固定的月份，那麼，哪些日子是行冠禮的吉日呢？古人多未論及。不過古禮中有柔日和剛日之說，對冠禮擇吉或許有所限制。

所謂柔日，指十天干中的乙、丁、己、辛、癸之日，亦稱陰日；所謂剛日，指十天干中的甲、丙、戊、庚、壬之日，亦稱陽日。柔日取其靜，剛日取其動。《禮記·曲禮上》：「外事以剛日，內事以柔日。」鄭玄注：「順其出為陽也。……順其居內為陰。」所謂內外，古人認為以空間為限，如宋代魏了翁《禮記要義》說：「內事、外事以四郊為限」，凡屬「四郊之內為內事」[②]。「四郊」指距王城百里內的區域[③]。冠禮在父廟中舉行，為四郊之內，屬「內事」無疑。《儀禮·特牲饋食禮》賈公彥疏說得更明確：「內事謂冠、昏、祭祀；出郊為外事，謂征伐、巡守之等。」可知屬「內事」的冠禮當在柔日舉行，也就是說，應在乙、丁、己、辛、癸之日舉行。若是，則筮日時應當以這些日子為吉日。胡

① 杜佑：《通典》，中華書局1984年版，第321頁。陳立《白虎通疏證》：「禮，夏冠用葛屨，冬冠用皮屨，明無定時也。」吳則虞點校，中華書局1994年版，第496頁。
② 魏了翁：《禮記要義》卷二八「表記至緇衣」，北京圖書館出版社2003年版。
③ 錢玄、錢興奇：《三禮辭典》，江蘇古籍出版社1998年版，第281頁。

培翬《儀禮正義》卷三四：

> 古人卜筮日之法，皆以此月之下旬，卜筮來月之日。如吉事，則以此月之下旬，先卜筮來月之上旬。不吉，卜筮中旬；又不吉，卜筮下旬。①

在五禮中，冠禮屬嘉禮②，屬吉事，應卜近日。如果冠禮在二月舉行，那麼就應該在一月下旬卜日，先選二月上旬中的吉日；如果不吉，再卜中旬；再不吉，則卜下旬。在二月中，乙、丁、己、辛、癸為此月行冠禮之吉日，冠禮最好選在此五日中的某一日舉行。

以上是禮書中選擇冠日的相關記載。在實際的運用上，古人是否遵此而行呢？檢索《左傳》、《國語》、《竹書紀年》、《史記》、《漢書》和《三國志》等史料，可知從周至漢，公侯貴族並沒有在固定的月份舉行冠禮。兩漢時以正月行冠禮為多。行冠禮的日子，主要有甲子、甲寅、丙子、壬子、己酉等。

如上所述，冠禮屬「內事」，依禮當在柔日（乙、丁、己、辛、癸日）舉行，那麼，上揭文獻所記載的冠日中，只有己酉日可以算作柔日，與之相符。據《史記‧秦始皇本紀》，己酉日為秦始皇行冠禮的日子，看來戰國後期的秦貴族尚能依禮行事；到了漢代，上層社會（主要為皇室）在冠禮吉日的選擇上已不再遵循禮書的相關規定。對於此種變異過程，清代《協紀辯方書‧序》有如下推測：

> 至於外事用剛日，內事用柔日，此皆載之經典，百王不易者也。

---

① 胡培翬：《儀禮正義》，段熙仲點校，江蘇古籍出版社1993年版，第2088頁。
② 鄭玄《三禮目錄》云：「冠禮於五禮屬嘉禮。」又《通典》引《五經要義》：「冠，嘉禮也，冠首服也。首服既加而後人道備，故君子重之以為禮之始矣。」杜佑：《通典》，中華書局1984年版，第321頁。

厥後濫觴日以訛謬，術士以吉凶禍福之說震驚朕師，不可方物。如褚少孫補《史記》所稱「彼家云吉，此家云凶；彼家云小吉，此家云大凶，茫乎不知其畔岸」。漢武以來已如聚訟。[1]

正如其論所云，「外事用剛日，內事用柔日」，載之經典，前代不變。正是由於後世各種擇吉之術的盛行，互相抵牾，才導致這個系統變得茫然無解。事實是否如此？換言之，禮書規定與術士黃曆之間的關係究竟如何？以下從楚地出土的《日書》入手，加以探討。

### 二、楚地出土《日書》中的冠禮吉日

《日書》以時、日推斷吉凶禍福，供人選擇占驗，掌此占術之人被稱為「日者」，《史記》中便有《日者列傳》。作為戰國秦漢時期最為流行的數術文獻，《日書》涉及到戰國秦漢時期日常生活的各個側面，其中也包括冠禮。從《日書》所列的關於冠禮的吉凶之日，可以反觀當時民間遵從冠禮的情況。

目前所知《日書》寫本已有十幾批，主要有湖北江陵九店楚墓出土的楚國《日書》、甘肅天水放馬灘秦墓M1出土的秦國《日書》、湖北雲夢睡虎地秦墓M11出土的秦代《日書》、湖北隨州孔家坡漢墓M8出土的漢代《日書》等[2]。

此外，安徽阜陽雙古堆秦墓M1、湖北荊州王家臺秦墓M15、湖北荊州周家臺秦墓M30、湖北江陵張家山漢墓M249和M127、河北定縣八角廊西漢墓M40、湖南沅陵虎溪山漢墓M1、湖北荊州印臺漢墓及甘肅

① 允祿等：《協紀辯方書》，劉道超譯注，廣西人民出版社1993年版，第1頁。
② 湖北省文物考古研究所、北京大學中文系：《九店楚簡》，中華書局2000年版。甘肅省文物考古研究所：《天水放馬灘秦簡》，中華書局2009年版。睡虎地秦墓竹簡整理小組：《睡虎地秦墓竹簡》，文物出版社1990年版。湖北省文物考古研究所、隨州市考古隊：《隨州孔家坡漢墓簡牘》，文物出版社2006年版。

永昌水泉子漢墓，也有《日書》出土 ①。除此之外，還有香港中文大學文物館藏簡牘《日書》和嶽麓書院藏秦代《日書》，等等 ②。這些材料中，有些過於殘泐而不夠完整，有些則超出楚地範圍，還有些尚未完全公佈。

《史記·太史公自序》謂：「齊、楚、秦、趙為日者，各有俗所用。」說明各區域文化之間的擇吉系統也不完全一致 ③。以下以江陵九店楚墓出土的楚系《日書》材料為主，參考睡虎地秦墓所出土的秦《日書》來討論楚地的冠禮問題。

現將其中涉及冠禮的文字抄錄如下：

① 安徽省文物工作隊、阜陽地區博物館、阜陽縣文化局：〈阜陽雙古堆西漢汝陰侯墓發掘簡報〉，載《文物》1978年第8期。文物局古文獻研究室、安徽省阜陽地區博物館阜陽漢簡整理小組：〈阜陽漢簡簡介〉，載《文物》1983年第2期。胡平生：〈阜陽雙古堆漢簡數術書簡論〉，載中國文物研究所編《出土文獻研究》第4輯，中華書局1998年版。荊州地區博物館：〈江陵王家台15號秦墓〉，載《文物》1999年第1期。王明欽：〈王家台秦墓竹簡概述〉，載艾蘭、邢文編《新出簡帛研究》，文物出版社2004年版，第26—49頁。湖北省荊州市周梁玉橋遺址博物館：《關沮秦漢墓簡牘》，中華書局2001年版。張家山漢墓竹簡整理小組：〈江陵張家山漢簡概述〉，載《文物》1985年第1期。荊州地區博物館：〈江陵張家山三座漢墓出土大批竹簡〉，載《文物》1985年第1期。陳躍鈞：〈江陵縣張家山三座漢墓出土大批竹簡〉，載中國考古學會《中國考古學年鑒(1985年)》，文物出版社1985年版，第193—194頁。荊州地區博物館：〈江陵張家山兩座漢墓出土大批竹簡〉，載《文物》1992年第9期。陳躍鈞：〈江陵縣張家山漢墓竹簡〉，載中國考古學會編《中國考古學年鑒（1987年）》，文物出版社1988年版，第202—203頁。河北省文物研究所：〈河北定縣40號漢墓發掘簡報〉，載《文物》1981年第8期。國家文物局古文獻研究室、河北省博物館、河北省文物研究所、定縣漢墓竹簡整理小組：〈定縣40號漢墓出土竹簡簡介〉，載《文物》1981年第8期。郭偉民：〈沅陵虎溪山一號墓發掘記〉，載《文物天地》1999年第6期。湖南省文物考古研究所、懷化市文物處、沅陵縣博物館：〈沅陵虎溪山一號墓發掘簡報〉，載《文物》2003年第1期。郭偉民：〈虎溪山一號漢墓葬制及出土竹簡的初步研究〉，載艾蘭、邢文編《新出簡帛研究》，文物出版社2004年版，第50—53頁。鄭忠華：〈印臺墓地出土大批西漢簡牘〉，載荊州博物館編《荊州重要考古發現》，文物出版社2009年版，第204—208頁。劉樂賢：〈印臺漢簡《日書》初探〉，載《文物》2009年第10期。甘肅省文物考古研究所：〈甘肅永昌水泉子漢墓發掘簡報〉，載《文物》2009年第10期。張存良、吳荭：〈水泉子漢簡初識〉，載《文物》2009年第10期。
② 朱漢民、陳松長主編：《嶽麓書院藏秦簡》（壹），上海辭書出版社2010年版。陳松長：《香港中文大學文物館藏簡牘》，香港中文大學文物館2001年版。
③ 劉樂賢：〈楚秦選擇術的異同及影響——以出土文獻為中心〉，載《歷史研究》2006年第6期。

## （一）建除系統

### 1.《九店楚簡》：

凡建日，大吉，利以取妻，祭祀，築室，立社稷，帶劍、冠……（簡13下）[1]

在該簡後的幾支竹簡中，記有每個月的建日，在這些日子中都是適宜行冠禮的。現將這些建日列表說明如下[2]：

表1-1　楚月建日

| 楚月 | 刑夷 | 夏夷 | 亨月 | 楚月 | 八月 | 九月 | 十月 | 爨月 | 獻馬 | 冬夕 | 屈夕 | 遠夕 |
|---|---|---|---|---|---|---|---|---|---|---|---|---|
| 建日 | 辰 | 巳 | 午 | 未 | 申 | 酉 | 戌 | 亥 | 子 | 丑 | 寅 | 卯 |

### 2. 睡虎地秦墓竹簡《日書》甲種：

秀日，利以起大事。大祭，吉。冠、製車、製衣裳、服帶吉。生子吉，弟凶……（簡13正貳）[3]

建日，良日也。可以為嗇夫，可以祠。利早不利暮。可以入人、始冠、乘車。有為也，吉。（簡14正貳）[4]

---

[1] 湖北省文物考古研究所、北京大學中文系：《九店楚簡》，中華書局2000年版，第46頁。
[2] 湖北省文物考古研究所、北京大學中文系：《九店楚簡》，中華書局2000年版，第46—47頁。
[3] 睡虎地秦墓竹簡整理小組：《睡虎地秦墓竹簡》，文物出版社1990年版，第181頁。
[4] 睡虎地秦墓竹簡整理小組：《睡虎地秦墓竹簡》，文物出版社1990年版，第183頁。

第一章　冠禮

### 3. 睡虎地秦墓竹簡《日書》乙種：

建日，利□，利冠、帶劍、乘車，可……（簡38壹）[1]

## （二）其他系統

### 1.《九店楚簡》：

丑、寅、卯、辰、巳、午、未、申、酉、戌、亥、子，是謂禾日。利以大祭之日，利以冠，□車馬，製衣裳，表弋（從糸）長子吉，幼子者不吉。帶劍、冠，吉。以生，吉。（簡36）[2]

### 2. 睡虎地秦墓竹簡《日書》甲種：

……百事吉。取妻，吉。以生子，肥。可以冠，可請謁，可田獵。（簡91正壹）[3]

毋以酉始冠、帶劍，恐禦矢。（簡112正貳）[4]

### 3. 睡虎地秦墓竹簡《日書》乙種：

贏陽之日，利以見人、祭、作大事、取妻，吉。製冠帶，君子益事。（簡15）[5]

複秀之日，利以乘車、冠、帶劍、製衣裳、祭、作大事、嫁子，

① 睡虎地秦墓竹簡整理小組：《睡虎地秦墓竹簡》，文物出版社1990年版，第233頁。
② 睡虎地秦墓竹簡整理小組：《睡虎地秦墓竹簡》，文物出版社1990年版，第49頁。
③ 睡虎地秦墓竹簡整理小組：《睡虎地秦墓竹簡》，文物出版社1990年版，第192頁。
④ 睡虎地秦墓竹簡整理小組：《睡虎地秦墓竹簡》，文物出版社1990年版，第197頁。
⑤ 睡虎地秦墓竹簡整理小組：《睡虎地秦墓竹簡》，文物出版社1990年版，第231頁。

皆可，吉。（簡25壹）[1]

六月：酉（柳），百事吉。以〔生〕子，肥。可始冠，可請謁，可田獵。取妻，吉。（簡91壹）[2]

甲子、乙丑，可以嫁女、取婦、冠帶、祠，不可築興土功，命日無後。（簡125）[3]

初冠：凡初冠，必以五月庚午，吉。凡製車及冠……申，吉。（簡130）[4]

竹簡中的「冠」皆寫為「寇」或「冖」。其意有二：一為冠禮，二為冠帶[5]。據文意，上文中的「冠」只有睡虎地秦簡（乙種）簡15應解釋為「冠帶」，其他均為「冠禮」之意。

分析以上《日書》中有關冠禮的時日選擇，大致可得出以下幾個結論：

第一，楚簡和秦簡都將建日視為舉行冠禮的吉日。

建日，是古代擇日術中最為常見的建除十二神之一。建除之說見於古者，最早可追溯到《淮南子》[6]，其他文獻中也有記載[7]。現今出

① 睡虎地秦墓竹簡整理小組：《睡虎地秦墓竹簡》，文物出版社1990年版，第232頁。
② 睡虎地秦墓竹簡整理小組：《睡虎地秦墓竹簡》，文物出版社1990年版，第237頁。
③ 睡虎地秦墓竹簡整理小組：《睡虎地秦墓竹簡》，文物出版社1990年版，第241頁。
④ 睡虎地秦墓竹簡整理小組：《睡虎地秦墓竹簡》，文物出版社1990年版，第241頁。
⑤ 整理小組釋文為「寇（冠）」。其注釋為：「『寇』應為『冠』字之誤。隸書『寇』、『冠』二字常不分。《隸釋·徐氏紀產碑》『弱冠』寫作『弱寇』，是其證。《隋書·經籍志》有〈臨官冠帶書〉一卷。」李家浩釋文也作「寇（冠）」。王子今先生也認為：「『寇（冠）……吉』，應理解為當日行冠禮吉。」因此，「冠」理解為「冠禮」應無大礙。參見王子今《睡虎地秦簡〈日書〉甲種疏證》，湖北教育出版社2003年版，第43頁。
⑥ 《淮南子·天文訓》中有「寅為建，卯為除，辰為滿，巳為平，主生；午為定，未為執，主陷；申為破，主衡；酉為危，主杓；戌為成，主少德；亥為收，主大德；子為開，主太歲；丑為閉，主太陰」之說。
⑦ 如《越絕書》云：「黃帝之元，執辰破巳，霸王之氣，見於地戶。」參見袁康、吳平《越絕書》，上海古籍出版社1985年版，第49頁。《漢書·王莽傳》：「以戊辰直定御王冠，即真天子位。」顏師古注曰：「於建除之次，其日當定。」

第
一
章

冠
禮

土的楚簡、秦簡及漢簡《日書》中皆有之，因此可以確定，建除當興起於戰國時期，至少不會晚於戰國。

睡虎地甲種《日書》中「除」與「秦除」都是用建除十二直配地支十二辰，並賦予其人格化的神靈主宰權力，用以指導一年12個月每日的吉凶安排。建除家們就是用這種安排來讓人們畏凶趨吉，聽信於他們的先知預言。劉樂賢先生曾經將睡虎地《日書》（甲種）中的秦除作下表，用以說明建除十二神在12個月中的排列情況[1]，謹移錄如下，以便參考：

表1-2 秦除

| | 建 | 除 | 盈 | 平 | 定 | 執 | 破 | 危 | 成 | 收 | 開 | 閉 |
|---|---|---|---|---|---|---|---|---|---|---|---|---|
| 正月 | 寅 | 卯 | 辰 | 巳 | 午 | 未 | 申 | 酉 | 戌 | 亥 | 子 | 丑 |
| 二月 | 卯 | 辰 | 巳 | 午 | 未 | 申 | 酉 | 戌 | 亥 | 子 | 丑 | 寅 |
| 三月 | 辰 | 巳 | 午 | 未 | 申 | 酉 | 戌 | 亥 | 子 | 丑 | 寅 | 卯 |
| 四月 | 巳 | 午 | 未 | 申 | 酉 | 戌 | 亥 | 子 | 丑 | 寅 | 卯 | 辰 |
| 五月 | 午 | 未 | 申 | 酉 | 戌 | 亥 | 子 | 丑 | 寅 | 卯 | 辰 | 巳 |
| 六月 | 未 | 申 | 酉 | 戌 | 亥 | 子 | 丑 | 寅 | 卯 | 辰 | 巳 | 午 |
| 七月 | 申 | 酉 | 戌 | 亥 | 子 | 丑 | 寅 | 卯 | 辰 | 巳 | 午 | 未 |
| 八月 | 酉 | 戌 | 亥 | 子 | 丑 | 寅 | 卯 | 辰 | 巳 | 午 | 未 | 申 |
| 九月 | 戌 | 亥 | 子 | 丑 | 寅 | 卯 | 辰 | 巳 | 午 | 未 | 申 | 酉 |
| 十月 | 亥 | 子 | 丑 | 寅 | 卯 | 辰 | 巳 | 午 | 未 | 申 | 酉 | 戌 |
| 十一月 | 子 | 丑 | 寅 | 卯 | 辰 | 巳 | 午 | 未 | 申 | 酉 | 戌 | 亥 |
| 十二月 | 丑 | 寅 | 卯 | 辰 | 巳 | 午 | 未 | 申 | 酉 | 戌 | 亥 | 子 |

漢代曆日及後世的曆書選擇通書中對建除干支的記載為：正月寅，二月卯，三月辰，四月巳，五月午，六月未，七月申，八月酉，九月戌，十月亥，十一月子，十二月丑[2]。這與上表第二欄的排列完全一致。由此推斷，後世的建除可能來源於秦簡。

既然後世的建除與秦漢《日書》具有一脈相承的關係，那麼秦

---

① 劉樂賢：《睡虎地秦簡日書研究》，臺北文津出版社1994年版，第40頁。
② 劉樂賢：《簡帛數術文獻探論》，湖北教育出版社2003年版，第267頁。

漢之前呢？《九店楚簡》和睡虎地《日書》都記有建除十二直與地支十二辰的對應關係（見表1—1、表1—2），如果將二表綜合起來，就可以比較楚秦建日的不同。現將其列表如下：（注：秦楚月相的對照採用李家浩先生的結論[①]）

表1-3　秦楚建日對照表

| 楚月 | 刑夷 | 夏夷 | 享月 | 夏夕 | 八月 | 九月 | 十月 | 爨月 | 獻馬 | 冬夕 | 屈夕 | 遠夕 |
|---|---|---|---|---|---|---|---|---|---|---|---|---|
| 楚建日 | 辰 | 巳 | 午 | 未 | 申 | 酉 | 戌 | 亥 | 子 | 丑 | 寅 | 卯 |
| 秦月 | 正月 | 二月 | 三月 | 四月 | 五月 | 六月 | 七月 | 八月 | 九月 | 十月 | 十一月 | 十二月 |
| 秦建日 | 寅 | 卯 | 辰 | 巳 | 午 | 未 | 申 | 酉 | 戌 | 亥 | 子 | 丑 |

　　從上表可以看出，楚國以辰日起建，而秦則以寅日起建，兩者相差兩個辰日。楚、秦建除顯然不同。饒宗頤先生曾經指出：「建除在當時亦非一家，名稱間有出入，而以配十二辰則無二致。」[②]《史記・太史公自序》中也說：「齊、楚、秦、趙為日者，各有俗所用。」《日書》中楚、秦建除的差異正說明了這一點。從先秦時期的數家到秦漢時期的一家，建除必定有一個合流的過程，其原因可能與秦漢時期的文化「大一統」過程有關。

　　另外，通過表1—3還可以得知：

　　第一，楚秦建除家們認為行冠禮的日子為每個月的建日，而不是恒定在某一個月。因此，前揭賈公彥認為冠禮恒定在二月舉行的說法顯然有誤，而應取多數禮學家的看法，即冠禮在各月吉日都可舉行。這一點，還可從《睡虎地秦簡》中得到其他的證據。如秦簡甲種

---

①　秦楚關於月相的對照迄今有不同說法，本文採用李家浩先生的結論。根據李家浩先生的研究，秦用顓頊曆，以夏曆十月為歲首，其月名仍然使用夏曆月名；楚也是用顓頊曆，以夏曆十月為歲首，其月名則自成一套。參見湖北省文物考古研究所、北京大學中文系編《九店楚簡》，中華書局2000年版，第62頁。

②　饒宗頤：《雲夢秦簡日書研究》，香港中文大學出版社1982年版，第32頁。

（簡91正壹）和乙種（簡91壹）都記有當星座為「柳」時也適合行冠禮[①]。「柳」為二十八星宿之一，相對應的月份是六月，可知六月亦可為行冠禮之月。

第二，楚人冠禮的吉日多與「娶妻」、「嫁女」相同。如《九店楚簡》的簡13下，睡虎地秦簡《日書》甲種的簡91正壹，《日書》乙種的簡91壹和簡125中的時日宜忌，都將冠禮與娶妻嫁女並列而言。看來，冠禮與婚禮一定是關係非常密切。這似乎表明，《夏小正》所說的「二月綏多士女，冠子娶妻時也」，亦有一定道理。從理論上說，冠禮每月都可以舉行，但由於二月份娶妻嫁女較為普遍，人們可能比較習慣於在此月行冠禮，於是訛變成以二月為行冠禮之常月。

第三，上引睡虎地秦簡《日書》（乙種）簡125記有甲子、乙丑為冠禮的吉日，而簡130又有「凡初冠，必以五月庚午，吉」的規定。根據禮書，甲子、庚午都為剛日，剛日為行外事之日，是不應用來行冠禮的。由此可見，《禮記》所謂「外事用剛日，內事用柔日」的原則在秦楚民間也未完全遵從。

此外，楚秦《日書》中還規定了其他一些宜於冠禮的吉日，例如，九店楚《日書》中的「禾日」（簡36）、睡虎地秦《日書》（甲種）中的「秀日」（簡13正貳）和《日書》（乙種）中的「複秀之日」（簡25壹）。可惜由於簡文過於殘泐，無法復原它們究竟是哪些日子，應當轉換為何種干支日，故無法深究。

### 三、《日書》冠禮吉日與禮書吉日的差異

通過本節第一部分所梳理的傳世文獻，可知先秦以後上層社會的冠禮擇吉，並沒有遵從禮書的時日規定。那麼，中下層社會的冠禮擇吉呢？正如吳小強先生所指出的那樣：「目前我們看到的雲夢出土的《日書》，是流行於秦國中下層社會的選時擇日之書。大概他們都屬

---

① 睡虎地秦墓竹簡整理小組：《睡虎地秦墓竹簡》，文物出版社1990年版，第192、237頁。

秦國地方的中下層人物。」①迄今所出土的其他《日書》也大多反映的是中下層人們的精神狀況。因此，我們可以通過《日書》了解廣大中下層社會的擇日意識。那麼，他們對冠禮吉日的選擇是否與禮書記載一致呢？

冠禮屬「內事」，在柔日舉行，即在乙、丁、己、辛、癸之日舉行。根據禮書的規定，我們將六十干支中適於冠禮之日列表如下（斜體所示為行禮之忌日）：

表1–4　柔日

| 冠日 | | | | | |
|------|------|------|------|------|------|
| 乙丑 | 乙亥 | 乙酉 | 乙未 | 乙巳 | 乙卯 |
| 丁卯 | 丁丑 | 丁亥 | 丁酉 | 丁未 | 丁巳 |
| 己巳 | 己卯 | 己丑 | 己亥 | 己酉 | 己未 |
| 辛未 | 辛巳 | 辛卯 | 辛丑 | 辛亥 | 辛酉 |
| 癸酉 | 癸未 | 癸巳 | 癸卯 | 癸丑 | 癸亥 |

如果曆法中不出現缺日，又除去行禮時固有之忌日，那麼，表1—4所列之日可能就是《儀禮·士冠禮》「筮日」時可供選擇的吉日。

建除日子的推算方法在清代《協紀辯方書》中有所記載。《協紀辯方書》卷四「義例二」之「建除二」曰：

曆書曰：「曆家以建、除、盈、平、定、執、破、危、成、收、開、閉凡十二日週而復始，觀所值以定吉凶。每月交節則迭兩值日。」其法從月建上起，建與斗杓所指相應，如正月建寅則寅日上起建，順行十二辰是也。②

⋯⋯自建至此（收）而十。十，極數也，數無終極之理。開之雲

①　吳小強：《秦簡日書集釋》，嶽麓書社2000年版，第297頁。
②　允祿等：《協紀辯方書》，廣西人民出版社1993年版，第132頁。

者，十即一也，一生二，二生三，由此一而三之則複為建矣。建固生於開者也，故開為生氣也。氣始萌芽不閉，則所謂發天地之房而物不能以生，故受之以閉終焉。唯其能閉，故複能建與易同也。①

根據此書的記載，建除十二直順行十二辰，到交節之處時則疊兩值日，也就是說十二直循環一週後，「建」作為首日與上一循環的「開」相疊，即「建固生於開者也」。為方便起見，這裡以正月為例推算正月的建日。

正月的建除十二直與十二辰的對應可由上文的表1—2得知，那麼根據《協紀辨方書》的算日方法，我們可以將正月的三十日用建除來表示，如下表：

表1-5　正月建除

| | 建 | 除 | 盈 | 平 | 定 | 執 | 破 | 危 | 成 | 收 | 開/建 | 閉/除 |
|---|---|---|---|---|---|---|---|---|---|---|---|---|
| 正月 | 寅 | 卯 | 辰 | 巳 | 午 | 未 | 申 | 酉 | 戌 | 亥 | 子/寅 | 丑/卯 |
| | | | 辰 | 巳 | 午 | 未 | 申 | 酉 | 戌 | 亥 | 子/寅 | 丑/卯 |
| | | | 辰 | 巳 | 午 | 未 | 申 | 酉 | 戌 | 亥 | | |

如果正月以甲寅為朔日（即正月初一）的話，且又為30天，那麼根據干支記日，其30天可用下表表示：

表1-6　正月干支

| 甲寅 | 乙卯 | 丙辰 | 丁巳 | 戊午 | 己未 | 庚申 | 辛酉 | 壬戌 | 癸亥 |
|---|---|---|---|---|---|---|---|---|---|
| 甲子 | 乙丑 | 丙寅 | 丁卯 | 戊辰 | 己巳 | 庚午 | 辛未 | 壬申 | 癸酉 |
| 甲戌 | 乙亥 | 丙子 | 丁丑 | 戊寅 | 己卯 | 庚辰 | 辛巳 | 壬午 | 癸未 |

---

① 允祿等：《協紀辨方書》，廣西人民出版社1993年版，第134頁。

建除是否與干支記日有一一對應的關係，至今還無法確定。但可以肯定的是，建除十二辰與干支日不可能存在完全一一對應的關係（可通過表1—5、表1—6得知）。由表1—5可知，正月的建日為寅日和子日（子與寅重疊），也就是說正月裡逢寅、子的日子均有可能為建日。那麼，根據表1—6提供的干支日，可知這樣的日子有甲寅、甲子、丙寅、丙子、戊寅。此五日是否均為建日有待討論，但建日肯定是這五日中的某些日子。其他月份的建日即可根據此方法推知。

從中也可以看出，由於有兩日為重疊日，所以實際上建日與二辰相對應。那麼，每個月的建日（秦除）又可用下表表示：

表1–7　秦除每月建日

| 月份 | 正月 | 二月 | 三月 | 四月 | 五月 | 六月 | 七月 | 八月 | 九月 | 十月 | 十一月 | 十二月 |
|---|---|---|---|---|---|---|---|---|---|---|---|---|
| 建日 | 寅 | 卯 | 辰 | 巳 | 午 | 未 | 申 | 酉 | 戌 | 亥 | 子 | 丑 |
| | 子 | 丑 | 寅 | 卯 | 辰 | 巳 | 午 | 未 | 申 | 酉 | 戌 | 亥 |

如表1—7所示，建日包括所有的地支。根據陰干配陰支、陽干配陽支的原則，建日中不可避免地包含著剛日，因此它與《禮經》中柔日行冠禮的規定肯定不合。

前揭文獻中提到，秦漢皇室行冠禮的日子有甲子、甲寅、丙子、壬子、己酉等日。其中，秦始皇行冠禮的日子為四月己酉日，己酉日為柔日，是符合《禮經》規定的。但是，漢代皇室則有在正月的甲子、甲寅、丙子、壬子日行冠禮的記錄，而這四日均為剛日。漢人為什麼會選擇這些剛日舉行「內事」之禮呢？如果將其按照建除曆日的順序推算，我們就會發現，原來它們均可能為建日。由此可知，在冠禮擇日問題上，漢代皇室極有可能是以建除為主要參照依據的。

第一章　冠禮

戰國晚期至秦漢時期，當時社會，至少是在中下層社會中選擇冠禮吉日時，居於主流地位的擇吉方法，可能並不是儒家禮制的相關規定，而是充滿神秘和迷信色彩的民間方術，例如建除之類。至於漢人的冠禮擇吉方法，為什麼會「悖禮」而取建除，目前還不能給出確切答案，但漢代文化多承楚制，是否與楚人舉行冠禮的流行方法有關，這有待於出土材料的進一步發掘。

此外，禮書規定，有些日子具有特別的忌諱，應當回避。例如，逢子、卯日為忌日，凶事不避，吉事則避。《儀禮·士喪禮》：「朝夕哭，不避子卯。」鄭玄注：「子、卯，桀紂亡日，凶事不避，吉事闕焉。」《禮記·檀弓下》：「子卯不樂。」鄭玄注：「紂以甲子死，桀以乙卯亡，王者謂之疾日。不以舉樂為吉事，所以自戒懼。」冠禮屬吉事，所以按理應該避開子、卯二日。但根據以上推算，建日中就包含有甲子、乙卯之日。建日適於行冠，睡虎地秦簡《日書》（乙種）簡125中，便把甲子、乙丑列為宜行冠禮的吉日。與之相印證的是，文獻中也有漢代皇帝於甲子日行冠禮的例子，如前引《漢書·惠帝紀》、《後漢書·禮儀上》中均有記載。可見，漢代無論民間還是上層社會，在舉行冠禮時，都沒有避開禮書中的禁忌之日。

何以會出現這種情況呢？我們以為，可以從兩個方向來進行思考：第一，或許南方楚地存在著不同於中原地區的時日宜忌系統，其吉凶選擇不受中原禮法的限制。秦人據楚後，雖然帶來了秦文化的宜忌系統，但影響不大。西漢立國後，漢承楚制，南方楚人的宜忌系統在漢代的皇室上層和民間社會中普遍流行，自然與禮書所載有別。第二，或許早在先秦時期，上層社會的禮制規定與民間社會的時日宜忌便是雅俗不同的兩個系統，且各行其是，並行不替，故而出土《日書》中的吉凶日與傳世禮書中的吉凶日，並不完全契合。要深入揭示上述困惑，還有待於更多出土材料的發掘。

## 第三節 冠禮服飾

冠禮的核心儀式是「三加」，即為冠者加三次冠，這不免涉及冠者的服飾問題。中華服飾歷史悠久，「千年衣服所尚，大體則同」。然而，春秋戰國時期，諸侯各國因地理條件和風俗習慣的不同，在衣冠服飾方面存在很大差異。比如楚人的衣著就具有地域色彩，歷史上曾冠以「楚服」和「楚制」的專稱。

關於中國古代服飾制度的研究，歷代甚多[①]。但上古舉行冠禮時的服飾到底是何種面貌，中原服飾與楚地衣著又有何不同，歷代經學家、禮學家都給不出確切、透徹的解說。近幾十年來不斷更新的考古和古文字材料，為我們做深入考察提供了新途徑。以下以「三禮」文本為綱，兼采其他傳世文獻，對楚冠禮的服飾進行一番梳理，然後將其與記載有「服飾」內容的楚遣策和考古實物相對照，以考察中原與楚地服飾的差異。

### 一、先秦冠禮服飾

完整的冠禮服飾應包括以下幾個部分：冠（頭衣）、上衣、下裳、蔽膝、帶、履。《儀禮·士冠禮》將受冠者要穿的「三加冠弁服」一一陳列出來。現以《儀禮·士冠禮》鄭注、賈疏為主要依據，兼采其他文獻的記載（如《白虎通義》、《續漢志·輿服志》等）和歷代注疏，來復原冠禮的三加之服。為直觀明瞭起見，「三加冠弁服」的組成、顏色、質地等可詳細列為下表：

---

① 如宋代楊復的〈儀禮圖〉，元代韓信同的〈韓氏三禮圖說〉，清代黃宗羲的〈深衣考〉、黃世發的〈群經冠服圖考〉，等等。以上均可見清代永瑢等撰《四庫全書總目》（中華書局1981年版）。另《續修四庫全書》中又收集有清代張惠言的〈儀禮圖〉、宋綿初的〈釋服〉、任大椿的〈弁服釋例〉、焦廷琥的〈冕服考〉等書。

表1-8　三加弁服

| 冠禮之服 | 服飾 | 顏色 | 用料 | 其他 | |
|---|---|---|---|---|---|
| 「一加」<br>玄端服 | 緇布冠 | 黑色 | 麻布 | 有缺項 | 青組纓 |
| | 玄端 | 黑色 | 麻布 | | |
| | 玄裳/黃裳/雜裳 | 黑色/黃色/前黑後黃 | 麻布 | | |
| | 緇帶 | 黑色 | 帛 | | |
| | 爵韠 | 雀色 | 麻布 | | |
| | 黑屨 | 黑色 | 春夏用葛，秋冬用皮 | | |
| 「再加」<br>皮弁服 | 皮弁 | 白色 | 白鹿皮 | 有笄 | 緇組紘 |
| | 衣 | 白色 | 麻布 | | |
| | 素積 | 白色 | 麻布 | | |
| | 緇帶 | 黑色 | 帛 | | |
| | 素韠 | 白色 | 麻布 | | |
| | 白屨 | 白色 | 春夏用葛，秋冬用皮 | | |
| 「三加」<br>爵弁服 | 爵弁 | 雀色 | 絲 | 有笄 | 緇組紘 |
| | 純衣 | 黑色 | 絲 | | |
| | 纁裳 | 淺紅色 | 絲 | | |
| | 緇帶 | 黑色 | 帛 | | |
| | 韎韐 | 赤黃色 | 絲 | | |
| | 纁屨 | 淺紅色 | 春夏用葛，秋冬用皮 | | |

## 二、楚地出土遣策所見服飾名物

　　喪葬文書是指古人在喪葬活動中專門用來記載喪葬事務的一類簡牘資料，其中「遣策」是主要內容。所謂遣策，《儀禮·既夕禮》有載：「書遣於策。」鄭注曰：「策，簡也，遣猶送也。」即死者下葬時在墓中隨葬的名物清單[①]。遣策登記的物品，主要有車馬兵器、飲食起居和衣冠服飾等幾大類。衣冠服飾類又分冠、衣、鞋、帶及衣服佩飾等。近年來，楚地戰國、秦漢墓葬出土的這類簡牘比較多，據初步統計，楚地出土的戰國遣策已有二三十批[②]。其中包山、望山、仰天湖、信陽長臺關等四批遣策中有關衣冠、服飾類的記載較多，故本

---

① 遣策與賵書（助喪物品清單）、告地策（向地下神靈報告的模擬公文）之間的關係，可參見楊華〈襚·賵·遣——簡牘所見楚地助喪禮儀研究〉，載《學術月刊》2003年第9期，第49—59頁。
② 劉國勝：《楚喪葬簡牘集釋》，武漢大學博士學位論文，2003年，第2頁。這是較早的統計，後來還有多批材料出土。

書主要以這四批遣策為主，將其按照頭衣、衣裳、鞋、佩飾的分類敘述如下：

## （一）頭衣（包括冠、冠帶、幘等）

一桂（獬）冠桂[①]，組纓。一生繒之纚（厭）[②]……二紫韋之帽。（包山M2簡259）

一生絭（縠）冠，一圩絭（縠）冠，皆衛……（包山M2簡263）[③]

一大冠。（望山M2簡49）

一少（小）紡冠。（望山61號簡）

二觟（獬）冠[④]。二組纓。（望山M2簡62）

疏布之帽二偶。（仰天湖M25簡8）

一紡帽與絹（冠），紫裡，組緌[⑤]。二紡冠，帛裡，組緌。（長臺關M1簡2-015、2-013）

## （二）衣、裳（包括單衣、袍、結衣、襦、屈衣、裙、袴等）

一狐青之表，紫裡，繡純，錦純，索（素）錦繡（韜）。（包山M2簡262）[⑥]

---

① 桂，整理者讀作「獬」。《淮南子·主術訓》：「楚文王好服獬冠，楚國效之。」

② 纚，通「厭」。《儀禮·既夕禮》：「冠六升，外縪，纓條屬，厭。」疏謂：「冠在武下，故云厭也。」意思是說帽子壓著帽圈（武）。生繒，劉信芳先生讀為「青繒」，據《廣雅·釋器》，繒即絹。參見劉信芳《包山楚簡解詁》，臺北藝文印書館2003年版，第217頁。

③ 絭，整理者讀「縠」。衛，整理者讀作「幃」，因簡殘，陳偉先生以為不應以此結句，參見陳偉《楚地出土戰國簡冊（十四種）》，經濟科學出版社2009年版，第127頁。

④ 觟，整理者認為從「圭」聲，古音與「解」極近，「冠」亦即「獬冠」。

⑤ 劉國勝先生認為：「簡文『組緌』似當指冠系。馬山M1出土的8─5B號帽，帽後裡側裝有二束組帶，應是帽系。」參見劉國勝《楚喪葬簡牘集釋》，武漢大學博士學位論文，2003年，第50頁。

⑥ 繡讀為「韜」，指錦做的裏。參見李家浩《仰天湖楚簡剩義》，載《簡帛》第2輯，上海古籍出版社2007年版，第33─35頁。

第一章 冠禮

一縞衣，赭膚（鹽）之純，樂成之純，亡裡，靈光之繡。（包山
M2簡260下）

一紛敆，夬咠。（包山M2簡260下）①

其四盲童皆緹衣，其三亡童皆丹紷之衣，其二盲童皆紫衣，皆赤
□□，皆頸索（素）豕之屯夬。（望山M2簡49）②

一非③衣。（望山簡49）

霝（靈）光之襖。縞裡，索（素）豕之純，組綏。（望山M2簡61）

鄝（許）陽公一紡衣④，綠裡。（仰天湖M25簡1）

中君之一疏衣，緹純，䋻縞之緒。（仰天湖M25簡2）

何馬之疏衣，錦純，錦緒。（仰天湖M25簡3）

一疏衣，錦□□緒。（仰天湖M25簡4）

一結衣。（仰天湖M25簡5）⑤

一繡□衣，錦緅之夾，純惪，組繸。（長台關M1簡2-07）

七見槐之衣，屯有又（有）常（裳）……一紅介之留衣，帛裡，
緂會。（長臺關M1簡2-013）

---

① 敆，李家浩先生讀作「袷」，指袷衣，「紛袷」是繡有粉白色花紋的袷衣，參見李家浩〈楚簡中的袷衣〉，載《中國古文字研究》第1輯，吉林大學出版社1999年版，第97—98頁。另載氏著《著名中年語言學家自選集・李家浩卷》，安徽教育出版社2002年版。咠，劉釗所釋，讀為「袂韠」，指射箭時套在左臂上的皮套袖，參見劉釗〈包山楚簡文字考釋〉，載氏著《出土簡帛文字叢考》，臺灣古籍出版有限公司2004年版，第70頁。
② 夬，趙平安先生釋，通「帉」，指佩巾。參見趙平安〈夬的形義和它在楚簡中的用法——兼釋其他古文字數據中的夬字〉，載《第三屆國際中國古文字學研討會論文集》，香港問學社有限公司1997年版，第711—723頁。
③ 非，整理者釋「飛」，讀為「緋」。李家浩先生改讀為「非衣」，即「緅衣」的異文。參見李家浩〈信陽楚簡「澮」及從之字〉，載氏著《著名中年語言學家自選集・李家浩卷》，安徽教育出版社2002年版，第195頁。
④ 紡衣，史樹青先生認為是一種縞絹類的衣服。參見氏著《長沙仰天湖出土楚簡研究》，上海群聯出版社1955年版，第30、43頁。郭若愚認為是麻繢之衣。參見氏著〈長沙仰天湖戰國竹簡文字的摹寫和考釋〉，載《上海博物館集刊》第3期，上海古籍出版社1986年版，第24頁。
⑤ 結衣，湯余惠先生認為即袷衣。彭浩先生認為，結衣即曲裾衣。學術前史參見陳偉《楚地出土戰國簡冊（十四種）》，經濟科學出版社2009年版，第472頁。

一友齊緅之歛（袷）[1]，帛裡，組繸。（長臺關M1簡2-013）

一丹緅之衦，□裡，組攝，錦繸。（長臺關M1簡2-015）

一綎裳，赭膚（臚）之純，帛攝。（長臺關M1簡2-015）[2]

## （三）屨（鞋）

一魚皮之屨。（包山M2簡259）

二鞮屨，皆纂純。（包山M2簡259）

一生絲之屨。一緅屨。（望山M2簡49）

一新智（鞮）屨，一舊智（鞮）屨，皆有蕿（苴）疋（疏）屨。新屨，句。（仰天湖15號簡）[3]

一兩畫□屨，一兩絲紙屨，一兩漆鞮屨，一兩諠屨，一兩緅屨。（長台關M1簡2-02）

## （四）佩飾（巾、帶、帶鉤、蔽膝、佩玉等）

一綺縞之幃。（包山M2簡263）

三革帶，一組帶。（望山M2簡49）[4]

索（素）豕之毛夬。（望山M2簡49）

---

① 歛，李家浩讀作「袷」。參見李家浩〈楚簡中的袷衣〉，載氏著《著名中年語言學家自選集・李家浩卷》，安徽教育出版社2002年版，第295—305頁。

② 斷句從中山大學古文字研究室楚簡整理小組；赭、攝字釋讀，參見裘錫圭、李家浩諸說。學術前史參見陳偉《楚地出土戰國簡冊（十四種）》，經濟科學出版社2009年版，第387頁。

③ 智，從史樹青釋，朱德熙、裘錫圭讀為「鞮」。屨，從朱德熙、裘錫圭釋。蕿，朱德熙、裘錫圭讀作「苴」。舊，朱德熙、裘錫圭讀為「舊」。學術前史參見陳偉《楚地出土戰國簡冊（十四種）》，經濟科學出版社2009年版，第472頁。

④ 組，李家浩釋，「組帶」楚簡中常見，指織成之帶。參見李家浩〈楚墓竹簡中的「昆」字及從「昆」之字〉，載氏著《著名中年語言學家自選集・李家浩卷》，安徽教育出版社2002年版，第306—317頁。

一革帶，備（佩）一□□□，一囚①，一端環。一緄帶，一雙璜，一雙琥，一玉鉤，一環。（望山M2簡50）

裡，五凶之純，組綏（緌）。（望山M2簡60）

組纓。二紅紖之紼，靈光之純。（望山M2簡48）

一組帶。（仰天湖M25簡14）

〔革〕帶，有玉環，紅組。（仰天湖M25簡17）

一組帶，一革，皆有鉤。（長台關M1簡2-02）

一索（素）緄帶，有□〔鉤〕，黃金與白金之為（錯）。其佩。（長台關M1簡2-07）

其佩：一少環。（長台關M1簡2-010）

### 三、從遣策和出土實物看楚國冠禮服飾的特點

在冠禮服飾上，楚國繼承和借鑒了周代和先秦其他諸侯國的禮服制度，同時根據楚人的性格特徵和穿著習慣對冠禮服飾進行了若干改進，進而使楚人冠禮服飾有別於先秦時期其他各國，打上了明顯的地域烙印，被稱為「楚服」、「楚制」。關於楚人服裝的特點，沈從文先生根據木俑帛畫、漆器上的材料概括為：

和東周以來齊魯所習慣的寬袍大袖，區別顯明。特徵是男女衣著多趨於瘦長，領緣較寬，繞襟旋轉而下。衣多特別華美，紅綠繽紛。衣上有作滿地雲紋、散點雲紋或小簇花的，邊緣多較寬，作規矩圖案，一望而知，衣著材料必出於印、繪、繡等不同加工，邊緣則使用較厚重織錦，可和古文獻記載中「衣作繡、錦為緣」相印證。②

---

① 囚，整理者釋作「囚」，後經紅外線檢視重釋作「此」。參見陳偉《楚地出土戰國簡冊（十四種）》，經濟科學出版社2009年版，第299頁。

② 沈從文：《中國古代服飾研究》，上海世紀出版集團‧上海書店出版社2002年版，第64頁。

這是一種直觀的描述。從近年出土的楚地遣策服飾名物和考古實物來看，楚國的服飾又會有什麼樣的特徵呢？下面，我們按照冠（頭衣）、上衣下裳、蔽膝、帶、鞋、佩玉的分類對楚冠禮服飾進行探討。

## （一）冠

關於楚國之冠，除遣策外，古代典籍中多有記載。楚冠因其形制獨特，而被冠以「南冠」之稱，在當時非常時髦。比如獬冠，《太平御覽·冠》載：「《淮南子》曰：『楚莊王好觟冠，楚國效之也。』」今本《淮南子·主術訓》作獬冠。漢代高誘認為「獬豸之冠，如今御史冠」。楚王好獬冠，楚人就跟著效仿。又如切雲冠，此冠源自屈原《九章·涉江》，其文曰：「冠切雲之崔嵬。」這種冠用極其輕薄的絲絹製成，上部捲曲，中部收束，下部前端有T形飾物，罩於髮髻而結纓垂於領下，是楚國貴族冠飾的代表。

文獻記載的楚冠是否能與遣策所記之冠相對應呢？從上文可知，遣策中出現的冠有獬冠（包山M2簡259、望山M2簡62）、繼（包山M2簡259）、紫韋之帽（包山M2簡259）、大冠（望山M2簡49）、紡冠（望山M2簡61）、疏布之帽（仰天湖M25簡8）、紫裡之絹（冠）（長臺關M1簡2-015）、帛裡之紡冠（長臺關M1簡2-013），等等。

其中只有獬冠和繼可以在文獻中找到印證。「獬」是傳說中的一種獸名（神羊），只有一角，能觸邪惡，「獬冠」，可能就是楚人模仿神羊而製的帽子。繼則是一種喪冠。至於其他冠就很難判斷它的形制了，像紡冠、疏布之帽等是楚地獨有，還是當時普遍流行的帽子，由於沒有文獻和考古實物可證[①]，難以深究。

---

① 冠的實物僅見于長沙楚墓。《長沙楚墓》：「紗冠，標本M365：79，用黃褐色紗在頂端折疊成一束，可見折痕20餘處，每折寬0.5公釐，紗的經緯密度：每平方公釐經緯線各50根，經緯線均加撚，纖度均勻，紗孔勻稱，清晰，現分為兩束，長8.9公釐，寬7.5公釐。這是從死者頭上剝下來的，應為冠，是目前所見楚人唯一的一頂紗冠，可惜已殘損不全。」參見湖南省博物館、湖南省考古研究所編《長沙楚墓》，文物出版社2000年版，第415頁。

不過，從遣策中，會發現楚冠在製作上頗為講究。楚冠的種類繁多，用料豐富。楚冠的製作材料有各種絲織物（包括生絲、熟絲、絹等）、麻布、韋（皮革）等。在顏色上，遣策中有「紫韋之帽」的記載（包山M2簡259），大概是染成紫色的熟皮帽。紫色是間色而非正色[①]，禮制上一般不用來作帽子的顏色，可見楚人在冠的顏色上有自己獨特的審美觀念[②]。此外，有些帽子還有不同於冠面的冠裡，比如「紫裡」的紡帽、紡冠（長臺關M1簡2−015），「帛裡」的紡冠（長臺關M1簡2−013），可謂華麗精緻。這些在文獻上很少見，可能為楚國所獨有。

## （二）衣、裳

楚人的衣裳也是款式多樣、色彩鮮豔、做工精緻。根據上文所梳理的名物按款式、顏色、質地、裝飾等分類，現擇要介紹如下：

1. **狐青之表**。此表為一上衣。用青色的狐皮製成，有紫色的衣裡，以繡、錦作緣飾。

2. **縞衣**。縞為白色的絲織物。此衣用白色的絲製成，沒有衣裡，以赭豔、樂成為緣飾，但赭豔、樂成為何種緣飾尚不清楚。

3. **紛袷**。「紛袷」可能是繡有粉白色花紋的袷衣。袷，夾衣，中無絮者。《儀禮・聘禮》賈公彥疏云：「凡服四時不同……若春秋二時，則衣袷褶，袷褶之上，加以中衣；中衣之上，加以上服也。」袷、褶，均指夾衣，有表裡而無著者。

4. **靈光之襖**。襖，可能指袍，此袍用絲綿製成。縞裡，以素繢為緣飾。

5. **紡衣**。用絲製成，有綠色的裡子。

6. **疏衣**。為疏布之衣，以綺縞、錦等為緣飾。

---

46

**7. 結衣**。彭浩先生認為，結衣即曲裾衣，是衣裾斜下繞至身後掖入腰帶的一種衣服。

**8. 緅衣**。緅衣為何種形制尚不可知。按簡文的意思，這件緅衣有錦緂之夾，可能是純色的衣裡，有組繸。組為經線交叉編織的帶狀編織物；繸為佩玉的垂帶。

**9. 留衣**。按劉信芳先生的說法，留衣之衽較長，下至膝，將衽之兩角挽起結於衣前成兜狀，用以盛物。可知這件留衣有紅色的衣襟，以帛作為衣裡。

**10. 丹緂之衦**。衦，可能指汗衣，近身受汗垢之衣，用緅做衣裡，以組（帶狀編織物）為緣飾，有錦繸（佩玉的垂帶）。

**11. 緂裳**。此裳為白色，用帛做裡，以赭黸為緣飾。

此外，遣策中還記有九亡童身著之衣，衣的顏色有丹黃色、紫色等。從以上所列衣裳來看，楚國服飾稱得上異彩紛呈，獨具風貌。

首先是衣。楚國的衣種類繁多，比如縞衣、紡衣、疏衣、結衣、緅衣、留衣、袷衣等。其中包山M2簡260下所記的縞衣為單衣（上衣與下裳的連體服，單即「襌」，沒有衣裡）[①]，袷衣為夾衣（袷，夾衣，中無絮者）。上衣下裳，有衣就有裳，但遣策中裳比較少見。這是為什麼呢？

我國傳統服飾有兩種基本形制，即上衣下裳制和衣裳連屬制。在楚國，這兩種服式是交互使用的。根據出土實物和遣策的記載，當時楚國的服裝，大體上可以分為兩種形制，一種為短衣，一種為長衣。河南信陽長臺關楚墓中出土了一件瑟，它四周邊緣上彩繪有穿著短衣緊身褲的人，可作其證。楚人穿短衣，據《史記・劉敬叔孫通列傳》記載，秦朝博士叔孫通降漢，最初服儒服，但漢王劉邦「憎之」，於是叔孫通「服短衣，楚制，漢王喜」。《史記索隱》引孔文祥云：

① 彭浩：《楚人的紡織與服飾》，湖北教育出版社1995年版，第150頁。

「高祖楚人，故其從俗裁制。」說明楚人有穿短衣的習俗。

長衣，可能指袍一類的服飾①。其基本特點為：採用交領，兩襟相交垂直而下，質地較為厚實，衣袖寬大，形成圓弧形，至袖口部分則明顯收斂。這個特點可以從很多楚地出土帛畫中見到。以上所見的紡衣、疏衣、結衣、緅衣、留衣等，極有可能是長衣，即袍一類的衣服。那麼，裳比較少見就很容易理解了。

在衣服的顏色方面，楚地衣著有青、白、紫、丹黃等色，特別是衣裡的顏色非常鮮豔，如紫色、綠色等。《禮記·玉藻》說：「衣正色，裳間色。」②上衣下裳的顏色有嚴格的規定。楚遣策所記載的衣裳，顏色混雜，遣策中竟有「二盲童」著紫色之衣的記載，可見楚人的衣裳色彩可能不合中原地區流行的制度。

在質地方面，楚服多用絲製。此外，楚服還有種類繁多、鮮豔漂亮的緣飾，比如赭黸、樂成、綺縞、錦等。

近年在馬山M1楚墓、曾侯乙墓出土的服飾實物驗證了傳世文獻和喪葬文書中的記載，由此可以推想楚人衣裳的風貌。

彭浩先生曾將馬山楚墓M1出土衣袍的相應部分尺寸加以研究，製成了表格。他認為，絕大多數楚式衣袍的尺寸與《禮記·深衣》的相應規定都不同，袖寬和腰圍尺寸偏大，而下擺的長度卻要短得多③。深衣是東周中原地區貴族的服飾，楚式衣袍的實物竟然沒有一件下裳的分幅合於《禮記·深衣》的定制，這至少說明楚人並沒有完全依據禮制來縫製衣裳。

裙是下裳，馬山楚墓M1中出土了兩件單裙的實物，其中形狀清

---

① 熊傳新：〈長沙出土楚服飾淺析〉，載《湖南考古輯刊》第2期，嶽麓書社1984年版，第175—180頁。

② 鄭玄注：「謂是服玄上纁下。」正色指青、赤、黃、白、黑，間色則是以正色配合產生的。按照禮書的說法，如果黃色是上衣所用的顏色，那麼下裳則應用間色。

③ 彭浩：《楚人的紡織與服飾》，湖北教育出版社1995年版，第161頁。

晰、可供研究的標本只有一件單裙。此單裙的形狀基本與禮制中的下裳相同，只是在具體裁制上有些差別[①]。另外，在信陽長臺關楚墓的漆瑟漆畫上和曾侯乙墓鐘架銅人身上都可見身著下裙的人物形象。裙又往往與襦（襦是一種比單衣要短的服式，一般長及膝部，有單、複之分）合用，曾侯乙墓銅人上身著襦衣，下身著裙，裙的長度一般及腳背或稍高一些，上身蓋住裙的腰部。

可見，無論從遣策，還是從出土實物來看，楚國的衣、裳都別具一格，具有鮮明的地域特徵。

**（三）蔽膝**

關於楚國服飾是否有蔽膝的問題，學界爭議較大。劉國勝先生將望山M2簡48所謂「二紅緅之紼」中的「紼」字讀為「韍」，指蔽膝[②]。《說文·巿部》：「巿，韠也。上古衣蔽前而已，巿以象之。天子朱巿，諸侯赤巿，大夫葱橫。從巾，象連帶之形，韍，篆文巿，從韋從犮。」則「巿」為韍之初文。劉國勝的解釋是合理的。

鄭玄注：「他服謂之韠，祭服謂之韍。」因為蔽膝的材質、使用場合不同，寫法或有差異，韠、韍、黻、芾、紼、茀等字聲音相通，可能指的都是這種物件[③]。商周時期的服飾常有與蔽膝有關的材料[④]，然而迄今為止，在楚人服飾資料中卻看不到蔽膝。彭浩先生認為：「按禮書記載，蔽膝是與冕服配合使用的。楚人這種服飾的缺如，或許與他們的服式不是冕服有關，或許楚人根本就不使用蔽膝。[⑤]」古代

① 彭浩：《楚人的紡織與服飾》，湖北教育出版社1995年版，第165—166頁。周錫保：《中國古代服飾史》，中國戲劇出版社1984年版，第389頁。

② 劉國勝：《楚喪葬簡牘集釋》，武漢大學博士學位論文，2003年，第125頁。

③ 周錫保：《中國古代服飾史》，中國戲劇出版社1984年版，第389頁。

④ 商代安陽殷墓出土的玉人所著服裝是交領、右衽，下裳長及小腿，腰部束帶，帶上系韠。寶雞茹家莊一號墓出土的青銅人都著此式服裝。一號墓的青銅人窄袖，腰系帶，腰下懸「韠」，這種服飾也見於洛陽出土的西周玉人形象。參見盧連成、胡智生《寶雞𢐗國墓地》，文物出版社1988年版。傅永魁：〈洛陽東郊西周墓發掘簡報〉，載《考古》1959年第4期。

⑤ 彭浩：《楚人的紡織與服飾》，湖北教育出版社1995年版，第189頁。

佩韠不一定限於冕服上所用，其他服飾也可以佩韠。比如，《儀禮・士冠禮》「三加冠弁服」中的玄端服、皮弁服都不是冕服，而它們都佩有蔽膝[1]。所以，楚服飾資料中不見蔽膝可能與是否冕服無關。《續漢志・輿服志下・佩條》記載：

古者君臣佩玉，尊卑有度。上有韍，貴賤有殊。佩，所以章德，服之衷也。韍，所以執事，禮之共也。故禮有其度，威儀之制，三代同之。五霸迭興，戰兵不息，佩非戰器，韍非兵旗，於是解去韍佩，留其繫璲，以為章表。故《詩》曰「鞙鞙佩璲」，此之謂也。韍佩既廢，秦乃以采組連結於璲，光明章表，轉相結受，故謂之綬。

這是說，春秋戰國時期，由於戰亂不息，韍的裝飾在人們作戰時導致行動不方便，成為戰爭的障礙，於是諸侯各國將其廢棄了[2]。如果這段記載屬實，那麼，目前所發現的楚人服飾資料中不見蔽膝，也就很容易理解了。楚地遣策的記載時間基本上都為戰國時期，當時蔽膝之制已不流行，在隨葬品中自然也很難見到蔽膝的蹤跡了。

然而蔽膝之制並未絕跡，相反屢見於秦漢時期的文獻和出土材料中。在馬王堆漢墓M1遣策中，有「級緒巾」三字，范常喜先生指出這可能是一種用來覆蓋在裙上、用紵做成的蔽膝[3]。此外，在尹灣東漢墓M2出土的木牘中，有「青巨巾一。紅練巨巾二、縷巨巾一」（木牘一正）的記載，據馬怡先生考證，此即《釋名・釋衣服》所說「齊人謂

---

① 參見《儀禮・士冠禮》。

② 周錫保：《中國古代服飾史》，中國戲劇出版社1984年版，第17頁。

③ 范常喜：〈馬王堆一號漢墓遣冊「級緒巾」補說〉，簡帛研究網，2006年3月15日。范常喜先生在此文中亦指出，長沙馬王堆3號漢墓出土遣策所記隨葬物品有不少可同一號漢墓相對照，其中有三支簡所記分別為：緒紼一（375）、素紼二今三（377）、麻紼一（378）。「紼」字原簡文作𧘝。整理者認為：「紼，疑為『市』字。」對於「紼」字，諸家雖然有不同看法，但綜合來看，整理者將此字釋作「紼」，訓為「蔽膝」有其一定的合理性。

之巨巾」的「蔽膝」①。從《漢書・王莽傳》等文獻記載來看，漢代蔽膝的使用還是比較普遍的。

宋人李如圭說：「韠，蔽膝也。古者田漁而食，因衣其皮，先知蔽前，後知蔽後。後王易之以布帛，而猶存其蔽前者，不忘本也。②」韠起源甚早，在原始漁獵時期具有實際功用，到後來由皮革演變為絲帛，成為掛裳前與帶連用的一種飾物了。

### （四）鞋

楚遣策中記載的鞋也比較豐富③。概括起來，主要有以下幾種：

1. **魚皮之履**。彭浩先生認為可能是一種用鱣魚皮或鯊魚皮製成的鞋。

2. **韀鞔**。形制、質地不明。疑為麻鞋。

3. **鞮履**。在遣策中出現最多，可能是一種以革製成的鞋。

4. **緅履**。彭浩先生指出，可能是以苞草編織而成的鞋。

5. **紅緅之偘履**。形制、質地不明。

6. **有苴疏履**。指有草墊的疏履。

7. **絲履**。用絲製成的鞋。

從上可知，楚人生活中除了用傳統意義上的葛麻和皮革製鞋外，還用了一些並不常見的材料，比如魚皮、生絲等。雖然有些鞋的質地到現在還沒有弄清楚，但楚人鞋的特點可見一斑。

### （五）佩飾（如帶、帶鉤、佩玉等）

楚人的佩飾包括帶、帶鉤、佩玉等。其中望山M2簡50記載得最為

---

① 馬怡：〈尹灣漢墓遣策劄記〉，載《簡帛研究（2002—2003）》，廣西教育出版社2005年版，第263頁。

② 李如圭：《儀禮集釋》卷一，文淵閣四庫全書本。

③ 鞋的實物見於長沙楚墓：「麻鞋底3件，出於2座墓中。M869：19—13，黑褐色，有少許黃泥，已殘損，似用雙股麻線從內向外平繞8圈再編織而成，目前共存16行，為使鞋底加厚，而編織時在麻線打有許多結，現已壓成方、圓、梯形等多種形狀的小顆粒，經約0.3公釐。」參見湖南省博物館、湖南省考古研究所編《長沙楚墓》，文物出版社2000年版，第417頁。

詳細：「一革帶，佩一□□□，一囹，一端環，一緄帶，一雙璜，一雙琥，一玉鉤，一環。」不同的帶佩掛不同的玉飾。其他簡的記載比較零散，但也不外乎這幾種飾物。

與禮書上的帶相比，楚遣策中比較有特色且有點特殊的是緯帶。在楚簡中，緯帶與革帶都有。據專家考釋，兩者的意義明顯不同。朱德熙、裘錫圭先生認為緯應為縫，緯帶是縫製而成的帶子。中山大學古文字研究室《戰國楚簡概述》中則說緯應為緯絲的簡稱。彭浩先生根據《說文》中緯有縫的意義，認為緯字從糸從革，應不同於一般的繡帶，它是用絹、革複合而成的，用這種材料做成的帶子叫做「緯帶」。緯帶與革帶兩者雖有區別，但用途一致，都用來串掛佩玉。

從考古實物來看，楚人的帶製作精巧、美觀。江陵馬山一號楚墓出土的彩繪著衣木俑，「腰間用絲帶束縫，外繫長19.2公釐、寬2.3公釐的灰黑色皮帶。皮帶兩端鑽有小孔，以黃色錦帶相連」[1]。江陵馬山楚墓M1中死者的腰間繫有一根絲帶，這根絲帶就是用手工編結的「組」做成的[2]。信陽長臺關二號墓出土的木俑的腰間均繪有較寬的帶，從背面可以清楚地看到，帶上有花紋，這些花紋或是刺繡或是織結出來的[3]。

綜上所述，從遣策服飾名物和出土實物來看，楚人的服飾形式多樣，色彩鮮豔，具有很明顯的地域特徵。

如果將以上梳理的楚遣策服飾名物組合在一起，可列表如下：

---

[1] 荊州地區博物館：《江陵馬山一號楚墓》，文物出版社1985年版。同樣，長沙楚墓中也有皮帶的殘物。《長沙楚墓》：「皮帶，6件，標本M869：18。兩頭均有小孔，灰黑色，殘長20公釐，寬0.3公釐。標本M1569：12，斷成8塊，皮棕黑色，表面光滑，背面有細絨毛。M167：17：為殘皮帶，黑色。標本M115：13：皮帶為雙層，黑色。」參見湖南省博物館、湖南省考古研究所編《長沙楚墓》，文物出版社2000年版，第412頁。

[2] 荊州地區博物館：《江陵馬山一號楚墓》，文物出版社1985年版。

[3] 河南省文物研究所：《信陽楚墓》，文物出版社1986年版。

表1-9　服飾類別與名物

| 服飾類別 | 服飾名物 | | | | | | | |
|---|---|---|---|---|---|---|---|---|
| 冠 | 獬冠 | 纈 | 紫韋之帽 | 大冠 | 紡冠 | 疏布之帽 | 紫裡之冠 | 帛裡紡冠 |
| 衣 | 狐青之表 | 編衣 | 紛裕 | 紙 | 紡衣 | 疏衣 | 結衣 | 緟衣　留衣　衦 |
| 裳 | 綏裳 | | | | | | | |
| 帶 | 革帶 | 緯帶 | 緄帶 | | | | | |
| 佩玉 | 囨 | 環 | 璜 | 琥 | 玉鉤 | | | |
| 鞋 | 魚皮之屨 | 鞁屨 | 緂屨 | 緃屨 | 佢屨 | 疏屨 | 絲屨 | |

通過表1—9，我們會發現它與表1—8（冠禮之服）有很多相異之處，甚至沒有名稱相同的服飾。由此可見，楚式衣裳與禮書所記服飾有很大差別。可以說，楚人的服飾較《儀禮‧士冠禮》規定的服飾要豐富得多。

必須承認，冠禮服飾只是當時整體服飾制度的一部分，而遣策所記的服飾也只能代表楚國服飾的一部分，尤其是楚國中上層貴族的情況更是如此。劉國勝先生指出：

就已有的資料看，楚遣策多隨葬在大夫、下大夫墓葬中。⋯⋯不過，僅就目前戰國中小型楚墓發掘超過5000座而其中少有遣策出土的實際情況分析，戰國時期使用遣策在楚中等貴族以上階層是較為通行的，而楚國低等士階層可能與普通庶民一樣，不用遣策，或限用遣策。①

可見，遣策中的服飾名物代表的只是楚國中等以上貴族而已。「禮不下庶人」，「三禮」材料反映的也是中原貴族的禮儀狀況。二者對比，理論上大致可以反映楚國的輿服制度。從目前所知遣策材料

---

① 劉國勝：〈楚遣策制度述略〉，載《楚文化研究論集》第6集，湖北教育出版社2005年版，第230—232頁。

來看，楚國服飾款式多樣，色彩絢麗，與中原地區中規中矩、等級森嚴的服飾確有不同。我們應當如何理解這種差異呢？

春秋戰國時期，諸侯割據，五侯稱霸，七國爭雄，文化分裂，田疇異畝，車途異軌，律令異法，言語異聲，文字異形，衣冠也隨之異制。楚文化區形成特色鮮明的「楚服」，是必然的結果。《楚辭》中就有多處對楚人奇裝異服的描述。秦國公子異人在呂不韋的指導下，穿上「楚服」去見原是楚國人的華陽夫人，華陽夫人果然大悅，立之為嫡[①]。「楚服」在戰國末年如此顯著，其區域文化的特色應當是非常鮮明的。馬王堆漢墓M3出土的遣策中便有「美人四人，其二人楚服，二人漢服」的記載，說明隨葬女俑的服飾也有楚、漢之別。這說明，楚人亡國後，秦漢易代，在西漢前期的南方，人們對於「楚服」與當朝「漢服」還是分得非常清楚的。

服飾與人類的日常生活息息相關，深受地理環境、生產水平、民族信仰、風俗習慣、審美傾向等諸多因素的影響。例如，紡織業的發展水平就決定了服飾的質料、顏色和紋飾，生產生活樣式也同樣對之有決定作用。「楚服」、「楚制」崇尚簡潔、實用、鮮豔，無疑是楚人地處江漢平原的生活環境所致，也與楚人以「蠻夷」自居的文化心理有關，與楚人活潑恣肆、無所拘束而富於創新精神的民族性格有關。

---

① 《戰國策‧秦策五》。

# 第二章　婚　　禮

　　婚禮是二姓合好、繼宗嗣後的重要禮儀，故為嘉禮之重、五禮之本。與冠笄、朝聘、祭祀之禮一樣，婚禮也有一整套明確的禮節流程和深刻的禮制內涵。

　　楚國作為春秋戰國時期舉足輕重的南方諸侯，其婚禮是否亦如《禮經》規定的那樣嚴謹？婚期又定在哪個良辰吉日？這是本章要討論的內容。《春秋》及「三傳」、《國語》、《戰國策》以及《史記‧楚世家》等傳世文獻，仍然是本章的主要參考文獻。與此同時，近年來楚地出土的簡帛文獻和青銅銘文，也為楚國婚禮制度的研究提供了較為豐富的史料。需要指出的是，儘管已有不少紙上之遺文與地下之實物，但目前的研究仍難以描繪出涵蓋尊卑貴庶的婚禮制度全景。例如，對「立后」和「婚禮日期」的觀察視角，肯定是不同的。前者主要通過《左傳》的記載，來梳理楚國君主后妃的廢立情況，可以說是上層貴族的生活樣態；而後者由於史料的限制，只能將視點定於下層，考察普通楚人是如何擇吉娶婦的。

## 第一節　立后

《說文解字》曰：「后，繼體君也。象人之形，施令以告四方。」[①]
無論是在政治地位上，還是在禮儀象徵上，王后作為天子或國君的胖
合配偶，都具有與夫相齊的重要意義。除王后之外，君主還擁有其他
數額不定的妃嬪。與外朝職官相對應，內朝的后妃也有明確的職屬體
系。本節擬從《周禮》、《禮記》的經文談起，首先疏理經典所示之
禮制規範，然後再從《左傳》等史料中探討楚國的后妃制度。

### 一、婚禮概述

《禮記·曲禮下》曰：「天子有后，有夫人，有世婦，有嬪，有
妻，有妾。」

《周禮·天官塚宰》也有相同的設計，其名位及職掌如下表：

表2-1　《周禮》內官及職掌

| 內官 | 人數 | 職掌 |
|---|---|---|
| 王后 | 1 | |
| 夫人 | 3 | |
| 九嬪 | 9 | 掌婦學之法，以教九御婦德、婦容、婦功，各帥其屬而以時御敘於王所。 |
| 世婦 | 數量不定 | 掌祭祀、賓客、喪紀之事，帥女宮而濯摡，為齍盛。 |
| 女御 | 數量不定 | 掌御敘于王之燕寢。 |

從嚴格意義上講，「王后」與「夫人」並不是官職的名稱。夫
人與王后，「坐而論婦禮」而已，並無官職，不屬職官體系，故二
者不列。

關於這些「婦官」的人數安排，依照《周禮》的規定，王后只有
一位，夫人有三，嬪有九人，其下世婦與女御（御妻）的數量不定。
鄭玄曰：「不言數者，君子不苟于色，有婦德者充之，無則闕。」但

---

① 許慎：《說文解字》，中華書局1963年版，第186頁。

根據《禮記·昏義》的表述，內官的級別與人數均參照外官而定，意在達到外朝與內朝的平衡，以期外內和順、國家理治。在「內治」系統中，天子或封君的正妃居於絕對之首，在宗廟社稷大事中，秉承著重要的義務。當然，「正妃」的名號與自稱也會因丈夫的爵位而有所不同。《禮記·曲禮下》曰：

天子之妃曰「后」，諸侯曰「夫人」，大夫曰「孺人」，士曰「婦人」，庶人曰「妻」。公侯有夫人，有世婦，有妻，有妾。夫人自稱于天子曰「老婦」，自稱于諸侯曰「寡小君」，自稱於其君曰「小童」。自世婦以下自稱曰「婢子」。

周成王時，楚被封為子男之國，《左傳》中稱其為「楚子」。楚武王（前740年—前690年在位）時，開始僭號稱王。因此，從嚴格意義上說，楚王的正妻當名之以「夫人」而非「王后」。這在青銅器銘文中已得到佐證。例如，現藏於上海博物館的「君夫人鼎」，可能就是某位楚王或封君夫人之器。而「王后六室鼎」、「王后六室簠」、「王后六室豆」、「王后六室缶」以及「王后六室鎬」等王后諸器，則應該為周幽王之王后所有[①]。

關於婚禮的儀節，《儀禮》和《禮記》均有記載。王后、夫人雖殊貴于士、庶人之妻，但婚禮的差異，主要表現在用器的數量和禮節的規格上，而在程序上基本沒有差別，所謂「昏禮有六，尊卑皆同」[②]。納采、問名、納吉、納徵、請期和親迎「六禮」是《禮經》規定的婚禮基本程序。在親迎至男家之後的次日清晨，新婦拜見舅姑，婚禮乃成。按《禮經》，上至天子下至庶民，都要悉數遵照這些節目

---

① 劉彬徽：《楚系青銅器研究》，湖北教育出版社1995年版，第362—363、367頁。
② 《儀禮·士昏禮》賈公彥疏。

來舉行婚禮。

　　然而，對於婚禮中的另一個重要方面——婚齡，則因身分尊卑而相異。《白虎通義・嫁娶》曰：「男三十，筋骨堅強，任為人父。女二十，肌膚充盛，任為人母。合為五十，應大衍之數，可生萬物也。」《周禮・地官司徒・媒氏》、《禮記・曲禮》和《大戴禮記・本命》皆持此種意見①。然而由於天子和國君身擔重任，非士庶可比，故冠禮和婚禮的年齡都較為提前。《左傳・襄公九年》曰：

　　國君十五而生子。冠而生子，禮也。

　　由此可知，國君及其夫人的婚嫁應該在冠禮之後，15歲左右，即只要行過冠笄之禮便可談婚論嫁了。

## 二、楚王夫人及其出身

　　就婚禮儀節和婚齡而論，遍觀楚史及傳世文獻，都沒有發現有如同《禮經》一樣詳細的夫人婚禮儀節的記載。關於楚王與后妃的婚齡，史料也幾乎沒有提及。然而《史記・楚世家》中有一條寥寥數語的記載，為我們提供了一些推測的線索。《史記・楚世家》曰：

　　平王二年，使費無忌如秦為太子建取婦。……建時年十五矣。②

　　太子建迎娶秦國女一事，《左傳》亦有記載，但是未曾指明太子當時的年齡。從《史記・楚世家》中的這條材料可以看出，楚太子娶婦的年齡是15歲，可能剛剛舉行過冠禮，那麼楚王和楚太子的

---

① 《周禮・地官司徒・媒氏》：「令男三十而娶，女二十而嫁。」《禮記・曲禮上》：「三十曰壯，有室。」《大戴禮記・本命》：「中古男三十而娶，女二十而嫁，合於五也，中節也。」至於所謂30歲和20歲是適婚年齡，抑或是結婚年齡的最上限，歷代禮學家亦存在爭論。
② 《史記・楚世家》，中華書局1959年版，第1712頁。

婚齡應該就在15歲左右，甚至可能更早。《古列女傳》收錄的莊姪諷諫頃襄王的故事，也透露出莊姪當時年僅12歲。楚王聽了她的一番言論之後，便將她立為夫人。由此可見，女子12歲成婚的情況當非罕見。

至於楚國的婚姻形態，根據學者的研究，可能經歷了血緣婚—族外婚—對偶婚—妻妾制這樣一個演變進程[1]。

《大戴禮記·帝系》記錄了楚國對偶婚出現之前的帝系和婚姻狀況，為明瞭計，可將楚人先祖世系轉換成以下結構形式：[2]

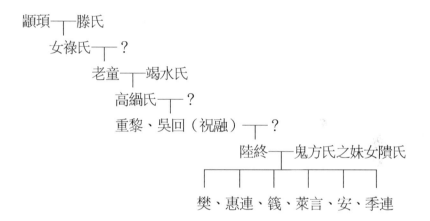

來自滕氏、竭水氏和鬼方氏的女子，均非與楚人同族，這印證了兩周時期的一個共識，即「同姓不婚」的原則。妻妾制出現以後，有關楚王配偶的記錄就更為詳實了。除了婚齡與禮法基本相應之外，在《左傳》中，楚王正妻稱「夫人」的記載，也基本與禮制相合。根據現有史料，我們得知有明確記載的楚夫人大致有如下幾位：

---

① 顧久幸：〈楚國婚姻形態略論〉，載《湖北社會科學》1988年第10期。
② 王聘珍：《大戴禮記解詁》，中華書局1983年版，第127—128頁。

1.鄧曼（楚武王夫人）；

2.息嬀（楚文王夫人）；

3.秦嬴（楚共王夫人，即秦桓公之女、秦景公之妹）；

4.郹封人女（楚平王夫人）；

5.秦嬴（楚平王夫人，即秦穆公之女）；

6.南后（楚懷王后）；

7.李園女弟（楚考烈王后）。

　　除以上幾位姓名見於《左傳》的楚夫人之外，《國語·周語中》中還提到了來自盧國的嬀氏[①]，至於她是哪位楚王的夫人，不詳。《古列女傳》和《韓詩外傳》中又提到楚莊王夫人樊姬和頃襄王夫人莊姪。另外，《戰國策》、《韓非子》和《史記》等文獻都提到了楚懷王的寵姬鄭袖。《韓非子》一開始稱鄭袖為「荊王所愛妾」，後文又稱她為「夫人」。《戰國策》與《史記》也將鄭袖當做「夫人」[②]。從傳世史料觀之，其身分不甚明朗。

　　就楚夫人的出生國屬而言，鄧曼、秦嬴、息嬀等女子，皆非楚人，她們與楚王的結縭確實反映了春秋戰國之時「同姓不婚」、「諸侯不內娶」的原則。《白虎通義·嫁娶》曰：「諸侯所以不得自娶國中何？諸侯不得專封，義不可臣其父母。」但是，從《古列女傳》中得知，頃襄王夫人莊姪卻是楚國「縣邑之女」。楚王將其立為夫人，當是違禮，也與楚國通常的嫁娶原則相悖，而且沒有更多的可靠史料表明莊姪確為楚夫人，因此，我們懷疑莊姪可能並非居於夫人之位。

　　就楚國的婚姻形態而言，自楚武王開始，基本屬一夫一妻多妾

①　〈國語·周語中·富辰諫襄王〉曰：「盧由荊嬀。」韋昭注：「盧，嬀姓之國。荊嬀，盧女為荊夫人。」徐元誥：《國語集解》，中華書局2002年版，第48頁。

②　〈韓非子·內儲說下〉，載國學整理社《諸子集成》（五），中華書局2006年版，第186—187頁。《史記·張儀列傳》，中華書局1959年版，第2288頁。

制<sup>①</sup>，這與《禮經》的規定並無衝突，但也有例外。《左傳・昭公十九年》載：

> 楚子之在蔡也。郳陽封人之女奔之，生大子建。及即位，使伍奢為之師。費無極為少師，無寵焉，欲譖諸王，曰：「建可室矣。」王為之聘于秦，無極與逆，勸王取之。正月，楚夫人嬴氏至自秦。

這段材料說的是楚平王先後立兩位夫人之事。從中可知，楚平王先立郳陽封人之女為夫人，並立所生之子為太子。而後，又在費無極的慫恿下納太子之婦（秦穆公之女），立為夫人。除此之外，這段材料也透露出楚人婚姻之俗，文中不僅沒有提到婚禮「六禮」的任何一道禮儀，反而使用了「奔」這個語彙，可見並非正禮。《禮記・內則》云：「聘則為妻，奔則為妾。」然而楚平王並沒有因此而不認可郳陽封人女的地位，仍然立她為夫人。

《公羊傳・隱公元年》：「立嫡以長，不以賢；立子以貴，不以長。」所謂嫡，指嫡夫人之子。意思是說立太子之時，最先考慮的是正妻之長子。這一禮法在楚國的王位繼承中亦有不少體現。例如，武夫人鄧曼生文王；文夫人息媯生堵敖和惲，堵敖在位三年，為其弟惲所弒，惲即位為楚成王。郳陽封人女生子建，是最初的太子人選。平王後來又立秦嬴為夫人，生昭王。考烈王后之子亦為太子。當然，也有學者認為，郳陽封人女並未被立為夫人，真正的平王嫡夫人，是從太子手裡奪來的秦嬴，而且楚國的王位繼承人，不一定是嫡妻之子<sup>②</sup>。這裡之所以將郳陽封人女算入「夫人」之列，主要是依據《春秋會要》中的說法。而所謂楚王不一定是嫡妻之子，這一觀點確實得到了

① 顧久幸：〈楚國婚姻形態略論〉，載《湖北社會科學》1988年第10期。
② 高兵：《周代婚姻形態研究》，巴蜀書社2007年版，第163頁。

史料支持。《左傳‧哀公六年》曰：

> 命公子申為王，不可；則命公子結，亦不可；則命公子啟，五
> 辭而後許。將戰，王有疾。庚寅，昭王攻大冥，卒于城父。子閭退，
> 曰：「君王捨其子而讓，群臣敢忘君乎？從君之命，順也。立君之
> 子，亦順也。二順不可失也。」與子西、子期謀，潛師閉塗，逆越女
> 之子章，立之而後還。

杜預注曰：「越女，昭王妾。」根據上引文字，楚昭王將死，本
欲立其兄長為王，並依次徵求他們的意見，但三位兄長都辭而不受。
昭王死後，他們又商量迎立昭王之子，惠王遂即楚王位。由此可見，
楚昭王生前從未立過太子。在楚國歷史上，最終繼位為楚王的人選，
也未必全部都是嫡妻之子。

### 三、楚王夫人的德行

楚夫人在政治舞臺上要襄贊夫君理國治事，扮演著非常重要的角
色。《左傳‧桓公十三年》中的這段材料，即顯示出鄧曼卓越的理國
之才：

> 十三年春，楚屈瑕伐羅，鬬伯比送之。還，謂其御曰：「莫敖必
> 敗，舉趾高，心不固矣。」遂見楚子曰：「必濟師。」楚子辭焉。入
> 告夫人鄧曼，鄧曼曰：「大夫其非眾之謂，其謂君撫小民以信，訓諸
> 司以德，而威莫敖以刑也。莫敖狃于蒲騷之役，將自用也，必小羅。
> 君若不鎮撫，其不設備乎？夫固謂君訓眾而好鎮撫之，召諸司而勸之
> 以令德，見莫敖而告諸天之不假易也。不然，夫豈不知楚師之盡行
> 也？」楚子使賴人追之，不及。

楚、羅交戰，屈瑕為將。鄧曼認為他沒有善德、剛愎自用，而

「上天之意不借貸慢易之人」，必將戰敗，於是請求楚武王召回屈瑕，勸勉教訓以令德，使其心懷敬懼。武王從之，但為時已晚，最終楚人大敗。鄧曼的料事如神，還反映在楚國伐隨的事件中：

楚武王荊屍，授師孑焉，以伐隨。將齊，入告夫人鄧曼曰：「余心蕩。」鄧曼歎曰：「王祿盡矣！盈而蕩，天之道也。先君其知之矣，故臨武事，將發大命，而蕩王心焉。若師徒無虧，王薨于行，國之福也。」王遂行，卒於樠木之下。[1]

除鄧曼之外，楚莊王夫人樊姬，以及頃襄王夫人莊姪，也都是後世道德教化宣揚者所極力稱頌的賢妃。《韓詩外傳》曰：

楚莊王聽朝罷晏，樊姬下堂而迎之曰：「何罷之晏也？得無饑倦乎？」莊王曰：「今日聽忠賢之言，不知饑倦也。」樊姬曰：「王之所謂忠賢者，諸侯之客歟，國中之士歟？」莊王曰：「則沈令尹也。」樊姬掩口而笑。王曰：「姬之所笑者何等也？」姬曰：「妾得于王尚湯沐執巾櫛振袵席十有一年矣，然妾未嘗不遣人之梁鄭之間，求美人而進之於王也。與妾同列者十人，賢於妾者二人，妾豈不欲擅王之寵哉？不敢私願蔽眾美，欲王之多見則娛。今沈令尹相楚數年矣，未嘗見進賢而退不肖也，又焉得為忠賢乎？」莊王旦朝，以樊姬之言告沈令尹，令尹避席而進孫叔敖。叔敖治楚三年而楚王霸。楚史援筆而書之於策，曰：楚之霸，樊姬之力也。《詩》曰「百爾所思，不如我所之」，樊姬之謂也。

《古列女傳》和《漢書》也有類似的故事。而莊姪則在12歲時便深

① 《左傳·莊公四年》。

明道義，勸誡楚頃襄王節儉愛民，楚國遂更複強大。當然，從樊姬和莊姪故事的出處和內容來看，教化痕跡頗為明顯，因此很可能並非完全是史實。但是這又並不意味著春秋戰國之時，楚國的后妃完全不受倫理道德的約束，有《左傳‧莊公十四年》史料為證：

（莊公）十四年春 [①]……蔡哀侯為莘故，繩息媯以語楚子。楚子如息，以食入享，遂滅息。以息媯歸，生堵敖及成王焉，未言。楚子問之，對曰：「吾一婦人而事二夫，縱弗能死，其又奚言？」

春秋戰國時期雖以禮崩樂壞為顯著特點，但禮法對后妃的約束以及貴族婦女的自我約束，仍然是有效的。從息媯「吾一婦人而事二夫，縱弗能死，其又奚言」的回答中，便可知其對自己的德行有著十分嚴格的自律要求。息媯之節義，還有另一例證。據《左傳‧莊公二十八年》記載：楚文王死後，楚令尹子元，即楚文王之弟，曾「欲蠱文夫人」。蠱，杜預注：「惑以淫事。」息媯泣涕曉理，以示不從。這些記載中所反映出的禮教觀念，或許是息媯的一己之德，但如果當時社會沒有一定的倫理禮教觀念的影響，息媯亦不至於對「從一而終」的禮教觀念那麼認同與遵從。除息媯的例子之外，楚王之妹季羋也因為鍾建曾經背負她一起逃亡，有了授受之親，故最終決意嫁鍾建為妻，其謂「所以為女子，遠丈夫也」[②]。可見，即使在南方楚地，男女大防的觀念仍然為貴族女子所認同。

從另一個角度看，在上引材料中，我們不僅可以讀出息媯的貞烈，同時也可以借此探討一下楚國與其他諸侯國的聯姻情況。春秋戰國時期，諸侯聯姻是極為尋常的事情，但楚夫人的迎立，未必伴隨著

---

① 清代學者張宗泰考證後認為，楚人伐息當在魯莊公十一年或十二年，而非十四年。可備一說。參見張宗泰《質疑刪存》（外二種），中華書局2006年版，第15頁。

② 《左傳‧定公五年》。

兩國交好或外內和順。如史料所載，和當時的其他國家一樣，兩國聯姻最終導致亡國的例子也不少。《國語・周語中・富辰諫襄王》中，富辰就曾對周襄王說道：「夫婚姻，禍福之階也。[1]」息媯如楚，便是以息國的破滅為前提的。除此之外，這樣的例子還有很多。

楚武王夫人鄧曼來自鄧國，因此，楚文王為鄧祁侯之甥。《左傳・莊公六年》載：

楚文王伐申，過鄧。鄧祁侯曰：「吾甥也。」止而享之。騅甥、聃甥、養甥請殺楚子，鄧侯弗許。三甥曰：「亡鄧國者，必此人也。若不早圖，後君噬齊，其及圖之乎？圖之，此為時矣！」鄧侯曰：「人將不食吾余。」對曰：「若不從三臣，抑社稷實不血食，而君焉取余？」弗從。還年，楚子伐鄧。十六年，楚複伐鄧，滅之。

楚秦之間的婚約更是頻繁。秦桓公之女與穆公之女，先後嫁給楚共王與平王為妻。楚平王奪太子之婦而立為自己的夫人，本是費無極殺太子陰謀的一部分。

戰國時期，楚懷王二十四年，在張儀的遊說下，楚叛齊而與秦締結姻親，相往迎婦。楚頃襄王七年，又一次娶婦于秦[2]。然而，兩國聯姻並未給楚人帶來真正的安寧。楚懷王二十六年，「齊韓魏為楚負於從親而合于秦，三國共伐楚」。楚懷王二十九、三十年，秦兩度伐楚，取八城，並召楚王武關相會。楚懷王赴約，被秦昭王扣留，最終客死異國[3]。

總的來說，像鄧曼、樊姬、莊姪和越女等女子，可能來自並不高貴的階層，或是來自並不強盛的小國，如鄧、衛、息、曹等國。楚國

① 徐元誥：《國語集解》，中華書局2002年版，第46頁。
② 《史記・楚世家》、《史記・六國年表》。
③ 《史記・楚世家》。

第二章　婚禮

與這些國家聯姻，或多或少都有政治上的考慮。或者是楚國為了蕩平「漢陽諸姬」而聯姻，或者是楚周邊小國為了自保而聯姻，或者楚國為了合縱連橫而聯姻，具體原因不一而足。

由於史料的原因，我們所能知道的楚王立后的情況相當有限。「三禮」文獻雖然對立夫人的儀節有著各方面的規定，但我們對楚人立后是否嚴格遵守不得而知。從史料明確記載的楚夫人事蹟中，我們可以看出，夫人在楚國的政治生活中發揮著重要影響，然而，無論是與鄧、衛的結親，還是與秦、晉的政治聯姻，都不一定取得了《禮經》所期求的「內和而家理」、「外和而國治」的婚姻效果。

## 第二節　娶婦

情性之大，莫若男女；人倫之始，莫若夫婦。之所以男曰「娶」而女曰「嫁」，根據《白虎通義》的解釋，這是因為陰卑陽尊，陰隨陽而成 ①。娶婦嫁女，自然就意味著陽倡陰和、男行女隨。

### 一、楚國貴族娶婦的相關史料

翻檢《左傳》、《史記》，其中有關楚王及貴族娶婦的材料，大致有如下諸條。

1. 楚子如息，以食入享，遂滅息。以息媯歸，生堵敖及成王焉，未言。楚子問之，對曰：「吾一婦人而事二夫，縱弗能死，其又奚言？」②

2. 楚始得曹而新昏于衛，若伐曹、衛，楚必救之。③

---

① 陳立：《白虎通疏證》，吳則虞點校，中華書局1994年版，第452頁。
② 《左傳·莊公十四年》。
③ 《左傳·僖公二十七年》。

3. 以其女妻伯比，實為令尹子文。①

4. 巫臣聘（夏姬）諸鄭，鄭伯許之。②

5. 秦嬴歸於楚。楚司馬子庚聘于秦，為夫人寧，禮也。③

6. 費無極為少師，無寵焉，欲譖諸王，曰：「建可室矣。」王為之聘于秦，無極與逆，勸王取之。正月，楚夫人嬴氏至自秦。④

7. （張）儀出，懷王因善遇儀，儀因說楚王以叛從約而與秦合親，約婚姻。⑤

8. （楚懷王）二十四年，倍齊而合秦。秦昭王初立，乃厚賂于楚。楚往迎婦。⑥

9. （楚頃襄王）七年，楚迎婦于秦。⑦

10. （楚懷王）二十四年，秦來迎婦。⑧

　　第一段文字的背景是這樣的：蔡侯的夫人來自陳國，息侯亦娶于陳。息媯過蔡之時，蔡侯曰「吾姨也」，止而見之，未加禮敬。息侯大怒，遂請求楚文王假意發兵攻息，同時請蔡侯相救，以便屆時請楚軍伐蔡。楚子應允，敗蔡於莘，虜蔡哀侯而歸。蔡侯極力向楚文王誇讚息媯之美貌，使楚人伐息，以報前仇。最終楚國滅息，俘其國君，納其嫡妃。《穀梁傳》疏引糜信語曰：「楚子貪淫，為息媯滅蔡。」楚子的這種做法顯然是不合禮制的。從息媯「一婦事二夫」的言論中，我們也可以得知，當時社會對婦女，尤其是貴族婦女，似乎有著較為明確的倫理要求，否則息媯也不必抱求死之心了。

---

① 《左傳・宣公四年》。
② 《左傳・成公二年》。
③ 《左傳・襄公十二年》。
④ 《左傳・昭公十九年》。
⑤ 《史記・楚世家》。
⑥ 《史記・楚世家》。
⑦ 《史記・楚世家》。
⑧ 《史記・六國年表》。

第二章　婚禮

第二、三段文字，由於沒有翔實的記錄，我們無法得知楚衛新婚、子文娶婦的具體婚禮實施過程，故不敢妄作推斷。但從晉國大臣狐偃「若伐曹、衛，楚必救之」的言論裡，可知楚與他國之聯姻，不僅要合二姓之好，更主要的是要結成軍事和政治聯盟，以防備和制約他國的侵奪與擴張。

第四段文字同第一段一樣，都是對娶妻不禮之事的譏諷。《禮記‧內則》云：「聘則為妻。」楚巫臣對夏姬，雖是先聘而後娶，但這場嫁娶仍為他人所不齒。楚王舉兵討伐陳夏氏，欲納夏姬，因巫臣的一番勸阻而止。後來，子反又欲娶夏姬，巫臣言夏姬乃不祥之人，亦勸其勿娶。但最後娶夏姬之人竟是巫臣，因此申叔跪有「桑中之喜」的評論。杜預注：「《桑中》、《衛風》淫奔之詩。」可見，巫臣雖有行聘，但仍因貪淫而為人所不齒。

第五段文字，是說楚共王的夫人秦嬴（即秦景公之妹）嫁給楚國多年後，楚國派司馬子庚使聘秦國，代秦嬴歸省其父母。《左傳》認為這是合乎禮儀的。所謂「寧」或「歸寧」，指女子嫁人後返歸故鄉省親。按照當時禮制規定，諸侯夫人無事是不得隨便回本國省親的，只有大夫之妻可一年省親一次：「諸侯夫人尊重，既嫁，非有大故不得反。唯自大夫妻，雖無事，歲一歸寧。[1]」孔穎達疏指出，按照禮制規定，父母俱在時出嫁之女要親自歸寧；若父沒母存，便不親自歸寧，而是派遣卿一級貴族代為歸寧。按照杜預的理解，「父母既沒，歸寧使卿」，秦嬴派子庚代為歸寧是合乎禮儀的[2]。《左傳》中記載諸侯夫人「歸寧」不下20處，足見此禮在春秋時尚普遍存在，楚人亦遵從此禮。

第六段文字講述的是楚平王奪太子建之妻的事情。第七至第十

---

① 《公羊傳‧莊公二十七年》「直來曰來，大歸曰來歸」下何休解詁。
② 孔疏於此節下又考證出其時秦嬴之母尚在世，並曲為之說，恐不可信。

段文字揭示的則是秦國為打破楚、韓、魏的合縱而與楚國訂立婚姻之事。如前節所述，秦、楚兩國的聯姻只不過是秦人欲爭奪天下而實施的策略計謀而已。

由上可知，這些娶婦的文字除了第五段明顯合禮之外，其餘的大致可以分為「奪他人之婦」與政治聯姻兩類。前者顯然不是正禮，而後者雖在春秋戰國時期極為普遍，也有「合二姓之好」的表相，但究其根底，仍是利益制衡的一種手段，聯姻雙方既是親家，也是仇讎。

## 二、楚與晉、鄭兩國聯姻所見婚禮簡述

在《禮記・昏義》中，禮家將「外內和順，國家理治」稱為「盛德」，娶婦合親之事應以和順為上。然而，除上述秦、楚合親之外，晉、楚結姻卻遠非禮家夢想的那樣其樂融融。《左傳》昭公四年、五年載：

> 四年春，王正月……（楚子）使椒舉如晉求諸侯……遂請昏，晉侯許之。
> 五年春……（楚子）以屈生為莫敖，使與令尹子蕩如晉逆女。……晉侯送女于邢丘。子產相鄭伯，會晉侯于邢丘。……晉韓宣子如楚送女，叔向為介。鄭子皮、子大叔勞諸索氏。

楚子遣椒舉出使晉國，主要目的是征得晉國的同意，使楚能夠會諸侯而成為盟主，並非專為請婚來的。晉侯之女嫁至楚國後，楚子卻打算通過羞辱晉國的上卿與上大夫，來達到羞辱晉國的目的，以示「得志」。可見，楚王並沒有將晉國的交親薦女視為兩國修好的途徑，但楚王的圖謀最終卻因薳啟強的曉之以理而作罷。

這段文字雖然意在揭示楚王的無禮，但「無意」間也為我們留下了關於婚禮儀節的一些信息。從中我們可以看到：

第一，從楚子「請婚」到「如晉逆女」，大致時隔一年。所謂請

婚，或許已經包括了納幣、請期等禮儀，至於是否像《禮經》所說的
那樣，從納采到親迎，其間往來數回，我們不得而知。

第二，楚令尹前往逆女，與諸侯國君親迎之禮有出入。根據禮
制，周天子不親自迎娶新婦，而派卿代為迎逆（「使卿逆而上公臨
之」）。諸侯娶妻，則須親迎，如諸侯有故難往，則當派卿代迎。
「諸侯有故，則使卿逆。[①]」

《左傳·文公四年》載，魯國「逆婦姜于齊」，由於沒有使派卿前
往，被《左傳》譏為「非禮」。《公羊傳·隱公二年》也認為，自天
子以至庶人娶婦之時，皆須親迎。故紀國派遣大夫至魯迎親，則被君
子譏諷為國君不行親迎之禮的開端。不重親迎，便是不重婚姻之
禮，不正妃之義。由此，楚娶晉婦，楚子不前往親迎，就是非禮
之舉。

另外，《左傳》中發生在魯昭公元年即楚郟敖四年（前541年）的
一個事例，也為我們依稀展現出楚國貴族娶婦的一些信息。史載：

元年春，楚公子圍聘于鄭，且娶于公孫段氏，伍舉為介，將入
館，鄭人惡之。使行人子羽與之言，乃館於外。既聘，將以眾逆。
子產患之，使子羽辭，曰：「以敝邑褊小，不足以容從者，請墠聽
命！」令尹命大宰伯州犁對曰：「君辱貺寡大夫圍，謂圍：『將使豐
氏撫有而室。』圍布几筵，告于莊、共之廟而來。若野賜之，是委君
貺於草莽也！是寡大夫不得列于諸卿也！不寧唯是，又使圍蒙其先
君，將不得為寡君老，其蔑以複矣。唯大夫圖之！」……正月乙未，
入，逆而出。[②]

---

① 《左傳·文公四年》杜預注。
② 《左傳·昭公元年》。

楚公子圍向鄭國的公也段氏求婚，並且親自前往鄭國迎娶。鄭國擔心楚公子圖謀不軌，不僅要求楚人「館於外」，而且以城邑太小為藉口，不同意楚公子帶領眾人一同前去迎親。然而楚令尹卻「義正辭嚴」地拒絕了鄭人的要求。從婚禮制度的角度講，將其與《周禮》、《儀禮・士昏禮》和《禮記・昏義》等文獻進行比較，我們至少可以得知以下三點：

第一，「元年春」。從引文最後一句「正月乙未」可見，楚公子圍的婚期，正當于周曆正月。前揭楚、晉聯姻之婚期，亦在周曆春季。《白虎通義・嫁娶》曰：

嫁娶必以春何？春者，天地交通，萬物始生，陰陽交接之時也。[1]

除此之外，《周禮・地官司徒・媒氏》曰：「中春之月，令會男女。」鄭玄注：「中春陰陽交，以成昏禮，順天時也。」又，《大戴禮記・夏小正》亦曰：「二月……冠子取婦之時也。」[2]

可見，很多經學家都認為嫁女娶婦的季節，應該在仲春之時。然而問題在於，周人與楚人所使用的並不是同一個曆法系統[3]。陳偉先生的研究則表明，楚曆四季劃分比夏曆晚出一個月[4]。而根據黃儒宣先生的研究，楚曆與夏曆相差三個月[5]，例如，楚人的八月相當於夏曆五月。而夏曆亦與周曆存在差異。我們知道，魯國所用為周曆，因此，若按照黃氏的研究進行推算，則《左傳》昭公元年春正月，約相當於

① 陳立：《白虎通疏證》，吳則虞點校，中華書局1994年版，第466頁。
② 王聘珍：《大戴禮記解詁》，中華書局1983年版，第31頁。
③ 林巳奈夫：〈長沙出土戰國帛書考〉，載《東方學報》1964年第36期。李學勤：〈補論戰國題銘的一些問題〉，載《文物》1960年第7期。曾憲通：〈楚月名初探〉，載《中山大學學報》（哲學社會科學版）1980年第1期。李零：〈長沙子彈庫戰國楚帛書研究〉，中華書局1985年版，第45—46頁。
④ 陳偉：《包山楚簡初探》，武漢大學出版社1996年版，第8—9頁。
⑤ 黃儒宣：《九店楚簡研究》，臺灣師範大學國文研究所碩士論文，2003年。

第二章 婚禮

楚曆的二月，正值孟春時節。對應關係如下表：

表2-2　楚、夏、周月曆對照表

| 楚曆 | 1<br>冬夕 | 2<br>屈夕 | 3<br>遠夕 | 4<br>刑夷 | 5<br>夏夷 | 6<br>享月 | 7<br>夏夕 | 8<br>八月 | 9<br>九月 | 10<br>十月 | 11<br>爨月 | 12<br>獻馬 |
|---|---|---|---|---|---|---|---|---|---|---|---|---|
| 夏曆 | 10 | 11 | 12 | 1 | 2 | 3 | 4 | 5 | 6 | 7 | 8 | 9 |
| 周曆 | 12 | 1 | 2 | 3 | 4 | 5 | 6 | 7 | 8 | 9 | 10 | 11 |

這就引出了婚禮研究中的「婚期」問題。經學家的觀點基本可以分為「仲春說」與「秋冬說」兩種。鄭玄、班固與《夏小正》的作者支持前者，解釋如上；而荀子、王肅以及《毛傳》都力主後者，理由是：「萬物閉藏於冬，而用生育之時娶妻入室，長養之母亦不失也。」通觀《春秋左傳》，無論是周天子嫁女、魯女出嫁，還是夫人來歸、大夫送女，自正月至十二月均有例證，似無定時，史官也不曾因婚期得時或失時而發褒貶。但從楚公子圍娶婦一事來看，似乎更偏向「仲春說」。由於其他關於楚人娶婦的史料匱乏，孤證不立，我們仍然不敢斷定楚人娶婦的時月都定於春季。更何況依長沙子彈庫楚帛書〈丙篇〉記載，春二月「不可以嫁女，或取臣妾」，秋八月娶女也不吉利，只有夏四月才利於娶妻[1]。

第二，「布几筵，告于莊、共之廟而來」。在子產看來，楚公子圍來鄭國娶婦，乃包藏禍心之舉。「鄭人惡之」句下，杜預注曰：「知楚懷詐。」因此子產極力阻止楚公子進入鄭國，並打算讓公子圍在城外除地為壇，以此代替公孫氏（女方）的祖廟。但楚公子圍執意不從，指出自己是從楚國「告廟」而來，所以必須在鄭國女方的祖廟中成親迎之禮。由此可見，在楚國貴族的婚禮中，當有「告廟」之禮。這與禮典的記載，可謂完全契合。《禮記·文王世子》云：

---

① 李零：《長沙子彈庫戰國楚帛書研究》，中華書局1985年版，第75—79頁。

五廟之孫，祖廟未毀，雖為庶人，冠、取妻必告。

又，《詩》云：「娶妻如之何？必告父母。」鄭箋云：「取妻之禮，議於生者，卜于死者，此之謂告。」告廟，即意味著男不自專娶，女不自專嫁，須有家族祖神為憑。因此，除類似舜這樣的特例之外，不告而娶是不合婚禮禮數的做法。《白虎通義》云「娶妻不先告廟者，示不必安也」。從公子圍娶婦一事觀之，則是楚人娶妻必先告廟之證。鄭玄、杜預、孔穎達等大儒，亦皆非難《白虎通義》之說。清人陳立作《疏證》，認為《白虎通義》所謂「娶妻不先告廟」，是指親迎之夕不告廟，非謂六禮皆不告也。這當然是有道理的。因為親迎之夕，父醮子（所謂「醮」禮，是尊者為卑者酌酒，而卑者勿須回酬酢的禮儀）而命其迎婦，對此，賈公彥疏云：

女父禮女用醴，又在廟。父醮子用酒，又在寢。不同者，父禮女者，以先祖遺體許人，以適他族，婦人外成，故重之而用醴，複在廟告先祖也。男子直取婦入室，無不反之，故輕之，而用酒在寢。知醮子亦不在廟者，若在廟以禮，筵於戶西，右几布神位，今不言，故在寢可知也。[1]

按照賈氏的說法，如果子婿親迎之夕告廟的話，那麼應該有設置筵几的禮節。但由於經文沒有此說，推知親迎之夕無須告廟，而在寢宮內用酒。然而，需要注意的是，公子圍來鄭親迎之前，確實「布几筵」于莊、共之廟。由於公子之父楚共王已歿，不可能親身醮子，故清代禮學家黃以周認為，所謂楚公子告廟，是為父醮子于廟的義證[2]。

---

① 《儀禮・士昏禮》「父醮子」下賈疏。
② 黃以周：《禮書通故・昏禮》，中華書局2007年版，第252頁。

第二章　婚禮

正因為公子娶婦之前已齋告莊王、共王之廟，因此伯犁州才底氣十足地拒絕鄭國「請墠聽命」的請求，而堅持要在公孫段氏之廟中行親迎之禮。

第三，「入，逆而出」。親迎必在廟者，是因為要以先祖之後代許人，所以要在廟中舉行。入，即入城入廟。此句所言即「親迎」之實。就婚之「六禮」而論，此次婚禮所見儀節主要就是納徵（聘于鄭）和親迎。而楚公子圍娶婦一事，史料未明見「請昏」，從楚公子聘于鄭，到乙未這天娶婦而出，說明從禮聘至親迎娶婦，不過半月之久。因此，從以上史料出發，楚國的貴族娶婦未必都「六禮」齊備，恐怕也是隨事而行。這或許與楚、鄭關係中楚國居於強勢地位有關，即使不太「合禮」，鄭國也只能忍辱嫁女。

除了請期、親迎等禮節儀式之外，夫人歸寧（省親）和妾媵制度亦是婚禮制度的兩個重要方面。《左傳‧襄公十二年》載：「秦嬴歸於楚。楚司馬子庚聘于秦，為夫人寧，禮也。」秦嬴，即秦景公之妹，楚共王之夫人。如前所述，當時流行的禮制是：父母並在，則親自歸寧；若父母既沒，則派卿代為歸寧。唐人孔穎達推測，秦嬴之父已沒，而其母可能尚存，在這種情況下，她仍然不能親自歸寧，只能遣使往秦。需要指出的是，孔穎達已經注意到，這條史料記載不見於經文，「而傳自廣記備言，以明禮之事耳」。也就是說，秦嬴使卿歸寧的真實性可能讓位於事蹟的教化功能了。

關於妾媵制度或媵婚制度，《白虎通義》的解釋是：

天子諸侯一娶九女者何？重國廣繼嗣也。……《春秋公羊傳》曰：諸侯娶一國則二國往媵之，以姪娣從之。姪者何？兄之子也。娣者何？女弟也。或曰天子娶十二女，法天有十二月，萬物必生也。必一娶何？防淫泆也，為其棄德嗜色，故一娶而已，人君無再娶之義也。備姪娣從者，為其必不相嫉妒也。一人有子，三人共之，若己生

之。不娶兩娣何？博異氣也。娶三國女何？廣異類也，恐一國血脈相似，俱無子也。[1]

就是說，按照周代的婚姻制度，諸侯若娶某國之女為夫人，女方必須以姪（兄弟之女）、娣（妹妹）隨嫁，同時還須從另外兩個與女方同姓的國家各請一位女子陪嫁（「媵」），亦各以姪、娣相從。這樣，同娶者共9人。這叫做「娶一國則二國往媵之」。至於周天子，隨媵的女子更多至12人。《左傳·成公八年》載：「凡諸侯嫁女，同姓媵之，異姓則否。」妾媵隨嫁，既保證了子嗣充盈，又可防阻國君淫泆。嫡妻死後，按禮不再更立夫人，「明嫡無二，防篡殺也」。但在祭祀宗廟和管理內事等宗法事務中，其地位由眾妾依次遞補，作為繼室的某姪或某娣可以攝行夫人之事，只是不能稱「夫人」之名號而已。依「春秋筆法」，若無大事則不書媵妾之名，故《左傳》中沒有媵楚的記載。《古列女傳》中倒是提到「鄭瞀者，鄭女之嬴媵，楚成王之夫人也」，但缺少旁證，並且這一記載于禮法而言，本身就存在邏輯錯誤：既為媵妾，何以又稱夫人？除此不可靠的記載之外，跟隨鄭、衛、秦、晉女子而來的媵妾，我們從傳世文獻中所知甚少。然而幸運的是，楚系青銅器卻為我們的研究推開了一扇窗戶。

在楚系傳世青銅器中，有《楚嬴盤》和《楚嬴匜》，其銘曰：「唯王正月初吉庚午，楚嬴鑄其寶盤（匜），其萬年子子孫孫永用享。」[2]此嬴盤、嬴匜就是專為楚夫人嬴氏所鑄之器，但由於楚人多次與秦國嬴姓女子通婚，究竟是哪位嬴姓夫人之器，則難有定說。另外，傳世器物中有幾件與楚國媵女制度有關，例如：

① 陳立：《白虎通疏證》，吳則虞點校，中華書局1994年版，第469—470頁。
② 劉彬徽、劉長武：《楚系金文彙編》，湖北教育出版社2009年版，第49—50頁。

第二章 婚禮

1. 楚季苟作羋尊賸沬盤，其子子孫孫永寶用享。（《楚季苟盤》）

2. 樊君作叔嬴、羋賸器寶鬲。（《樊君鬲》）

3. 唯正月初吉丁亥，楚王賸邛（江）仲羋南龢鐘，其眉壽無疆，子孫永保用之。（《邛仲妳南鐘》）

4. 唯正月初吉丁亥，上鄀公擇其吉金鑄叔羋番妃賸簠，其眉壽萬年無期（諆），子子孫孫永寶用之。（《上鄀公簠》）

5. 鄴伯受用其吉金乍（作）其元妹叔嬴為心賸餗簠，子子孫孫其永用之。（《鄴伯受簠》）

6. 唯王正月初吉丁亥，蔡侯作賸鄤仲姬丹盥盤，用祈眉壽，萬年無疆，子子孫孫永保用之。（《鄤仲姬丹盤》）

7. 唯王正月初吉西亥，蔡侯作賸鄤仲姬丹沬匜，用祈眉壽，萬年無疆，子子孫孫永保用之。（《鄤仲姬丹匜》）

8. 唯九月初吉庚申，曾子原魯為孟姬鑄賸簠。（《曾子原魯簠》）①

顯然這都是楚系賸器。其中，樊君鬲和上鄀公簠揭示出了有關妾賸制度的一些具體情況。根據李學勤先生的研究，上引樊君鬲銘文可從曾侯簠中找到相互一致的文例。曾侯姬姓，其女叔嬴是嫡，樊君羋姓，其女羋是為賸。樊君以來賸國的名義，為曾國主嫁及己國羋姓妾賸作器②。上鄀公簠的情況與此例類似。其上銘文「叔羋番妃」亦當分別指「叔羋」和「番妃」兩人。李零先生認為，該簠是上鄀公為叔羋和番妃出嫁所製作的賸器。叔羋是羋姓之女，番妃則是番國女子，她

---

① 劉彬徽、劉長武：《楚系金文彙編》，湖北教育出版社2009年版，第48、51、57、64、65、110、119頁。

② 李學勤：〈光山黃國墓的幾個問題〉，載《考古與文物》1985年第2期，第49—52頁。

是陪前者出嫁①。鄀國本為允姓，但為楚所滅後，被其貴族賜羋姓。上鄀公簠的製作時間，可能就在上鄀國被楚國滅後不久②。樊君鬲和上鄀公簠均反映的是來自不同的兩個國家的女子共嫁一國的情形。這樣的例子還見於「叔姬簠」，其銘文曰：「叔姬需迮黃邦，曾侯作叔姬、卭妢媵器。」郭沫若指出，該簠顯示的是，曾女適黃、楚女適江之時，曾侯以主嫁國的身分作器媵女，同時複媵適江之女③。《邛仲妢南鐘》中的「邛」字，與淅川下寺楚墓M1所出《江叔蚊鬲》中的「邟」字寫法相同，即江國之名。羋是楚姓，仲表示排行，「邛仲羋南」，即嫁到江國的楚女子名南者。《左傳·文公元年》載，楚成王有一個名叫「江羋」的妹妹，或即此人④。鄬仲姬丹盤（匜）的受器者鄬仲姬，亦當為楚王族成員。鄬氏家族的器物多出土於淅川下寺楚墓，其中有一件伽（鄬）子青簠明確標示出該家族為羋姓，即楚王族之姓，可知鄬氏即王族的一支⑤。鄬仲姬出嫁時，蔡侯作盤、匜以贈。鄬伯受簠則是鄬伯受為其妹妹出嫁而作的媵器，它揭示出，在媵嫁制度中，如果父母不存，那麼兄長亦可為其妹製作媵器。這些資料，均為研究楚國或楚系婚禮狀況提供了實物佐證。

綜上所述，在《左傳》、《史記·楚世家》等文獻中，有一些關於楚人娶婦的零星記載，據此我們可對楚國上層貴族的婚禮有大致了解：禮書所載最關鍵的婚禮節目——「六禮」（納采、問名、納吉、納徵、請期、親迎），基本流行於楚國貴族之中，但亦未必全盤遵

---

① 李零：〈再論淅川下寺楚墓——讀《淅川下寺楚墓》〉，載《文物》1996年第1期，第47—60頁。

② 劉彬徽：《楚系青銅器研究》，湖北教育出版社1995年版，第301頁。劉著論及鄀國之姓的問題時，亦提及黃盛璋先生的不同意見，即鄀國本為羋姓，所謂允姓乃史籍誤載。參見黃盛璋〈鄀國銅器〉，載《文博》1986年第2期。

③ 郭沫若：《兩周金文辭大系圖錄考釋》，科學出版社1957年版，第165頁。

④ 石泉主編：《楚國歷史文化辭典》，湖北教育出版社1996年版，第90頁。

⑤ 李零：〈再論淅川下寺楚墓——讀《淅川下寺楚墓》〉，載《文物》1996年第1期，第47—60頁。劉彬徽、劉長武：《楚系金文彙編》，湖北教育出版社2009年版，第706、712頁。

行，而且楚人禮儀的劃分也不是十分清晰。「聘」、「請婚」、「逆女」在楚國婚禮中，是基本可見的節目，而這些婚禮又主要是跨國成婚的情況。跨國婚聘之前，有「告廟」的儀節，這與禮書的要求基本一致。至於婚期的選定，從公子圍和楚、晉聯姻的情況看，楚人娶婦或許常定於春季，這與經學史上婚期之爭的「仲春說」比較貼近。

雖然從婚禮儀節上看，楚國娶婦的婚俗亦有合乎禮書之處，但不可否認，上述娶婦事例大都與政治有關，鮮有「貴和」之義。從上述史料可見，楚國主要的聯姻對像是秦國，至少有三次楚娶秦婦，一次秦娶楚女，而楚國與鄭、衛兩國也曾和親。如上所述，這些政治婚姻往往包藏禍心，關乎利益制衡。除此以外，娶婦過程中所涉及的其他重要細節，如納徵時玄束帛的規格，親迎時的服飾穿戴以及娶婦之後的廟見之禮等，楚人是否實行，均未見相關記載。


## 第三節　嫁娶日期

中國上古時期的婚禮，包含納采、問名、納吉、納徵、請期和親迎六道禮節，但並非在一天之內一併完成。本節所討論的婚禮日期，主要指親迎之日的選擇安排。然而，前文所揭悉數事例，並不見具體成親日期的記載。因此，我們只得求助於楚地出土的《日書》資料，以期有所獲取。

### 一、《日書》中的婚禮宜忌日期

在楚地出土的《日書》中，婚禮日期的忌宜，主要有如下幾種選擇系統：

### （一）建除系統

九店楚簡很清晰地注明了楚地固有的月名和建除的配置情況。下表便以楚月為基準，將楚曆建日與睡虎地秦簡所揭秦曆進行對應

比較：

表2-3　楚曆、秦曆及其建日

| 月序 | 1 | 2 | 3 | 4 | 5 | 6 | 7 | 8 | 9 | 10 | 11 | 12 |
|---|---|---|---|---|---|---|---|---|---|---|---|---|
| 楚月 | 冬夕 | 屈夕 | 遠夕 | 刑夷 | 夏夷 | 享月 | 夏夕 | 八月 | 九月 | 十月 | 爨月 | 獻馬 |
| 四季 | 季冬 | 孟春 | 仲春 | 季春 | 孟夏 | 仲夏 | 季夏 | 孟秋 | 仲秋 | 季秋 | 孟冬 | 仲冬 |
| 建日 | 丑 | 寅 | 卯 | 辰 | 巳 | 午 | 未 | 申 | 酉 | 戌 | 亥 | 子 |
| 秦月 | 十月 | 十一月 | 十二月 | 一月 | 二月 | 三月 | 四月 | 五月 | 六月 | 七月 | 八月 | 九月 |
| 建日 | 亥 | 子 | 丑 | 寅 | 卯 | 辰 | 巳 | 午 | 未 | 申 | 酉 | 戌 |

　　需要指出的是，戰國時，楚國也有夏曆流行，從子彈庫帛書和欒書缶的記載中可見一斑 [1]。正如九店楚簡研究者所指出的那樣，就曆法而言，楚曆與秦曆一樣，使用的都是顓頊曆，以十月為歲首 [2]。簡13下曰：

　　凡建日，大吉，利以取妻，祭祀，築室，立社稷，帶劍，冠。 [3]

　　建日在楚人看來是一種非常吉利的日子，適宜於婚嫁等事務，在秦簡中亦如此。睡虎地甲種《日書》簡14正貳：「建日，良日也。……有為也，吉。」但是，由上表亦可知，楚地建除系統又與秦建除明顯存在差異，不僅建除十二神名不一，而且起建之日也相差兩天 [4]。因此，同是娶妻大吉之日的「建日」，很可能會秦、楚

① 李學勤：〈欒書缶釋疑〉，載氏著《中國古代文明研究》，華東師範大學出版社2009年版，第255—257頁。
② 湖北省文物考古研究所、北京大學中文系：《九店楚簡》，中華書局2000年版，第62—63頁。
③ 湖北省文物考古研究所、北京大學中文系：《九店楚簡》，中華書局2000年版，第47頁。
④ 睡虎地秦簡所反映的秦建除十二神名為：建、除、盈、平、定、執、破、危、成、收、開、閉；楚建除為：建、贛、敓、平、窞、工、坐、盍、城、複、荀、敓。睡虎地秦墓竹簡整理小組：《睡虎地秦墓竹簡》，文物出版社1990年版，第182頁。湖北省文物考古研究所、北京大學中文系：《九店楚簡》，中華書局2000年版，第46頁。

異日，不是指的同一天。九店楚簡反映的是楚地固有建除系統，而後因楚地成為了秦人郡縣，秦的建除系統滲入進來，二者共存，最終合流①。

　　除「建日」之外，據九店楚簡所示，窆日、城日與敨日亦是嫁娶良日：


　　凡窆日，利以娶妻，內（入）人，徙家室。（簡17下）

　　凡城日，大吉，利以結言，取（娶）妻，愛子，內（入）人，城（成）言。（簡21下）

　　凡敨日，利以嫁女，見人、佩玉。（簡24下）②


## （二）星宿系統

　　下表的資料來源取自睡虎地秦簡甲種《日書·星》，揭示的是一至十二月的婚嫁忌宜情況。


表2-4　星宿與婚嫁娶吉日

| 月份 | 星宿 | 娶婦、嫁女 | 簡號 |
|:---:|:---:|:---:|:---:|
| 一 | 室 | 妻不寧 | 80正壹 |
| 二 | 壁 | 百事凶 | 81正壹 |
|  | 奎 | 女子愛而口臭 | 82正壹 |
|  | 妻 | 男子愛 | 83正壹 |
| 三 | 胃 | 妻愛 | 84正壹 |
|  | 卯 |  |  |
| 四 | 畢 | 必二妻 | 86正壹 |
|  | 觜 | 百事凶 | 87正壹 |
|  | 參 | 吉 | 88正壹 |
| 五 | 井 | 百事凶，多子 | 89正壹 |
|  | 鬼 |  | 90正壹 |

①　楚、秦、漢的日書系統演變，可參見劉樂賢〈楚秦選擇術的異同及影響——以出土文獻為中心〉，載《歷史研究》2006年第6期。

②　湖北省文物考古研究所、北京大學中文系：《九店楚簡》，中華書局2000年版，第47頁。

| 月份 | 星宿 | 娶婦、嫁女 | 簡號 |
|------|------|-----------|------|
| 六 | 柳 | 吉 | 91正壹 |
| | 星 | 百事凶 | 92正壹 |
| 七 | 張 | 吉 | 93正壹 |
| | 翼 | 必棄 | 94正壹 |
| | 軫 | 吉 | 95正壹 |
| 八 | 角 | 妻妒 | 68正壹 |
| | 亢 | | 69正壹 |
| 九 | 氐 | 妻貧 | 70正壹 |
| | 房 | 吉 | 71正壹 |
| 十 | 心 | 妻悍 | 72正壹 |
| | 尾 | 不可取妻 | 73正壹 |
| | 箕 | 妻多舌 | 74正壹 |
| 十一 | 鬬 | 妻為巫 | 75正壹 |
| | 牛 | | 76正壹 |
| 十二 | 女 | 吉 | 77正壹 |
| | 虛 | 妻不到 | 78正壹 |
| | 危 | 百事凶 | 79正壹 |

（注：表中陰影部分表示婚嫁吉日）

《日書·星》的婚禮吉日，在甲、乙兩種《日書》的其他篇章中也得到了確認。例如，甲種《日書》簡6背壹：「凡取妻、出女之日，冬三月奎、婁吉。以奎，夫愛妻；以婁，妻愛夫。」但是，星宿系統未見於九店楚簡。

### （三）其他

除以上兩大吉日系統之外，還有以下婚嫁忌宜之日散見於楚簡。

### 1. 稷辰（叢辰）

睡虎地甲種《日書》曰：

秀……可取婦、嫁女。（簡32正）

危陽……不可取婦、嫁女。（簡36正）

敫……不可取婦、嫁出入貨及牲。……取婦、嫁女，兩寡相當。（簡38正—39正）

陰……可取婦、嫁女。（簡42正）

第二章　婚禮

徹……不可以見人、取婦、嫁女。（簡44正）

結……可以取婦、嫁女。（簡46正）①

九店《日書》曰：

陽日，百事順成。（簡26）

陰日，利以為室家，祭，娶妻，嫁女，内（入）貨，吉。（簡
29）②

「稷辰」，饒宗頤、李學勤等學者均改讀為「叢辰」③。《史記·
日者列傳》中就提到「叢辰家」為當時諸占家之一④。《協紀辯方書》
將「叢辰家」與「建除家」歸為一家，所謂「建除同位異名」。睡虎
地簡中的稷辰有8種日名：秀、正陽、危陽、敫、轍、陰、徹、結；九
店簡中則有11種日名，而且這些日名很少見於古籍，只有正陽還保存
於某些選擇通書之中⑤。

### 2. 牝月牝日

睡虎地《日書》甲種曰：

牝月牝日取妻，吉。（簡12背）⑥

---

① 睡虎地秦墓竹簡整理小組：《睡虎地秦墓竹簡》，文物出版社1990年版，第184—185頁。
② 湖北省文物考古研究所、北京大學中文系：《九店楚簡》，中華書局2000年版，第48頁。
③ 饒宗頤：〈雲夢秦簡日書研究·稷（叢）辰〉，載饒宗頤、曾憲通《雲夢秦簡日書研究》，
　　香港中文大學出版社1982年版，第11—12頁。李學勤：〈睡虎地秦簡《日書》與楚秦社會〉，
　　載《江漢考古》1985年第4期。劉樂賢：《睡虎地秦簡日書研究》，臺北文津出版社1994年
　　版，第58頁。王子今：《睡虎地日書甲種稷辰疏證》，湖北教育出版社2003年版，第84—
　　86頁。
④ 《史記·日者列傳》。
⑤ 劉樂賢：《睡虎地秦簡日書研究》，臺北文津出版社1994年版，第59頁。
⑥ 睡虎地秦墓竹簡整理小組：《睡虎地秦墓竹簡》，文物出版社1990年版，第209頁。

所謂「牝月」，根據原簡所示，為三月、四月、九月和十月；「牝日」，即子、寅、卯、巳、酉、戌。如果對照前揭「楚月建日」表格，我們可以發現，遠夕（楚三月，牝月）的建日在卯（牝日），九月（牝月）建日在酉（牝日），十月（牝月）建日在戌（牝日），這些「建日」都符合「牝月牝日」的條件。從這些簡文中可以看出，在楚地舉行婚禮的月份，或許未必如《夏小正》、《周禮》所規定的那樣，固定地選在仲春二月或者春季，只要符合牝月牝日的搭配，也是娶妻吉日。

### 二、《禮經》「柔日」說與《日書》中的婚嫁吉日

睡虎地《日書》乙種曰：

甲子、乙丑，可以嫁女、取婦、冠帶、祠。（簡125）[1]

此處，甲子是婚嫁吉日。但與之截然不同的是，甲種《日書》（簡8背壹）明確指出：「甲子、午、庚辰、丁巳，不可取妻、嫁子。」[2]為什麼會出現這樣一種矛盾的情況呢？

根據禮書的說法，甲子日並不適宜婚嫁。《禮記・曲禮上》曰：「外事以剛日，內事以柔日。」《儀禮・特牲饋食禮》賈疏曰：「內事，謂冠、昏、祭祀。」所謂柔日，即天干地支都屬陰的日子，是指乙、丁、己、辛和癸之日。而甲子日的干支皆屬陽，顯然是剛日，因此甲子並不適合嫁女娶婦。《禮記・曲禮上》又云：「凡卜筮日，旬之外曰『遠某日』，旬之內曰『近某日』。喪事先遠日，吉事先近日。」婚禮日期的確定，應該通過卜筮的方法，來貞卜其後五個柔日中的一天。換言之，按照禮書的擇吉方法，我們可以這樣認為：

---

① 睡虎地秦墓竹簡整理小組：《睡虎地秦墓竹簡》，文物出版社1990年版，第241頁。
② 睡虎地秦墓竹簡整理小組：《睡虎地秦墓竹簡》，文物出版社1990年版，第209頁。

第二章　婚禮

（1）所有剛日皆不宜嫁娶；（2）並非所有柔日都是吉日；（3）婚禮吉日一定出自柔日之中。按此說，先將理論上的所有柔日陳列於下，凡30日。

表2-5　六十干支中的所有柔日

| 乙丑 | 丁卯 | 己巳 | 辛未 | 癸酉 |
|---|---|---|---|---|
| 乙亥 | 丁丑 | 己卯 | 辛巳 | 癸未 |
| 乙酉 | 丁亥 | 己丑 | 辛卯 | 癸巳 |
| 乙未 | 丁酉 | 己亥 | 辛丑 | 癸卯 |
| 乙巳 | 丁未 | 己酉 | 辛亥 | 癸丑 |
| 乙卯 | 丁巳 | 己未 | 辛酉 | 癸亥 |

然而，出土《日書》中的娶婦吉日，是否皆為柔日呢？以大吉之日「建日」為例，《協紀辯方書》曰：

曆家以建、除、盈、平、定、執、破、危、成、收、開、閉凡十二日週而復始，觀所值以定吉凶。每月交節則疊兩值日。其法從月建上起，建與斗杓所指相應，如正月建寅則在寅日上起建，順行十二辰是也。

例如，按楚建除，九月以酉起建，順行十二辰，則該月30日可表示為：

表2-6　楚建除

| 建 | 除 | 盈 | 平 | 定 | 執 | 破 | 危 | 成 | 收 | 開（建） | 閉（除） |
|---|---|---|---|---|---|---|---|---|---|---|---|
| 酉 | 戌 | 亥 | 子 | 丑 | 寅 | 卯 | 辰 | 巳 | 午 | 未（酉） | 申（戌） |
| | | 亥 | 子 | 丑 | 寅 | 卯 | 辰 | 巳 | 午 | 未（酉） | 申（戌） |
| | | 亥 | 子 | 丑 | 寅 | 卯 | 辰 | 巳 | 午 | | |

由上表，楚九月的建日可能是酉日，亦可能在未日。按照陰干配陰支的原理，我們假設楚九月的第一天為乙酉，那麼，該月的具體日期安排如下：

表2-7

| 乙酉 | 丙戌 | 丁亥 | 戊子 | 己丑 | 庚寅 | 辛卯 | 壬辰 | 癸巳 | 甲午 |
|---|---|---|---|---|---|---|---|---|---|
| 乙未 | 丙申 | 丁酉 | 戊戌 | 己亥 | 庚子 | 辛丑 | 壬寅 | 癸卯 | 甲辰 |
| 乙巳 | 丙午 | 丁未 | 戊申 | 己酉 | 庚戌 | 辛亥 | 壬子 | 癸丑 | 甲寅 |

其中，建日就可能出自上表中用楷體加粗標出的五個日子。需要注意的是，雖然凡建日便是娶妻吉日，但建日以外的日子，也有可能屬吉日，比如，按「牝月牝日」原理選取的話，則加陰影的日子皆是。然而這裡面的丙戌、戊子、庚寅、戊戌、庚子、壬寅、庚戌和甲寅，都是剛日，這便與《禮經》不合了。

然而，與此同時，我們不難發現，楚九月的五個可能的建日（乙酉、乙未、丁酉、丁未和己酉），全部符合禮書所謂的「柔日」標準。那麼，是不是一年中所有的建日都是柔日呢？

如上所述，楚九月的建日，既可能是酉日，也可能是未日，那麼照此類推，其他各月的建日也可能有兩種選擇：

表2-8

| 刑夷 | 夏夷 | 享月 | 夏夕 | 八月 | 九月 | 十月 | 爨月 | 獻馬 | 冬夕 | 屈夕 | 遠夕 |
|---|---|---|---|---|---|---|---|---|---|---|---|
| 辰 | 巳 | 午 | 未 | 申 | 酉 | 戌 | 亥 | 子 | 丑 | 寅 | 卯 |
| 寅 | 卯 | 辰 | 巳 | 午 | 未 | 申 | 酉 | 戌 | 亥 | 子 | 丑 |

據此表，我們可以看到，所謂建日，其地支完全有可能是子、寅、辰、午、申和戌這樣的陽支。換言之，有些建日正好是「剛

日」。聯繫上文所述牡日亦含剛日的情況，我們以此推論，楚地基層社會民眾的婚禮日期，或許並未遵循禮書「內事用柔日」的規定。《日書》所謂吉日，可能正是《禮經》中的忌日；相反，在《禮經》中備選的吉日，亦可能是《日書》所謂的凶日。試舉幾例，睡虎地甲種《日書》曰：

　　癸丑、戊午、己未，禹以取塗山之女日也，不棄，必以子死。（簡2背壹）

　　戊申、己酉，牽牛以取織女而不果，不出三歲，棄若亡。（簡3背壹）

　　壬申、癸酉，天以震高山，以取妻，不居，不吉。（簡7背壹）[①]

　　癸丑、己酉、癸酉等（斜體）都是柔日，而且有可能是建日，或者符合「牝月牡日」的條件，但它們都被列入婚嫁的禁忌之日。除此之外，還有多條記載，茲列表如下：

表2-9　睡虎地《日書》中的婚禮忌日

| | 婚禮日期 | 結果 | 原因 |
|---|---|---|---|
| 1 | 癸丑、戊午、己未 | 不棄，必以子死 | 禹娶塗山之女日 |
| 2 | 戊申、己酉 | 不出三歲，棄若亡 | 牽牛以娶織女而不果 |
| 3 | 壬申、癸酉 | 不居，不吉 | 天以震高山 |
| 4 | 庚辰、辛巳 | 不死，棄 | 敝毛之士以取妻 |
| 5 | 戌、亥 | 不終，死若棄 | 分離日 |
| 6 | 春三月季庚辛、夏三月季壬癸、秋三月季甲乙、冬三月季丙丁 | 不終 | 大敗日 |

　　這些日期之所以不吉利，是因為它們往往與傳說中的婚戀悲劇密

---

① 睡虎地秦墓竹簡整理小組：《睡虎地秦墓竹簡》，文物出版社1990年版，第208頁。

切相關。仔細察看，其中第2、3、4、5組，其忌日皆為連續發生的日期，而第1組中，戊午與己未雖是前後兩日，但與癸丑之間卻相隔數十日。其中的原因，尚不清楚。第6組中所謂「大敗日」，所依據的則是五行相克的理論。《呂氏春秋》「十二紀」、《淮南子·時則訓》和《禮記·月令》皆曰：

孟春之月……其日甲乙……盛德在木。
孟夏之月……其日丙丁……盛德在火。
孟秋之月……其日庚辛……盛德在金。
孟冬之月……其日壬癸……盛德在水。

仲、季月與孟同。由此，以春為例，春季屬木，庚辛屬金，金木相克，故為大敗日。以上是有具體干支紀日的婚禮宜忌之日，此外，還有大量娶妻嫁女的忌日，這些忌日則又是根據星宿來判別的。

綜上所述，由於傳世文獻的闕乏，本節只能立足于楚地出土的擇日之書，來推論楚國和楚地的婚期選擇情況。同時，由於出土材料所反映的主要是下層民眾的趨吉避害觀念，因此不能完全確定楚國上層貴族的婚期擇日是否也遵循相同的原則。就本節所述，主要觀點如下：

第一，民間社會舉行婚禮無常月。對於婚禮舉行的季節和月份，自古經學家便聚訟難斷，或主「仲春娶妻」，或舉「秋以為期」。就楚國和楚地的情況而言，貴族可能仍以春季成親為常，但底層民眾的婚期選擇，則似乎並無固定的季節和月份。作為婚禮吉日的「建日」和「牝月牡日」，可能會出現於每個月份之中，而不僅限於其中的某個月份。束皙曰：「《春秋》二百四十年，天王取后，魯女出嫁，夫人來歸，大夫逆女，自正月至十二月，悉不以得時失時為褒貶，何限於仲春、季秋以相非哉！」對此，黃以周不以為是，認為婚之正期應

在季秋後至仲春前的這段時間裡[①]。從本節的舉證來看，楚地婚期並不固定於某一時間，束皙之論，或許不謬。

第二，出土《日書》所見婚禮擇日，與《禮經》規定的柔日卜筮，可能分屬兩個系統。《日書》中的吉日，主要是「建日」和「牝月牡日」；《禮經》則以柔日為婚禮吉日，並於婚禮前一個月的下旬，通過卜筮來確定下月中最早的一個柔日。本節在排列出一年的所有建日後發現，建日包含了所有的地支，而所有牡日中亦包含著子、寅、戌三個「陽支」，因此，建日和牡日中肯定有存在剛日的可能。換言之，楚地的婚期選擇，也許並不完全或者完全不遵循「內事用柔日」的原則。《日書》所見婚禮吉日與《禮經》所謂「柔日」，可能是不同的兩個擇日系統。這兩種擇吉方法，皆持之有據，言之成理，而沒有誰「冒犯」誰的意思。

第三，《日書》所見楚地婚期的忌日，多與古史傳說中的慘淡婚姻相關聯。戊申、己酉是牽牛娶織女的日子，牛女分居河漢的古代傳說，自然不是古人所願。而戌與亥是所謂分離日，若值此二日成婚，將面臨「不終」、或死或棄的悲慘結局。另外，妻不寧、妒悍，亦非古人所願，因此必須避免可能會招致這些情況的日期。這些婚禮忌日，雖然幾乎全都站在丈夫的角度（這在當時的社會歷史條件下是非常自然的），但總體而言，婚禮日期的選擇，折射出的是古代先民趨吉避害的思維習慣，都寄託著他們對婚姻美滿、琴瑟合和的良好願景。

綜上所述，本章分「立后」、「娶婦」和「婚禮日期」三小節內容，立足于傳世文獻和出土材料，對楚國的婚禮制度和禮俗進行了粗淺的考察，其基本結論如下：

與傳世《禮經》對比照，楚國的婚嫁禮制有相當一部分能與之

---

① 黃以周：《禮書通故・昏禮》，中華書局2007年版，第245頁。

相對應，這主要表現在四個方面：第一，楚王正妻的稱謂。按諸侯爵制，楚為子男之國，楚子之正妃應當稱「夫人」，這在《左傳》中得到了大量的史料支持。但在《韓非子》、《戰國策》、《史記》及《古列女傳》中，對於個別楚王姬的夫人身分不甚明確，尤其是《古列女傳》，其史料未必真實可信。第二，舉行婚禮的月份。從楚國與秦、晉兩國的聯姻來看，楚國的貴族至少有兩次是於春季娶婦，這比較符合經學爭論中的「仲春說」，但由於缺乏更多的佐證材料，難成定論。第三，婚禮的儀節。楚公子圍前往鄭國親迎之前，向莊、共二先王告廟，這亦是合禮之處。「不告而娶」很可能是不被楚國貴族認可的。但也不排除楚人為達到侵鄭的目的，故意鄭重其事，言之鑿鑿，使鄭國不得不讓楚人進入。第四，夫人歸寧之禮。父母並存，則親自歸寧；父母既歿，歸寧使卿。然而即使母親尚存，楚共王夫人秦嬴仍然派遣楚司馬子庚歸寧，而不親自前往，故禮家稱之。除此之外，由於春秋勝者不書的筆法，我們無法清晰地了解楚國的媵妾制度，但據僅有的史料而言，楚夫人的迎立當有媵妾相隨，至於人員數目及其在楚後宮的地位高下，則仍然不明。

與此同時，楚國的婚嫁禮俗，在一些方面也表現出了自身的特點，這些特點往往與《禮經》的說法存在出入。首先，從我們所掌握的史料來看，楚國並沒有按部就班地實行婚之「六禮」，我們主要看到的是「聘」（可能是納徵）、「請婚」與親迎，其他諸如納吉、問名、請期等儀節未見諸文獻。其次，雖然楚國貴族的婚禮可能時常定於春季舉行，但對於楚國的下層民眾而言，則婚禮舉行並無常月，擇日的時候也並不遵循「內事用柔日」的禮法。例如，楚人所認為「大吉」的「建日」，就包含著禮書所謂不宜結婚的剛日。從宜忌劃分的角度看，楚地的擇日系統，或較禮書為細。禮書以「剛」、「柔」來判定不同性質的活動的舉行日期，而楚俗的擇日體系卻可劃分為建除系統、星宿系統等，甚至古代傳說也能成為影響擇日的一個原因。

由於史料有限，我們在研究楚國婚禮時，和以往學者一樣，不得不仍然將「三禮」文獻作為主要的參照對象，並從《春秋》「三傳」和其他史籍中擷取與楚國婚禮相關的部分，與前者進行比對，求得一致或者相異之處。由於傳世文獻的不足，對於「嫁娶日期」的考察，就不得不依據出土《日書》進行，這或許能對已有的經學探討略做一點補充。從以上分析來看，我們推測，楚國的婚禮制度與「三禮」所代表的北方禮制系統和地域文化相比，或許存在著更多自己的特點，楚人的「不服周」當有一定的傳統根據，或非虛言。

# 第三章 喪　禮

　　《論語・為政》載：弟子樊遲問為孝之道，孔子告之：「無違。」
樊遲進一步請教，孔子答曰：「生，事之以禮；死，葬之以禮，祭之
以禮。」可謂孝矣。儒家強調，在由生到死、由人到鬼的生命循環
中，都要遵禮而行，這就是「無違」，即不違禮。

　　喪禮在「五禮」中屬凶禮，它指人從臨終到埋葬的各個儀節。準
確地講，喪禮包括喪禮和葬禮兩個部分。

　　傳世文獻中關於楚國喪葬禮制的記載並不豐富，是有其原因的。
《禮記・坊記》載孔子之語：「天無二日，土無二王，家無二主，尊
無二上，示民有君臣之別也。《春秋》不稱楚、越之王喪。」鄭注：

　　楚、越之君僭號稱王，不稱其喪，謂不書「葬」也。

　　《春秋》經文中只根據吳、楚兩國的赴告，記載其國君「卒」的死
訊，並不記載他們的喪禮，因為他們都是自己「僭號稱王」的蠻夷，
若書葬則難免要稱「葬吳、楚某王」，這是不合禮制的尷尬寫法。比
如西元前591年楚莊王（名旅）死後，《春秋》宣公十八年的記載方式
便只有「甲戌，楚子旅卒」區區六字，明確表達了中原禮制對楚蠻
夷之邦的文化蔑視。《公羊傳》在該事件下的解讀也是：「吳、楚

之君不書『葬』，辟其號也。」孔穎達《春秋左傳正義》說得更為
明白：

　　辟其號者，五等諸侯死則稱爵書卒，及葬，則從彼臣子之辭，皆
稱為公。若書楚葬，亦宜從彼所稱，當云葬楚王①。以此僭而不典，不
得稱王，故遂絕之而不書其葬，同之蠻夷。言其不足紀錄，以懲創自
求名號之偽。同之蠻夷者，蠻夷卒亦不書，言其不書似之也。

　　這種「春秋筆法」，意在懲戒自創「偽號」的蠻夷。楚君之喪的
同類史例，在《春秋》中還有五處②，明瞭這一道理，便能理解為什麼
《春秋》中關於楚國喪葬禮制的記載如此缺乏。
　　對楚國喪禮的研究，一方面要採取與研究中原文明相同的方法，
把考古發掘、出土文獻與傳世記載相互對證；另一方面，還要把復原
出來的「楚禮」與中原禮制進行對比，求其異同。


## 第一節　喪禮概述

　　對喪禮記載最詳細的是《儀禮》中的〈士喪禮〉、〈既夕禮〉、
〈士虞禮〉和〈喪服〉諸篇。〈既夕禮〉原本是與〈士喪禮〉同一篇
文獻，因文字過長，析為兩篇。〈士虞禮〉主要講死者安葬後進行安
魂之祭的儀式，在三虞祭後舉行卒哭儀式，整個禮儀才由凶禮轉為
吉禮。〈喪服〉是講居喪裝束的不同、居喪時間的久暫，所依據的
基礎是服喪者與死者關係的親疏遠近，這也是中國古代宗法制度的

---

① 孔穎達《春秋左傳正義》卷二四《宣公十八年》作「葬楚王」，阮元校記從宋本，認為當作
　「葬楚莊王」。參見《十三經注疏》影印本，中華書局1980年版，第1890、1892頁。
② 分別見於《春秋》襄公十三年、襄公二十八年、昭公元年、昭公二十六年和哀公六年。

基礎。除此之外，《禮記》中的部分傳、記，也是記載和解釋喪禮的，如〈大傳〉、〈間傳〉便是凶禮之「傳」，〈喪大記〉、〈雜記〉、〈喪服小記〉、〈曾子問〉、〈間喪〉、〈服問〉便是凶禮之「記」[①]。《禮記》中的〈檀弓〉、〈喪服四制〉、〈奔喪〉無疑也與喪禮有關。

以下根據上述文獻內容，按照由生到死、由死到葬的時間順序，對喪葬禮儀略作敘述[②]。

**一、臨終、招魂、始死**

古人久病不愈，已瀕臨死亡時，就要移居正寢，不可死在正寢之外，否則即是孤魂野鬼，得不到後人的祭祀。所謂正寢，《儀禮・士喪禮》謂之「適（嫡）室」，即房屋西面的正室。臨終前，必須把頭朝東睡在靠北的牆根下。

在「壽終正寢」之前，各級貴族、朋友、親戚要來問疾探望，根據受訪者的等級不同，國君探望的次數也不一樣。《禮記・喪大記》謂：「君于大夫疾，三問之；……士疾，壹問之。」《禮記・雜記下》又說：「卿大夫疾，君問之無算。」頗疑「三」是虛數，應指多次前往探望。此階段家中親人為之齋戒，撤去琴瑟，不近樂舞。灑掃室內外，為病人換上新衣。

將死時，要禱告門、戶、行、灶和中雷「五祀」。《論語・述而》記載，孔子臨終前，子路曾「禱爾於上下神祇」，看來並不限於五祀神，天下諸神都受到了祈禱。

判定人是否真正死亡的辦法，是將新綿的絲絮放在口鼻上，以觀察其呼吸，等待死者最後斷氣，這叫做「屬纊」。《禮經》還規定，男子不能死於婦人手中，女子不能死於男子手中。確定病人死後，喪

---

① 任銘善：《禮記目錄後案》，齊魯書社1982年版，第52頁。
② 此處的歸納參考了錢玄《三禮通論》的相關部分，南京師範大學出版社1996年版，第597—617頁。

第三章　喪禮

主率領眾兄弟大聲號哭，然後在室中正對著南窗之下，設一個床第，上鋪兩層席子，下面一層是蒲草席，上面一層是竹葦之席（「下莞上簟」），然後再將屍體遷到這個床上，這個環節叫做「遷屍」。此前臨終的病人睡在北墉下，是不設床的。

病人始死，還有一個極其重要的儀節，叫做「復」禮，即招魂。病人剛斷氣時，由家中侍者拿著死者生前的禮服（爵弁服，上衣下裳一道），從東南屋簷登上屋頂，面朝北拉長腔大聲呼號：「噢——，某某，快回來吧！」如此喊三遍之後，把衣裳從屋前（南面）扔下，下面東階上有人接住這套衣裳，蓋在死者的身上，期望靈魂再回復到死者體內。招魂喊完後，招魂者便翻過屋脊，從西北屋簷下去。招魂時的動作也有講究，應左手拿著衣領，右手拿著裳腰。

遷屍之後是楔齒、綴足、設奠、設帷堂。「楔齒」是為了防止死者僵硬後而無法放置飯含，便先將角柶（角質的匙）放入死者口中以便定型。「綴足」也是為了防止死者僵硬後包裹不便，先用燕几將兩足拘持定型。「奠」是死者在落葬之前所進行的祭祀，即為之供脯醢、醴酒，因病人剛死，魂靈無所憑依，此奠放在屍體東側，臨時成為神的憑依。至於「帷堂」，就是用布帷將屍體遮起來，準備裝殮。

然後喪主（死者的嫡長子）便派使者去各處報喪，謂之「赴（訃）告」。此時在寢宮內，親屬便進入各自的哭位進行哭泣。接著會有人來弔喪和致襚。喪主迎接高等級的弔喪者有一套專門的禮儀，如要出迎於寢門之外，不能哭泣，等弔喪者傳達完問候之語後，喪主才能頭觸地跪拜感謝，並開始哭泣，同時還要夾雜著三次一組的跳踴動作，以表達自己悲哀達到極致（「哭，拜稽顙，成踴」）。這階段會有國君、尊者和親朋前來「致襚」，即贈送衣、被之類以表示助喪。國君和尊者派人來致襚，喪主要撤去帷堂，像對待他們親自來弔唁一樣出大門外迎送，其他親戚朋友來致襚時，不必到大門外迎送。

此時要在西階上設銘。所謂「銘」，即旌銘，類似於幡。旌銘用

三寸寬的兩截布（一尺長的黑布和二尺長的紅布）連起來，上面寫著「某氏某之柩」，由三尺長的竹竿撐掛在西階上。

同時在庭中西牆下用土塊壘灶，準備燒水沐屍。在兩階之間偏西處挖一淺坑，以備倒沐屍之水。沐屍後殮屍時穿的衣服，都放在東房內，包括笄（桑木做的簪子）、瑱（塞耳朵的白綿）、幎目（覆蓋臉上的白布）、握手（握在手中的布塊）、決（板指）、冒（屍套）、帶、韠韐（蔽膝）、履、衣、裳，等等。這些殮屍服飾又因冬夏季節和死者身分的不同而有差異。接下來死者生前的御僕會為死者沐屍，剪去亂髮、指甲，並埋在兩階之間此前挖好的淺坑裡，再把上述準備的衣物都穿戴上（叫做「襲」）。

沐屍用的是淘米水。淘過的米留下做飯含。由商祝（熟悉喪祭之禮的神職人員）把此前死者口中插著的角柶取出，放入淘過的米，左中右各放三匙加一枚貝。身分等級不同，飯含的貝也有多有少：「天子飯九貝，諸侯七，大夫五，士三。」[1]

沒有放完的米將裝在兩個陶鬲中，用一個木架子將這兩個陶鬲吊起來，謂之「重鬲」。重鬲中的米會用來煮粥，將是孝子居喪期間唯一能吃的食物。用席子將重鬲圍住，把旌銘掛在其上，在未葬之前，這便是死者的神主（主即祭祀的牌位）。

## 二、小殮、大殮、成服

所謂殮（斂），就是把死者斂藏起來，「斂藏不復見也」[2]。小殮是為死者正式穿裹衣衾的禮儀。士一級貴族於死去的次日早晨，在嫡室的門口舉行。陳畢殮衣與祭品、盥器及孝子喪服等服器之後，小殮正式開始。

在室中為死者穿上19套衣衾，外面加上絞帶，紮緊。穿衣時，

---

① 《禮記‧雜記下》。
② 《釋名‧釋喪制》。

第三章　喪禮

越是好的衣服越是穿在裡面。接著在堂上的兩楹之間設床笫（堂朝南一面是敞開的，有兩根大的立柱以支撐房梁，謂之「兩楹」），喪主與眾親一起將在室內包裹好的屍體抬到堂上的床笫上，用夷衾覆蓋。屍體頭朝南，即大門的方向，喪主走動時，要從屍體的腳頭繞過。眾人哭踴無數，所站的位置與在室中相同。喪主戴上首絰，繫上腰絰。絰是一種用麻皮編織而成的帶子，盤在頭上謂之「首絰」，圍在腰間謂之「腰絰」，其粗細根據喪服之輕重而有所不同，最粗的首絰是一握之粗。由於是用麻皮直接編成，非常粗糙，還可以看出麻皮的根和梢，於是戴絰時又有麻根朝上或朝下的講究。至此，小殮儀式完成。

接下來準備大殮。第三天天亮後，便在東房中陳設大殮時要穿的衣物，共有30套，同時陳列大殮時要用的一些葬具。在堂上面對西階的地方挖埋棺的坎穴，其深度與棺口平齊，把棺材從西階抬上來，放入穴中。大殮時，在堂上東階（阼階）處另鋪殮席，把布絞、紟、衣、衾等擺在上面，最漂亮的祭服應放在外面。接著把屍體抬到阼階殮席上，把此前準備的30套殮衣都逐層裹在屍體上，並用紟、絞帶捆紮好。大殮時專門用來遮擋的帷堂也隨之撤去。此時喪主及家屬要像小殮時一樣「憑屍」（即撫屍）號哭。

大殮與入殯兩個環節是同時進行的。所謂入殯，就是預先在西階上挖一個坑（叫做「肂」），坑中放好棺材，大殮時好把屍體放入棺中，加上棺蓋（由於坑不深，棺蓋在地面之上），在其上用木板搭成屋頂狀，再用泥塗封，並將銘旌掛在殯上。這只是一種暫時的「殯」，而不是正式的落葬，據說這與上古先民的「二次葬」習俗有關。入殯時，還要把裝有熬（炒熟的黍、稷）的筐子放在棺的四周，以便引走螻蟻。

大殮之後就算「成服」了，即服喪者開始按照血緣關係之遠近穿戴正式的喪服，此前因喪事繁忙眾親只是戴了首絰和腰絰。喪服分五個等級：斬衰、齊衰、大功、小功、緦。這五種喪服的差別既在於

服喪時間的長短，也在於喪服質地的粗細。另外，服這五種等級的喪時，他們的首絰、腰絰、鞋屨、喪杖也不同，重者在三年喪期間還要變服，即階段性地改服較輕的喪服。

### 三、入葬和葬後

殯與葬的間隔期，根據貴族的身分等級差異而有所不同：「天子七日而殯，七月而葬；諸侯五日而殯，五月而葬；大夫、士、庶人三日而殯，三月而葬。」[①]入葬前要筮陰宅，檢視明器和槨，再占卜落葬的日期，卜定葬日後，要遍告親友。

將棺柩從殯肂中抬出，謂之「啟殯」，在清早舉行（須用燭照明）。啟殯前，把上面的旌銘取下來，掛到重上面，棺柩上面覆蓋此前小殮用過的夷衾。棺柩從肂中起出來時，商祝要連喊三聲「啟殯」，並拉長腔喊「噫歆」，以存告神魂。啟殯後不是直接下葬，而是要把棺柩抬到祖廟，向祖先告別，謂之「朝祖」。朝祖時要先朝祖父之廟，再朝父親之廟（稱為「禰廟」）。古人「出必告廟，反必告至」。朝祖象徵著死者最後一次遠行前向其祖先告別。

朝祖當天並不下葬，而是要等到第二天才進行落葬入壙儀式。這期間，商祝開始裝飾柩車，把棺柩裝飾成宮室的樣子，象徵著死後的世界。接著把要下葬的葬具和明器載到車上。國君和親朋紛紛前來贈送隨葬物品，喪主將陪葬物品寫在竹簡上（謂之「遣策」），同時也把賓客贈送的物品書寫成清單（謂之「賵方」），準備一起下葬。第二天啟動棺柩下葬之前，喪主家中的史便開始「讀遣」、「讀賵」，向來賓展示隨葬的物品以及親朋賵贈的物品，當眾宣讀，一一清點。

柩車開始行進，商祝用功布（一種用大功布做的道具）指揮行車，示意道路的高低、陡斜，八位士在車兩旁執披（繫在棺柩兩旁的帛），以防靈柩傾顛。天子、諸侯的靈柩左右各六披共十二披，大

---

① 《禮記・王制》。

夫左右各四披，士左右各二披，每一披由兩人拉著。車隊經過城門時國君會贈送五匹有色的帛（「玄纁束」）來助喪。到墓穴（稱為「壙」）跟前，隨葬的明器先在墓道兩旁陳列，然後按順序向墓中放隨葬品。靈柩用繩索拴好，眾人提拉著徐徐入壙。棺上加棺飾，棺與槨之間放入陪葬的用器、兵器和苞、筲，然後在其上加槨蓋板、抗席、抗木，最後封土。葬禮完成之後，還有反哭、虞祭、卒哭、班祔、小祥、大祥和禫祭等禮儀程序，以表示喪禮的延續。

上述這些喪葬禮制，在先秦時期不一定完全得到了實施，比如「三年之喪」就未曾流行[1]。但是，儒家提倡的厚葬久喪一定基於上古先民的傳統風俗習慣，並且在儒家之外的歷史文獻中得到證明。更為重要的是，從目前的考古發掘和出土文獻來看，《儀禮·士喪禮》中的大部分內容在中原華夏文明中都曾經實行，對此，只要參閱陳公柔和沈文倬兩位先生的學術爭論，便可了然[2]。

由於地上、地下文獻都不充分，以下只選取楚國禮制中幾個重要的環節來加以復原。


## 第二節　招魂


上古先民認為，人的生命包括魂與魄兩部分，人之精氣稱為魂，形體稱為魄。當人存活時，魂魄是合為一體的；當人死亡後，就會發

---

[1]　錢玄：《三禮通論》，南京師範大學出版社1996年版，第607—617頁。楊華：〈「諒陰不言」與王權更替——關於「三年之喪」的一個新視角〉，載《中國社會史評論》第6卷（2005年卷），第1—20頁。另載氏著《新出簡帛與禮制研究》，臺灣古籍出版公司2007年版，第225—258頁。

[2]　陳公柔：〈士喪禮、既夕禮禮中所記載的喪葬制度〉，載《考古學報》1956年第4期。沈文倬：〈對《士喪禮、既夕禮禮中所記載的喪葬制度》幾點意見〉，載《考古學報》1958年第2期。另載沈文倬《宗周禮樂文明考論》，杭州大學出版社1999年版，第55—72頁。

生魂魄離散的現象，「體魄則降，知氣在上」①，「魂氣歸於天，形魄歸於地」②。親人不忍死者離去，於是為其舉行招魂禮，盼望通過此舉使死者的亡魂能夠復歸於體魄，生命得以延續。「周禮既廢，巫風大興；楚越之間，其風尤盛。③」戰國時期的楚地彌漫著一股神秘而濃厚的巫鬼之氣，巫術活動遍及各個角落，招魂自然成為其中的一個重要內容。當時楚地招魂活動十分頻繁，不僅人死後要招亡魂，而且人生病時也要招生魂④。

本節主要探討的是招亡魂，即禮書中所謂的「復」禮。它是指人死亡伊始，招引已遊離逝者體魄的靈魂重新歸位的一種喪葬禮儀。

先秦招魂詞僅存兩篇，即《楚辭》中的〈招魂〉與〈大招〉（以下簡稱「二招」）。關於這兩篇的作者及所招對象，學界一直爭議不休⑤。無論何種觀點更站得住腳，說此兩篇是戰國時期楚地招魂詞，反映的是楚國招魂禮儀當不為過。儘管招生魂和招亡魂的具體禮儀存在差異，但儀節應當大體相仿。所以，下面將以「二招」為主要資料來研究戰國時期楚地的「復」禮，主要從招魂儀式、招魂者、招魂道具和地點、招魂詞和招魂幡等方面展開論述。

## 一、楚地的招魂禮

### （一）招魂儀式與招魂者

據「二招」記載，戰國楚喪禮中招魂儀式大體是：

首先，舉行盛大的卜筮儀式，以測魂魄是否離散，是否要招魂。

---

① 《禮記·禮運》。
② 《禮記·郊特牲》。
③ 王國維：《宋元戲曲史》，上海商務印書館1933年版，第2頁。
④ 李家浩：〈告武夷研究〉，載氏著《著名中年語言學家自選集·李家浩自選集》，安徽教育出版社2002年版，第333—338頁。
⑤ 參見陳子展《楚辭直解》卷九〈招魂解題〉、卷一○〈大招解題〉，復旦大學出版社1996年版，第711—737、739—754頁。莫道才：〈大招〉為戰國時期楚地民間招魂詞之原始記錄說〉，載《中國楚辭學》第5輯，學苑出版社2004年版，第289—300頁。趙輝：《楚辭文化背景研究》，湖北教育出版社1995年版，第255—257頁。

其次，確定要招魂之後，開始正式舉行招魂儀式。由扮演「巫陽」的男巫受上帝之命，下至人間招喚遊魂，誦招魂詞。朱熹《楚辭集注》說，楚俗「信鬼而好祀，其祀必使巫覡作樂，歌舞以娛神」。所以，在誦招魂詞的時候，男巫或許還會配合相應的樂器，手舞之，足蹈之。

周禮中，招魂者只需要朝北方招魂即可。但是楚喪禮中，招魂者不僅僅朝北方招魂，而且要向天上、地下、東、南、西，包括北方等六個方向招魂，相同的招魂動作要重複六次，以呼喚住死者已經飄逝而去的靈魂①。

第三，待到扮演「巫陽」的男巫循循誘導，將遊魂招至郢都城門時，在此等候的工祝手持「秦篝齊縷，鄭綿絡些」等招魂工具收魂，將亡魂一步一步地引入城內。

第四，招魂者還要向著死者生前起居的方向，一路繼續引導，直至將遊魂引領到死者生前故居，使其復歸於原來的體魄。至此，招魂儀式才圓滿結束。

關於招魂儀式的執行人，即招魂者，在周禮中由復者、受衣者和設階者組成。這是一支專業化的隊伍，其中復者是整個儀式的總主持人；受衣者的職責為手持竹簏，接受復者從上拋下的衣物；設階者負責準備復者登高所用的階梯。

「二招」對楚喪禮中招魂者的介紹顯得頗為簡易，細究起來也可分成三種：

**一是巫陽。**《楚辭‧招魂》開始部分即云：「帝告巫陽曰：『有人在下，我欲輔之。魂魄離散，汝筮予之！』……巫陽焉乃下招曰……」由此可見，巫陽是整個招魂過程中的主要執行者，他受上帝

---

① 《禮記‧檀弓下》：「複，盡愛之道也；有禱祠之心焉，望反諸幽，求諸鬼神之道也。北面，求諸幽之義也。」周禮中只向北面招魂。而《楚辭‧招魂》中的招魂者巫陽則分別向天上、地下、東、南、西、北六方招魂，《楚辭‧大招》中也分別向東、南、西、北四方招魂。

委託，特下人間為逝者招魂，並致招魂詞。巫陽是傳說中的人物，他精通天文，是上帝的主筮之官，同時也會招魂之術。在天上負責招魂的本是掌夢的職責，所以，當上帝派巫陽下而招魂的時候，巫陽推辭曰：「掌夢。」意思是，這是掌夢的職責，我不能僭越。但最後還是聽從了上帝旨意，進行招魂。

二是工祝。其職責是協助巫陽的工作，等候在郢都城門外，將巫陽招引而至的逝者亡魂繼續引入楚國境內，直至逝者的故居。所謂「工祝招君，背行先些」是也。「男巫曰祝」。所以，這裡的工祝應該指男巫。但是「工祝」的具體人數尚待考證，有可能是指一人，也有可能是指一類職員。

二是工祝。其職責是協助巫陽的工作，等候在郢都城門外，將巫陽招引而至的逝者亡魂繼續引入楚國境內，直至逝者的故居。所謂「工祝招君，背行先些[1]」是也。「男巫曰祝」。所以，這裡的工祝應該指男巫。但是「工祝」的具體人數尚待考證，有可能是指一人，也有可能是指一類職員。

三是其他助祭者。戰國時期舉行祭祀儀式除了主祭者，同時還有助祭者。據《史記·滑稽列傳》記載，戰國魏文侯時的女巫「從弟子女十人所，皆衣繒單衣，立大巫後」[2]。所謂「從弟子女」，既是弟子，也是助祭者，當女巫主持祭祀儀式的時候，他們就在旁邊輔助。「二招」中提及的「二八接舞，投詩賦只」，估計也是「巫陽」、「工祝」的助祭者[3]。

為直觀起見，現根據《儀禮·士喪禮》、《禮記·喪大記》、《楚辭·招魂》等文獻資料，將周、楚喪禮中招魂者的情況圖示如下：

---

① 《楚辭·招魂》。
② 《史記·滑稽列傳》。
③ 彭鴻程：〈《招魂》、《大招》與祭祀〉，載《社科縱橫》2002年第5期，第53—54頁。

表3-1　周、楚招魂者組成情況表

| | 周喪禮 | | | | 楚喪禮 |
| --- | --- | --- | --- | --- | --- |
| | 天子 | 諸侯 | 大夫 | 士 | |
| 復者 | 夏采、祭僕、隸僕 | 小臣 | | | 巫陽 |
| 受衣者 | 不詳 | 司服 | 私臣、子弟之屬 | | 工祝 |
| 設階者 | 不詳 | 虞人或狄人 | | | 其他助祭者 |

## （二）招魂道具與招魂地點

　　戰國時期楚喪禮所用的招魂道具同周喪禮大致相同，重點強調的是衣物和竹籠兩種。「二招」中描述招魂道具有「秦篝齊縷，鄭綿絡些，招具該備」之句。王逸注曰：「綿，纏也。絡，縛也。言為君魂作衣，乃使秦人織其篝絡，齊人作彩縷，鄭國之工纏而縛之，堅而且好也。」陳子展先生將其譯為：「秦製竹籠，齊產絲線，鄭人縫結衣服囉，這些招魂的道具齊備。」[①]可見，在楚國喪禮中，準備好衣物和竹籠這兩種物品，招魂道具也就齊全了。

　　招魂儀式並不是在任何場所都可以舉行，其地點的選擇有章可循。周禮中的招魂地點也因死者身分不同而有別。《周禮》載，天子的招魂儀式在大祖、四郊、小廟、大寢、小寢、皋門等六處舉行[②]。至於諸侯國君的招魂儀式，《禮記·檀弓上》認為始於小寢，終於四郊[③]。卿大夫只在廟、寢兩地舉行招魂禮，士僅在正寢一處行禮。總之，按照鄭玄的總結，選擇招魂地點的原則是，凡是死者生前常去的地方都儘量去呼喊招引一遍，等級身分越高，他生前的活動範圍越大，招魂的地點亦越多[④]。

　　關於楚喪禮的招魂地點，「二招」涉獵極微。開始僅言「巫陽

---

① 參見陳子展《楚辭直解》卷九〈招魂〉，復旦大學出版社1996年版，第330頁。
② 參見《周禮·天官塚宰·夏采》、《周禮·夏官司馬·祭僕》、《周禮·夏官·隸僕》。孫希旦：《禮記集解》，中華書局1989年版，第231頁。
③ 孫希旦：《禮記集解》，中華書局1989年版，第231頁。
④ 《周禮·天官塚宰·夏采》、《禮記·檀弓上》鄭玄注。

焉乃下招」，究竟下至何處進行招魂，語焉不詳。後又提到「魂兮歸來！入修門些！工祝招君，背行先些」，「魂兮歸來！反故居些！」從這裡我們才知道，「修門」和「故居」是其中兩個重要的招魂場所。所謂「修門」是指當時楚國都城郢都的城門。招魂者在此舉行招魂儀式，使游離楚地的亡魂得以回歸到楚國境內，不要四處遊蕩。待到確認亡者的游魂回到楚國境內後，招魂者又在亡者生前起居的故所招魂，讓遊魂進一步回歸，徹底穩固下來。

至於楚地在其他地點如禮書所記載的大廟、小廟、大寢、小寢和四郊是否也需舉行招魂儀式，因受材料限制，無從考證。不過，楚地巫鬼氣息濃鬱，招魂之風盛行，想必會舉行的。

### （三）招魂詞

《儀禮・士喪禮》所載周禮中的士一級貴族的招魂詞十分簡潔：「皋，某復！」按鄭玄的說法，「皋」即「長聲」，拉長聲連續呼號三次。三次的意義何在？《禮記・喪大記》孔疏：

> 三號，號呼之聲三遍也。必三者，一號于上，冀神在天而來也；一號于下，冀神在地而來也；一號于中，冀神在天地之間而來也。

這是從出竅之魂的去向來解讀的，恐怕出於唐人的想像。「某」的具體所指則因人而異。天子復辭為「皋，天子復」；諸侯復辭為「皋，某甫復」；卿大夫、士復辭因循殷禮，男子稱名，婦女稱字。

楚喪禮所用的招魂詞非常豐富，完全不同于周喪禮中的「皋，某復」寥寥數字。它洋洋灑灑，用奇幻的想像、強烈的對比手法，極盡渲染鋪陳之詞，具有非常強烈的感染力和誘惑力。

簡而言之，開始是以恐嚇、威脅的手段告訴亡魂。楚人認為天上、地下和東西南北四方，全是些嗜好吃人的奸賊猛獸，處處都有生命危險，亡魂只有回到郢都舊地才最為安全。所以，巫師反復大呼：

「魂兮歸來！反故居些！①」

隨後，又用利誘的手段招魂。先是誘之以「高堂邃宇」、「層臺累榭」、華麗且舒適的宮殿，又以容貌俊俏、「蛾眉曼睩」的美色誘惑亡魂，再以「翡帷翠帳」、「文異豹飾」的行宮苑囿來誘惑，還以肥牛之腱、魚鱉羊羔、瓊瑤佳釀等美食來誘惑，還以楚人喜歡的動人音樂和曼妙舞姿來誘惑，還以作賦下棋等高雅的文化活動來誘惑，最後用「雄雄赫赫」、德可配天、流澤萬民的王者之政來誘惑。

種種引誘無不令人頭暈目眩，嚮往不已。它們與天上、地下、東、南、西、北六方的眾多妖魔鬼怪形成極其強烈的反差。亡魂自然抵禦不了如此巨大的誘惑，必會懼怕外面未知世界的重重危險，從而更加留戀昔日奢淫豪華、舒適安逸的生活，最終回到故居。所以，巫師又再次大聲疾呼：「魂兮歸來！何遠為些？」「魂兮歸來！反故居些！」

這一表達形式獨特的招魂詞逐漸形成了一套固定的模式，在楚地傳播開來，影響深遠。在楚文化的發祥地南漳縣發現了端公招魂儀式的全套經卷，其中記載了上古楚文化一直流傳下來的招魂儀式。巫師身著紅色法衣，頭戴蓮花冠，邊搖法具邊唱道：

勸君莫往上方去，上方界有五雷神，雷公閃將雲中坐，生魂一見顛顛驚。勸君莫往下方去，下有地府十閻君，牛頭馬面黑喪臉，一見生人著油煎。勸君莫往東方去，東方有個夜叉精，頭生牛角牙似劍，生魂一見走無門。勸君莫往南方去，南有火龍大將軍，足踏火龍閃如電，魂魄一見戰兢兢。勸君魂魄莫往西，西方有個白蛇精，身長萬丈口吐舌，一見生人張口吞。勸君莫往北方去，北方有個黑煞神……②

---

① 《楚辭·招魂》。
② 趙輝：《楚辭文化背景研究》，湖北教育出版社1995年版，第255—257頁。

直到今日，湖南、湖北等地民間唱誦的招魂詞也繼承和延續了這一詭異、華麗的風格。而每年端午龍舟競渡時，當地為招楚國大夫屈原之亡魂，歌師都會以哭腔唱〈招魂曲〉[①]。這些招魂詞與「二招」有著兩千多年的時空距離，但在敘述方式、敘述內容、修辭手法、句法特點上卻有著驚人的相似之處，完全繼承了戰國時期楚國招魂詞的精神主旨和獨特風格。

## 二、楚地的「招魂幡」

招魂幡其實也是一種招魂道具，即用以招引逝者亡魂的旌幡。一般在死者始卒時就已準備好，用過之後入棺隨葬。招魂幡在古代喪禮中使用頗為頻繁。在戰國時期，楚喪禮中招魂幡的使用也十分普遍。但它並不同於《禮經》中的「旌銘」，而是具有獨到的地域特色。

### （一）戰國時期楚地的招魂幡

就目前所見，戰國楚墓中共出土了四幅帛畫：（1）江陵馬山M1帛畫；（2）〈帛書十二月神圖〉；（3）〈人物禦龍圖〉；（4）〈人物龍鳳圖〉[②]。此外，在包山楚墓和信陽長臺關楚墓也發現了一些類似於招魂幡的遺跡。其中，在包山楚墓槨蓋板邊緣的草層上，發現了一塊長20公釐、寬10公釐的紅色絲織物印痕，在墓道底還發現了一根竹枝，發掘者推測這塊紅色絲織物，就是與竹枝相配合的旌銘[③]；信陽長臺關楚墓M1的棺蓋上，也發現有絲製品跡象，發掘報告稱「出土時棺

① 莫道才：〈汨羅民間招魂詞〉的程式內容及其對〈招魂〉、〈大招〉研究的啟示〉，載《民族藝術》1997年第2期，第155—171頁。

② 荊州地區博物館：《江陵馬山一號楚墓》，文物出版社1985年版，第9頁。安志敏、陳公柔：〈長沙戰國繒書及有關問題〉，載《文物》1963年第9期，第48—61頁。商承祚：〈戰國楚帛書述略〉，載《文物》1964年第9期，第8—22頁。湖南省博物館：〈新發現的長沙戰國楚墓帛畫〉，載《文物》1973年第7期，第3—4、83頁。郭沫若：〈關於晚周帛畫的考察〉，載《文史論集》，人民出版社1961年版，第288—297頁。熊傳新：〈對照新舊摹本談楚國人物龍鳳帛畫〉，載《江漢考古》1981年第1期，第90—94頁。

③ 湖北省荊沙鐵路考古隊：《包山楚墓》，文物出版社1991年版，第49頁。

蓋表面有朱色紡織品兩片，可能是麻布之類」[①]。由於遺物殘損嚴重，這些絲織品的性質還不能完全肯定。

有學者將帛畫按內容分為天界主題、人間主題和冥界主題（即旌幡）三大類。根據這種劃分標準，上述戰國楚墓中出土的四幅帛畫除〈帛書十二月神圖〉屬天界主題外，其他三幅都可歸類於旌幡，而且是「非衣」的一種，主要作用為招逝者之魂。「非衣」之名，來自馬王堆漢墓M1的遣策自銘：「非衣一，長丈二尺。」唐蘭先生考釋「非衣」就是此墓出土的一幅T形帛畫，形似短袖上衣。後來就用「非衣」表示與衣服形式相仿，專用做死後助喪的衣物。它與人們平日所穿衣服相似，布料同樣是絲織品，外形同樣為T形，但它並非穿在人的身上，只是高懸在靈堂上用以祭魂，高舉在出殯隊伍中用以招魂，下葬時覆蓋在棺蓋上用以安魂、護魂，以免死者的魂魄逃離其軀體[②]。這在學界已是一種帶有普遍性的觀點，幾乎所有的學者都持相同意見。例如，彭浩先生認為馬山所出的帛畫與竹竿等一套東西就是「旌銘」[③]；劉信芳先生指出〈人物禦龍圖〉的用途「在於用竹竿撐掛以招魂，招魂完畢，即隨以入葬」[④]；至於〈人物龍鳳圖〉，熊傳新先生認為是「引魂升天」之物，也就是「三禮」中記載的「旌銘」，蕭兵先生亦持此說[⑤]。說這三幅帛畫便是保存至今的戰國時期楚人喪禮中所使用的「招魂幡」，大致是可信的。

---

① 河南省文物研究所：《信陽楚墓》，文物出版社1986年版，第18頁。

② 唐蘭等：〈座談長沙馬王堆一號漢墓〉，載《文物》1972年第9期，第52—73頁。商志：〈馬王堆一號漢墓「非衣」試釋〉，載《文物》1972年第9期，第43—47、74頁。俞偉超：〈馬王堆一號漢墓帛畫內容考〉，載氏著《先秦兩漢考古學論集》，文物出版社1985年版，第154—156頁。劉曉路：《中國帛畫與楚漢文化》，吉林教育出版社1994年版，第63—69頁。

③ 彭浩：〈江陵馬山一號墓所見葬俗略述〉，載《文物》1982年第10期，第12—15頁。

④ 劉信芳：〈關於子彈庫楚帛畫的幾個問題〉，載《楚文藝論集》，湖北美術出版社1991年版，第111—122頁。

⑤ 熊傳新：〈對照新舊摹本談楚國人物龍鳳帛畫〉，載《江漢論壇》1981年第1期，第90—94頁。蕭兵：〈引魂之舟——楚帛畫新解〉，載《湖南考古輯刊》第2集，嶽麓書社1984年版。

### （二）楚地招魂幡與「旌銘」

禮書中將招魂幡稱為「旌銘」。那麼，上述楚地招魂幡與「旌銘」是什麼關係？是否也可以直接將它們命名為「旌銘」？這些都是在研究戰國時期楚國喪禮時不得不考慮的問題。大多數學者認為，楚地出土的招魂幡就是「三禮」中所謂的「旌銘」。也有部分學者指出，楚地出土的招魂幡應稱為「旌幡」，在招魂這個意義上，「旌銘」等同於旌幡，但二者的概念又有區別，旌幡是有圖像的非衣，旌銘則是無圖像的非衣，後者可以看做前者的俗化、簡化①。我們認為要理清二者關係，必須對它們進行比較研究。下面將分別從主題思想、形制及其在墓室中的擺放位置三個方面，對二者進行比較研究。

「旌銘」的主題思想在《禮記·檀弓下》中有明確闡釋：

> 銘，明旌也。以死者為不可別已，故以其旗識之。愛之，斯錄之矣；敬之，斯盡其道焉耳。

孫希旦注曰：「錄之，謂識其名而存錄之也；盡其道，謂其采章尺度必視其爵位而為之也。愛之，故不敢忘；敬之，故不敢苟。」②意思就是：擔心死者靈魂不知道自己的體魄所在何處，因而特意用旌銘，即死者生前的旗幟作為標識，以便於亡魂識別自己一度離開的軀體。

至於楚地招魂幡的主題思想，有「引魂升天」和「招魂入墓」兩種說法。孫作雲、熊傳新、蕭兵諸位先生均持前說③，使之在學界形成

---

① 劉曉路：《中國帛畫與楚漢文化》，吉林教育出版社1994年版，第67頁。

② 孫希旦：《禮記集解》，中華書局1989年版，第254頁。

③ 熊傳新：〈對照新舊摹本談楚國人物龍鳳帛畫〉，載《江漢論壇》1981年第1期，第90—94頁。蕭兵：〈引魂之舟——楚帛畫新解〉，載《湖南考古輯刊》第2集，嶽麓書社1984年版。孫作雲：〈長沙戰國時代楚墓出土帛畫考〉，載《人文雜誌》1960年第4期，第79—84頁。

第三章 喪禮

一種主流觀點。但也有人提出異議，指出招魂幡的作用「並不是『引魂升天』，而是『招魂入墓』，是要把墓主的遊魂招回到體魄中來①。

我們贊成後一種觀點。從招魂最本質的目的——招引遊魂復歸體魄而言，招魂幡的主要用途應該為招引遊魂返歸至逝者的體魄中，使其魂、魄重新合二為一，歸為一體，固於墓中。將《楚辭・招魂》內容與幾幅漢墓帛畫（如甘肅武威磨嘴子漢墓中所出帛畫、山東臨沂金雀山漢墓中所出帛畫）進行對比研究②，也可以看出楚地招魂幡同禮書之「旌銘」所表達的主題思想相差無幾，均為招魂、固魂。此外，目前已經發掘的四幅楚地招魂幡中，有兩幅出土時都卷有細細的竹條，可以佐證它的作用類似於禮書中所記載的「旌銘」。所以，楚地「招魂幡」僅僅是一種招魂工具，其作用並非「引魂上天」，而是「招魂以復魄」，將墓主的遊魂召回到體魄中來，引導到墓穴中，使墓主的靈魂和肉體合一，在陰間能夠繼續過著安定幸福的生活。

然而它們二者表現招魂主題的手法卻大相徑庭。《儀禮・士喪禮》載：「為銘，各以其物。」為死者建旌銘首先要選擇他生前使用的旗幟，以表明他的身分等級。如果死者身分過低（「無命之士」），沒有旗幟，才考慮做一種由兩種顏色拼起來的雜色布旗。貴族生前所用旗幟分別是：「王建大常，諸侯則建旂，孤卿建旜，大夫士建物。③」《周禮・春官宗伯・司常》謂：

司常：掌九旗之物名，各有屬，以待國事。日月為常，交龍為旂，通帛為旜，雜帛為物，熊虎為旗，鳥隼為旟，龜蛇為旐，全羽為旞，析羽為旌。

---

① 胡智勇：〈楚及西漢旌幡帛畫辨析〉，載《湖北大學學報》（哲學社會科學版）1998年第4期，第11—17頁。
② 陳煌：《古代帛畫》，文物出版社2005年版。
③ 孫詒讓：《周禮正義》，中華書局1987年版，第2037頁。

也就是說，天子之旌銘為日月標誌的大常；諸侯之旌銘為交龍標誌的旂；上大夫的旌銘為用有鳥隼標誌的通帛（同一種帛）做成的旗；下大夫、有命之士的旌銘則是用有鳥隼標誌的雜帛（不同種帛）做成的物。無命之士由於生前沒有旌旗，其旌銘以緇布做成，其下綴有紅布，死者的姓名寫在紅布上。甘肅武威磨嘴子漢墓出土的「旌銘」正好證明了禮書的記載，「旌銘」上方只簡單地繪有金烏、蟾蜍或金烏、蛟龍為代表的日月，下方則用方正的篆書寫明墓主人的籍貫姓名，沒有繁複的人物畫面[①]。由此可見，周禮中「旌銘」招魂主題的表現手法非常簡單、直接，只用簡單的圖案和文字示意即可。

與之相比，楚地招魂幡所用的手法則相當巧妙，它純粹採用豐富的圖畫象意，不添加任何文字，通過大膽的虛構和強烈的寫實主義手法來表達豐富的主題思想。除馬山M1帛畫因未清理不能了解其內容外，〈人物禦龍圖〉和〈人物龍鳳圖〉兩幅畫的畫面上均未見任何文字，但整個畫面意境非常鮮明，身為墓主的禦龍男子和身著盛裝作祈禱態的婦人，分別借助龍、鳳、舟等引魂、渡魂之物，升向屬於他們的極樂世界。兩幅帛畫用藝術的手法，不僅表達了招魂的主題，而且留給人們無限的遐想空間，這遠非周禮「旌銘」所用的簡單圖案和文字可比擬。

這種獨到的表現手法在楚地一直延續到漢代，並且得到了進一步發揮。屬楚文化圈的長沙馬王堆漢墓M1和M3中出土的招魂幡——「非衣」，其藝術表現手法更加多元化，想像力也更加豐富，整個畫面內容非常複雜，分為天上、人間和地下三個部分，包括對天上景象的大膽虛構，對墓主生前生活場面的寫實和對地下情形的想像[②]。山東臨

① 甘肅省博物館：〈甘肅武威磨嘴子漢墓發掘報告〉，載《考古》1960年第9期，第15—28頁。
② 湖南省博物館、中國科學院考古研究所：《長沙馬王堆一號漢墓》，文物出版社1973年版，第43頁。金維諾：〈談長沙馬王堆三號漢墓帛畫〉，載《文物》1974年第11期，第40—44頁。陳直：〈長沙馬王堆漢墓的若干問題考述〉，載《文物》1972年第9期，第30—35頁。

第三章 喪禮

沂金雀山漢墓M9出土的帛畫可以與之進行對比，臨沂帛畫畫面內容也非常豐富，主要表現了墓主人及其親屬、賓客、僕從起居、歌舞、生產、遊戲等方面的情景。據劉曉路先生研究，臨沂地區屬泛楚文化地區（即楚國被秦滅亡之後，楚文化擴散和影響到的地區），到秦漢之際和西漢之初都是如此。所以，臨沂地區出土的帛畫有著後楚文化和泛楚文化的深層背景①。因此，臨沂帛畫也繼承和保持了楚地招魂幡的藝術風格，通過繁複的圖畫來表現招魂主題，這與楚國浪漫主義風格是一脈相承的。

在招魂幡形制方面，中原的「旌銘」和楚地招魂幡都是由旌旗和竹竿組成，但仍存在具體差別：

其一，面積大小不一。《儀禮‧士喪禮》中為無命之士建「旌銘」的方法是：

以緇長半幅，赬末長終幅，廣三寸。書銘於末，曰：「某氏某之柩。」竹竿長三尺，置於宇西階上。

這條旌銘由兩部分組成，即由半幅長的黑布（「緇」）綴以一整幅長的赤布（「赬」）。所謂「幅」，指上古布帛的寬度，長約二尺二寸。鄭玄注指出，半幅即古一尺。孔穎達亦云：「《儀禮‧士喪禮》云『以緇，長半幅』，長一尺；『赬末，長終幅』，長二尺。總長三尺。」古制一尺約合現在23公釐左右。那麼，無命之士的旌銘總面積是長三尺、寬三寸，約合現在的67公釐×7公釐。有命之士以上階層的旌銘僅知長度，「士長三尺，大夫五尺，諸侯七尺，天子九

① 臨沂金雀山漢墓發掘組：〈山東臨沂金雀山9號漢墓發掘簡報〉，載《文物》1977年第11期，第22—26頁。劉家驥、劉炳森：〈金雀山西漢帛畫臨摹後感〉，載《文物》1977年第11期，第28—31頁。劉曉路：〈帛畫的流布、變異與消失〉，載《美術研究》1993年第1期，第58—63頁。

尺」[1]，分別折合為今天的67公釐、113公釐、156公釐、201公釐。據發掘者分析，楚地的馬山M1、長沙子彈庫M1（〈人物禦龍圖〉）、陳家大山M1（〈人物龍鳳圖〉），這三座墓墓主的身分分別是上士、下大夫和下士。三幅畫的大小分別為：25公釐×37公釐、37.5公釐×28公釐、31公釐×22.5公釐。將它們與周禮中相同階層所用的旌銘相對比，面積都偏小。但是到了漢代，原楚地招魂幡也從小型向大型發展，長沙馬王堆漢墓中出土的招魂幡面積都遠遠大於戰國楚墓中出土的招魂幡——馬王堆M1非衣長205公釐，馬王堆M3非衣長234公釐，金雀山M9非衣面積為200公釐×42公釐。

其二，旗杆高度不一。關於周禮中旗杆的高度，《廣雅·釋天》曰：「天子旌高九仞，諸侯七仞，卿大夫五仞，士三仞。」《儀禮·鄉射禮》曰：「杠長三仞。」鄭注：「七尺曰仞。」如此，則天子旌銘旗杆高六丈三尺，約合今14公尺；諸侯旗杆高四丈九尺，約合今11公尺；卿大夫旗杆高三丈五尺，約合今7.7公尺；有命之士旗杆高二丈一尺，約合今4.6公尺；無命之士旗杆高三尺，約合今0.67公尺。楚地招魂幡中僅知道馬山帛畫旗杆的確切高度為1.30公尺。馬山M1的墓主絕對能夠算得上有命之士，但其招魂幡旗杆比起周禮中有命之士所用長達4.6公尺的旗杆，則顯得短多了。

其三，周禮中無命之士的旌銘除正幅外，還附有長一尺的「頳末」，即赤色的綴飾。自天子至有命之士的旗幟，尾部也均綴有「旆」（無命之士的稱「末」）。「旆」，即指常、旃、旟等旗幟後面的垂綴物。《爾雅》曰：「繼旐曰旆。」郭注：「帛續旐末為燕尾者。」《釋名》曰：「旆以帛繼旐末也。」《說文》曰：「旆，繼旐之旗也，沛然而垂。」然而戰國楚地的招魂幡僅有正幅，迄今尚未發現其他裝飾物。

---

① 　參見孫希旦《禮記集解》，中華書局1989年版，第254頁。

關於「旌銘」在墓室中所處的確切位置，禮書中並未指明，不過卻留有線索可查。據《儀禮·士喪禮》和《儀禮·既夕禮》記載，在整個喪禮過程中，「銘」的擺放位置是不斷更換的：

始死——「置於宇西階上。」

小殮前——「旬人置重於中庭，三分庭一，在南……祝取銘置於重。」

大殮後——「祝取銘置於牀。」

準備啟殯時——「祝降，與夏祝交於階下。取銘置於重。」

遷往祖廟時——「重先，奠從，燭從，柩從，燭從，主人從。」

準備出發至墓壙時——「祝取銘，置於茵。」

此後，《儀禮·既夕禮》中未見銘的出現。所以可以確定，銘最終與茵一起埋入墓壙內，茵在墓室中的位置即是旌銘在墓室中的位置。《儀禮·既夕禮》敘述下葬過程時曰：「至於壙。陳器於道東西，北上。茵先入。」茵既然是最先入壙，那麼它只可能位於墓穴的底部。因此，喪禮中旌銘在墓室中所處的位置與茵相同，應為墓穴底部。

但是戰國楚地的招魂幡在墓室中的位置與周禮迥異，它們均被放置在槨蓋下棺蓋上。馬山M1帛畫出土時平放在棺蓋中部左側，〈人物禦龍圖〉出土時平放在槨蓋板與外棺之間的隔板上面，這在發掘報告中已做了詳細介紹①。唯獨〈人物龍鳳圖〉出土位置有些爭議，由於該畫不是經過科學發掘，而是由盜墓者盜出的，所以它的確切出土位置不詳。郭沫若先生在〈關於晚周帛畫的考察〉一文中轉引最早收藏此

---

① 荊州地區博物館：《江陵馬山一號楚墓》，文物出版社1985年版，第9頁。湖南省博物館：〈新發現的長沙戰國楚墓帛畫〉，載《文物》1973年第7期，第3—4、83頁。

畫的蔡季襄先生〈晚周帛畫塚的報告〉的說法，認為「帛畫是疊折得很端正地放在陶敦裡面」。不久他又在〈關於晚周帛畫的補充說明〉一文中更正說，據盜墓者稱帛畫出土時係折疊好另放在一個竹笥裡面①。熊傳新先生否定了這兩種觀點。他憑藉對蔡季襄先生的直接訪問和發掘子彈庫M1與馬王堆漢墓的經驗，提出〈人物龍鳳圖〉出土位置有兩種可能：「一是帛畫原放在槨蓋板下面的頂板上，是土夫子（盜墓者的俗稱）掘墓鑿斷頂板時，無意掉在槨邊箱的竹笥之上。……還有一種可能性：作為早期『引魂升天』之物，它的擺放位置還很不嚴格，在入葬時也可能把它放在槨邊箱內的隨葬器物上。」②根據馬山M1、馬王堆漢墓的發掘出土情況③，我們認為熊先生的第一種說法更為可信，即〈人物龍鳳圖〉最初位置應該是在槨蓋板下的頂板上。

通過以上對周喪禮的「旌銘」和戰國時期楚地招魂幡進行比較，不難發現二者有相當多的共同之處，屬同一性質的東西，即都是招魂之物，可統稱為招魂幡。但是它們之間的差別也頗多。楚地招魂幡具有某些區域特點，主要表現在以圖畫象意為主題表現手法、獨特的形制設計以及置於槨蓋下棺蓋上的擺放方式等方面。而這些特點正好證明，戰國楚地招魂幡並不完全等同於《禮經》中的「旌銘」，因此不能簡單地將周禮「旌銘」的稱謂移置其上。我們認為將楚地的招魂幡命名為「旌幡」比較合適。不過，周禮旌銘是楚地「旌幡」之俗化、簡化的說法④，也值得商榷。從時間上講，《儀禮》成書於戰國早期，既然當時「旌銘」就已經存在，怎麼能斷然說它是出現於戰國中晚期

---

① 郭沫若：〈關於晚周帛畫的考察·關於晚周帛畫的補充說明〉，載《文史論集》，人民出版社1961年版，第288—298頁。
② 熊傳新：〈對照新舊摹本談楚國人物龍鳳帛畫〉，載《江漢論壇》1981年第1期，第90—94頁。
③ 長沙馬王堆一號漢墓的招魂幡同江陵馬山一號墓一樣，出土時平鋪在錦飾內棺的棺蓋板上。參見湖南省博物館、中國科學院考古研究所編《長沙馬王堆一號漢墓》，文物出版社1973年版，第39頁。
④ 劉曉路：《中國帛畫與楚漢文化》，吉林教育出版社1994年版，第67頁。

的「旌幡」的俗化和簡化呢？

綜上所述，戰國楚地的招魂幡即「旌幡」，它與周喪禮的「旌銘」其實是招魂幡的兩種不同形式，二者之間應是平行、並列的關係，似乎沒有孰先孰後的時間差別。楚地屬楚文化圈，遠離位於中原地區的周文化圈，受其影響小，在招魂幡的製作、置放上一直保持著自身的地域特色。直至秦滅六國、西漢建立，荊楚舊地仍在楚文化的氛圍中，所以馬王堆漢墓中出土的系列招魂幡，仍一如既往地保留著戰國時期楚地招魂幡的各種特色。

本節重點討論了戰國時期楚人喪禮中的一個環節──招魂禮。首先從招魂儀式、招魂者、招魂道具、招魂地點和招魂詞等方面分別作了論述，並將它們同禮書所載的周禮相關內容一一進行比較研究，辨析二者的異同，總結出當時楚地招魂禮的一些特色。這些特色主要表現在宏大且具有藝術表演性質的招魂儀式和文采飛揚的招魂詞上。其次著重探討了招魂幡的問題。戰國楚墓中相繼出土的馬山M1帛畫、〈人物禦龍圖〉和〈人物龍鳳圖〉就是喪禮進行過程中曾經使用過的招魂幡，它們與《禮經》中的「旌銘」屬同一類道具，都是招魂之物，但在主題思想的表達手法、形制設計及其在墓室裡的擺放位置等方面存在一些差異，故而不能直接將二者等同起來，不能把楚地招魂幡直接命名為「旌銘」。我們可以將楚地招魂幡稱做「旌幡」，以示區別。但旌銘並不是「旌幡」俗化、簡化的結果。「旌銘」是招魂幡的一種形式，「旌幡」是招魂幡的另一種形式，二者之間似無前後繼承的關係。


## 第三節　殮屍

招魂程序結束，斯人已逝不可復生的事實得到確定，商祝便開始

對死者的屍體進行一系列處理和修飾工作，如楔齒、綴足、沐浴等。殮屍也是其中的一項重要內容，其過程非常繁複，包括為死者飯含、襲衣（穿衣）、覆衾（蓋被）以及佩戴掩、幎目、決、握等飾物。殮屍禮持續時間較長，通常始於始死殮，終於大殮。關於楚人的殮屍儀式，目前缺乏專門的文獻記載，研究的途徑便是從已發掘的楚墓入手，利用其中出土的實物資料，與反映中原周禮的「三禮」對徵考察，以復原當時當地殮屍的大體情況。目前，關於這一方面最豐富、全面的資料莫過於江陵馬山M1楚墓。此墓被譽為「絲綢寶庫」，墓中出土了捆附在墓主身上的大量絲織品，展示出殮屍之後相當完整的下葬原貌。其墓主為一女性，身分屬「上士」級別。另外，曾侯乙墓、長沙楚墓、江陵九店東周墓和蘇州真山墓中也發現了一些零散的殮屍資料。

### 一、殮屍的程序

根據《儀禮・士喪禮》及其他「三禮」文獻，上古喪禮中士一級貴族的殮屍程序如下：

首先，在死者去世當日為之舉行飯含禮儀。飯含時先將一塊布巾罩在死者臉上，由孝子親自飯含[①]，諸侯國君、卿大夫則由賓客為之飯含，飯含的物品也有差別。

其次，為死者襲衣、佩戴飾物，也是在死者去世當日進行，是為「始死殮」。《儀禮・士喪禮》載，商祝先給死者戴上掩、瑱、幎目等飾物，然後穿鞋，接著穿衣三套，之後束衣帶、插笏於腰間，再為死者戴上決、握，最後給整個屍體套上冒，並蓋上大殮時用的被衾。

最後，用衣衾將死者的屍體包裹起來。一般需要包裹兩次，即小殮與大殮。大殮完畢，整個殮屍過程才告結束。值得一提的是，與始死殮的「襲衣」方式不同，小殮、大殮採用的是「裹衣」之法。這是

---

① 《儀禮・士喪禮》。

第三章　喪禮

因為小殮、大殮的衣物過多，無法給死者一一穿上，所以只能用衣服將屍體包裹好，然後用帶捆束加固。

戰國時期楚人喪禮中的殮屍程序與周禮基本相同，也包括飯含、佩戴飾物和襲衣、覆衾等一系列節目。

飯含現象在楚地相當普遍。飯含意義重大，足以同「事養」相提並論。其作用一是為了讓逝去的親人在另一世界裡不受腹饑之苦，二是「有益死者形體」①。迄今為止，在河南信陽楚墓、曾侯乙墓、包山楚墓以及當陽趙家湖墓等多座戰國楚墓中，都發現了飯含的實例。如曾侯乙墓墓主的口腔、顱腔內，出土了21件經精細加工的玉琀和一些玉片、碎玉料；而且在其嘴旁還有一件玉口塞，白色素面，光澤較好，側視呈「V」字形，兩端各有一個對鑽小孔，內凹面經過拋光，外表面粗糙，發掘者推測原先在兩端穿孔各繫組帶，以內凹面捂嘴②。

襲衣和佩戴飾物這兩個環節在楚地殮屍禮中也不可或缺。如馬山M1墓主身上穿著四套衣服，掩、幎目、冒、握等飾物佩戴齊全。另外在曾侯乙墓、荊州秦家嶺M2、蘇州真山墓中也發現了掩、幎目、冒、決、握等殮屍飾品。衣衾包裹在眾多戰國楚墓中都有發現。馬山M1的衣裹包保存得最為完好；曾侯乙墓墓主屍骨上也殘留有大量已腐爛的絲織物，不過還能夠辨別出哪些是錦衣，哪些是絲帶和衾面。江陵九店M711、M51及M410內則可以明顯看見屍體被絲綢包裹起來，外面又用錦帶捆束③。此外，包山M2、長沙左家塘墓、雲夢珍珠坡M1和荊門十里磚廠M1等墓葬的屍骨上也留有殮屍衣裹包的遺痕④。

① 《白虎通義‧崩薨》。
② 湖北省博物館：《曾侯乙墓》，文物出版社1989年版，第426—427頁。
③ 湖北省博物館：《曾侯乙墓》，文物出版社1989年版，第56頁。湖北省文物考古研究所：《江陵九店東周墓》，科學出版社1995年版，第85、106、129頁。
④ 湖北省荊沙鐵路考古隊：《包山楚墓》，文物出版社1991年版，第68頁。熊傳新：〈長沙新發現的戰國絲織物〉，載《文物》1975年第2期，第49—56、96頁。雲夢縣文化館：〈湖北雲夢縣珍珠坡一號楚墓〉，載《考古學集刊》第1集，中國社會科學出版社1981年版。荊門市博物館：〈荊門十里磚廠一號楚墓〉，載《江漢考古》1989年第4期，第16—22、39頁。

儘管楚地殮屍程序與周禮在主體脈絡上基本一致，但二者之間仍然存有出入，這主要表現在衣裹包的結構上。戰國楚地殮屍衣裹包的詳細情況只有從江陵馬山M1獲知。馬山M1墓主所著衣4層，所裹衣衾包13層，外加最外面兩件衾、袍，共19層。從裡到外分別為：

　　最貼身的衣物為一件鳳鳥卉紋繡絹面綿袴，其次為一套深黃色絹面夾衣和深褐色絹裙，然後分別為一件舞鳳飛龍紋繡土黃絹面綿袍和一件E形大菱形紋錦面綿袍。E形綿袍之上，套有「冒」：從頭至腹部為一條長方形錦巾，從腹部至腳為一條黃絹裙。死者頭部覆蓋著一件梯形絹巾，是為「幎目」；雙手各握一卷呈長條狀絹團，是為「握」；腳上穿一雙土黃綈面蔴鞋 [1]。

　　在這些外面，是一層達12層之厚的衣裹包，從裡向外依次為：一件小菱形紋錦綿袍、一件對鳳對龍紋繡淺黃絹面綿袍、一件一鳳一龍相蟠紋繡紫紅絹面單衣、一件單衣、一件鳳鳥花卉紋繡淺黃絹面綿袍、一件龍鳳紋繡羅單衣、一件深黃絹面綿袍、一件對鳳對龍紋繡淺黃絹衾、一小塊長方形絲綿、一件鳳鳥鳧幾何紋錦衾、一件舞人動物紋錦夾，最外層用九道錦帶捆紮。衣衾包裹外又單獨置放了一件素紗綿袍和一件蟠龍飛鳳紋繡淺黃絹面衾，袍在外，衾在裡 [2]。

　　從屍體所穿、所裹的衣衾，我們發現了一定的層次和順序。

　　墓主所穿的四套衣物及「冒」——最貼身的鳳鳥卉紋繡絹面綿袴、外面的一套深黃色絹面夾衣和深褐色絹裙、舞鳳飛龍紋繡土黃絹面綿袍、E形大菱形紋錦面綿袍以及套的「冒」（即從頭至腹部的長方形錦巾和從腹部至腳的黃絹裙）。此為第一次，應該是「始死殮」所襲衣物。

　　墓主所裹的13層衣衾包——一件小菱形紋錦綿袍、一件對鳳對龍紋

---

[1]　彭浩：〈江陵馬山一號墓所見葬俗略述〉，載《文物》1982年第10期，第12—15頁。
[2]　荊州地區博物館：《江陵馬山一號楚墓》，文物出版社1985年版，第11—16頁。

繡淺黃絹面綿袍、一件一鳳一龍相蟠紋繡紫紅絹面單衣、一件單衣、一件鳳鳥花卉紋繡淺黃絹面綿袍、一件龍鳳紋繡羅單衣、一件深黃絹面綿袍、一件對鳳對龍紋繡淺黃絹衾、一小塊長方形絲綿、一件鳳鳥鳧幾何紋錦衾、一件舞人動物紋錦夾，最外層用九道錦帶捆紮。此為第二次，應該是「小殮」所裹衣衾。

墓主衣衾包的外面———一件素紗綿袍和一件蟠龍飛鳳紋繡淺黃絹面衾。此為第三次，有可能是「大殮」所裹衣衾，也有可能是屍體入棺時才加蓋在衣包上的。

儘管也是三個步驟，但是楚制與周制有所不同。周禮中殮屍衣包結構由內至外為：死者所穿衣物→帶→祭服→散衣→衾→絞帶→衣→衾→紟→絞帶。周禮殮屍，帶在其中起了重要作用，殮屍的每一個步驟完成之後，都會用絞帶來捆束。從馬山M1衣裹包來看，楚人殮屍只用了一根帶來捆束，雖然衣衾包總的順序也是衣服、被衾、束帶，但卻是將飾物佩戴妥當、衣物穿戴整齊後，直接加蓋衣袍、衾、紟，最後用一根絲帶捆紮固定。這是楚制與周禮之不同。此外，馬山M1裹屍時在用絞帶捆紮好的衣衾包外，還附加了一件綿袍和一條被衾，這也是與《儀禮・士喪禮》記載相異的地方。

這兩個特點延續到了後楚文化時代。長沙馬王堆M1墓主所穿、所裹衣衾包共有18層，外加貼身所穿兩件衣服和衣衾包外面加蓋的兩件袍，共22層[①]。整個衣衾包也非常有層次感，首先是貼身穿綿袍、單衣；其次是灰麻布單被、綿袍、單衣；再次又是白麻布單被、單衣、綿袍、綿衾。中間沒有用絞帶捆紮，只是最後用一根絲帶橫紮九道[②]。之後，在上面也覆蓋了兩件綿袍。從中可以看出，長沙馬王堆

---

① 湖南省博物館、中國科學院考古研究所：《長沙馬王堆一號漢墓》，文物出版社1973年版，第30—31頁。

② 范志軍：〈長沙馬王堆女屍所穿裹衣衾探析〉，載《華夏考古》2007年第3期，第123—128、132頁。

M1殮屍程序與馬山M1墓主殮屍程序基本一致，都有別于周禮。

## 二、楚墓殮屍所用的衣、衾和紟、帶

區別尊卑貴賤是先秦禮制的主要作用，即使是被稱為「蠻夷」的楚地，在「禮崩樂壞」的戰國時期，其殮屍過程中所用的衣物也會隨個人身分等級的不同而呈現出尊卑差異。由於本節使用的考古資料主要來自馬山M1，所以下面的論述僅限於戰國時期楚喪禮中士階層殮屍所用的衣衾和紟帶。

### （一）衣

1. **衣服的數量**。馬山M1共用衣13套。《儀禮‧士喪禮》載，始死殮襲衣3稱（3套）；小殮用散衣、祭服共19稱；大殮用散衣、祭服和君襚共30稱；另外沐浴完畢要給死者著明衣1套。《儀禮‧士喪禮》文後又附言「不必盡用」，所以最後總的用衣件數不詳。但無論如何簡省，仍極有可能超過馬山M1的用衣數量，也多過長沙馬王堆漢墓M1的用衣數量。

2. **衣服的種類**。《禮經》中規定大夫、士殮屍所用衣服種類僅限「複衣」，也就是綿袍一種；諸侯國君殮屍衣服有複衣和夾衣兩種，單衣不在殮屍衣服之列 ①。然而馬山M1所用的13件衣服按種類計算，除了有複衣即綿袍8件外，還有1件在周喪禮中僅國君大殮時才有資格用到的褶衣即夾衣以及《儀禮‧士喪禮》中未曾提及的3件單衣和1件單裙。長沙馬王堆漢墓M1也用了7件單衣。

3. **衣服的款式**。禮書中死者的貼身衣物是一套「明衣」。「言明者，取明潔之義 ②。」明衣以帷幕為布料，衣和袖都用整幅的布作成，衣長至膝下；裳分前後，前裳三幅，後裳四幅，腰部沒有褶皺，長及腳面；裳的邊緣為紅色，衣的領口和袖口為黑色。馬山M1墓主所穿

① 孫希旦：《禮記集解》，中華書局1989年版，第1162頁。
② 胡培翬：《儀禮正義》，段熙仲點校，江蘇古籍出版社1993年版，第1672頁。

第三章　喪禮

最裡層的衣物是一件綿袴，形制與《禮經》所述「明衣」迥異。《儀禮・既夕禮・記》曰：「設明衣，婦人則設中帶。」中帶即今內褲。古代衣服有衣、裳之分，男子有衣有裳，婦女僅有衣而無裳，故殮屍時需另加中帶。楚製衣、裳也是分開的。《楚辭・離騷》曰：「製芰荷以為衣兮，集芙蓉因為裳。」疑此處的「綿袴」不是明衣，而是相當於「中帶」。不過在形制上與「中帶」並不完全相同。它裡、面俱全，中間還填充了綿，而《禮經》中的中帶僅為單層。

「明衣」除外，周士喪禮中還要「襲三稱」，分別是爵弁服、皮弁服及褖衣。爵弁服乃死者生前戴爵弁冠時穿的衣服——「纁裳，純衣」[1]，就是淺紅色的裳加上黃黑色的衣。皮弁服則是戴皮弁冠時穿的衣服——「素積」，用白繒作料，腰兩側有褶。褖衣為士一級的禮服，褖又作「稅」，《禮記・雜記》、《禮記・喪大記》中均稱「褖衣」為「稅衣」。鄭注：「黑衣裳，赤緣之謂之褖。」所以褖衣即黑色的衣和裳，並鑲了紅邊。馬山M1墓主在綿袴外層，由裡到外也分別穿著一套夾衣和絹裙、一絹面綿袍、一錦面綿袍。這與《儀禮・士喪禮》所謂「乃襲三稱，明衣不在算」相符。但是馬山M1墓主所著三套衣服的款式與上述周服大不相同。它們的質料不是絹就是錦，而非布；上面全都繡有龍、鳳和菱形圖案，而非素面；顏色主要有深黃、深褐及土黃幾種，而非黑色、紅色或白色[2]。

這些差別應該同二者各自代表的年代、地域（楚地與中原）、性別（禮書記載以男性為主）的不同有關。例如，楚喪禮殮屍衣物多用絲質的錦衣和絹衣，而不用布衣，應該是因為楚地處於南方，氣候條件適宜養蠶植桑，絲織業比較發達所致。楚地所產的絲織品一直是朝

---

① 《儀禮・士喪禮》。

② 楚墓中出土的衣服多為黃色、土黃色。彭浩先生從袍的折縫處黃色較深的現象判定，它們原本就是黃色和土黃色，而不是其他顏色褪變的結果，參見彭浩《楚人的紡織與服飾》，湖北教育出版社1995年版，第219頁。

貢周天子的貢品。《尚書·虞夏書·禹貢》記載的荊州貢品就包含有絲織品。到了戰國時期，楚地絲織業更加發達，絲綢服飾相對其他地區而言更易得，所以貴族們舉行喪葬儀式時摒棄布衣，紛紛採用錦衣和絹衣。

楚地殮屍衣服在款式上還有一個與禮書不合的地方，即沒有遵循「左衽」的規定。先秦時期，人們日常著裝一般為「右衽」，但人死後殮屍時，服裝要變成「左衽」。《禮記·喪大記》在論述小殮、大殮所用衣服時強調：「祭服不倒，皆左衽，結絞不紐。」鄭注：「左衽，衽鄉左，反生時也。」我們在馬山M1所用的衣服中也發現有「左衽」的例子，不過它在墓中只是一個孤例，除此之外的衣服全都是右衽。而且，在長沙馬王堆漢墓M1出土的衣物中，可以識別衽式的衣袍也都是右衽，這進一步證實了戰國時期楚國殮屍衣服並未實行「左衽」之制。

**4. 衣服的顏色。**周禮中提及殮屍衣物的顏色時，用詞最多的是「纁」、「緇」、「纆」。其中「纁」、「纆」指紅色，「緇」指黑色。此外，士殮屍用的「稅衣」也是黑色的衣和裳，邊緣為紅色。所以，周禮中用以殮屍的衣服主要為黑色和紅色。

但是楚制中殮屍所用的卻多為黃色。馬山M1墓主殮屍所用的13套衣服中可以辨認出黃色的有5套，紅色的只有1件單衣。這與當時楚國絲織品所流行的顏色有關。有學者對楚墓出土的絲織品的色彩進行了統計研究，發現在馬山M1、包山楚墓M2、江陵九店楚墓、長沙楚墓等出土的絲織品中，黃色所占比例大大超過了紅色[1]。所以在楚制中，紅色和黑色並不是最主要和最普遍的殮屍衣服顏色。

---

① 夏曉偉：〈從楚墓出土絲織品的色彩看楚人「尚紅」〉，載《江漢考古》2003年第3期，第67、68—72頁。

## （二）衾、紟、帶

衾和紟都是指殮屍時覆蓋在死者屍體上的被子。其中，衾為棉被，紟為中間不夾棉絮的夾被。馬山M1墓主共用衾3件，分別是攔置在衣包上面的蟠龍飛鳳紋繡淺黃絹面衾、衣包第二層的鳳鳥鳧幾何紋錦衾和第四層的對龍對鳳淺黃絹衾。紟用1件，即處於衣包第一層的舞人動物紋夾紟。墓主所用的衾、紟數量與《禮經》的相關記載一致。據《禮記‧喪大記》，小殮只用衾不用紟，「君錦衾，大夫縞衾，士緇衾，皆一」；大殮用一條紟，還有「二衾，君、大夫、士一也」。也就是說不論身分高低，殮屍統一用衾3件、紟1件。

形制方面，《禮經》記載國君、大夫、士殮屍用全都是「五幅，無紞」[1]，所謂紞，就是縫在被頭的「被識」。鄭注：「紞，以組類為之，綴之領側，若今被識矣。生時禪被有識，死者去之，異於生也。」馬山M1墓主殮屍使用的紟展開後呈亞字形，沒有縫製被識，同周制相近。但是馬山M1墓主殮屍使用的衾完全不同於《禮經》的記述。《禮記‧喪大記》載國君殮屍用錦衾，大夫用縞衾，士只能用緇布作面、紅布作裡的布衾，「無紞」。然而馬山M1墓主作為一個士妻，所用不是錦衾就是絹衾，按周制，是攝用了大夫之禮甚至國君之禮。而且，其中的蟠龍飛鳳紋繡衾的繡面是由20餘片絹片縫合而成，一端正中有凹口，縫有黃、褐、紅三色條紋的窄邊[2]。

這窄邊正是被識，即古人所謂的「紞」，這與周禮的規定不相符。此外，3件衾都為淺黃色，而非《禮經》中的「緇衾，頳裡」[3]。

絞帶是殮屍過程中必不可少的捆束用具，衣衾穿著、包裹妥當後，需要用它來捆束加緊。據「三禮」文獻，士一級貴族在始死殮、

---

① 《禮記‧喪大記》。

② 彭浩：〈湖北省江陵馬山磚廠一號墓出土大批戰國時期絲織品〉，載《文物》1982年第10期，第1—8頁。

③ 《儀禮‧士喪禮》。

小殮和大殮中，三次都用到了帶，絞帶總數至少有13條。（1）始死殮。所用的是「緇帶」，鄭玄解釋為「黑繒之帶」，束在爵弁服、皮弁服和褖衣外面，其捆束方法不詳。（2）小殮。帶束在包裹好的衣衾外面，捆束方法分別為「橫三縮一」，即橫向三道，縱向一道[1]。小殮用的絞帶要「廣終幅，析其末」[2]，孔疏復原了具體的方法：在屍體下縱著放一幅布、橫著放三幅布，然後把每幅布的頭尾裂成三條，用以兩頭捆紮時方便打結。（3）大殮。用的絞帶與小殮時不同：「絞一幅為三，不辟。」[3]鄭注：「小斂之絞也，廣終幅，析其末，以為堅之強也。大斂之絞，一幅三析用之，以為堅之急也。」按照孔疏和各家的注解，大殮時因為已經包裹很厚，不可能再用一幅布縱向捆紮了，而是將一幅布裂成三片（兩端不再撕開），直接打結，這是縱向；橫向的方法是把兩幅布直裂成六片，用其中的五片來橫著捆紮。這樣加起來，就是文獻中所謂「橫五縮三」，即橫向五道，縱向三道[4]。

　　戰國時期楚地殮屍所用的帶無論就數量、形制還是捆束方法而言，都不同于周殮屍禮。馬山M1衣包中僅見絞帶一根，位於衣包最外層，捆紮著整個包裹。其發掘者稱：此錦帶一邊有邊維，估計是用整幅的錦對分為二之故，使用時或疊成雙層或疊成三層。可見它的形制是「一幅為二」，既不同于周禮小殮絞帶「廣終幅，析其末」，也不同於大殮絞帶「一幅為三」的形制。捆束方法更是同周制相去甚遠，既非「橫三縮一」，也非「橫五縮三」，而是橫向捆束九道，縱向不加捆紮，絞帶的結頭分左、右兩排繫於包裹正面。這種「橫九」的絞帶捆縛方式在楚地殮屍禮中相當普遍，同期的很多楚墓都採用了橫向九道的捆紮殮屍衣包的方式。如江陵九店M711內的屍體也經絲織物

① 《禮記‧喪大記》。
② 《儀禮‧士喪禮》。
③ 《禮記‧喪大記》。
④ 胡培翬：《儀禮正義》，段熙仲點校，江蘇古籍出版社1993年版，第1754頁。

包裹、捆束，儘管外面的織物已炭化，但捆紮的絲帶痕跡得以部分保存，可以辨析出也是橫捆九道，並在包裹上面之間打結。無獨有偶，九店M511屍骨同樣用絲綢包裹，又用絲帶捆緊，橫向也為九道，另縱向加捆了三道。捆紮順序是：先從腳向頭部縱捆三道，每道方向不一，至頭部中間處相互交叉轉向，形成頭部的一週橫帶，6根繩頭同時緊結於頭頂，從領到腳再橫捆八道。所以，可以將「橫九」的絞帶捆縛方式歸納成為戰國楚地殮屍禮中的一個特色。而且這一特色一直持續到西漢時期。長沙馬王堆漢墓M1衣包外的絲帶也是自頭至腳橫向捆縛九道，縱向不加捆束，結頭同樣在衣包正面，分作左、右兩列 ①。

### 三、楚墓的其他殮屍用具

除襲衣、覆衾和束帶外，先秦殮屍還包括給死者飯含，佩戴掩、幎目、決、握等飾物，並且穿上鞋屨。下面，試將戰國楚墓出土的實物逐一加以考證。

（一）**飯和含**。飯含之物一般為玉石、貝和生稻米，取其自然生成之美。古時候飯和含其實是兩碼事，各有所指。飯指放入死者嘴中的生稻米、碎玉石；含則指整塊的貝或玉石 ②。

據《禮記·雜記》，飯含的物品和數量會因死者地位與身分不同而有嚴格區別。但從考古實物來看，飯含在實際操作中似乎沒有內容上和數量上的統一規定。在眾多西周墓葬中，有單含貝的，如1955—1957年發掘的陝西長安縣灃西群墓中含貝者達53座，含貝數目從2—33枚不等 ③。有單含玉的，如1983—1986年發掘的灃西M113墓主口內

---

① 湖南省博物館、中國科學院考古研究所編：《長沙馬王堆一號漢墓》，文物出版社1973年版，第30頁。

② 胡培翬：《儀禮正義》，段熙仲點校，江蘇古籍出版社1993年版，第1687頁。

③ 中國科學院考古研究所：《灃西發掘報告——1955—1957年陝西長安縣灃西鄉考古發掘資料》，文物出版社1962年版，第116頁。

有15塊碎玉，原形為一段殘璧。有單含石的，如M327的飯含之物就是47塊小石子，其中有石英，也有蛇紋石。還有玉石、玉貝共含的，如澧西M151墓主嘴部有6塊碎玉片，它們分屬2件殘器，其一為玉魚的尾部，另一為玉璧的邊緣部分，此外還發現了28枚貝；澧西M333的飯含共有玉石片17片，它們的形狀、色澤各不相同，其中有透閃石軟玉以及硬砂石[1]。各墓之間的差異很大[2]。

戰國楚喪禮中所用飯含與禮書記載和西周墓葬中出土的都不相同。飯含所用之物非常統一：無論諸侯國君，還是大夫甚至士，飯含用的都是玉，沒有見到含貝或石的現象。最典型的是曾侯乙墓，裡面出土了大批飯含物品，可以分成兩種：一種是動物造型的玉石，計有玉牛6件、玉羊4件、玉豬3件、玉狗2件、玉鴨3件和玉魚3件。玉色青白，略帶黃色，通體拋光，器小如豆，圓雕而成，這些類似於「含」；一種是一些碎玉片和碎玉料，類似於「飯」。包山M2、信陽楚墓中出土的飯含之物也都是一些小玉塊。當陽趙家湖有幾座小型貴族墓中也出土了玉玲[3]。

（二）掩和冒。古人死後不戴冠，而用帛包裹死者額頭以取代冠的功能，是為掩。馬山M1在死者所襲之衣外，從頭部至腹部蓋著一件深褐色底、暗黃色圖案、黃絹為裡的長方形錦巾。它的一端與雙手

---

① 張長壽：〈西周的葬玉——1983—1986年澧西發掘資料之八〉，載《文物》1993年第9期，第55—59頁。

② 林素英對飯含內容發生變化的原因的解釋非常有見地。她認為：含禮實物之異，當與各時代的經濟條件、所使用之貨幣種類有關。例如，殷商時代由於以貝為通行的貨幣，所以「含」之物自然以「貝」為主；周代以後則因為泉布和銅錢流通，所以多有改含銅錢者。社會經濟情況在脫離以擁有簡單而易取之物為滿足之後，便轉而以營求其他難得之貨為實。因此於行含禮之時，即緣於社會階層之差異性，而配以當時貴賤意義不等之財貨，亦即由《禮記・雜記》所載之以數量區別社會階級，轉而以質變區別等差。參見林素英《古代生命禮儀中的生死觀》，臺北文津出版社1997年版，第90頁。

③ 湖北省博物館：《曾侯乙墓》，文物出版社1989年版。湖北省荊沙鐵路考古隊：《包山楚墓》，文物出版社1991年版。河南省文物研究所：《信陽楚墓》，文物出版社1986年版。湖北省宜昌地區博物館、北京大學考古系：《當陽趙家湖楚墓》，文物出版社1992年版。

第三章　喪禮

平齊，另一端則從面部繞過頭頂的髮髻並壓在枕骨下，在靠近鼻腔處用組帶把錦巾緊繫在頭上。這塊錦巾儘管與禮書所載的「掩」差別頗大，不單是一塊熟帛，而且有裡，並且組帶的緊繫方式也不一樣，但它仍然起到了掩的作用。

不過，裹頭並非這塊錦巾的唯一作用。因為它是自頭至腹部將死者覆蓋，而且發掘報告稱，與這件錦巾相接的是，從腹部至腳部還套著一件錦緣黃絹裙，長過雙腳。有學者已考證出這套衣物其實就是禮書上所說的「冒」[①]。冒，指屍套，分上、下兩部分。「製如直囊，上曰質，下曰殺。[②]」通常給死者穿好衣服後，再套上冒。《儀禮‧士喪禮》中還比較具體地描述了士冒的形制：「冒，緇質，長與手齊，赬殺，掩足。」馬山M1出土的這套冒同禮書所述有一定出入：一是其質地為錦和絹，而非布；二是其質（即上半部分）的顏色為深褐色，殺（下半部分）的顏色為黃色，並非「緇質」與「赬殺」；三是其質為一塊有裡有面的夾布，形制不同於「直囊」，使用時只是將質覆蓋在屍體表面，而不是把屍體套在質中。

綜合以上分析，可以看出馬山M1中實際是將「掩」、「冒」二者合為一體了。位於死者所襲之衣外層的一套錦巾和絹裙起到了遮蓋死者額頭和套屍的雙重作用。這一現象應該是戰國楚地殮屍禮中出現的新情況。毋庸置疑，它是從中原周禮演變而來的，但是較之禮書所載，它顯得簡潔得多，也實用得多。

（三）**幎目**。幎目指用來遮蓋死者面部的面罩。《儀禮‧士喪禮》鄭注曰：「幎目，覆面者也。」周禮中士階層喪禮所用的幎目為正方形，一尺二寸長。它分兩層，外層用黑色的布，裡層用紅色的布，中間填有棉絮。兩端還有帶子，用以相結。

---

① 彭浩：〈江陵馬磚一號墓所見葬俗略述〉，載《文物》1982年第10期，第12—15頁。
② 胡培翬：《儀禮正義》，段熙仲點校，江蘇古籍出版社1993年版，第1680頁。

考古發掘出的幎目實物卻以玉製和石製的為多。這或許與年代久遠，布質幎目難以保存有關。玉覆面在西周時期就已開始流行，扶風黃堆老堡子西周墓中就出土了玉覆面[1]，三門峽上村嶺虢國墓地M2001內發現了西周晚期更完整的綴玉幎目[2]。東周時期中原地區依然流行玉覆面和石覆面，山西曲沃縣曲村春秋墓M5227中出土了一件石覆面，加工精細，由27個湖色石片組成人面之形，洛陽中州路東周墓中曾發現了用眉、眼、鼻、口等形狀的石片組成人臉的幎目[3]；山西侯馬天馬—曲村遺址北趙晉侯墓地的幎目資料更加豐富，且有單、雙層之分。單層的如M91和M31中出土的幎目，分別由24塊和79塊不同形狀的玉石片拼綴而成；還有M62中的一組用48塊玉片縫綴在布帛上組成人面形。雙層的如M9，其中的幎目由52塊玉石分上、下兩層縫綴在布帛上組成，皆磨光成形，上層27塊，有額、耳、眉、鼻、嘴等形狀；下層25塊，有人、虎、眼、鼻、嘴飾等[4]。

戰國時期楚國喪禮也使用玉質幎目。荊州秦家山M2中出土的便是一件非常特別的玉幎目。它呈橢圓形，黑褐色，長20公釐，寬13.9公釐，厚0.23公釐。其形制獨特，不是如西周墓中出土的用玉石連綴而成，而是用一整塊玉石琢磨成的人面造型幎目。據發掘者稱：「其製作方法是先經過鋸截，琢磨成人面輪廓，然後進行穿孔、雕刻。眼、鼻、嘴鏤空，面、眉、眼、嘴、耳等部位的輪廓線以及髮、眉、髭皆為陰刻，刀法細膩，線條流暢。覆面四周有8個小骨孔，應縫綴於絲織品的面罩上。」此墓年代為戰國中期偏晚，儘管葬具是一槨三棺，但

① 周原博物館：〈1995年扶風黃堆老堡子西周墓清理簡報〉，載《文物》2005年第4期，第4—25頁。
② 河南省文物研究所、三門峽市文物工作隊：〈三門峽上村嶺虢國墓地M2001發掘簡報〉，載《華夏考古》1992年第3期，第104—113頁。
③ 中國科學院考古研究所：《洛陽中州路（西工段）》，科學出版社1959年版，第116—117頁。
④ 曹楠：〈試論晉侯墓地出土的葬玉〉，載《考古》2001年第4期，第78—86頁。

發掘者認為這是僭越禮制之舉，墓主身分只應是「元士」①。按中原禮制，士殮屍只能用布幎目。這又是逾越禮制的一種行為。

除了玉質幎目，楚國喪禮中還使用布帛幎目。馬山M1內的是一件布帛幎目，與禮書中的記載不同。它覆蓋在死者面部，形狀呈梯形，而不是禮書所說的方形；質地為絹質，而不是禮書所說的布質；裡、面都呈黃色，而不是緇面、赬裡；四周無組帶，但多了一圈錦緣。值得注意的是，馬山M1幎目的上方有一條窄縫，露出眼部，下方正中有一個三角形孔，露出嘴部。這種做法倒同中原周禮中飯含時使用的遮臉布巾相似。《儀禮‧士喪禮》曰：「布巾，環幅，不鑿。」意思是士階層用的布巾不需在嘴部鑿孔，但大夫及以上階層的飯含布巾卻需要鑿孔，原因是：

大夫以上，賓為其親含，恐屍為賓所憎穢，故設巾覆屍面，而當口鑿穿之，令含得入口也。士自含其親，不得憎穢之，故不得鑿巾，但露面而含耳。②

設幎目而鑿口的目的，是由於大夫以上貴族死後將由其他賓客來為之塞飯含，為了防止行禮的賓客心生嫌惡，故而覆面鑿孔，僅露出口部以便飯含。而士或低於士者，親人死後，由孝子親自為之飯含，不存在賓客嫌惡問題，所以也就無幎目鑿孔之禮。《禮記‧雜記下》載，士一級貴族「鑿巾以飯」，是由公羊賈開啟的僭禮行為。

馬山M1墓主為一女性，其家族地位屬「士」。其幎目是兼有飯含布巾的作用，還是露出眼部、嘴部另有含義，還需參考更多的考古材料，才能加以考證。

---

① 湖北省博物館：〈湖北荊州秦家山二號墓清理簡報〉，載《文物》1999年第4期，第18—28、99頁。

② 胡培翬：《儀禮正義》，段熙仲點校，江蘇古籍出版社1993年版，第1674頁。

（四）**握**。指死者手中握著的東西，一般成對出現，分別置於死者左、右手中。《儀禮‧士喪禮》介紹了其形制和佩戴方法：

> 握手，用玄，纁裡；長尺二寸，廣五寸，牢中旁寸；著，組繫……設握，乃連擊（腕）。

《儀禮‧士喪禮‧記》又補充說：「設握，裡親膚，繫鉤中指，結於擊（腕）。」由於年代久遠，沒有實物可供對征，歷代史家對這兩段經文的注解不一，僅能從文字上來推測握的形制和戴法。通過對考古發掘的實物進行分析，今天看來，「握」其實是用長1尺2寸、寬5寸，中部收縮1寸的玄黑色布作成，紅色裡子，中間填入棉絮，四周有繫結用的組帶。佩戴時，將握放在死者手中，裡貼著皮膚，面朝外，兩端的組帶一端繞掌，另一端鉤住中指，然後在手腕處打結。

不過考古發現的握多為玉質、石質，布質的極少見。商代以握貝為主，如安陽殷墟商代墓葬中常見死者手中握有貝[①]。到了周代，玉握、石握取代了貝握的位置。灃西西周墓地發現的多為玉握，形狀比較一致，大都為圓柱管狀，通常是一對，分握于死者左、右手中[②]；山西北趙晉侯墓地M102的墓主雙手各握柄形飾物一件，M91的玉握是一對箸形玉器，由一件整器分割而成[③]。

從上述材料可知握通常成對出現，分設于左、右手，而不是只有一個，僅設於左手。戴法是握在手掌中，而不是將手掌套在其中、交疊入葬的。

戰國楚墓中也出土了一些玉質的握。例如，曾侯乙墓中發現的是

① 中國社會科學院考古研究所：《殷墟發掘報告》，文物出版社1987年版，第214、258頁。
② 張長壽：〈西周的葬玉——1983—1986年灃西發掘資料之八〉，載《文物》1993年第9期，第55—59頁。
③ 曹楠：〈試論晉侯墓地出土的葬玉〉，載《考古》2001年第4期，第78—86頁。

第三章　喪禮

一對玉握，分別位於墓主左、右手處，兩器大小相同，器形相似，呈灰白色，通體拋光，局部帶「糖」（玉石中夾有的一種雜質）。圓柱形，兩端平齊，上端略小於下端。器身上、下兩段各飾陰刻的雲紋，並間飾陰刻的弦紋和斜線紋①。這對玉握製作講究、精細，顯然是刻意為之，與西周喪禮中將整器分作兩半以做成握的方式不同。

　　楚墓中還出土了一對非常珍貴的布質握，見於馬山M1中。兩隻握的大小、形狀相同，但與禮書記載有別。它是用一條長25公釐、寬9公釐夾層絹巾中部裹上絲綿，卷成長條狀，然後縫合製成的。面為深棕褐色，而非玄色；裡為深黃色，而非纁色；周邊還飾有舞人動物紋錦緣。近握中部的兩側處用一根組帶繫住，並從絹巾縫合處穿過。兩件握的戴法各不相同，一件放入左掌中，中指套入兩端相連的組帶中；另一件置於右掌中，中指並不套入組帶中；左、右手中的握的兩端均露出寸餘。儘管這種佩戴握的方法十分獨到，與禮書所載有異，但對解決眾家爭議仍有裨益。左握的佩戴方法正好是「裡親膚，繫鉤中指」的注解；兩端各露出寸餘正好是「牢中旁寸」的注解②。與戰國楚文化一脈相承的長沙馬王堆漢墓M1女屍手中也握有一對繡花絹面香囊，長約12公釐，直徑約4公釐，囊內盛香草，其握法同于馬山楚墓M1女屍③。

　　（五）決。決為拉弓用的扳指。《儀禮·士喪禮》載：「決，用正王棘，若檡棘，組繫，纊極二。」也就是說，士喪禮中殮屍用的決，一般選用質地優良的王棘木或檡棘木做成，上有繫結用的絲帶，另有兩個用綿絮製作的指套。古人生時所用決與這裡描述的殮屍所用決是

---

① 湖北省博物館：《曾侯乙墓》，文物出版社1989年版，第427頁。

② 關於「牢中旁寸」的握法，鄭玄注：「牢讀為樓，樓謂削約握之中央以安手也。」賈疏的解釋是：「中央廣三寸，廣三寸中央又容四指而已。四指，指一寸，則四寸，四寸之外，仍有八寸，皆廣五寸也。」

③ 湖南省博物館、中國科學院考古研究所：《長沙馬王堆一號漢墓》，文物出版社1973年版，第28頁。

不一樣的。據《儀禮‧鄉射禮》和《儀禮‧大射儀》，生時用的決一般用象骨為料，有三個皮製指套，以防止放弦時擦傷手指。鄭玄注更詳細地描述道：

決猶闓也，挾弓以橫執弦。《詩》云：「決拾既次。」正，善也。王棘與檡棘，善理堅刃者皆可以為決。極猶放也。以遝指放弦，令不挈指也。生者以朱韋為之，而三。死用纊，又二，明不用也。

錢玄先生解釋：「極，生時以皮韋為之，套於食指、將指、無名指，有三。所以護放弦時擦及手指。屍之極為二，不用皮韋，而僅以綿絮包手指。」[1] 值得注意的是，決並不能單獨發揮作用，它必須同韘一起。

楚墓中同樣發現了一些戰國時期喪禮殮屍用過的決，分玉質、木質和骨質三種。玉決見於曾侯乙墓和蘇州真山楚墓D3M1中。曾侯乙墓的決為灰黃色，局部帶「糖」。器上、下端平齊，平面呈前尖後圓的橢圓形，中間有一橢圓穿孔，用於套手指。後部的壁上橫穿一個小孔，為穿綴組帶之用 [2]。真山墓出土的決由青玉製成，已發黃，橢圓形環狀，內側圓而外兩頭微尖。一端飾獸面紋，獸面雙眼凸出，眼珠內凹，有凸，兩耳大而扇風，右耳上還有一螺旋狀凸起 [3]。骨決主要見於江陵九店的M244、M633以及包山M2中。九店兩墓中出土的形制頗為相仿，穿孔全都是一端為圓形，徑較小，另一端為橢圓形，徑較大，且都有柄，只是一個是短柄，一個是長曲柄 [4]。木決見於長沙瀏

---

① 錢玄：《三禮通論‧名物篇》，南京師範大學出版社1996年版，第291頁。
② 湖北省博物館：《曾侯乙墓》，文物出版社1989年版，第431頁。
③ 蘇州博物館：《真山東周墓地——吳楚貴族墓地的發掘與研究》，文物出版社1999年版，第7頁。
④ 湖北省文物考古研究所：《江陵九店東周墓》，科學出版社1995年版，第38頁。

131

第三章 喪禮

城橋M1中，具體形制不詳①。

從以上可以看出，戰國楚地殮屍所用決的質地與墓主身分之高低息息相關。曾侯乙為國君，蘇州真山D3M1的墓主據發掘者推測為一楚國貴族公子，且極有可能是春申君的兒子。因而他們殮屍用玉決。包山二號墓墓主邵佗為楚國左尹，屬大夫級，所以用骨質決。九店二墓及瀏城橋M1的墓主身分較低，應為士，按禮制應用木決，而墓主卻用了骨質的決。

（六）**屨**。屨即死者所穿的鞋子。《儀禮·士喪禮》曰：「夏葛屨，冬白屨，皆繶緇絇純，組綦繫於踵。」下葬時若為夏日，殮屍用葛製成的鞋，若為冬日，則用皮弁製成的鞋，都為白色，鞋上的圓絲帶、鞋頭上的飾物及鑲邊全為黑色。鞋帶一般繫在腳後跟上，並用剩餘的帶子把兩隻鞋的鞋帶穿孔繫好，以免死者的雙足分開。

戰國楚喪禮中殮屍用的鞋與禮書所言有很大的差異。首先，死者所穿的多是麻質的鞋，而不是葛鞋或皮弁鞋。馬山M1墓主穿的就是一雙麻鞋；九店M296墓主穿的鞋儘管僅殘剩鞋底，但仍能辨別出是用麻布製成的，其鞋底用4根麻繩作經線，上面還鋪有一層麻布②；長沙烈士公園M3在內棺足部發現鞋底一隻，應為死者所穿，其質地也為麻織物③；而長沙另外幾座戰國墓中出土的鞋也無一例外是麻鞋④。甚至大夫一級殮屍也用麻鞋。如包山M2出土的鞋就是由皮、麻結合編製而成⑤。這一習俗在楚地也一直延續到漢代。江陵鳳凰山漢墓M168出土了一雙雙尖翹頭方屨，保存完好，鞋面、底、墊、幫均為麻織，鞋面為白色平紋織的麻布，鞋底、裡、墊均係麻線納縫而成，鞋底有麻損

① 湖南省博物館：〈長沙瀏城橋一號墓〉，載《考古學報》1972年第1期，第59—72頁。
② 湖北省文物考古研究所：《江陵九店東周墓》，科學出版社1995年版，第336頁。
③ 高至喜：〈長沙烈士公園3號木槨墓清理簡報〉，載《文物》1959年第10期，第65—70頁。
④ 湖南省博物館、湖南省文物考古研究所、長沙市博物館、長沙市文物考古研究所：《長沙楚墓》，文物出版社2000年版，第417頁。
⑤ 湖北省荊沙鐵路考古隊：《包山楚墓》，文物出版社1991年版，第188—189頁。

痕跡，可能是墓主生前穿過的 [1]。其次，死者穿的鞋顏色不一，不一定是白色。馬山M1殮屍的鞋是土黃色，包山M2的鞋底上髹黑漆。再次，穿繫方式也不同。馬山M1死者兩隻鞋子的鞋帶穿孔並未捆束在一起，而是雙腳的拇趾被繫好固定。但是這兩種方法有著異曲同工之妙，都是為了防止雙腳分開 [2]。

綜上所述，本節通過戰國楚墓中出土的實物資料，復原了楚人殮屍禮的大體情況。首先，爬梳了戰國楚地殮屍的程序，即飯含→穿衣→佩戴飾物→包裹衣衾；其次，分析了殮屍過程中所用的衣、衾、紟、帶的數量、形制及包裹、捆束方法等細節；最後，逐一考證了飯含、掩、冒、幎目、決、握、屨等用具及其佩戴的方式。以上分析表明，戰國時期楚地的殮屍禮與禮書所載大體相當，但在一些細節上又有所變異，如殮屍包裹的結構，所用衣物的質料、顏色、款式，屍體飾物的形制和佩戴方式等方面，都凸現出其地域和時代的特色。


## 第四節　助喪

「知生者弔。知死者傷。知生而不知死，弔而不傷。知死而不知生，傷而不弔。[3]」喪禮不是由主喪之家單獨完成的，在主喪者之外，還有弔喪和助喪者。弔喪和助喪者上自國君、卿大夫，下至地方官

---

① 紀南城鳳凰山168號漢墓整理小組：〈湖北江陵鳳凰山168號漢墓發掘簡報〉，載《文物》1975年第9期。

② 在許多少數民族地區也發現有用繩捆束死者雙足的現象。例如，海南島白沙縣細水鄉黎族就用繩將死者雙足和兩個大拇指捆起來；德昂族（即崩龍族）是用紅線拴住死者的手指和腳趾；達斡爾族和滿族也都用線絆住死者雙腳。但他們的這種舉動不僅僅是為了使死者雙足不要分開，以方便殮屍，還有一層更重要的意思——「使其靈魂不致重新返回家中禍害家人」。參見夏之乾《中國少數民族的喪葬》，中國華僑出版公司1991年版，第23頁。

③ 《禮記・曲禮上》。

員、鄉鄰和喪家的遠近親戚，在某種意義上說，喪葬之禮是死者和喪家社會關係的集中展現。

歷代禮學家對助喪之禮都有研究，但由於實物不足和時代變異，多不得要領。今天，除了文獻材料之外，利用墓葬中出土的器具、簡牘、標籤、封泥等考古資料來研究助喪之禮，具有相當的可行性，不過目前這方面的成果仍很有限①，本節將禮書文本與楚地出土簡牘結合起來，考察楚地喪禮中的助喪禮儀②。

## 一、「書賵于方」與「書遣於策」

根據禮書和其他文獻資料，助喪有襚、賵、贈、含、賻、奠等多種名目。據《白虎通義·德論下·崩薨》載：

贈、襚者，何謂也？贈之為言稱也，玩好曰贈；襚之為言遺也，衣被曰襚。知死者則贈襚，所以助生送死，追恩重終，副至意也。賻、賵者，何謂也？賻者，助也；賵者，赴也，所以相佐給不足也。故弔詞曰：「知生則賻賵。」貨財曰賻，車馬曰賵。

由以上可以歸納出：第一，襚、賵、贈、賻四者雖然都是用來助喪的，但內容各不相同，分別是指衣衾、車馬、玩好、財貨，四者不容混淆。第二，四者的功能是不同的。襚（衣衾）和贈（玩好）是針對死者的，因與死者相知，故贈送以助其葬；而賵（車馬）和賻（財貨）是針對生者的，因與喪主相知，故贈送以助其喪③。

---

① 就我們目力所及，以此種方法和題旨發表的文章，以黃鳳春先生〈楚國喪歸制度研究〉最為鮮明，該文載《江漢考古》1999年第2期。

② 本節的主要內容，參見楊華〈襚·賵·遣——簡牘所見楚地助喪禮儀研究〉，載《學術月刊》2003年第9期。另載氏著《新出簡帛與禮制研究》，臺灣古籍出版公司2007年版，第159—182頁。

③ 襚與賵的區別，從《儀禮·士喪禮》本經中可以看出。經文規定，成服時要拜謝「君命及眾賓」（弔唁者），但「不拜棺中之賜」，即對向棺中致襚的人不必拜謝，因為那是針對死者的。

按照鄭玄的經解，由於親戚既與喪主相知，又與死者相親，故而可以「死生兩施」，賵奠兼行。從邏輯上來說，針對死者的襚、贈一定要入葬，而針對生者的賵、賻則不一定入葬。

喪禮中的一個重要節目就是讀賵，即由史將參與喪禮的助喪物品列成清單，宣示眾人。史所讀之賵的內容，據禮書所載，是寫在一種方板（竹或木）上的，這種方板叫做賵方。《儀禮·既夕禮》：「書賵于方，若九，若七，若五。」鄭注謂：「方，板也。書賵奠賻贈之人名與其物於板，每板若九行，若七行，若五行。」賵方在楚墓中已多有發現。

值得注意的是，「書賵于方」和「讀賵」，不只是單指賵而言，還包括襚、贈、賻、奠等其他助喪物品，明確這一點，對於判定出土木牘或竹牘的性質十分重要。「書賵于方」下賈疏謂：

> 以賓客所致，有賻、有賵、有贈、有奠，直云書賵者，舉首而言，但所送有多有少，故行數不同。

賵書並非只書寫所賵的車馬，襚、賵、贈和奠都要被記在牘板上。之所以僅以「書賵」來加以概括，不過是「舉首而言」而已。而在柩車行前的讀賵儀式上，「主人之史請讀賵」，先謂之「讀賵」，緊接著後文又謂之「讀書」，正如胡培翬《儀禮正義》所論：「不言『讀賵』而言『讀書』者，上注謂賻、贈亦書于方，故言書，知史並讀之也。」這裡的讀賵或讀書，想必是將助喪者所贈之物（包括襚、贈、賵、賻、奠），全都讀一遍。考古發掘也證明，賵板所記並非只限於車馬，還包括衣、食、住等多種生活用具。我們認為，將墓葬中出土的賵贈記錄統稱為「賵書」，是符合《儀禮·既夕禮》中的用詞習慣的。

在喪禮中，緊接讀賵（讀書）之後，還要「讀遣」。《儀禮·既

夕禮》：「書遣於策。」注謂：「策，簡也，遣猶送也。」此類隨葬物品的登記冊，由竹木簡編聯而成，故稱「遣策」（或「遣冊」），它隨死者一同入葬。

遣策（登記隨葬物品）與賵書（登記助喪物品）是兩種不同性質的物品清單，二者的內容也不完全相同。從理論上而言，一個死者的隨葬物品（即遣策所載），應當包括死者生前所用、弔喪者所贈、死者家中專為陪葬所備這三大類，而賵書所載應當只是遣策所錄之一部分。

以上說明，「書賵于方」是賓客贈送物品的記錄，而「書遣於策」則是死者下葬物品的清單，二者可能有所重合，但絕不可能完全相同。

讀賵和讀遣的節目，如上節所述，是在遷柩于祖廟→載柩、飾柩車→在中庭陳設明器與葬具之時，因為陳設的明器和葬具中包括助喪者所賵贈之物，也包括喪家為死者所準備的葬具，有必要通過讀賵、讀遣的儀式，以使物品和書策對照落實，同時也是一個向參加喪禮者進行展示的機會。接下來進行大遣奠，繼之讀賵書、遣策，然後柩車和送葬隊伍開始行進，至壙落葬。

《漢書・陳咸傳》：「少府多寶物，屬官咸皆鉤校，發其奸臧，沒入辜榷財物。」這種鉤校、檢對的記錄，不同時代、不同書錄者會採取不同的記錄方式。在仰天湖楚墓M25遣策中，有些物品之後書一「句」字，如簡13、15、18，句即勾（鉤），郭若愚先生認為，它表示原先準備入壙之物有所變動，在遣策上注明勾銷，不予入壙[①]。同墓所出遣策中，有些物品之後書一「已」字，如簡9、16、21、23、24、27、28、30、31、32、35，顯然表明這些明器已經下葬。

---

① 郭若愚：〈長沙仰天湖戰國竹簡文字的摹寫和考釋〉，載《上海博物館集刊》第3期，上海古籍出版社1986年版，第24頁。

類似的例證還可以在馬王堆漢墓M3中看到。該墓所出的一件木牘，在書錄了衣飾等物品後，最後寫有「乙笥凡十五物不發」八個字，其字體大小和書寫風格與同簡的其他字有別，應是公史讀遣驗對時補記的結果。除了入葬驗對時隨葬物品不足而據實寫明的現象之外，也有驗對時發現不足而臨時補購以充其數的。如同墓一方木牘上記有：「右方羹凡卅物，物一鼎，蜀鼎六，瓦□六，瓦雍、鐕各一，不足十六，買瓦鼎錫餘。」已有的14件物品，加上讀遣時發現實物與登錄簿不符而臨時補足的16件，正好是「凡卅物」。同墓遣策中還有「今三」、「今四」之類的文字，也是公史宣讀遣策時驗對實物後留下的筆墨。有研究者認為，這是「讀賵驗對時補記的」，但恐怕並非如此，應當是讀遣策時的補記[①]。

　　有的遣策中，在所列隨葬品名稱之後，標以專門的記號，如荊州市關沮鄉蕭家草場26號漢墓出土的竹簡35枚遣策，其中有13枚標有「⊕」字記號，有13枚標有「方」字記號，有9枚無任何標記。整理者已指出，這可能是核對隨葬物品時的標識[②]。張顯成先生認為，同一編遣策之所以標識不同，可能執事者非為一人，係由他們各自的書寫習慣使然，他把這類符號稱為「確認符號」[③]。這在《居延漢簡》2327號也有所見，記錄者直接在物品名稱之後加了一個「見」字。

## 二、楚地墓葬所見的賵書與遣策

　　歷代禮學家對賵方和遣策的具體形制不乏考證，但多與古制不符。直到1953年長沙仰天湖楚墓的發掘，才首次向人們展示了先

---

① 陳松長：〈馬王堆3號漢墓木牘散論〉，載《文物》1994年第6期，第64—72頁。助喪賵物應當是有物則書，無物則不記，出現差錯的可能性較小；而喪家對下葬物品的書面計畫與實際數量之間，更容易出現差錯，故本文認為，上述「不足」、「不發」、「今三」、「今四」等，應當是讀遣（而不是讀賵）驗對的產物。尤其是「不發」，明確表明是針對入壙遺物而言；用「發」或「不發」來表示賵物，於理欠通。

② 湖北省荊州市周梁玉橋遺址博物館：《關沮秦漢墓簡牘》，中華書局2001年版，第138—142頁。

③ 張顯成：《簡帛文獻學通論》，中華書局2004年版，第204—206頁。

第三章　喪禮

秦喪葬遣策的真實面貌。史樹青《長沙仰天湖出土楚簡研究》一書的葉恭綽序，最早將這種記載隨葬物品的竹簡命名為「遣策」，葉序謂：「策中所書各物，大抵皆金屬、絲屬，其為賵贈遣之物，無可疑者，因斷此項竹簡，當《儀禮》中之遣策，以覆湘友，皆以為然。」①

此前關於遣策和賵書的研究，主要集中在以下兩個方面：第一，關於簡牘內容的釋讀。這方面的研究成果最為豐富，限於篇幅，茲不贅引②。第二，關於遣策和賵書的命名及其區別的討論。一些考古報告籠統地稱之為遣策，一些學者主張二者應當嚴加區分，還有一些學者主張在未加區分前暫稱之為「喪葬文書」，也有學者主張稱之為「物疏簡牘」③。

我們認為，雖然出土木牘上有自名為「物疏」和「器志」的現象，如江蘇東海尹灣M6（西漢晚期）、武威旱灘坡M19（東晉）、廣西貴縣羅泊灣M1（西漢初），但大都不在禮樂制度嚴格執行的時間和空間範圍內，況且「物疏」可以作為一般呈報器物的統稱，而不是喪葬禮中登記隨葬器具的專稱。先秦以來的喪葬活動，深受《禮經》文本的影響，因而今人應當按照禮書的舊稱來復原地下喪葬文獻。重要的是，必須盡量將喪禮儀式中功能不同的遣策和賵書區別開來。

20世紀50年代以來，楚地出土遣策甚多，成為楚文化中最為豐富的一類出土文獻。根據彭浩先生〈戰國時期的遣策〉一文的統計，至

---

① 史樹青：《長沙仰天湖出土楚簡研究》，上海群聯出版社1955年版。

② 參見劉國勝《楚喪葬簡牘集釋》，武漢大學博士學位論文，2003年。另參見氏著〈楚遣策制度述略〉，載楚文化研究會編《楚文化研究論集》第6集，湖北教育出版社2005年版，第229—240頁。

③ 陳偉：〈關於包山楚簡中的喪葬文書〉，載《考古與文物》1996年第10期。陳偉：《包山楚簡初探》，武漢大學出版社1996年版，第187—192頁。高大倫：〈「遣策」與「賵方」〉，載《江漢考古》1988年第2期。彭浩：〈戰國時期的遣策〉，載《簡帛研究》第2期，法律出版社1996年版。洪石：〈東周至晉代墓所出物疏簡牘及其相關問題〉，載《考古》2001年第9期。

80年代末、90年代初，楚地出土戰國遣策便有八批 ①。現在彭文的基礎上，再對時間範圍加以擴展，就我們目力所及，統計列舉迄今已知的遣策資料如下（以發掘年代為序）②：

（一）湖南長沙五里牌M406。1952年發掘，殘斷嚴重，現存遣策殘片38枚，簡文指出了隨葬物品的放置位置，如「在胅篋」，即在邊箱 ③。

（二）湖南長沙仰天湖M25。1953年發掘，有遣策43枚，其中完整者19枚 ④。

（三）河南信陽長臺關M1。1957年發掘，有遣策29枚，共存957字，保存較完整 ⑤。

（四）湖北江陵望山M2。1965年發掘，經拼接共有66枚簡，927字，基本為遣策 ⑥。

（五）湖北雲夢大墳頭西漢墓M1。1972年發掘，出土木方一件，正背面均有墨書漢隸文字，正面三行116字，背面四行106字，共222字，文字大多可辨識，其內容為遣策，所載內容與出土文物大致相符 ⑦。木牘為長方形，長24.6公釐、寬6.1公釐、厚0.3公釐。每行最末一字下面都有一道刮削痕跡，還有的字係刮削後重寫。

---

① 彭浩：〈戰國時期的遣策〉，載中國社會科學院簡帛研究中心編《簡帛研究》第2期，第48—55頁。

② 這裡的統計只限於本書的研究範圍（先秦至漢武帝）之內，恐亦不夠全面。風儀誠先生把這類文書稱為「葬物疏」，他統計戰國至晉代出土此類葬物疏的墓葬共有44座，其中戰國13座，西漢23座，東漢3座，魏晉南北朝5座。見氏著〈古代簡牘形式的演變——從葬物疏說起〉，「中國簡帛學國際文化論壇2008」論文，芝加哥大學東亞系，2008年10月30日——11月3日。

③ 中國科學院考古研究所：《長沙發掘報告》，科學出版社1957年版。

④ 湖南省文物管理委員會：〈長沙仰天湖第25號木槨墓〉，載《考古學報》1957年第2期。史樹青：《長沙仰天湖出土楚簡研究》，上海群聯出版社1955年版。

⑤ 河南省文物研究所：《信陽楚墓》，文物出版社1986年版。

⑥ 湖北省文化局文物工作隊：〈湖北江陵三座楚墓出土大批重要文物〉，載《文物》1966年第5期。湖北省文物考古研究所：《江陵望山沙塚楚墓》，文物出版社1996年版。

⑦ 湖北省博物館、孝感地區文教局、雲夢縣文化館漢墓發掘組：〈湖北雲夢西漢墓發掘簡報〉，載《文物》1973年第9期。

（六）馬王堆漢墓M1。1972年發掘，遣策312枚，共2063字，皆為遣策①。簡文的內容分為兩種：一種是直接記載器物名稱、大小和數量的，如「牛白羹一鼎」、「漆畫食盤徑一尺二寸廿枚」等；另一種則在竹簡頂端畫一條粗墨道，其下開頭二字均為「右方」，如「右方苦羹二鼎」、「右方鹽醬四資」等，這類文字當為簡冊中所載器物分類的小結。

（七）湖北江陵藤店M1。1973年發掘，有24枚殘簡，字數最多的一片7字，共47個字②。

（八）長沙馬王堆M3。1973年發掘，遣策410枚，其中7枚為木牘，其餘為竹簡。置於西邊箱的西北角。M3遣策所記內容，與M1大體相同，但其中有關車騎、樂舞、僮僕以及兵器、儀仗和樂器等方面的內容，是M1所沒有的，食品、服飾和器物方面，也有不少新的內容③。

（九）江陵鳳凰山西漢墓M8、M9和M10。1973年發掘，M8出土175枚，保存較好，字跡清晰，共780字；M9出土80枚，保存較差，字跡模糊，約270字。均置於頭箱底部，其內容為遣策。鳳凰山M10還出土了木牘，其中第6號牘，兩面皆有文字，正面五行，正面至背面的第一行為遣策。上書「瓦器凡十三物」、「酒桮二斗一」、「筥二」、「槥一具」等，繼之書有死者的姓名、時間、官爵、籍貫等，共有100多字，是遣策與告地書的合寫④。

（十）江陵鳳凰山漢墓M167。1975年發掘，出土竹簡74枚，保存完整，顏色如初，清晰可識，每簡書寫一項內容，全編分為軺車、婢、

① 湖南省博物館、中國科學院考古研究所：《長沙馬王堆一號漢墓》，文物出版社1973年版。

② 荊州地區博物館：〈湖北江陵藤店一號墓發掘報告〉，載《文物》1973年第9期。

③ 湖南省博物館、中國科學院考古研究所：〈長沙馬王堆二、三號漢墓發掘簡報〉，載《文物》1974年第7期。

④ 長江流域第2期文物考古工作人員訓練班：〈湖北江陵鳳凰山西漢墓發掘簡報〉，載《文物》1974年第6期。

奴、漆器、陶器、錢財和食品雜物等幾類，且邊箱和頭箱基本保持了原來的位置[①]。

（十一）江陵鳳凰山漢墓M168。1975年發掘，其遣策系書寫好之後再經細麻繩編連成冊的。出土竹簡66枚，文字清晰可辨，共346字[②]。

（十二）湖北天星觀M1。1978年發掘，竹簡分為卜筮祭禱和遣策兩部分，整簡70餘枚，其餘為殘斷，共計約4500字，字跡大部分清晰。遣策部分殘斷，拼接後尚有200餘枚。墓主為番乘，官至楚國的封君，屬上卿等級的貴族[③]。

（十三）湖北隨縣曾侯乙墓。1978年發掘，竹簡240枚，共6696字，置於該墓北室，可以釋讀為遣策的有215枚，詳細描述了下葬的車馬器具等[④]。

（十四）江陵張家山西漢墓M247。1983年至1984年發掘，不含殘片，共有1236枚，除曆譜、《二年律令》、《奏讞書》、《脈書》、《算術書》、《蓋廬》等之外，出版報告整理出遣策41枚，從原大的照片來看，遣策明顯短於其他文獻，且存放位置有別[⑤]。

（十五）江陵毛家園西漢墓M1。1985年至1986年發掘，出土竹簡74枚，內容為遣策，所記大多與出土實物相符，其中有木牘一件，自名為「牒書」[⑥]。

---

① 鳳凰山167號漢墓發掘整理小組：〈江陵167號漢墓發掘簡報〉，載《文物》1976年第10期。吉林大學歷史系考古專業：〈鳳凰山167號漢墓遣策考釋〉，載《文物》1976年第10期。
② 紀南城鳳凰山168號漢墓整理小組：〈湖北江陵鳳凰山168號漢墓發掘簡報〉，載《文物》1975年第9期。湖北省文物考古研究所：〈江陵鳳凰山168號漢墓〉，載《考古學報》1993年第4期。兩份報告略有不同。
③ 荊州地區博物館：〈江陵天星觀一號墓〉，載《考古學報》1982年第1期。
④ 湖北省博物館：《曾侯乙墓》，文物出版社1989年版。裘錫圭、李家浩：〈曾侯乙墓竹簡釋文與考釋〉，載湖北省博物館編《曾侯乙墓》附錄1，文物出版社1989年版。
⑤ 荊州地區博物館：〈江陵張家山三座漢墓出土大批竹簡〉，載《文物》1985年第1期。張家山247號漢墓竹簡整理小組：《張家山漢墓竹簡（247號）》，文物出版社2001年版。
⑥ 楊定愛：〈江陵毛家園一號西漢墓〉，載《中國考古學年鑒》（1987年），文物出版社1988年版，第204頁。文物編輯委員會：《文物考古工作10年》，文物出版社1990年版，第199頁。

第三章　喪禮

（十六）湖北荊門包山M2。1986年發掘，竹簡分為卜筮祭禱和遣策兩部分，遣策部分有27枚（編號251—277），另加一件竹牘，遣策分四組與葬器放置在一起，所記均為隨葬物品①。

（十七）江陵秦家嘴楚墓M99。1986年發掘，三座墓內共出土41枚殘簡，M99有16枚（段），內容為占卜，除「貞之吉無咎」等語外，另有少量遣策。詳細文字整理材料未正式刊發②。

（十八）張家山漢墓M136。1985年秋及1988年發掘，共出土竹簡829枚，基本保存完好，內容共分為七組，除法令、漢律、曆譜、養生書和其他典籍（《功令》、《盜蹠》）之外，發掘報告稱有遣策56枚，該部分殘斷嚴重，字跡潦草③。

（十九）江陵揚家山秦墓M135。1990年發掘，一捆共75枚，整捆堆放有序，絕大部分保存完好，文字均書於簡頭，另一端空白，報告稱其內容為遣策④。

（二十）荊州關沮鄉蕭家草場漢墓M26。1992年發掘，出土竹簡35枚，全部為遣策，每簡書寫3—6字，共計139字⑤。

（二十一）荊州高臺漢墓M18。1992年發掘，其中隨葬有木牘4塊，牘甲為江陵丞給死者前往安都簽發的「檢」或「封」，牘乙為「告地書」，牘丙為死者所攜帶的戶籍「名數」，牘丁為遣策⑥。

（二十二）荊州高臺M6號漢墓。1992年發掘，有字簡14枚，字跡殘

---

① 湖北省荊沙鐵路考古隊：《包山楚簡》，文物出版社1991年版。

② 湖北省荊沙鐵路考古隊：〈江陵秦家嘴楚墓發掘簡報〉，載《江漢考古》1988年第2期。

③ 荊州地區博物館：〈江陵張家山兩座漢墓出土大批竹簡〉，載《文物》1992年第9期。在荊州博物館的兩份報告中，該墓葬的編號和內容簡介略有差異。參見陳躍鈞〈江陵張家山漢墓竹簡〉，載《中國考古學年鑒》（1987年），第202—203頁。該簡報中編號為M336，出土竹簡數為830枚。

④ 湖北省荊州地區博物館：〈江陵揚家山135號秦墓發掘簡報〉，載《文物》1993年第8期。

⑤ 湖北省荊州市周梁玉橋遺址博物館：《關沮秦漢墓簡牘》，中華書局2001年版。

⑥ 湖北省荊州地區博物館：〈江陵高臺18號墓發掘簡報〉，載《文物》1993年第8期。

缺模糊，內容為遣策①。

（二十三）曹家崗楚墓M5。1992年發掘，出土竹簡7枚，均為遣策②。

（二十四）隨州孔家坡漢墓M8。2000年發掘，出土竹簡主要是日書和曆譜，另有4枚木牘，其中1枚正、反面均有字，內容為告地書③。

（二十五）荊州紀南城松柏漢墓。2004年發掘，出土木牘63塊，長22.7公釐—23.3公釐，寬2.7公釐—6.5公釐。內容包括遣書、簿冊、葉書、令、曆譜以及墓主周偃的記功、升遷、調任等文書記錄，年代為漢武帝早期④。

（二十六）荊州謝家橋漢墓M1。2007年發掘，出土竹簡208枚，竹牘3枚。竹簡內容為遣策，其中197枚記錄有具體的隨葬器物，另11枚為分類統計。竹牘的內容為告地書⑤。

另外，在1975年發掘的江陵鳳凰山M169等墓中⑥，已知有遣策若干枚，但詳細資料目前尚未公開發表，故而不能盡述。

在以往的考古報告中，都將上述喪葬文書統稱為「遣策」。但是，根據上節所論，賵書和遣策二者的性質是不同的。那麼，上述這些喪葬文獻中，哪些是賵書，哪些是遣策呢？我們能不能根據禮書中「書賵于方」的說法，簡單地將楚墓出土的竹牘或木牘稱為賵書，而

① 荊州博物館：《荊州高臺秦漢墓》，科學出版社2000年版。
② 黃岡市博物館、黃州地區博物館：〈湖北黃岡兩座中型楚墓〉，載《考古學報》2000年第2期。
③ 湖北省文物考古研究所、隨州市文物局：〈隨州市孔家坡墓地M8發掘簡報〉，載《文物》2001年第9期。湖北省文物考古研究所、隨州市考古隊：《隨州孔家坡漢墓竹簡》，文物出版社2006年版。
④ 荊州博物館：〈湖北荊州紀南松柏漢墓發掘簡報〉，載《文物》2008年第4期。
⑤ 荊州博物館：〈湖北荊州謝家橋一號漢墓發掘簡報〉，載《文物》2009年第4期。
⑥ 在俞偉超〈古史分期問題的考古學觀察〉（載《文物》1981年第5期）和陳振裕〈從鳳凰山簡牘看文景時期的農業生產〉（載《農業考古》1982年第1期）中，已利用了該墓遣策的部分材料。

第三章　喪禮

將記載隨葬物品的竹簡都稱為遣策呢？以下我們略加分析。

在上述20多座楚地墓葬（包括楚墓、秦墓和具有楚文化風格的西漢墓）中，有7座墓出土有木牘或竹牘，這7座墓分別是：包山M2、雲夢大墳頭M1、鳳凰山M10、馬王堆M3、江陵高臺M18、隨州孔家坡M8和毛家園M1。若對這7座楚墓中的牘書略加分析，可歸納出以下幾種情況：

第一，牘所書內容為賻書。包山M2所出的竹牘1，所記有完整的年月標識（「大司馬悼愲救郙之歲享月丙戌之日」），有賻贈者的姓名和所贈器具名稱（「舒寅受〔授〕一分正車」），繼之基本為車飾的細節。該牘所記為獨立的喪葬內容。而且該牘所記的「正車」及其部分裝備，經釋讀在同墓所出其他遣策中也有重複記錄[①]。說明該竹牘正是墓主喪禮上「賻書」，如前所論，賻書的內容可能重合並包含在遣策之中。

再來看馬王堆M3，其中403枚竹簡與7枚木牘同出，除了1枚單獨出於東邊箱的木牘為告地書或告地策之外，其他6枚均為隨葬器物記錄。從目前公佈的材料初步來看，木牘上的小結文字，如「右方」車馬、明童、美人、宦者等，與竹簡遣策中所記的內容應有重合之處，況且，在1枚小結木牘上記有：「右方凡用筍六十七合，其十合受中，五十四合臨湘家給。」這顯然是助喪賻贈的記錄。由此可初步認定馬王堆M3中的部分木牘為賻書。

第二，牘所書內容為遣策。如雲夢大墳頭M1所出木方就是遣策，理由是：其一，該墓主槨室未遭破壞，其中僅出土一方木牘，並無另外的遣策出土；其二，經發掘者研究，該木牘所記內容與出土實物進行對比，「絕大多數是符合的」；其三，該木方的記述中沒有提到賻

---

① 陳偉：〈關於包山楚簡中的喪葬文書〉，載《考古與文物》1996年第10期，第70—75頁。另見氏著《包山楚簡初探》，武漢大學出版社1996年版，第187—192頁。

贈者的名字。據此，可以認定這件木牘所記實為遣策，而並非賵書，因為下葬時不可能在沒有遣策登記的情況下，而僅僅將助喪的賵物登記入土隨葬。

另外，江陵高臺M18中，4枚木牘中的3枚分別是「路簽」、「報到書」、「告地書」，沒有專門的遣策文書，牘丁的正面墨書兩排十二行文字：「壺一雙，繫杯二雙一奇，盛一雙，？問一雙，鉈一雙，椑虒二雙，檢一合，五角橐一，卮一合，黃金橐二，畫杯三雙，脯一束。」[①]據簡報稱，該牘所書內容與出土實物基本相合。顯然，儘管在同墓所出的4枚木牘中，牘丁最寬（長度除牘甲外，另3枚相近，寬度分別為3.15、3.7、4.5、5.5—5.7公釐），但該牘仍應判定為遣策，理由與上述大墳頭M1相同。

第三，牘所書內容為告地書。此類例子有鳳凰山M10、孔家坡M8、謝家橋M1等。一般說來，告地書是喪禮的主辦者（地上的主管官吏）讓死者向想像中的陰間官衙報到的文書手續，而遣策則是死者到陰間享受使用的物品清單，二者性質不同，分別書寫。而在鳳凰山M10和孔家坡M8中，沒有單獨的遣策出土，只有告地書。告地書上記有死者的姓名、里籍、入葬的時間、隨葬物品或奴婢數目等，或許這類告地書已經包含有遣策的功能。

綜上所述，賵書和遣策的判定，並不完全取決於其長寬形制，而應當據其內容來認定。在形制較寬的木牘中，既有賵書又有遣策；相反，可以編連的竹簡，也有可能用來記錄賵贈器具，如包山M2中的簡277就明確記有「苛郚受」。由此可以得出如下結論：楚地的賵書與遣策，其形制並不如禮書規定的那麼嚴格，往往混用，至少在戰國中期以降已是如此。最近發掘的荊州松柏漢墓中，有63塊木牘，另有10

---

① 部分釋文從黃盛璋說，參見氏文〈江陵高臺漢墓新出「告地策」、遣策與相關制度發複〉，載《江漢考古》1994年第2期，第41—46頁。

枚木簡，這些木簡皆單面墨書，整理者指出它們是放置在各類木牘後面的標題，如「右方四年功書」、「右方除書」、「右方遣書」等，「遣書」的自名進一步證明，遣策的書寫並不局限於竹簡，木牘也可以作為其書寫材料。

出土遣策一般記有隨葬器物的名稱、質地、數量，偶爾還記有隨葬品的置放位置及器物分類小結等內容，一些保存較完整的遣策，其內容編排的先後順序具有一定的規律。考古發掘時，將這些記錄與墓中的出土物相對應，都基本相符。如望山M2、雲夢大墳頭M1和鳳凰山M168等，其考古報告都列有遣策記錄與出土器物的對照表①，很好地反映了遣策記錄的可靠程度。實際上，這也是目前遣策研究的主要方法之一，即從名實對照的角度來釋讀遣策文字。

但是，遣策所記與出土實物也不一定完全可以對應。例如，在長沙馬王堆M1的遣策中，提到有「土牛馬」、「土金錢馬牛羊鳥」等數十隻（簡298–312），但這些土製明器在實際墓室中並未發現。又如馬王堆M3遣策中的「土牛」、「土馬」等之類，也未見有隨葬實物。另外，隨葬物品還常見有數量不足的現象，如同墓遣策所記「漆畫七升卮二有蓋」（簡179）、「漆畫二升卮八」（簡182），都只有一半出現在墓中（即1個和4個），據簡文「幸食杯」應為100個，而實際只出土了50個。上述「名實不符」的情況，是由遣策的性質所決定的。如前所述，宣讀賵書和遣策是喪禮中的一個必要節目，喪家為了炫耀財富和誇耀社會關係之廣泛，便在遣策中「虛列」隨葬物品，但實際準備這些物品時，並不一定能照單湊足。

為了更進一步弄清死者身分與遣策形制方面的時代規律，亦可將近50年來楚地出土遣策的考古信息轉換成如下表格圖式：

---

① 湖北省文物考古研究所：《江陵望山沙塚楚墓》，文物出版社1996年版，第162頁。陳振裕：〈雲夢西漢墓出土木方初釋〉，載《文物》1973年第9期。湖北省文物考古研究所：〈江陵鳳凰山168號墓〉，載《考古學報》1993年第4期。

表3-2　楚地出土遣策統計表

| 墓名 | 遣策長度 | 墓主身分 | 墓制規格 | 下葬年代 | 置放位置 |
|---|---|---|---|---|---|
| 信陽長臺關M1 | 68.5–68.9公釐 | 近於上卿 | 三槨二棺 | 戰國早期 | 左後室 |
| 曾侯乙墓 | 70–75公釐 | 諸侯 | 一槨（四室）二棺 | 戰國早期（前433年—前400年） | 北室 |
| 藤店M1 | 18公釐（殘） | 下大夫 | 一槨二棺 | 戰國中期 | 邊箱西部 |
| 天星觀M1 | 64–71公釐 | 封君、上卿 | 一槨（七室）三棺 | 戰國中期 | 西室 |
| 江陵望山M2 | 約64公釐 | 下大夫 | 一槨三棺 | 戰國中期晚段 | 邊箱上層 |
| 包山M2（包括竹牘1枚） | 68–73公釐 | 左尹、大夫 | 二槨三棺 | 前316年 | 南、東、北、西四室 |
| 曹家崗M5 | 約13公釐 | 下大夫或上士 | 一槨三棺 | 戰國中晚期 | 邊箱中部 |
| 五里牌M406 | 15.5公釐（殘） | | 二槨二棺 | 戰國後期 | |
| 江陵秦家嘴M99 | 殘 | | 一槨一棺 | 戰國晚期早段 | 邊箱後端 |
| 仰天湖M25 | 22公釐 | | 二槨二棺 | 戰國晚期 | 北側邊箱 |
| 江陵揚家山M135 | 22.9公釐 | | 一槨二棺 | 秦代 | 邊箱 |
| 雲夢大墳頭M1（僅1枚木牘） | 24.6公釐 | | 一槨一棺 | 西漢初期 | 頭箱 |
| 荊州謝家橋M1 | 23–23.6公釐 | | | 呂雉（高后）五年（前183年） | 東室 |
| 江陵張家山M247 | 23公釐 | | 一槨一棺 | 呂后至漢文帝初年 | 頭箱竹筒內 |
| 江陵高臺M18（共4枚木牘） | 23.1公釐（牘丁） | | 一槨一棺 | 漢文帝七年（前173年） | 頭箱 |
| 荊州高臺M6 | 23公釐 | | 一槨一棺 | 西漢早期 | 頭箱 |
| 張家山M136 | 25公釐 | | 一槨一棺 | 漢文帝前元七年（前173年）稍後 | 邊箱 |
| 長沙馬王堆M1 | 27.6公釐 | 諸侯之妻 | 一槨四棺 | 西漢初期 | 東邊箱北端 |
| 長沙馬王堆M3（包括7枚木牘） | 27.4–27.9公釐木牘28公釐 | 諸侯之子 | 一槨三棺 | 漢文帝十二年（前168年） | 西邊箱 |
| 江陵毛家園M1（木牘1） | | 官大夫（第六級爵） | 一槨一棺 | 漢文帝十二年（前168年） | |
| 江陵鳳凰山西漢墓M168 | 24.2–24.7公釐 | 五大夫（第九級爵） | 一槨二棺 | 漢文帝十三年（前167年） | 邊箱中部底層 |
| 江陵鳳凰山西漢墓M8和M9 | 約23公釐 | 安陸丞（？） | 一槨一棺 | 漢文帝十六年（前164年） | 頭箱底部 |
| 江陵鳳凰山西漢墓M10（有木牘6枚） | 23–23.5公釐（牘6） | 五大夫（？） | 一槨一棺 | 漢景帝四年（前153年） | 邊箱竹筒 |

第三章　喪禮

147

| 续表 | | | | | |
|---|---|---|---|---|---|
| 墓名 | 遣策長度 | 墓主身分 | 墓制規格 | 下葬年代 | 置放位置 |
| 荊州市蕭家草場M26 | 23.7—24.2公釐 | | 一槨一棺 | 西漢早期 | 頭箱 |
| 隨州孔家坡M8（包括4枚木牘）2 | 3公釐（木牘） | | 一槨一棺 | 漢景帝后元二年（前142年） | 頭箱 |
| 荊州松柏漢墓 | 22.7—23.3公釐（木牘） | 公乘 | | 漢武帝早期 | |

由上列表格可以看出：

第一，秦代以前遣策的長度基本都在70公釐左右，而到西漢時期，遣策的長度均在20—30公釐之間。胡平生先生認為，遣策由長變短的趨勢是與整個簡牘制度的變化規律相一致的。戰國楚墓遣策的長短之制與墓主的尊卑有關[1]。不過，劉國勝先生指出，戰國時期楚國高級貴族墓所出遣策，如曾侯乙墓（70—75公釐）、包山M2（68—73公釐）、天星觀M1（64—71公釐）、望山M2（64公釐）分別屬封君、卿大夫各個等級，卻相差不到10公釐，說明遣策長短與貴族等級的高低「沒有太嚴格的對應關係」[2]。但是我們從上表統計看到，仰天湖M25、曹家崗M5、藤店M1等低級貴族（單槨單棺墓）所用的遣策都在23—25公釐，相當於漢代的一尺（漢尺長約23公釐）左右。它們與高級貴族的用簡差別非常明顯，也是不容忽視的事實。

上引彭浩先生關於戰國遣策的研究論文中，有如下結論：

凡是發現有遣策的墓葬，其規模都比較大，墓口長度都在10公尺以上，葬具至少是一槨二棺，這都超出一般的小型墓葬。……戰國時期遣策的使用限於身分是大夫或地位更高的人。《儀禮·既夕禮》

---

[1] 胡平生：〈簡牘制度新探〉，載《文物》2000年第3期，第66—73頁。胡文指出：「秦漢以後，遣策的長短似乎已有一定之規。」具體而言，從秦漢、三國，到晉、前涼的遣策長度均約合當時一尺左右。

[2] 劉國勝：〈楚遣策制度述略〉，載楚文化研究會編《楚文化研究論集》第6集，湖北教育出版社2005年版，第234頁。

說，在士的喪禮中使用遣策或方，與考古發現並不相合，產生這種差別的原因可能是《儀禮》所記的是有祿田的士的喪禮。……目前在與士的身分相當的一棺一槨墓中尚未發現過遣策，這些墓中的隨葬品幾乎沒有車馬器，屬無祿田的士。由此可見，戰國時期的無祿田的士的喪禮中是沒有賵的。有祿田的士是否就一定有賵呢？還有待於新的發現來證實。

即使在同一座楚墓中，單枚遣策的長短也會因所登錄內容的不同而有所變化。有學者指出：「包山二號墓遣策所載『大兆之器』、車載之器所用簡策長達72公釐，寬為0.9公釐左右；行器、食器（食品）所用簡策長僅65公釐左右，寬在0.85公釐以下，兩者區別較為鮮明。聯繫目前所見之楚墓遣策用簡因墓主地位不同而長短、寬窄有別來看，楚人在遣策用簡方面也有一定之規。」[1]顯然，喪禮中所用器物越重要，其登錄它的遣策也會越長。至於戰國秦漢間何種等級享用何種長度的遣策、何種器物採用何種長度的遣策來書寫，目前的出土資料還不足以排列出此類規律。

第二，遣策所置放的位置，沒有置於主棺的現象，一般在棺槨之間，或存於頭箱，或存於邊箱。有的墓葬中遣策還與其他竹簡分開置放，如張家山M136中遣策出於邊箱西端底部，外無包裹，而其他竹簡則置於頭箱，用麻織品包裹，存於一長方形竹笥內。總的來說，楚墓喪葬文書的具體置放規律還有待於進一步研究[2]。

第三，隨葬遣策和賵書，應與死者的身分和財力有關，小型墓葬

---

[1]　胡雅麗：〈包山二號墓遣策的初步研究〉，載湖北省荊沙鐵路考古隊編《包山楚墓》（上），文物出版社1991年版，第519頁。彭浩：〈戰國時期的遣策〉，載《簡帛研究》第2輯，法律出版社1996年版，第48—55頁。

[2]　劉國勝先生認為，楚墓中「對遣策隨葬位置是有所考慮的，不是隨意處置。……遣策放置地點與隨葬車馬的位置有相應關係可能不是偶然的」。參見劉國勝〈楚遣策制度述略〉，載楚文化研究會編《楚文化研究論集》第6集，湖北教育出版社2005年版，第233頁。

較少出土遣策。劉國勝先生指出：「僅就目前戰國中小型楚墓發掘超過5000座而其中少有遣策出土的實際情況分析，戰國時期使用遣策在楚中等貴族以上階層是較為通行的，而楚國低等士階層可能與普通庶民一樣，不用遣策，或限用遣策。」①

### 三、楚地簡牘所見的襚禮和賵禮

下面根據楚地出土的簡牘材料，對戰國至西漢時期楚文化中的襚禮和賵禮試加復原。

### （一）襚禮

關於楚國襚禮的最重要的記載，出自西元前545年楚康王的喪儀上，楚人強迫魯襄公親自為楚康王致襚：

楚人使公親襚，公患之。穆叔曰：「裋殯而襚，則布幣也。」乃使巫以桃茢先裋殯。楚人弗禁，既而悔之。②

襄公朝于荊，康王卒。荊人曰：「必請襲！」魯人曰：「非禮也！」荊人強之。巫先拂柩，荊人悔之。③

《禮記》記為「襲」，而《左傳》記為「襚」，兩者指同一件事，但並不是同一種禮節。按《儀禮·士喪禮》，死後沐浴時穿衣謂之「襲」，而魯襄公到楚國時，已遠在五日之後（「諸侯五日而殯」），楚康王已大殮入殯，這時的致襚只能稱為「襚」。大殮後的襚要「委衣於殯東」，與大殮之前的「委衣於床」不同④。

《禮記》說楚人「請襲」，是用錯了詞語。楚人強迫魯襄公親自致

---

① 參見劉國勝〈楚遣策制度述略〉，載楚文化研究會編《楚文化研究論集》第6集，湖北教育出版社2005年版，第232頁。
② 《左傳·襄公二十九年》。
③ 《禮記·檀弓下》。
④ 《儀禮·既夕禮·記》載大殮前致襚禮：「襚者委衣於床，不坐。」《禮記·雜記上》記致襚禮：「襚者……委衣於殯東。」二者不同，《左傳·襄公二十九年》孔疏對之已加分辨。

襚，是以使臣的規格對待他，略帶侮辱的性質，但是魯襄公機智地讓巫祝先用桃茢（桃枝掃帚）袚除殯之兇氣，然後再行襚禮，這是採用了君臨臣喪的禮制規格[①]。《禮記·檀弓下》：「君臨臣喪，以巫祝桃茢執戈，惡之也。」本來楚人欲以臣禮侮辱魯君，反被魯君所戲，所以楚人事後非常後悔。

楚墓出土文獻中關於致襚的實例有：

**1.仰天湖M25**。該墓遣策所記的下葬物品有若干件他人所送的衣物。「許陽公一紡衣，綠裡，□……」（簡18）、「何馬之疏衣，錦純，錦緒……」（簡6）、「中君之一綎（疏）衣，□純，綺縞之純……」一般認為，楚國稱縣令為尹或公，許陽公可能是縣令，中君則有可能是封君。這二人的等級均當不低。該墓遣策記載送衣物的還有「右馬」和「中君」，看來均為職官之名。

**2.包山M2**。該墓出土了一件簽牌（2:495-5），覆蓋在內棺蓋面上的497號衣服內，其上書寫有「鄝君紡衣」四個字，這件紡衣明顯是鄝君贈送給墓主的襚衣，它被用作覆棺之幕[②]。

**3.江陵馬山M1**。其中一件竹笥（8-3A）上的簽牌標明：「**繲**以一緱衣見於君。」笥內放著一件小尺寸的衣服。顯然**繲**就是贈襚者的名字，而所襚的是一件「緱衣」。據說覆蓋在該墓外棺上的衾，其下也壓有一枚有字簽牌，應當也是他人致襚之物。

**4.新近公佈的長沙望城坡西漢漁陽墓**（該墓年代上限為漢文帝時期，下限為漢景帝初年）。墓中隨藏大量器物，其中有木楬、簽牌、封泥匣等，以說明此類隨葬品的來源。一件木楬（賵書D:18）還記載

---

① 桃木在古代被視為「仙木」，以之避邪是先秦時期的通用辦法。長沙馬王堆M1的棺蓋上安放有33件桃木墨繪辟邪俑，其目的即在於此。參見湖南省博物館、中國科學院考古研究所編《長沙馬王堆一號漢墓》，文物出版社1973年版，第100-101頁。

② 劉國勝：〈包山楚墓簽牌文字補釋〉，載《古文字研究》第26輯，中華書局2006年版，第327頁。

有：「青緒襌衣……幾廿六衣。王祝。」①「祝」字略殘，簡報釋作此，可從。我們認為，當讀作「禭」，文獻中祝、禭相通，此即贈送死者用以隨葬的衣物。

## （二）賵禮

關於致賵和受賵的禮儀，《儀禮·既夕禮》有大段的規定，限於篇幅，不作贅引。我們來看楚墓出土文獻中關於致賵的實例：

**1.天星觀M1**。根據考古簡報，遣策所載贈物助喪者多為官員，如「集脰尹」、「集精尹」、「宰尹」、「集尹墨」、「陽令」和「小司馬迟」等；另有邸陽君的同姓，如「番之里人」；還有無官職者，如「宋牲」等。贈賵的物品主要是車馬，車有軒車、王車等，遣策詳細記錄了車上部件、飾物的名稱和質地等。

**2.包山M2**。該墓簡277載有「苛鄀受」的提示語，後面記載有竿、盾、矢等物品名稱。牘1正反兩面載：「大司馬悼愲救鄀之歲享月丙戌之日，舒寅受一軩正車……一軩車之上載皆府執事人胡不專（賻）□之□。」②所謂「受」即「授」，為賵贈的明證。劉國勝先生認為，「專」字讀若「賻」，正是賻贈助喪之義。簡277記載苛鄀所賵贈的物品，包括馬車、車飾、馬飾、兵器等。而牘1所記，也全為舒寅所賵贈的軩車飾物以及其上的一系列物品。所以陳偉先生將簡277和牘1直接稱為「賵書」，認為簡277是由墓主邵陀家人所記，而牘1由賵贈人舒寅或其家人所寫（牘1反面下端由墓主家人記錄除外）③。同墓所出的一件馬甲（2：381）上以紅漆書有「鄀公」和「嬴」等字，或許也是賵

---

① 長沙市文物考古研究所、長沙簡牘博物館：〈湖南長沙望城坡西漢漁陽墓發掘簡報〉，載《文物》2010年第4期，第4—35頁。宋少華：〈長沙西漢漁陽墓相關問題芻議〉，載《文物》2010年第4期，第59—63頁。

② 此處的釋文參照了劉國勝《楚喪葬簡牘集釋》，武漢大學博士學位論文，2003年，第83—84頁。

③ 陳偉：《包山楚簡初探》，武漢大學出版社1996年版，第187—192頁。

贈者的名字[1]。

**3.馬王堆M3**。該墓的小結木牘上記載了竹笥、瓦器和布囊的數目、位置等，其中一段云：「右方凡用笥六十七合，其中十三合受中，五十四合臨湘家給。」說明所記物品有兩種來源：一是「受中」，二是「家給」。顯然前者為外贈，後者為自備。

**4.張家山M247**。遣策簡15有「史光笥一」，整理者注釋謂「應係人名」，此人即贈送者之名。由史光贈送的竹笥一件，其中所盛物品不詳。

如上所述，賵可以作為襚、贈、賻、賵、奠等助喪形式的統稱。那麼，從賵書中離析出致襚者和致襚之物，在邏輯上是可行的。但是，由於受到簡牘出土狀況的限制，有時很難將賵、襚二者細加區分。例如，望山M2簡63有「奉陽公□……」，簡64有「長王孫□……」，其中的奉陽公和長王孫無疑就是賵襚者之名[2]，但究竟是賵還是襚，僅從這兩枚零簡還不能確認。

事實上，在現實的喪葬活動中，人們關注更多的是助喪的實際內容，對於襚、贈、賵、賻、奠等名稱甚至出現了混用，這在《史記‧酈生陸賈列傳》中有很好的例證。據傳載，平原君朱建遭母喪，家貧無以發喪，陸賈勸辟陽侯利用助喪之機結交平原君，於是「辟陽侯乃奉百金往稅。列侯貴人以辟陽侯故，往稅凡五百金」。《集解》引韋昭注：「衣服曰稅。稅當為『襚』。」《索隱》亦引《說文》以證是說。按照禮書及上文所論，持金助喪，當謂之賻，而漢人謂之襚（稅）。陸賈、朱建等人都生活在舊楚之地，可見至少在西漢初年，民間在助喪的名稱方面，已與禮書有所變異，襚、賻不分了。

上引長沙望城坡西漢漁陽墓的一件木楬（編號E:47）上書：「陛下所以贈物：青璧三、紺繒十一匹、薰繒九匹。」說明是皇帝所贈之

① 　湖北省荊沙鐵路考古隊：《包山楚墓》，文物出版社1991年版，第222—223頁。
② 　參見〈望山一、二號墓竹簡釋文與考釋〉注156，載湖北省文物考古研究所編《江陵望山沙塚楚墓》附錄2，文物出版社1996年版，第303頁。

物。《漢書・何並傳》：「死雖當得法賵，勿受。」如淳注曰：「公
令，吏死官，得法賵。」顏師古注：「贈終者布帛曰賻。」長沙望城
坡墓主一般認為是長沙靖王吳著的王后之墓，其得賻賵屬漢王室葬禮
的一部分。其内容包括璧和絲帛，按照前文所引文獻的命名，「玩好
曰贈，衣被曰襚」，這與該木楬自名的「贈」是存在些許命名上的
矛盾的，可見當時對助喪的名稱亦不太計較。其他的木楬都長約10公
釐，而這件皇帝所贈之物的賵書則長17公釐，字雖少卻單獨書寫，可
見還是有等級規定上的考慮①。

在賵禮中，是以賵贈者的職官登記，還是以其姓名登記？對此以
前曾有誤識。商承祚先生針對戰國遣策的情況得出結論：

> 遣策寫入饋送的各物，而不寫送物人姓名，只稱官名。如「許陽
> 公」、「右馬」、「屯君」，江陵望山二號墓遣策亦見「奉陽公」等。②

高大倫先生也認為：「從我們發現的所謂『賵方』，從最早到最
晚都未見有記人名的。」③ 這些都是20世紀90年代之前的歸納，其結
論很快為新出喪葬文書所打破。上列天星觀中M1的「宋䞓」、包山M2
中的「苛鄱」、張家山M247中的「史光」等，都是不綴官職而直接書
以名字的典型例證。其實，漢人已有明載，《儀禮・既夕禮》「書賵
于方」下鄭注謂：「書賵、奠、賻、贈之人名與其物於板。」這裡所
說「人名」的意思應當是：有職官者書其職官名（如許陽公之類），
無職官者書其姓名。如果認為因為某人無職無官，而在助喪賵物時連

---

① 長沙市文物考古研究所、長沙簡牘博物館：〈湖南長沙望城坡西漢漁陽墓發掘簡報〉，載
《文物》2010年第4期，第4—35頁。宋少華：〈長沙西漢漁陽墓相關問題芻議〉，載《文物》
2010年第4期，第59—63頁。

② 商承祚：《戰國楚竹簡彙編》，齊魯書社1995年版，第59頁。

③ 高大倫：〈「遣策」和「賵方」〉，載《江漢考古》1988年第2期，第107頁。

名字都不能登錄，則於邏輯不通。

如上所述，襚與賵是喪禮中的兩個節目，襚不等於賵。那麼襚加上賵是不是就等於遣呢？顯然並非如此。遣策所記物品應當包括三個部分：一是他人所贈送的物品（襚、賵之類）；二是死者家屬專為喪葬而自備的明器；三是死者生前使用過的舊物。但這三者是否全部入葬，還須慎加辨析。

第一，死者的舊物。對此，前賢或有不解，如商承祚先生認為：「遣策所記名物，多為送喪之物，如以舊物送葬，非禮也。」[1]但朱德熙先生對長沙仰天湖M25的重釋，糾正了這一說法，該墓遣策簡15所記的內容包括新、舊兩種鞋履：「一新智（鞮）縷（履），一惡（舊）智（鞮）縷（履），皆有苴疏履。」[2]新舊對舉，十分明顯，說明是以死者生前曾穿過的舊鞋下葬[3]。新出的遣策資料更是支持了朱說。例如，馬王堆M3遣策中，也有「素緆二，其一故」（簡345）、「白縠袤二，素裡，其一故」（簡388）的文字，所謂「其一故」，說明其中一件是曾使用過的舊物[4]。鳳凰山漢墓M8遣策所記袍、裙、襲、衾等衣物達三四十件，其中有的便冠以「新」或「故」字，說明有些衣物是死者生前曾經使用過的。

長沙望城坡西漢漁陽墓的一件木楬（C:34−1）上書：「素練、白綺緒布襌襦卅五……凡百五十五，故。第十一。」另一件木楬（C:4）上書：「白綺繡、紗綺、薰綺、薰繡……凡廿一，故，善。第十四。」以上兩個「故」字，都說明這是遣策，是家庭所備的隨葬

① 商承祚：《戰國楚竹簡彙編》，齊魯書社1995年版，第72頁。
② 朱德熙：〈戰國文字研究（六種）〉，載《朱德熙古文字論集》，中華書局1995年版，第38−39頁。
③ 與舊物相對的是新製作的明器，曾侯乙墓遣策簡95有「紫羈終紉，新貼（造）」字樣，所謂「新造」即專為此次喪葬而製作的明器。此條簡文因字跡不清，原整理者無釋，蕭聖中先生根據紅外線拍照釋出。
④ 湖南省博物館、湖南省文物考古研究所：《長沙馬王堆2、3號漢墓》第1卷，文物出版社2004年版，第69、72頁。

物品，其中用到了死者生前所穿的舊衣服。巫鴻先生結合《荀子·禮論》的說法，將這些隨葬的故舊之物謂之「生器」，以與專門為喪禮準備的「明器」相對。他認為這些生器承載著逝者的生活經驗，象徵著生死之間的連續性[1]。

第二，他人所襚之衣衾不一定全部用來殮屍，也不一定全部入葬。《儀禮·士喪禮》和《禮記·雜記》都記載，襚衣者一般把衣衾放在屍床上（「委衣於床」）之後便走出去，然後有專門的徹衣者把這些衣衾禮物拿到房中去（「徹衣者執衣如襚，以適房」）。在小殮之前的陳衣儀式中，「凡十有九稱，陳衣繼之，不必盡用」，就是說庶襚不必全部用於裹屍。繼之，大殮之前的陳衣儀式亦是如此，「陳衣于房，南領，西上，綪。絞、紟，衾二。君襚、祭服、散衣、庶襚，凡三十稱。紟不在算，不必盡用」。明確規定君主和其他賓客所贈送的襚衣，不必全部用於殮屍。

第三，他人所賵物品允許分給其他親戚，則即使賵書全部登錄了他人助喪的賵贈禮物，也未必全部入葬。《禮記·喪服小記》謂：

陳器之道，多陳之而省納之可也，省陳之而盡納之可也。

鄭注：「多陳之，謂賓客之賵器也，以多為榮。省陳之，謂主人之明器也，以節為禮。」將賓客贈送的助喪之器全部陳列，旨在炫耀喪禮之排場，以多為榮，但下壙時並不一定全部用完（「省納之」）。《禮記·檀弓上》記載，子碩舉辦完母親的葬禮後，準備拿他人賵贈的財物充作祭器（「欲以賵布之餘具祭器」），遭到其兄弟子柳的斥責：「不可。吾聞之也，君子不家于喪。請班諸兄弟之貧者。」賵是指「貨財」，賵的對像是針對生者而不是死者，所以，助

---

① 巫鴻：〈「生器」的概念與實踐〉，載《文物》2010年第1期。

喪物品不一定全部入葬，留作家用也是正常之事。當然，像子碩那樣，一般喪主都不留下辦喪事的餘財，而是將其分贈其他親戚。總之，即使賵書所載，亦未必全部入葬，自然不能與墓葬出土實物完全對應①。

綜上所述，楚地遣策所書的物品來源相當複雜，不可簡單視之。儘管可以概括為自備明器、死者生前舊物和他人賵襚三個部分，但遣策的內容絕不是這三者的總和，因為即使登記在賵書上的助喪物品也不一定全部入葬。另外，如果考慮到喪主為了誇耀喪禮的排場而「虛列」助喪物品和隨葬物品的因素，那麼對於遣策文獻的分析研究，則應當更加謹慎和細緻。


## 第五節　棺柩

招魂、殮屍、祭奠等一系列儀節完畢後，接下來的節目便是對棺槨進行捆束和裝飾，以備下葬。在戰國楚墓中發現了大量被捆縛的棺木以及一些棺飾物。已有部分學者對這些棺束和棺飾做過初步研究②，本節擬在已有成果基礎上，結合一批新的考古材料，再做進一步探討③。

---

① 遣策所記內容與埋葬實物不能確切相符的現象，其他學者也有論及，可參見鄭曙斌〈遣策的考古發現與文獻詮釋〉（《南方文物》2005年第2期）和李明曉〈試談戰國、西漢遣策中的「亡童」與「明童」〉（中國訓詁學研究會2006年學術年會論文，2006年10月，重慶；簡帛研究網，2010年2月19日）。

② 荊州地區博物館：〈關於葬俗的幾個問題〉，載《江陵馬山1號楚墓》附錄4，文物出版社1985年版，第96—100頁。胡雅麗：〈包山2號楚墓所見葬制葬俗考〉，載《包山楚墓》附錄14，文物出版社1991年版，第466—476頁。高崇文：〈淺談楚墓中的棺束〉，載《中原文物》1990年第1期，第81—89頁。湖南省博物館、湖南省文物考古研究所、長沙市博物館、長沙市文物考古研究所：《長沙楚墓》，文物出版社2000年版，第530—533頁。

③ 江奇豔：〈戰國時期楚國喪禮中的棺束與棺飾〉，載《考古》2004年第5期，第79—87頁。

### 一、楚墓的棺束

據孫希旦解釋：「棺束有二：一是大殮加蓋後之束，專屬於棺者……一是葬時柩車既載後之束，以繫棺於柩車者，……在棺之束有橫有縮；柩車之束則但有橫者耳。」①後來，陳公柔先生將前者界定為「棺束」，將後者界定為「柩車之束」，前者屬棺本身，是指封緘棺的衽部而言，或用葛（或布、帛），或用皮革②。我們今天見到楚墓中棺身被捆縛的現象，即是陳先生所謂的「棺束」，也是下面要討論的重點。

### （一）棺束的質料、形式和捆縛方法

戰國時期楚喪禮中棺束的質料大致有麻繩、麻布（葛布）、絲帛、絲繩和篾繩等幾種。其中以麻繩最為普遍，在我們統計的92座有棺束的楚墓中，明確用麻繩縛棺的有70座，超過了76%。其次是麻布，以麻布為束棺之物的有12座，約占13%。以絲帛或絲繩縛棺的則較為少見，僅出現在大、中型墓中，如長沙仰天湖M25、烈士公園M3和江陵望山M2等。另外，還有用篾繩和皮革作為棺束的，江陵太暉觀M50與江陵溪峨山M5等楚墓便使用篾繩來縛棺。而長沙烈士公園M3中發現了捆縛外棺的皮革，在此墓中還有一個有趣的現象，其內棺棺束由絲帛和麻繩共同組成，用絲帛束好後又加上了麻繩③。為直觀起見，現將不

---

① 孫希旦：《禮記集解》，中華書局1989年版，第1181頁。
② 陳公柔：〈士喪禮、既夕禮禮中所記載的喪葬制度〉，載《考古學報》1956年第4期，第67—84頁。
③ 湖北省荊州地區博物館：《江陵雨臺山楚墓》，文物出版社1984年版。湖北省鄂城縣博物館：〈鄂城楚墓〉，載《考古學報》1983年第2期，第223—254頁。鄂鋼基建指揮部文物小組、鄂城縣博物館：〈湖北鄂城鄂鋼53號墓發掘簡報〉，載《考古》1978年第4期，第44—48、83—84頁。湖北省文物考古研究所：《江陵九店東周墓》，科學出版社1995年版。湖北省博物館江陵工作站：〈江陵溪峨山楚墓〉，載《考古》1984年第6期，第37—49頁。中國科學院考古研究所：《長沙發掘報告》，科學出版社1957年版。湖南省博物館、湖南省文物考古研究所、長沙市博物館、長沙市文物研究所：《長沙楚墓》，文物出版社2000年版。湖北省荊沙鐵路考古隊：《包山楚墓》，文物出版社1991年版。湖北省文物考古研究所：《江陵望山沙塚楚墓》，文物出版社1996年版。

同棺束質料的楚墓分類列出，詳見表3—3。

表3-3　戰國楚墓棺束一覽表

| 序號 | 墓葬名稱 | 棺束質料 | 棺束形式 | 棺槨重數 | 年代 | 出處 |
|---|---|---|---|---|---|---|
| 1 | 長沙仰天湖M25 | 帛束 | 橫三 | 一槨三棺 | 戰國晚期 | 〈長沙仰天湖第25號木槨墓〉，載《考古學報》1957年第2期 |
| 2 | 長沙左家山戰國木槨墓 | 絲繩 | 橫三（每道7週） | 一槨一棺 | 戰國 | 〈長沙左家山的戰國木槨墓〉，載《文物參考資料》1954年第12期 |
| 3 | 長沙烈士公園M3 | 絲帛 | 橫三（每道3週） | 一槨兩棺 | 戰國 | 〈長沙烈士公園3號木槨墓清理簡報〉，載《文物》1959年第10期 |
| | | 麻繩 | 橫三（每道3週） | | | |
| 4 | 包山M2 | 麻繩 | 中棺：橫三縱二 | 兩槨三棺 | 戰國中期 | 《包山楚墓》，文物出版社1991年版 |
| | | 絹帶 | 內棺：橫五縱二 | | | |
| 5 | 長沙楊家灣M6 | 絲帛 | 橫三（每道3週） | 一槨一棺 | 戰國 | 〈長沙出土的三座大型木槨墓〉，載《考古學報》1957年第1期 |
| 6 | 江陵望山M1 | 麻繩 | 橫三縱二（橫每道4週、縱3週） | 一槨兩棺 | 戰國中期 | 《江陵望山沙塚楚墓》，文物出版社1996年版 |
| | | 絲帛 | 橫七縱四 | | | |
| 7 | 江陵望山M2 | 葛布 | 橫三縱二 | 一槨三棺 | 戰國中期 | 同上 |
| | | 絹帶 | 橫七縱三 | | | |
| 8 | 江陵沙塚M1 | 絹帶 | 橫三縱二 | 一槨兩棺 | 戰國中期 | 同上 |
| 9 | 江陵雨臺山M245 | 麻布 | 不詳 | 一槨一棺 | 戰國中期 | 《江陵雨臺山楚墓》，文物出版社1984年版 |
| 10 | 江陵雨臺山M354 | 麻布 | 橫三縱一 | 一槨兩棺 | 戰國中期 | 同上 |
| 11 | 江陵雨臺山M555 | 麻布 | 橫三 | 一槨兩棺 | 戰國晚期 | 同上 |
| 12 | 長沙楚墓M365 | 葛布 | 橫三 | 一槨兩棺 | 戰國早期 | 《長沙楚墓》，文物出版社2000年版 |
| 13 | 江陵馬山M1 | 麻布 | 橫三 | 一槨一棺 | 戰國中期 | 《江陵馬山一號楚墓》，文物出版社1985年版 |
| 14 | 江陵九店M744 | 麻布 | 橫三（每道8週） | 一槨一棺 | 戰國晚期 | 《江陵九店東周墓》，科學出版社1995年版 |
| 15 | 江陵九店M410 | 麻布 | 橫三 | 一槨兩棺 | 戰國晚期 | 同上 |
| 16 | 包山M1 | 麻繩 | 外棺：橫三縱二（橫每道5週，縱1週） | 一槨兩棺 | 戰國中期 | 《包山楚墓》，文物出版社1991年版 |
| | | 麻布 | 內棺：橫三 | | | |
| 17 | 荊州秦家山M2 | 麻布 | 橫九縱三 | 一槨三棺 | 戰國 | 〈湖北荊州秦家山二號墓清理簡報〉，載《文物》1999年第4期 |

| | | | | 续表 | | |
|---|---|---|---|---|---|---|
| 序號 | 墓葬名稱 | 棺束質料 | 棺束形式 | 棺槨重數 | 年代 | 出處 |
| 18 | 江陵馬山 M2 | 麻布 | 横五 | 一槨兩棺 | 戰國中期 | 《江陵馬山磚廠二號楚墓發掘簡報》，載《江漢考古》1987年第3期 |
| 19 | 荆門十里磚廠M1 | 麻布 | 横三 | 一槨兩棺 | 戰國中期 | 〈荆門十里磚廠一號墓〉，載《江漢考古》1989年第4期 |
| 20 | 長沙子彈庫戰國墓 | 葛布 | 横三 | 一槨兩棺 | 戰國中、晚期 | 〈長沙子彈庫戰國木槨墓〉，載《文物》1974年第2期 |
| 21 | 江陵藤店 M1 | 麻繩 | 横三縱二 | 一槨兩棺 | 戰國前期 | 〈湖北江陵藤店一號墓發掘簡報〉，載《文物》1973年第9期 |
| 22 | 江陵雨臺山 M554 | 麻繩 | 横三（每道3週） | 一槨一棺 | 戰國中期 | 《江陵雨臺山楚墓》，文物出版社1984年版 |
| 23 | 江陵雨臺山 M166 | 麻繩 | 横三縱二（横每道3週，縱2週） | 一槨一棺 | 戰國中期 | 同上 |
| 24 | 江陵雨臺山 M323 | 麻繩 | 横三（每道4週） | 一槨一棺 | 戰國中期 | 同上 |
| 25 | 江陵雨臺山 M420 | 麻繩 | 横三（每道3週） | 一槨一棺 | 戰國中期 | 同上 |
| 26 | 鄂城鋼鐵廠 M106 | 麻繩 | 横三 | 一槨一棺 | 戰國晚期 | 〈鄂城楚墓〉，載《考古學報》1983年第2期 |
| 27 | 鄂城鋼鐵廠 M53 | 麻繩 | 横三 | 一槨一棺 | 戰國中期 | 〈湖北鄂城鄂鋼53號墓發掘簡報〉，載《考古》1978年第4期 |
| 28 | 長沙楚墓 M89 | 麻繩 | 横三縱二 | 一槨兩棺 | 戰國早期 | 《長沙楚墓》，文物出版社2000年版 |
| 29 | 長沙楚墓 M397 | 麻繩 | 横三（每道4週） | 一槨兩棺 | 戰國中期 | 同上 |
| 30 | 長沙楚墓 M109 | 麻繩 | 横五（每道2—4週） | 一槨一棺 | 戰國早期 | 同上 |
| 31 | 江陵九店 M265 | 麻繩 | 横三 | 一槨一棺 | 戰國中期 | 《江陵九店東周墓》，科學出版社1995年版 |
| 32 | 江陵九店 M633 | 麻繩 | 横三（每道3週） | 一槨一棺 | 戰國晚期 | 同上 |
| 33 | 江陵九店 M283 | 麻繩 | 横三縱二 | 一槨一棺 | 戰國中期 | 同上 |
| 34 | 江陵九店 M298 | 麻繩 | 横三縱二 | 一槨一棺 | 戰國中期 | 同上 |
| 35 | 江陵九店 M612 | 麻繩 | 横三 | 一槨一棺 | 戰國中期 | 同上 |
| 36 | 江陵九店 M183 | 麻繩 | 横三縱二 | 一槨一棺 | 戰國晚期 | 同上 |
| 37 | 江陵九店 M87 | 麻繩 | 横三縱二（横每道4週，縱3週）横二縱一（每道2週） | 一槨一棺 | 戰國晚期 | 同上 |
| 38 | 江陵九店 M617 | 麻繩 | 横三縱二（横每道3週，縱3，1週） | 一槨一棺 | 戰國中期 | 同上 |

| 序號 | 墓葬名稱 | 棺束質料 | 棺束形式 | 棺槨重數 | 年代 | 出處 |
|---|---|---|---|---|---|---|
| 39 | 江陵九店M711 | 麻繩 | 橫三（每道4週） | 一槨一棺 | 戰國晚期 | 同上 |
| 40 | 江陵九店M712 | 麻繩 | 橫三（每道4週） | 一槨一棺 | 戰國晚期 | 同上 |
| 41 | 江陵九店M295 | 麻繩 | 橫三縱二（橫每道4-6週，縱2週） | 一槨一棺 | 戰國中期 | 同上 |
| 42 | 江陵九店M608 | 麻繩 | 橫三 | 一槨一棺 | 戰國中期 | 同上 |
| 43 | 江陵九店M451 | 麻繩 | 橫三（每道9週） | 一槨一棺 | 戰國晚期 | 同上 |
| 44 | 江陵九店M537 | 麻繩 | 橫三縱二 | 一槨一棺 | 戰國中期 | 同上 |
| 45 | 江陵九店M483 | 麻繩 | 橫三（每道10-11週） | 一槨一棺 | 戰國晚期 | 同上 |
| 46 | 江陵九店M262 | 麻繩 | 橫三 | 一槨一棺 | 戰國中期 | 同上 |
| 47 | 江陵九店M51 | 麻繩 | 橫三縱二（橫每道3週，縱4週） | 一槨一棺 | 戰國晚期 | 同上 |
| 48 | 江陵九店M296 | 麻繩 | 橫三（每道4週） | 一槨一棺 | 戰國中期 | 同上 |
| 49 | 江陵九店M526 | 麻繩 | 橫三縱二（每道3週） | 一槨一棺 | 戰國中期 | 同上 |
| 50 | 江陵九店M294 | 麻繩 | 橫三（每道4週） | 一槨一棺 | 戰國中期 | 同上 |
| 51 | 江陵溪峨山M2 | 麻繩 | 橫三縱二（每道4週） | 一槨一棺 | 戰國中期 | 〈江陵溪峨山楚墓〉，載《考古》1984年第6期 |
| 52 | 江陵溪峨山M5 | 篾繩 | 橫三縱二（每道4週） | 一槨一棺 | 戰國中期 | 同上 |
| 53-60 | 江陵溪峨山M8、10-14、16-17 | 麻繩 | 橫三 | 一槨一棺 | 戰國中期 | 〈江陵溪峨山楚墓〉，載《江漢考古》1992年第4期 |
| 61 | 包山M4 | 麻繩 | 橫三縱二（橫每道6週，縱2週） | 一槨兩棺 | 戰國晚期 | 《包山楚墓》，文物出版社1991年版 |
| 62 | 湖北麻城M6 | 麻繩 | 縱二 | 一槨一棺 | 戰國中期 | 〈麻城楚墓〉，載《江漢考古》1986年第2期 |
| 63 | 湖南慈利石板村M36 | 麻繩 | 橫三 | 一槨一棺 | 戰國中期 | 〈湖南慈利縣石板村戰國墓〉，載《考古學報》1995年第2期 |
| 64 | 湖南華容豐家山M8 | 麻繩 | 橫三（每道4週） | 一槨一棺 | 戰國 | 〈湖南省華容縣豐家山東周墓發掘簡報〉，載《文物》1993年第1期 |
| 65 | 荊州紀城M1 | 麻繩 | 橫三 | 一槨一棺 | 戰國 | 〈湖北荊州紀城一、二號楚墓發掘簡報〉，載《文物》1999年第4期 |
| 66 | 荊州紀城M2 | 麻繩 | 橫三 | 一槨一棺 | 戰國中期 | 同上 |

第三章　喪禮

| 序號 | 墓葬名稱 | 棺束質料 | 棺束形式 | 棺槨重數 | 年代 | 出處 |
|---|---|---|---|---|---|---|
| | | | | 续表 | | |
| 67~68 | 湖北江陵武昌義地楚墓M9、15 | 麻繩 | 橫三（每道4週） | 一槨一棺 | 戰國早期 | 〈湖北江陵武昌義地楚墓〉，載《文物》1989年第3期 |
| 69~74 | 湖北江陵武昌義地M3、4、8、12-14 | 麻繩 | 橫三（每道4週） | 一槨一棺 | 戰國中期 | 同上 |
| 75 | 江陵棗林鋪M1 | 麻繩 | 橫三 | 一槨一棺 | 戰國 | 〈江陵棗林鋪楚墓發掘簡報〉，載《江漢考古》1995年第1期 |
| 76 | 江陵車墻戰國墓 | 麻繩 | 橫三 | 一槨一棺 | 戰國中期 | 〈江陵車墻戰國墓清理簡報〉，載《江漢考古》1996年第1期 |
| 77 | 當陽趙家湖M229 | 麻繩 | 橫三 | 一槨一棺 | 戰國早期 | 《當陽趙家湖楚墓》，文物出版社1992年版 |
| 78 | 當陽趙家湖M63 | 麻繩 | 橫三 | 一槨一棺 | 戰國早期 | 同上 |
| 79 | 當陽趙家湖M39 | 麻繩 | 橫三縱二 | 一槨一棺 | 戰國早期 | 同上 |
| 80 | 當陽趙家湖M230 | 麻繩 | 橫三 | 一槨一棺 | 戰國早期 | 同上 |
| 81 | 湖北雲夢珍珠坡M1 | 麻繩 | 橫三縱一 | 一槨一棺 | 戰國中期 | 〈湖北雲夢縣珍珠坡一號楚墓〉，載《考古學集刊》第1集 |
| 82 | 湖北江陵太暉觀M50 | 葽繩 | 橫三縱二（橫每道3週，縱4週） | 一槨一棺 | 戰國中期 | 〈湖北江陵太暉觀50號楚墓〉，載《考古》1977年第1期 |
| 83 | 安徽長豐楊公M8 | 麻繩 | 橫三 | 一槨兩棺 | 戰國晚期 | 〈安徽長豐楊公發掘九座戰國墓〉，載《考古學集刊》第2集 |
| 84 | 江陵望山M3 | 麻繩 | 橫三縱二 | 一槨兩棺 | 戰國中期 | 《江陵望山沙塚楚墓》，文物出版社1996年版 |
| 85 | 湖北孝感黃土崗M6 | 麻繩 | 橫三（每道3週） | 一槨一棺 | 戰國中期 | 〈孝感黃土崗戰國墓發掘簡報〉，載《江漢考古》2000年第3期 |
| 86 | 黃岡曹家崗M5 | 麻繩 | 橫三縱二（橫每道6週，縱2週） | 一槨三棺 | 戰國晚期 | 〈湖北黃岡兩座中型楚墓〉，載《考古學報》2000年第2期 |
| 87 | 黃岡蘆沖M1 | 麻繩 | 不詳 | 一槨三棺 | 戰國中期 | 同上 |
| 88 | 湖北黃州M18 | 麻繩 | 橫五（每道3週） | 一槨一棺 | 戰國中期 | 〈湖北黃州楚墓〉，載《考古學報》2001年第2期 |
| 89 | 棗陽九連墩楚墓M2 | | 橫三縱二 | 兩槨兩棺 | 戰國中晚期 | 〈湖北棗陽九連墩楚墓獲重大發現〉，載《江漢考古》2003年第2期 |
| 90 | 長沙市馬益順巷楚墓M1 | 麻繩 | 橫三（麻繩用木楔楔緊） | 一槨兩棺 | 戰國中期 | 〈長沙市馬益順巷一號楚墓〉，載《考古》2003年第4期 |
| 91 | 武漢沌口石嶺村戰國楚墓M6 | 麻繩 | 橫三縱二 | 一槨一棺 | 戰國 | 《武漢晚報》，2005年4月28日 |
| 92 | 浙江安吉五福楚墓 | 帛束 | 橫三 | 一槨一棺 | 戰國晚期 | 〈浙江安吉五福楚墓〉，載《文物》2007年第7期 |

至於棺束的捆縛形式，可征之禮書。《禮記‧喪大記》載：「君蓋用漆，三衽三束。大夫蓋用漆，二衽二束。士蓋不用漆，二衽二束。」《禮記‧檀弓上》載：「天子之棺……棺束：縮二，衡三，衽每束一。」孔穎達疏：「縮二者，縮，縱也，縱束者用二行也。衡三者，橫束三行也。」孫希旦認為諸侯的棺束形式與天子相同，也是「橫三縮二」，至於大夫士則應為「橫二縮一」[①]。

從表中的統計可以看出，戰國時期楚人喪禮中棺束的形式同上述周禮略有出入，其棺束形式主要有橫三縱二、橫三、橫三縱一等三種，且以前二者居多。迄今為止，除長沙楚墓M109、江陵馬山M2、包山M2內棺的棺束形式是橫五，江陵望山M1、M2第二層棺束形式是橫七，荊州秦家山M2的棺束形式是橫九外[②]，其他戰國楚墓的棺束形式皆為橫向捆束三道，尚未見有橫向捆束二道的情況。並且周禮中棺束的形式隨墓主身分不同而呈現出來的等級差別，在戰國楚喪禮中已經蕩然無存。無論封君抑或最下層貴族士的墓，其棺束形式相差無幾。一直到了秦漢時期，原楚地喪禮中棺束的捆縛形式才開始發生變化，趨向簡化，出現了「橫二」的捆縛方式。秦代晚期的沙市周家臺M30一槨一棺，其棺束為橫二。西漢早期的沙市蕭家草場M26也是一槨一棺，棺束也為橫二[③]。

儘管戰國楚墓中棺束的橫、縱道數大體相同，但每道的週數卻迥然不同。一般而言，橫向棺束每道3—4週，縱向棺束每道2—4週。也有例外者，如包山M1橫向棺束每道五週，縱向每道一週；包山M4橫向每道六週，縱向每道二週；長沙左家山戰國墓橫向棺束每道七週。

① 　孫希旦：《禮記集解》，中華書局1989年版，第236頁。
② 　荊州地區博物館：〈江陵馬山磚廠二號墓發掘簡報〉，載《江漢考古》1987年第3期，第32—36、104頁。湖北省荊州博物館：〈湖北荊州秦家山二號墓清理簡報〉，載《文物》1999年第4期，第18—28、99頁。
③ 　湖北省荊州市周梁玉橋遺址博物館：《關沮秦漢墓簡牘》，中華書局2001年版，第147、156頁。

第三章　喪禮

更有甚者，江陵九店M744、M451横向棺束每道達8—9週之多。周家臺M30横向繞道六週，蕭家草場M26横向繞道九週。

戰國時期楚喪禮中棺束的捆縛方法都是由棺蓋至壁板底部整個捆束。以麻繩為束物的先横捆後豎捆，繩通常卡在棺蓋兩側和兩端轉角處的凹槽（亦稱捆繩槽）中。在縱橫交叉處，又用另外一截繩索纏繞加固。為了束得更緊更牢，在横繩下還普遍使用木楔將繩索楔緊。僅有横向的棺束，其捆縛方法與之相同，只是因無縱向交叉，便不存在交叉處的加固問題。以麻布或絲帛為束物的則是直接捆縛，棺蓋兩側及兩端無捆繩槽，也不用木楔，在麻布和絲帛上，一般連同棺身棺蓋塗有油漆或桐油之類的東西。

此外，還有一些捆縛方法上的特例。其一，長沙烈士公園M3，它的內棺棺身捆繞絲帛三道，每道三層，在絲帛上面又繞麻繩三圈[①]。

其二，江陵九店M87，棺身用麻繩捆縛，横三道，每道四週，豎二道，每道三週，然後又用另一麻繩加捆，繩較前略細，横二豎一，每道二週[②]。

其三，江陵望山M1，它的內棺先用粗麻繩捆縛，横三豎二，並在內棺蓋板與四壁板交接處各打一個五花繩結，蓋板頂部6處繩索縱橫交錯處，還用四方形繩套將其固定，蓋頂粗繩下，插入了9個小木楔將麻繩繃緊，在麻繩棺束上，鋪有一層鬆軟物，其外又用絲帛將整個內棺包裹，然後用絲帶横七豎四的捆縛，在蓋頂28處縱橫交錯處，也用四方形的絲套固定。其四，望山M2，它的整個內棺以雙層束帶捆綁，先用葛布横三豎二捆束，在棺蓋上打結，再用絹帶横七豎三捆緘，也在棺蓋上打結[③]。

---

① 高至喜：〈長沙烈士公園三號木槨墓清理簡報〉，載《文物》1959年第10期，第65—70頁。

② 湖北省文物考古研究所：《江陵九店東周墓》，科學出版社1995年版，第82頁。

③ 湖北省文物考古研究所：《江陵望山沙塚楚墓》，文物出版社1996年版，第16—19、117—119頁。

這些特例的捆縛形式都較煩瑣、複雜，應當與墓主的顯貴身分和富裕程度有直接關係。

### （二）棺束的功能

高崇文先生通過考察，認為「三禮」中棺束的用途在於固棺、連柳、設披、懸棺下葬，結合考古資料，他進一步指出楚喪禮中棺束同樣具有這四個方面的功能[①]。

我們認為到戰國時期，棺束的固棺功能毋庸置疑。《禮記·檀弓上》孔疏：「棺束者，古棺木無釘，故用皮束合之。」在已發掘的戰國楚墓中，確實很少見到棺釘。那麼用什麼辦法來固定棺身和棺蓋呢？除在其接合部位塗漆、用袵以外，棺束當然是一種行之有效的方法。但如果認為棺束具有連柳、設披、懸棺下葬等功用，則值得商榷。

首先討論「連柳」。「柳」是棺飾的一種，即覆蓋於棺蓋上的木框，它的底部有另一種棺飾，以竹為之，如同竹簾，名「池」。高崇文先生指出：禮書中的「連柳」大概只是「連池」，連柳（或連池）等飾棺工作在赴壙前於宗廟中完成，赴壙途中帷荒罩於棺上還可以，竹簾如果不束著于棺而是平放其上，則必然會由於路途的崎嶇不平，柩車的左右搖擺，導致脫落下來，所以必須要束著於棺，束著於棺則必當棺束了，因別無他處束著[②]。高崇文先生的推測有其合理性，但束著於棺的卻不一定是「棺束」，而應當是陳公柔所謂的「束」，即「柩車之束」。「束」不僅束著棺飾於棺上，還將整個棺一起束著在柩車上，以防止其傾滑。並且，正如高崇文先生所提到的目前楚墓中發現的竹簾更多的是平置棺蓋上，沒有被棺束整個捆紮，發現有紐、戴、緘耳之類的繩套的也很少。他將這種現象解釋成柩車至壙後要

---

① 高崇文：〈淺談楚墓中的棺束〉，載《中原文物》1990年第1期，第81—89頁。
② 高崇文：〈淺談楚墓中的棺束〉，載《中原文物》1990年第1期，第81—89頁。

第三章　喪禮

「脫載除飾」①。我們以為《周禮・春官宗伯・喪祝》「及壙，脫載，除飾」，是說到了墓壙後，將束棺於柩車上的繩索解開，將棺飾物除掉，而不是指將捆縛棺身的繩索解開。

以上談到的是以麻繩做束物的棺束。至於以麻布、絲帛為質料的棺飾，高崇文先生以江陵雨臺山M245、長沙烈士公園M3為例，認為雨臺山M245在棺蓋板和牆板上各裝置兩個鋪首銜環，目的是以此來代替繩束中的紐、戴或緘耳，起到連柳、設披、懸棺的作用；烈士公園M3內棺在三道帛束上又加三道麻繩，也是要以繩束來補帛束無法連柳、設披的不足。然而長沙仰天湖M25、望山沙塚M1、馬山M1、九店M432和M410、包山M1、荊州秦家山M2、長沙楊家灣M6、子彈庫戰國墓等十餘座以麻布或絲帛為棺束的戰國楚墓，棺上並無鋪首銜環，棺束上也沒有再加上麻繩束。僅憑上面兩個特例來推論麻布和絲帛棺束也具有連柳、設披、懸棺的功能，未免有些以偏概全。

所以，我們認為戰國時期楚喪禮中棺束的「連柳」功能值得懷疑。

其次是「設披」。《周禮・夏官司馬・司士》鄭注曰：「披，柩車行，所以披持棺者。」②《禮記・檀弓上》鄭注曰：「披，柩行夾引棺者。」③《釋名》曰：「兩旁引之曰披。」可見披就是送葬時，由人執持的繫結於棺的帶子。關於披的具體繫結方法，有兩種意見。

一是孔穎達說。《禮記・喪大記》「士戴前纁後緇，二披用纁」下，孔疏認為，披用絳色的帛做成，一頭繫在捆束柳的纁戴中，一頭放在帷的外面，人可以牽引之。每條纁戴上都要繫上披，所以，披也有六條。二是賈公彥說。《儀禮・既夕禮》「設披」下，賈公彥認為披橫向放在棺上，兩頭都要穿過戴與棺束連接的地方，且與戴打結固

① 高崇文：〈淺談楚墓中的棺束〉，載《中原文物》1990年第1期，第81—89頁。
② 孫詒讓：《周禮正義》，中華書局1987年版，第2471頁。
③ 孫希旦：《禮記集解》，中華書局1989年版，第198頁。

定，餘下的飄在帷的外面，以方便人牽引。胡培翬《儀禮正義》中採用了賈公彥的觀點[1]，孫希旦《禮記集解》卻贊同孔穎達之說[2]。

由於無實物考證，孰是孰非已難考定。不過這個問題不是我們要討論的重點。這裡需著重考慮的是：披是繫結在「棺束」上還是在「束」上？自鄭玄至孔穎達都認為應該繫結在「棺束」上。清代禮學家仍沿續這一看法。其實，披、柳等棺飾物恰恰不是繫結在「棺束」上，而是在「柩車之束」上。《儀禮·既夕禮》載：

主人入，袒。乃載。踊無算。卒束。襲。降奠，當前束。商祝飾柩：一池，紐前䞓後緇，齊三采，無貝。設披。屬引。

根據這段話，可以理出朝祖後到赴壙前之間的活動次序：束棺→載棺上柩車→束棺於柩車→飾棺。既然束棺在束棺於柩車之前，而束棺於柩車上又正好在飾棺之前，所以柳、披等飾物當然是連接在「束」上，而不會繞過位於外層的「束」，繫結在裡層的「棺束」上。這就與到達墓壙後「脫載除飾」正好呼應，所脫所除正是繫縶在外面柩車之束上的飾，而非繫縶在裡層棺束上的飾。

若按歷代學者的解釋，于常理是行不通的。如長沙仰天湖M25、子彈庫戰國墓內棺外髹黑漆，帛束或葛布上亦髹黑漆，棺身與棺束幾乎連為一體[3]，再如何從中插置那些連接柳、披等飾物的紐、戴呢？到達墓壙後，將已用漆封好的棺束又撕裂開來以取出棺飾的做法更是難以想像。可見他們在理解上都有一個問題，那就是混淆了「棺束」與「束」（即「柩車之束」），誤將「束」當成「棺束」了。

---

① 胡培翬：《儀禮正義》，段熙仲點校，江蘇古籍出版社1993年版，第1850頁。
② 孫希旦：《禮記集解》，中華書局1989年版，第1186頁。
③ 湖南省文物管理委員會：〈長沙仰天湖第25號木槨墓〉，載《考古學報》1957年第2期，第89—98頁。

因此，戰國楚喪禮中棺束的設披功能也需再度斟酌。

最後討論「懸棺下葬」。古時只有天子才能有墓道。《禮記・喪大記》鄭注曰：「禮，唯天子葬有隧。」隧，即墓道。因為無隧而豎穴下葬，所以戰國以前棺柩下窆時，棺束要發揮重要作用。柩車到達墓壙之後，首先卸載棺上的一些裝飾品，然後將下棺用的繩索一端固定在棺上，一端繞在墓壙前後的碑上，隨著鼓聲的節奏漸漸地讓棺柩下窆。諸侯國君的棺槨有多重，恐棺的位置不正，還要用衡木協助，大夫的棺槨要用緘協助，士的棺槨就直接將繩索繫在棺束上下窆[①]。

但到戰國時期，禮制破壞嚴重，僭禮現象屢見不鮮。設墓道逐漸成為一種時尚，不僅大夫，連貴族中最下等的士墓也開始普遍採用墓道。以江陵九店東周墓為例，其M17、26、51、268、269等30多座戰國墓葬具皆為一槨一棺，但它們全部設有墓道[②]。至於包山M2、天星觀M1等大、中型楚墓的墓道則更寬更長。有學者研究總結指出，楚國的上士墓普遍有墓道，有的還有封土、臺階；中、下士墓有的也有墓道[③]。可以說，由墓道進入墓室，已經成為戰國楚墓中十分流行的棺木下葬方式。與此相應，棺束在懸棺下葬方面的功能便自然隨之慢慢減弱，乃至消失。而且，到戰國中晚期，越來越多的楚地棺木上出現了皮革提環和輔首銜環，它們一般設在棺蓋的兩側和壁板上，或為皮質或為銅質，堅固結實，便於吊放棺木，在一定程度上也代替了棺束懸棺下葬的用途。

上面論述的皆是棺束的實用性功能。需注意的是，棺束作為喪禮的一個方面，也不可避免地發揮著禮制應有的作用。除實用性以外，它還具有社會文化的功能。具體說來，就是比較集中地反映出等級身分的存在，由之彰顯貴族等級的差別。儘管戰國是一個禮崩樂壞的時

---

① 參見《禮記・喪大記》鄭注和孔疏。
② 湖北省文物考古研究所：《江陵九店東周墓》，科學出版社1995年版。
③ 郭德維：《楚系墓葬研究》，湖北教育出版社1995年版，第107—108頁。

代，遠離周王朝統治中心的楚地受到周禮的制約相對較弱，喪禮中棺束的社會功能也漸趨弱化，但還未達到完全喪失的地步。這主要表現在質料和捆縛方法兩個方面。

當時楚地棺束質料大致有絲帛、麻布（葛布）、麻繩三種。根據表3—3，可以做一粗略統計：在92座楚墓中，以絲帛、麻布為棺束的有21座，而這21座楚墓葬具為一棺一槨的只有6座，其他均是一棺兩槨或一棺三槨。另外，現今所見的絕大部分一棺一槨墓的棺束質料是麻繩。由此可以得出結論：棺束用料是墓主身分的一種標誌，通常來講，墓主身分越高，所用棺束質料也越講究；身分越低，所用棺束質料就越粗糙。絲帛、麻布、麻繩棺束分別代表著當時社會中三種不同身分等級的人群，是墓主生前地位在喪禮上的一種反映。

另一方面，棺束捆縛方法上的繁簡程度也反映出社會等級的存在。前已介紹過，在迄今發掘的數千座戰國楚墓中，唯有江陵望山M1和M2、長沙烈士公園M3以及九店M87的棺束捆縛方法最繁複，都經過兩次捆紮，絲帛之外又加絲帶或繩索。按古禮制，天子之棺四重，諸公三重，諸侯再重，大夫一重，士不重。長沙烈士公園M3葬具為一棺兩槨，望山M1、M2葬具分別為一槨兩棺和兩棺兩槨，並且出土了大量青銅禮器、仿銅陶禮器和漆木器等隨葬品。據發掘者研究推測，三墓墓主身分大致都相當於下大夫級。至於那些單棺單槨的士墓和庶民墓（戰國時期富裕庶民僭禮用槨的現象時有發生）的棺束自然無法望其項背，僅以單一的束物捆縛方式下葬。所以說，棺束捆縛方法的繁簡程度與墓主生前的社會地位和經濟狀況是相匹配的。

### 二、楚墓的棺飾

據鄭玄解釋，飾棺的原因是「以華道路及壙中，不欲眾惡其親也」，即為了在送葬途中和到達墓壙後，不使眾人見到死去親屬的靈柩而生嫌惡之心，所以要對其進行裝飾。飾棺的原則也是「事死如生」，即按照死者生前居住的房屋進行裝飾，大體有以下步驟：先用

「褚」（一種素錦）親裹棺蓋和棺身，然後在其上加置「柳」（柳為覆蓋在棺上的木框，象徵宮室，形如鱉甲）。柳外蒙布。柳上謂之「荒」，四周謂之「帷」。荒、帷之間用小綢帶連成「結」，名曰「紐」。「齊」（用五色繒縫合而成，圓狀，形如轎頂蓋）居柳的中央，齊上及四周綴著貝。柳的底部有「池」（用竹片製成，外裹青布，象徵承霤），池下懸掛著銅魚，還繫有五彩絞繒，名曰「揄絞」（車行動時揄絞像水草一樣左右擺動，故又名振容）。最後，還要繫上「披」。

戰國時期楚人喪禮中也非常注重對棺進行裝飾，目前考古工作者發現了荒、帷、池、池飾等一系列棺飾之物。

1. **荒帷**。江陵馬山M1出土了一件荒帷，用深棕色絹支撐，狀如未開口的長方形蚊帳，罩住整個棺木。荒帷由四整幅和兩條長絹拼縫而成，展開後呈「亞」字形，中間兩幅各長356公釐，兩側兩幅長200公釐，每幅寬皆為45公釐。周邊飾大菱形錦緣，寬7.2公釐。錦緣與絹之間又用寬1.8公釐的針織條帶連接。連周邊錦緣在內，荒帷總共寬200公釐①。這件荒帷和周禮所描述的大體相同，有荒，有帷，錦緣與絹之間的針織條帶應該是紐，也與考古發現的山西橫水西周墓和河南新鄭戰國墓中出土的荒帷相似。只是這些出土的荒帷實物都沒有像禮書中記載的採用「龍帷」、「畫帷」、「黼荒」和「畫荒」，也沒有「黻三列」和「火三列」的圖案。荒帷實物上的圖案沒有遵循一定的規律，馬山M1荒帷的錦緣為普通的大菱形，橫水西周墓M1荒帷上精美的刺繡圖案則主要是鳳鳥。受楚文化影響的西漢早期墓荊州謝家橋一號漢墓裡出土的4件荒帷也是紋飾各異②。

周禮中規定士應該使用的「布荒」和「布帷」，這一規定在戰國

---

① 湖北省荊州地區博物館：《江陵馬山一號楚墓》，文物出版社1985年版，第9頁。

② 荊州博物館：〈湖北荊州謝家橋一號漢墓發掘簡報〉，載《文物》2009年第4期，第26—42頁。

楚墓的棺飾中已蕩然無存。馬山M1墓主身分為「元士」之妻，然而她使用的不是「布帷」，而是「絹帷」。江陵九店M410也出土了一件絲織荒帷，同樣呈長方形，如閉合的蚊帳，質地是菱形紋錦，周邊附有鎖繡對鳥花樹紋、飛鳳花葉紋絹[1]。江陵太暉觀M50棺蓋的竹簾上也鋪有一條絲織物，儘管已腐朽，但仍可推測出亦屬荒帷之類的飾物[2]。這兩座墓的主人為「元士」甚至「元士」以下，可是如同馬山M1墓主一樣，都使用了絲質荒帷，並沒有用布質荒帷。

值得關注的是，馬山M1在荒帷上還置放著一件棺飾物，它縱向置於棺蓋頭向一端，荒帷的中間，由黃色紗束串聯著一根琉璃管和一顆琉璃珠。黃色紗束長54公釐，由兩條長條紗撐在一起組成，一端中間打結，尾端散開，另一端則尾部打結[3]。這種荒帷上的琉璃飾品非常獨特，周禮中從未提及，它帶有明顯的楚國地域特色。隨著西方玻璃製造技術的傳入和楚人自己製造玻璃的技術日漸成熟，在西元前5世紀至西元前4世紀，楚國已經非常流行使用玻璃製品。這一習俗也影響到楚國喪禮中。這些隨葬有玻璃的楚墓，下葬年代主要是戰國中期或戰國晚期。馬山M1荒帷上的玻璃棺飾物有可能是墓主生前所使用或者珍愛的飾品，死後帶入墓中，以起到安魂的作用。

**2. 池和池飾**。戰國時期，很多楚墓的棺蓋上鋪蓋著竹簾，學者們將其確認為「池」[4]。戰國楚墓中出土的竹簾達幾十例之多，江陵雨臺山、九店、鄂城、長沙等楚墓群都有發現，或完整或殘缺，形制與江陵鳳凰山M167池基本相同[5]。池由竹片縱向排列而成，橫向

① 湖北省文物考古研究所：《江陵九店東周墓》，科學出版社1995年版，第129頁。
② 湖北省博物館、華中師範學院歷史系：〈湖北江陵太暉觀50號楚墓〉，載《考古》1977年第1期，第58—63頁。
③ 湖北省荊州地區博物館：《江陵馬山一號楚墓》，文物出版社1985年版，第9—10頁。
④ 彭浩：〈楚墓葬制初論〉，載《中國考古學會第二次年會論文集》，文物出版社1982年版，第33—40頁。
⑤ 紀烈敏等：〈鳳凰山167號墓所見漢初地主階級喪葬禮俗〉，載《文物》1976年第10期，第47—50頁。

用篾繩或棕麻繩編連。竹片數量一般同棺蓋面積的大小成正比，從幾根到幾十根不等，如雨臺山M554的池由7根竹片編連而成，長沙楚墓M109的竹簾由11根竹條組成，九店M51的池有經篾24根，包山M2竹簾縱向用了32根竹片。池的大小通常與棺蓋相當，出土時大多直接鋪放在棺木上。也有少數被固定在棺蓋上，如包山M2縱向篾片與棺蓋長度相等，橫行篾片繞棺一週，兩端卻固定於棺底。包山M4也是如此。

周禮規定天子四池、國君三池、大夫二池、士一池。紀烈敏先生認為池的劃分是按照編竹的前後左右下折情況而定，四池指池之四周下折，三池指棺頭和棺身兩側下折，二池或說是前後下折，或說是左右下折，一池指棺頭下折[1]。根據歷代禮學家的注解[2]，可以知道紀先生關於池所處位置的解釋是正確的，但認為池的劃分是根據其下折的情況而定，似有不妥。今天所見大多數楚墓（如黃岡曹家崗M5）的池與棺蓋等寬等長，它們該如何下折？倘若不能下折，又該如何計算它們池的數量？因此，我們認為池的劃分還是應該以竹簾的數量為依據。在戰國時期楚人喪禮中，池的數量幾乎全部都是一池，未有因身分不同而相異者。黃岡曹家崗M5葬具為一槨三棺，隨葬有大量銅禮器，計有銅鼎5件、銅敦2件、銅壺2件，其墓主生前身分一定屬大夫一級，可是棺木上仍只有一池[3]。這一點與周制不符，表現出楚地喪葬禮俗對池的等級差別並不重視，其原因何在，目前尚無定論。

池上一般懸掛著銅魚和其他飾物，以起到所謂「魚躍拂池」的效

---

① 紀烈敏等：〈鳳凰山167號墓所見漢初地主階級喪葬禮俗〉，載《文物》1976年第10期，第47—50頁。

② 孫希旦：《禮記集解》，中華書局1989年版，第1184—1186頁。

③ 黃岡市博物館、黃州區博物館：〈湖北黃岡兩座中型楚墓〉，載《考古學報》2000年第2期，第113—140頁。

果。和許多西周墓葬有魚形遺物出土相似①，楚墓中也發現了池飾。隨州擂鼓墩M2外棺週圍散有的鳥形、魚形、方形銅板飾件，很可能原來就是懸掛在池上的裝飾品②。而且，鄂城鋼鐵廠M53棺蓋上有一個用竹條和布帶串起的錫環，這種極重的錫環應該也是池上的裝飾物。

3.裺。指貼在內棺裡壁的縑帛。戰國楚墓中還發現了這樣一種棺飾物：長沙烈士公園M3外棺四壁上各懸掛著一幅刺繡，南、北壁的已毀，西壁的出土時尚存。粘貼於束端擋板的是一幅龍鳳刺繡（部分已損毀），在細密的絹上用鎖繡繡成。所繡龍紋昂首張口，利齒利爪，蟠曲纏繞，生動有力。粘貼於南邊壁板上的是一幅鳳紋刺繡，也是在細絹上用鎖繡繡出花紋，可以看出一鳳大步行走於花草之間，左側一鳳，昂首張口卷尾，鳳身作「S」狀彎曲，兩足作八字形張開，顯得十分矯健③。

《禮記·喪大記》曰：「君裡棺用朱綠，用雜金鐕。大夫裡棺用玄綠，用牛骨鐕。士不綠。」鄭注：「鐕，所以琢著裡。」孔疏：

> 裡棺，謂以繒貼棺裡也。朱繒貼四方，以綠繒貼四角。……鐕，釘也。舊說云「用金釘，又用象牙釘，雜之以琢朱綠著棺也」。……「大夫裡棺用玄綠」者，四面玄，四角綠。「用牛骨鐕」者，不用牙金也。「士不綠」者，悉用玄也。亦同大夫用牛骨鐕，不言，從可知也。

---

① 河南省文物考古研究所、三門峽市文物工作隊：〈三門峽虢國墓地M2010的清理〉，載《文物》2000年第12期，第4—22頁。

② 湖北省博物館、隨州市博物館：〈湖北隨州擂鼓墩二號墓發掘簡報〉，載《文物》1985年第1期，第16—36頁。

③ 湖南省博物館、湖南省文物考古研究所、長沙市博物館、長沙市文物研究所：《長沙楚墓》，文物出版社2000年版，第417頁。

孔穎達在這裡將「綠」直接解釋為綠色，所以他認為裡棺就是用繒貼在棺裡層，大夫飾棺是用四面為黑色、四角為綠色的繒，用牛骨鑽來固定繒，士不能用綠色，而是用四面為黑色、四角也為黑色的繒來裝飾棺內。其實，孔穎達的理解是錯誤的。

「綠」當作「裗」。《說文・衣部》：「裗，棺中縑裡也。」段注：「古本三『綠』，皆正作『裗』。以縑裡棺曰裗。縑幷絲繒也。君朱裗，以三色金鐕椓著之。大夫玄裗，以牛骨鐕琢著之。士賤，不裗，則不用鐕。《士喪禮》纖悉畢載，而不言裡棺，可證也。鄭曰：鐕所以椓著裡。《金部》曰：『鐕，所以綴著物者。』與鄭合。」[1]即古本裡的「綠」，都應該更正為「裗」，指裝飾棺內四壁的絲織品縑。國君用紅色的裗，大夫用黑色的裗，士地位低賤，不用裗。

通過與文獻對照，可以看出長沙烈士公園M3棺內壁上的刺繡品與禮書所描述的「裗」，無論從形狀質地、被放置的位置，還是從作用方面來看，皆大體相同。所以，我們推測它可能就是「裗」。

**4. 翣。**翣，也是一種棺飾品，通常以雙數出現。《說文》云：「翣，棺羽飾也。」翣是一種扇狀的棺飾品，它用木為框，蒙以白布，有柄，送葬時有人持之，以為儀仗，入壙後放在棺的兩旁。

戰國時期楚墓中也發現了作為棺飾品的翣。其中江陵天星觀楚墓出土了長柄羽翣，但僅有1件。柄呈長方形，首端細，末端粗。首端由一橫木和半圓形竹片組成扇形，扇面由羽毛拼接而成，莖端用絲帶纏裹在柄上，柄末端與竹片連接，柄髹黑漆。該翣長212公釐[2]，它不同於中原地區西周和春秋墓葬中出土的形制較小的銅翣[3]，想必是墓主平

---

① 錢玄：《三禮通論・名物篇》，南京師範大學出版社1996年版，第298頁。
② 湖北省荊州地區博物館：〈江陵天星觀一號楚墓〉，載《考古學報》1982年第1期，第71—116頁。
③ 王龍正、倪愛武、張方濤：〈周代喪葬禮器銅翣考〉，載《考古》2006年第9期，第61—71頁。

時所用之翣，用以隨葬作為棺飾，而不是特意製作。信陽長關臺楚墓M1出土的遣策記載有4件翣：「一長羽翣」、「一附翣」以及「二竹翣」[①]，但是該墓中只出土了2件翣——1件長柄翣，1件短柄翣，其他2件可能是腐朽了。其中的長柄翣與天星觀楚墓中的翣相近，「是一根長的四棱形樹棍，上細下粗。長178公釐、寬3公釐、厚2.2公釐。尖端捆線十二圈，被捆縛之羽形飾物已失。通體髹黑漆，木質堅硬」[②]。長關臺楚墓M2中也出土了2件翣。江陵望山楚墓M2的遣冊也記有「一大羽翣」、「一小雕羽翣」，又記有「一大竹翣」、「一小翣」[③]。包山M2也記有「二竹翣」，出土實物是一長一短的2件竹編翣，翣柄、扇面均為竹質[④]。曾侯乙墓的東室中出土了1件長方形漆木杆，全長185公釐、中寬2.6公釐、中厚1.8公釐，截面為八棱形，通體黑漆。杆身一端粗，另一端逐漸收縮成尖狀，靠尖端處有一穿孔，孔徑0.3公釐，孔內殘存有小竹條[⑤]。有學者也考證其為長柄翣之柄[⑥]。

　　綜上所述，楚墓中作為棺飾品的翣形制多樣。從材質看，有羽翣和竹翣；從翣柄看，有長柄翣和短柄翣；從大小來看，有大翣和小翣。羽翣在周禮中是天子飾棺所用之物，而在楚墓中大夫都用了羽翣。

　　最後，在所有戰國楚墓中包山M2的棺飾既特別又完整，因此單列出來討論。該墓所有棺飾物共分九層，均為絲織品。第一層是一件小菱形紋錦面絹裡絲錦衾，縱向緊貼中棺棺蓋，裡朝內，面朝上；第二層也是一件小菱形紋錦衾，縱向覆蓋於第一層衾上；第三層為錦帶，

① 河南省文物研究所：《信陽楚墓》，文物出版社1986年版，第129頁。
② 河南省文物研究所：《信陽楚墓》，文物出版社1986年版，第69頁。
③ 湖北省文物考古研究所：《江陵望山沙塚楚墓》，文物出版社1996年版，第277頁。
④ 湖北省荊沙鐵路考古隊：《包山楚墓》，文物出版社1991年版，第164—166頁。
⑤ 湖北省博物館：《曾侯乙墓》，文物出版社1989年版，第384頁。
⑥ 陳春：〈曾侯乙墓若干漆木器定名及用途補記〉，載《江漢考古》2010年第4期，第96—99頁。

第三章　喪禮

横七豎二，將上兩層衾束紮在棺蓋上；第四層則是一件長方形網狀物，覆蓋在錦帶上，並與錦帶相套；第五層是一件鳳鳥紋繡衾，覆蓋於網上，衾角於錦帶結死結；第六層由兩件小衾、兩件中衾構成，自東向西橫向疊壓於第五層繡被之上；第七層由一件小衾和兩件中衾組成，也是自東向西橫向排列；第八層由一件中衾和兩件小衾組成；第九層是一條鳳鳥紋繡絹面素絹裡夾衾，縱向覆蓋於整個棺的表層，兩側下垂[①]。

像這樣數量眾多、結構繁複的棺飾物在已發掘的楚墓中絕無僅有。學者們已做過一些研究，將第一、二層飾物釋為褚；第三層釋為紐；第四層釋為齊、采；第五層釋為振容；第六、七、八層釋為帟、幕[②]。

其實在飾棺的過程中，棺上覆蓋之物很多，除了褚、荒、帷、紐、齊、采、振容、帟、幕等外，還有「夷衾」。《儀禮・既夕禮》載，啟殯朝廟前「商祝拂柩用功布，幠用夷衾」。商祝拂柩的時候用功布，覆蓋棺柩時用的則是夷衾（「幠，覆也」）。夷衾在殮屍時即已準備好，但因為要在朝廟及入壙時用之，故殮時並未使用。而朝廟後再沒有說到要取下來，顯然是帶入墓壙中去了。所以，包山M2棺飾中錦帶外面的衾被也有可能正是商祝蓋棺用的「夷衾」。

包山M2中還證實了非常少見的飾棺連璧制度。該墓內棺東擋板上用組帶懸掛有一件玉璧，發掘時組帶已殘斷，玉璧已脫落於中棺的底板上，而中棺擋板上還有一白色符號與玉璧相對。有學者認為這正是先秦喪禮中的飾棺連璧制度，其作用相當於棺的門窗，以方便死者靈魂出入。連璧制度在先秦並不多見，但是到西漢後就盛行起來了[③]。

① 湖北省荊沙鐵路考古隊：《包山楚墓》，文物出版社1991年版，第64—67頁。
② 胡雅麗：〈包山二號楚墓所見葬制葬俗考〉，載湖北省荊沙鐵路考古隊編《包山楚墓》附錄14，文物出版社1991年版，第466—476頁。
③ 黃鳳春：〈試論包山二號楚墓飾棺連璧制度〉，載《考古》2001年第11期，第60—65頁。

如上所述，包山M2中的棺飾無法與禮書一一對應起來，可以看做一個特例。這是將「地下實物」與「地上文獻」對證研究時常發生的現象，所以對於這一特例我們應如沈文倬先生所言：「抱著一種比較客觀的態度，不要多加曲解，強求一致。」[1] 因為喪禮會因地域差異、時代先後或當時所處的特殊歷史背景而產生多種變異。

本節主要討論了戰國時期楚地喪禮中的棺束與棺飾。在考察了棺束的質料、形式、捆縛方法的基礎上，又著重分析了棺束的功能。我們認為：第一，棺束其實並不具備連柳、設披的功能，歷代學者都混淆了「棺束」與「柩車之束」，因而誤將「柩車之束」的功能附加在「棺束」上。第二，到戰國時期，楚地棺束的固棺作用仍然存在，至於懸棺下葬的功用已逐步減弱。第三，除具備上述實用性功能外，棺束還具有區分等級差別的社會文化功能，雖然戰國時期這方面的功能已漸趨弱化。在將楚墓中出土的棺飾物同周禮進行比較研究後，我們認為當時楚喪禮中棺飾的製作方法、鋪設結構、等級制度等方面都與中原地區不盡相同，尤其像包山M2的棺飾更無法同禮書記載吻合。

如前所述，《春秋》中對楚國喪葬禮制的記載有特別的限制，然而，《左傳》的記載並沒有完全遵照《春秋》經文的做法，它對楚王喪葬禮儀的記載要相對充實一些，這為今天復原楚人的喪禮提供了不少線索。以下便是《左傳》中的若干材料。

## （一）楚康王的喪禮

關於楚國喪葬禮儀最重要的史料，是《左傳·襄公二十九年》和《禮記·檀弓下》的兩段記載。魯襄公於二十八年（前545年）十一月前往楚國參加盟會，經鄭至漢，途中聽說盟主楚康王薨逝，欲返回魯

---

① 　沈文倬：〈對《士喪禮、既夕禮中所記載的喪葬制度》幾點意見〉，載《考古學報》1958年第2期，第29—38頁。

國，但為了「遠圖」，仍勉強前往。未料這次赴楚竟滯留至第二年五月才返魯，歷時七個月之久。其間，他與魯、陳、鄭、許各國君主都親歷了整個會葬過程，並送柩于楚都的西門之外。最值得注意的是，他親自參與了楚康王的喪禭之禮：

> 楚人使公親禭，公患之。穆叔曰：「襚殯而禭，則布幣也。」乃使巫以桃茢先祓殯。楚人弗禁，既而悔之。……夏四月，葬楚康王。公及陳侯、鄭伯、許男送葬，至於西門之外。諸侯之大夫皆至於墓。楚郟敖即位。王子圍為令尹。[1]

> 襄公朝于荊，康王卒。荊人曰：「必請襲！」魯人曰：「非禮也！」荊人強之。巫先拂柩，荊人悔之。[2]

細讀上述兩段文獻，有一些信息值得注意：

第一，《春秋》經文不屑于記載楚國國君的葬禮，但明確記載了楚康王的死亡日期是魯襄公二十八年十二月乙未。所幸《左傳》記載了楚康王的葬禮是在第二年（即魯襄公二十九年）夏四月，中間相隔五個月。這與前引各類禮書所記載的「諸侯五日而殯，五月而葬」的原則完全相合[3]，說明楚在眾多諸侯參加的這場會葬大典中，還是遵從了周禮。

第二，「諸侯五月而葬，同盟至」，本指「同在方嶽之盟」前來參加會葬，但春秋時期演變為所有同盟諸國，擴大了「方」的內涵。這也可以理解，諸侯會葬一般不是諸侯親至，而是遣使而來，諸侯之喪，各國應當派士來弔喪，派大夫前來送葬（「士弔，大夫送

---

① 《左傳·襄公二十九年》。

② 《禮記·檀弓下》。

③ 除了上引《禮記·王制》有此說法外，類似的記載還見於《左傳·隱公元年》、《禮記·禮器》、《禮記·雜記下》等文獻。

葬」），方是正禮。但在楚康王的這場喪禮中，魯襄公與陳侯、鄭伯、許男親自參加，或許是懾于楚國的強國勢力，顯然是違禮的。

第三，楚人強迫魯襄公親自致禭，意欲把魯襄公當做魯國派來的弔喪使臣，明顯帶有侮辱的性質。但是，魯襄公採取了君臨臣喪而派巫人先用桃茢拂除邪穢的辦法，反使楚人受辱。魯襄公讓巫祝用桃茢「祓殯」時，楚人沒有及時制止，繼而悔之，說明楚人對喪禮的熟悉程度有限。同時，楚人把既殯後的致禭稱為「襲」，與初死沐屍時穿衣的叫法混同，也是對喪禮不夠熟悉的表現，因而受到《禮記》的嘲諷。

第四，《左傳·襄公二十九年》的記載特別提到，送葬的隊伍「至於西門之外」，說明楚康王的埋葬地點在楚都城西面，恐亦是不合禮的。《禮記·檀弓下》云：「葬於北方北首，三代之達禮也。」鄭注：「北方，國北也。」《儀禮·既夕禮》也記載送葬入壙的隊伍「至於邦門，公使宰夫贈玄纁束」，所謂「邦門」，孔疏明確指出：「此邦門者，國城北門也。」據說，孔子墓也在魯城北門外西。至於夏、商、周三代為什麼都將墓地安排在城北，經、注、疏都以所謂「神尚幽暗，往詣幽冥」來加以解釋，不一定正確，這或許與華夏民族最早居住地的地形（比如北方地勢較高）有關。但是，楚康王的送葬隊伍卻向西出西門，這或許與楚郢都紀南城的地形有關，目前所知紀南城附近的墓地大多集中在西部或西部偏北，北部和東部墓地較少[①]。《左傳》從北方中原的喪葬習慣出發，以楚康王的葬地為異，特費筆墨記之，是可以理解的。

### （二）楚郟敖的喪禮

《史記·楚世家》記載了楚王郟敖被弒後，楚人向各國赴告並舉行

---

① 關於楚都紀南城周圍的墓葬分佈，可參見郭德維《楚系墓葬研究》，湖北教育出版社1995年版，第111頁。

會葬的情況：

> 康王寵弟公子圍、子比、子皙、棄疾。郟敖三年，以其季父康王
> 弟公子圍為令尹，主兵事。四年，圍使鄭，道聞王疾而還。十二月己
> 酉，圍入問王疾，絞而弒之，遂殺其子莫及平夏。使使赴於鄭。伍舉
> 問曰：「誰為後？」對曰：「寡大夫圍。」伍舉更曰：「共王之子圍
> 為長。」子比奔晉，而圍立，是為靈王。①

　　楚康王死後，年幼的郟敖繼位，康王的弟弟公子圍一直覬覦王
位，平時就十分招搖，從不把郟敖放在眼中。西元前541年，被任命
為令尹並掌兵權的公子圍與伍舉一起出使鄭國，半路聽說楚王郟敖
（公子圍的侄子）患病，早就預謀篡位的公子圍馬上趕回楚國，以探
病為由用冠纓勒死了楚王及其兒子。接著他就派使者向各國赴告報
喪，赴告時稱郟敖死於瘧疾②。當赴告者趕到鄭國時，還在鄭國的伍
舉詢問誰將是楚王的後繼者，使者的措辭是「寡大夫圍」，伍舉立刻
教他把赴告之辭改為：「楚共王的兒子中公子圍最年長。」（「共王
之子圍為長」）試圖將他說成是從楚共王的兒子、他的兄長楚康王手
中繼承政權的（跳過了郟敖的世系），具有兄終弟及的合法性，這就
是楚靈王。
　　《左傳·昭公元年》所記與之相同，杜預注謂：「伍舉更赴辭，使
從禮。此告終稱嗣，不以篡弒赴諸侯。」日本的《史記》學名家中井
積德、竹添光鴻均有類似見解③。由此事可以發現楚人對於喪禮的理解

---

① 楚郟敖之葬不被《春秋》經文記載，除了因為楚是「蠻夷」之邦外，還因為他屬「三不書
　葬」（《穀梁傳·昭公十三年》：「弒君不葬，國滅不葬，失德不葬。」）之一，他死于乃
　叔之篡弒。
② 《春秋·昭公元年》杜注：「楚以瘧疾赴，故不書『弒』。」
③ 〔日〕瀧川資言：《史記會注考證》，北嶽文藝出版社1999年版，第2495—2496頁。

和行事原則：第一，春秋晚期楚國與其他諸侯一樣，仍遵循著君薨赴告的禮制；第二，舊君故去後君位由誰繼承，這是楚人赴告時必須知會對方的內容，即禮制所謂「告終稱嗣」；第三，楚人也認為篡弒君位是違禮之舉，不願意因此而被其他諸侯小覷；第四，楚靈王還為郟敖舉行了盛大的葬禮，葬於郟地（郟敖因之而得謚），並請其他諸侯前來會葬，鄭國大夫游吉就曾前來[1]。看來，春秋晚期楚人的喪禮赴告、會葬制度，基本順應了當時的禮制主流。

楚人對於中原喪禮的遵從，還在其他一些史例中得到體現。例如，《左傳・襄公四年》載：「三月，陳成公卒。楚人將伐陳，聞喪乃止。」禮制有「兵不伐喪」之規定，魯襄公十九年（前554年），晉國的士匄帥軍侵齊，已至谷地，「聞齊侯卒，乃還」。《公羊傳》認為《春秋》用一個「還」字，正是為了表彰其遵禮而「不伐喪」。楚人不趁陳國之危而伐之，正是遵從了這條禮制。

《左傳・昭公十三年》載，楚靈王末年，諸公子內亂，靈王逃到楚國西北的山中，因為新即位的楚共王下令「有敢餉王從王者，罪及三族」，所以無人敢收留靈王。只有芋尹申無宇的兒子申亥因為自己的父親兩次觸怒靈王而未被殺，所以感恩收留了餓倒的靈王，後靈王在他家中自縊而死，申亥竟然「以其二女殉而葬之」[2]。關於楚國的人殉，目前所知的只有河南淅川下寺二號墓，即楚國令尹子庚的墓葬，其形制是卿大夫等級，隨葬器物頗豐，陪葬有妻妾數人及16個侍婢[3]。申亥以二女殉楚靈王之事，發生在西元前529年，就在將近100年前，秦穆公下葬時竟然也以秦國的三個大夫（奄息、仲行、針虎，人稱

---

① 《左傳・昭公元年》載：「鄭游吉如楚，葬郟敖，且聘立君。」

② 《史記・楚世家》有相同的記載。

③ 河南省文物研究所、河南省丹江庫區考古發掘隊、淅川縣博物館：《淅川下寺春秋楚墓》，文物出版社1991年版。關於淅川下寺二號楚墓的墓主，有不同說法：一是令尹子庚；二是楚叔之孫佣，即文獻中記載的薳子馮；三是楚叔之孫佣，就是令尹子庚，而非薳子馮。參見張劍〈淅川下寺楚墓的時代及其墓主〉，載《中原文物》1992年第2期。

「三良」）殉葬，受到「死而棄民」、「邦國殄瘁」的惡評 <sup>①</sup>。申亥以二女殉楚靈王時，孔子（前551年—前479年）22歲。孔子從人道主義立場出發，對人殉制度大加抨擊：「始作俑者，其無後乎！」<sup>②</sup> 說明當時中原文明已經拋棄人祭人殉的惡劣喪俗，只有邊緣地帶的秦、楚還存留有少許遺跡。

---

① 《左傳・文公六年》、《詩經・大雅・瞻卬》、《詩經・秦風・黃鳥》。
② 《孟子・梁惠王上》。

# 第四章 祭　　禮

　　《禮記·祭統》：「凡治人之道，莫急於禮。禮有五經，莫重於祭。」在吉、凶、賓、軍、嘉五禮中，以祭禮為最重要。《禮記·祭統》之所以有此論，是說祭禮「自中出，生於心也」，按照孔疏的解釋，這是出於孝子的奉親之念。這裡的祭禮似專指祭祖之禮。

　　實際上，祭祀的對象遠不止于祖先人鬼，古人的泛神論思想使得其祭祀範圍十分寬泛，包括日月星辰、風雨雷電在內的天神，包括社稷、山川在內的地祇，包括門戶井灶在內的「五祀」，均可享祭。近代經學家劉師培《古政原始論·禮俗原始論》也認為祭禮足以統領其他諸禮，但他所謂的祭禮顯然不止於祭祖之禮[①]。我們討論楚國的祭禮，亦不限於祖先之祭，而涉及楚人社會生活中常見的祭祀內容。

## 第一節　祭禮概述

### 一、祭祀的對象、名稱及其他

　　天神、地祇和人鬼是上古中國的主要祭祀對象，《周禮·春官宗

---

①　劉師培：〈古政原始論·禮俗原始論〉，載《中國現代學術經典·黃侃、劉師培卷》，河北教育出版社1996年版，第697頁。

伯‧大宗伯》的職掌，就是「掌建邦之天神、人鬼、地祇之禮」。最新的研究證明，這三種神的分類在最開始時並不那麼明顯[①]，但後來歷代經史典籍都以此作為中國古代祭祀對象的分類。然而，對這些祭祀對象並不是人皆可祭，不同等級的貴族其祭祀的範圍有明確限制，常見的文獻記載有：

天子祭天，諸侯祭土。天子有方望之事，無所不通。諸侯山川有不在其封內者，則不祭也。[②]

天子祭天地，祭四方，祭山川，祭五祀，歲遍。諸侯方祀，祭山川，祭五祀，歲遍。大夫祭五祀，歲遍。士祭其先。凡祭：有其廢之，莫敢舉也；有其舉之，莫敢廢也。[③]

先王之祠禮也，天子祭四極，諸侯祭山川，大夫祭五祀，士祭其親也。[④]

根據上引《公羊傳》等文獻的解釋，所謂「方望」，指天子郊時，可以「望祭四方群神、日月星辰、風伯雨師、五嶽四瀆及餘山川，凡三十六所」。天子之下的各級貴族，除了自己祖先必祭之外，所祭對象都有限制。

祭祀的對象有輕有重，有大有小，有內有外。《周禮‧天官塚宰‧酒正》：「大祭三貳，中祭再貳，小祭壹貳。」鄭司農注：「大祭天地，中祭宗廟，小祭五祀。」這是大小之別。《禮記‧曲禮上》：「外事以剛日，內事以柔日。」這是從空間上來界定祭祀的對

---

① 楊華：〈楚簡中的「上下」與「內外」：兼論楚人祭禮中的神靈分類問題〉，載《簡帛》第四輯，上海古籍出版社2009年版，第221—238頁。

② 《公羊傳‧僖公三十一年》。

③ 《禮記‧曲禮下》。

④ 《屍子》卷下。

象，天地、日月、四方五帝、山川等屬外祭，宗廟、社稷等屬內祭①。

歷代都有所謂「祀典」或「祠令」，即通過禮制規範和宗教法令來限制祭祀的範圍，被列入祀典或祠令者屬「正祀」，不在其列者即是「淫祀」。「淫者，過也」，所謂淫祀，就是超過祭祀範圍的宗教活動。「淫祀」又稱「奇祠」、「黷祭」、「濫祀」。根據來國龍先生的歸納②，內容大概包括四個方面：一是「非族」、「非類」而祭，若祭祀的對象超出了親族血緣關係的限制，即使「諂求其福」，神靈也不會來歆享其祭品，更不會福佑於他。二是「越望」而祭，即祭祀的對象超出地緣限制。楚昭王生病，巫人占卜出祟源是黃河之神，但昭王拒絕祭祀黃河神，說「三代命祀，祭不越望」，認為只有楚國境內的江、漢、沮、漳等山川神祇才起作用③。三是「越分」而祭，即祭祀者的對象、祭品、規格等超越了等級名分。例如，泰山為魯國境內名山，只有諸侯可祭，但身為陪臣的季孫氏竟然旅祭泰山（祭山謂「旅」），明顯是僭越禮制，孔子要弟子冉加以阻止，當弟子回答阻止不了時，孔子感歎「曾謂泰山不如林放乎？④」四是「數祭」，也稱「黷祭」、「黷祀」，即祭祀的頻率超過了規定。祭祀要合於四時變化，既不可太頻繁，也不可太稀疏，太頻繁則失於褻，喪失了對神靈的虔敬，太稀疏則會怠忘。

正是基於不數不疏的季節安排，上古對祭祀有一些專門的時令安排和專門的名稱，如春祠、夏禴、秋嘗和冬烝等諸說⑤。諸說之間雖有矛盾，但先民為這些時令之祭所定名，大概都是基於某些以事類推

① 詹鄞鑫：《神靈與祭祀——中國傳統宗教綜論》，江蘇古籍出版社1992年版，第177—181頁。
② 來國龍：〈柬大王泊旱〉的敘事結構與宗教背景——兼釋「殺祭」〉，「2007中國簡帛學國際論壇」論文，臺灣大學，2007年11月10—11日。
③ 《左傳·哀公六年》。
④ 《論語·八佾》。
⑤ 《周禮·春官宗伯·大宗伯》。祭祀諸名，可參見楊寬《西周名》第12章〈重要祭禮簡釋〉，上海人民出版社1999年版，第830—836頁。

的原始思維。

《國語·楚語下》中有兩段著名的對話，反映了楚國的宗教思想和禮制細節。〈觀射父論絕地天通〉篇說明了原始先民從「家為巫史」走向「絕地天通」的宗教演變歷程，並說明了上古巫、覡、祝、宗產生及職掌和世襲的情況，是研究上古宗教史最重要的史料之一。〈觀射父論祀牲〉篇則說明了上古祭祀的用牲原則、祭祀頻率、祭祀範圍和祭祀方法等，被秦漢人視為「祭典」，這本身就說明楚人的祭禮與華夏中原並無根本的不同。以下的討論將表明，〈觀射父論祀牲〉篇中觀射父所說的「先王日祭、月享、時類、歲祀。諸侯舍日，卿、大夫舍月，士、庶人舍時」的祭祀頻率，在楚地新出的卜筮祭禱簡中已得到證明①。

## 二、祖先祭祀的儀式

上古祭祀時，有一個關鍵儀節，那就是立「屍」。此儀節後代都已亡佚，但卻是理解上古祭禮時最重要的一環。所謂「屍」，就是代死者受祭的人。屍必須由受祭者的孫子或孫輩充任（子輩絕不能作屍，因為父子之間不能行跪拜之儀），如果孫子年幼，則由他人抱著享祭。代替受祭的屍，必須與受祭者性別相同②，男屍必選擇受祭者的同姓，女屍則必是受祭者的異姓。在祭祀過程中，有迎屍、酳屍、飯屍、樂屍、送屍等儀節。祭祀立屍之禮，至漢代時便不再流行，改為用木主或神像代祭，但在先秦時期，不僅祭祖時要立屍，祭社稷、山川時用屍，祭五祀時也要用屍③。所以，了解了先秦祭祖禮的基本儀節，便可窺見其他社稷、山川、五祀之祭的大概。

（一）**筮日**。在廟門外舉行「筮日」儀式，以卜定祭祖的時間。祭

---

① 楊華：〈說「舉禱」——兼論楚人貞禱的時間頻率〉，載《傳統中國研究集刊》第3輯，上海人民出版社2007年版，第70—87頁。

② 《儀禮·士虞禮·記》。

③ 錢玄：《三禮通論》，南京師範大學出版社1996年版，第621—627頁。

主和眾兄弟、婦人都參加。祭主有專門的命筮之辭。祭祖用柔日，其吉日一般是丁、己日，如果下月上旬這兩個日子不吉，那麼再向下一旬中占尋。出土金文證明，祭祖確實以丁亥日為多。

（二）**筮屍、宿屍、宿賓**。「筮屍」即占卜適合擔任「屍」的人選，其儀式與筮日一樣，也有專門的命辭。選定了屍之後，要去「宿屍」，即到屍的家中去邀請他在未來的祭祖儀式上扮演受祭的祖先。屍同意後，主人再去「宿賓」，即邀請參加祭祖儀式的嘉賓。

（三）**陳祭器、視殺、視濯**。祭祀在清早開始舉行。先在廟門外陳鼎俎之類，準備食器、酒器、水器及犧牲，完畢後有專人「告潔」、「告事畢」。司馬殺羊，司士殺豕（特牲饋食禮由雍正殺之），均有專人負責（天子祭祀則親自宰殺）。把祭祀時要用的羊、豕肉實於鼎中。

（四）**陰厭**。主人著朝服在阼階上，司宮進到奧（室中西南角）處為神主鋪筵席，準備迎神。然後先前準備的各類祭品漸次抬入廟，放到室、堂、庭的相應位置。主婦向奧處的神位進薦祭品。屍還未入室之前在奧處舉行的祭奠，稱為「陰厭」。

（五）**迎屍**。主人降于東階（主階），立於東階下庭中。屍從廟門西邊進入，在庭中洗手。屍從西階（客階）上堂，進入室內。祝、主人跟隨，然後向屍行拜禮，請屍安坐（「妥屍」）。屍回拜，但不說話。

（六）**飯屍**。勸屍吃飯，是祭禮中的正祭。有佐食取黍稷、牢肺、正脊授給屍。主人向屍進�俎（割去四邊的心舌之肉，這是專為屍準備的正俎，祭禮結束後屍要帶回家）。屍「三飯」，每飯飲大羹，食肴醬，用漿漱口。特牲饋食共吃九飯，少牢饋食共吃十一飯。這中間主人和祝要分別侑屍（即勸屍吃飯）。

（七）**酳屍**。向屍獻酒。首先是主人洗爵、酌酒、獻屍。屍喝完（「卒爵」），接著屍酌酒回敬主人。主人放下酒爵，稽首二拜，卒

爵。主人再向祝和兩個佐食獻酒。主婦再獻屍，屍回酢主婦。主婦獻祝和兩個佐食。賓長獻屍，屍再回酢賓長。賓長再獻祝。

（八）**利成**。眾人獻酒完畢後，主人立在阼階上面朝西，祝立在阼階上面朝東。祝宣告禮畢曰：「利成。」祝進入室中把屍引出來，跟著主人從東階下，出廟門。正祭結束。

（九）**餕食**。餕又寫作籑，指吃剩餘食物。「餕餘」是通過吃屍剩餘的食物，象徵著得到祖先的福佑，包含有凝聚宗族的文化功能。

（十）**儐屍**。儐屍禮是正祭之外報答為屍者的辛勞的儀節，此前正祭中把屍當做神，此時把屍當做人，以賓客之禮來招待他，所以稱為「儐」。卿大夫的少牢饋食禮之後，接著舉行儐屍禮。天子諸侯的儐屍禮在第二天舉行，叫做「繹」。士的特牲饋食禮沒有儐屍環節。

（十一）**陽厭**。如果不儐屍，在餕食之後就要進行陽厭儀節。當屍走出室之後，就在室的西北角設立祭奠之物，以食供神。因西北隅面對陽光，謂之「陽厭」，與「陰厭」相對稱。

### 三、楚人祭禱的時間頻率

《國語‧楚語下‧觀射父論祀牲》載，觀射父向楚昭王說明的祭祀週期是：

> 古者先王日祭、月享、時類、歲祀。諸侯舍日，卿、大夫舍月，士、庶人舍時。

據韋昭注，「日祭、月享、時類、歲祀」的具體所指是：「日祭于祖、考，月薦于曾、高，時、類於二祧，歲祀於壇墠。」韋注還說，諸侯舍日，則有月享；卿大夫舍月，則有時祭；士庶人舍時，則有歲祭。據此，可將自天子至庶人的祭祀頻率加以排列，列如下表：

表4-1 《國語・楚語》所載祭祀週期表

| | 父 | 祖 | 曾 | 高 | 二祧（遠祖） | 壇墠 |
|---|---|---|---|---|---|---|
| 天子 | 日祭 | 日祭 | 月享 | 月享 | 時類 | 歲祀 |
| 諸侯 | 月享 | 月享 | 時類 | 時類 | 歲祀 | |
| 卿、大夫 | 時類 | 時類 | 歲祀 | 歲祀 | | |
| 士、庶人 | 歲祀 | 歲祀 | | | | |

　　與此相關的，《禮記・祭法》也有一套祭祖的時間規定。現將其中的祭祀頻率加以排列，列如下表：

表4-2 《禮記・祭法》所載祭祀週期表

| | 父（考） | 祖（王考） | 曾（皇考） | 高（顯考） | 始祖（祖考） | 二祧（遠祖） | 壇、墠（遠祖） |
|---|---|---|---|---|---|---|---|
| 天子 | 月祭 | 月祭 | 月祭 | 月祭 | 月祭 | 享嘗（時祭） | 有禱則祭，不禱則止 |
| 諸侯 | 月祭 | 月祭 | 月祭 | 享嘗（時祭） | 享嘗（時祭） | 有禱則祭，不禱則止 | |
| 大夫 | 享嘗（時祭） | 享嘗（時祭） | 享嘗（時祭） | 有禱則祭，不禱則止 | 有禱則祭，不禱則止 | | |
| 嫡士 | 享嘗（時祭） | 享嘗（時祭） | | | | | |

　　將以上二表對照，可以看出不少相異之處，這也是歷代禮家爭論之所在。以下依據楚人的卜筮祭禱記錄，並對照《國語・楚語》和《禮記・祭法》所載，來考察楚人祭禱祖先的時間頻率。關於日祭之法，歷代禮家多不相信[1]，這裡暫且不論，主要討論歲、時、月之祭，所用的材料主要是楚地出土的卜筮祭禱簡。

　　（一）「歲貞」與「歲祀」。楚人之「歲祀」，可以與「歲貞」結合起來考察。陳偉先生已經指出，包山M2卜筮祭禱簡可以分為「歲

---

[1] 《禮記・王制》載，天子七廟皆「月祭之」，諸侯五廟、大夫三廟、適士二廟都「享嘗則止」，鄭注謂「四時之祭」，顯然無日祭之說。清人汪中亦持否定意見，他認為實即《曾子問》中古人出行必告祖、載主而行、每舍必奠之禮。參見徐元誥《國語集解》，中華書局2002年版，第518頁。

第四章　祭禮

貞」和「疾病貞」兩部分[1]。

歲貞的部分，包括三組11支簡，分別是：

自刑屍之月以就刑屍之月，出入事王，盡卒歲躬身尚毋有咎？（簡198、199、201）

自夏屍之月以就集歲之夏屍之月，盡集歲躬身尚毋有咎？（簡209、210、212、213、216、217）

自刑屍之月以就集歲之刑屍之月，盡集歲躬身尚毋有咎？（簡226、228、230、232、234）

這些歲貞簡所貞問的是「盡卒歲」和「盡集歲」這個時間段的吉凶情況。「集歲」，原整理者認為是三年，陳偉先生已辨明是指一年[2]。如果陳氏推定的楚曆刑夷為歲首的結論不誤的話，那麼，包山墓主的歲貞均放在一年的首月或次月舉行，這樣，楚人在歲首舉行的禱祀活動，便不能認為是臨時性的，而是具有某種時間規律的常禱。假若如此，「歲貞」而所引起的祭禱，可以看做是這一年的「歲祀」。

新蔡簡公佈後，此類關於「卒歲」的貞禱，數據更加豐富了，現在看來，仍然可以分為「疾病貞」和「常貞」兩類。

第一，因為疾病而起的「歲貞」有：

……心悶，卒歲或至夏〔夕〕。（甲—16）

---

① 陳偉：《包山楚簡初探》，武漢大學出版社1996年版，第151—153頁。
② 關於「卒歲」與「集歲」的理解，還有不同說法。宋華強認為「卒歲」是指從貞問時至當年年終為止，參見宋華強〈論楚簡中「卒歲」與「集歲」的不同〉，簡帛研究網，2005年11月20日。另見氏著〈新蔡葛陵楚簡初探〉，武漢大學出版社2010年版，第44—54頁。宋文對「卒歲貞」是否可視為一種常規性貞問，表示懷疑。

悶，卒歲或至夏夕。（甲二8）

……悶，卒歲或至夏夕。（甲三87）

……間，卒歲無咎。（甲三158）

為君貞：背、膺疾，以脌脹、心悶，卒歲或至夏夕之月，尚。
（甲三210、零221）

……之日，夏舉、良志以陵尹懌之髒髀為君貞：背、膺疾，以脌
脹、心悶，卒歲或至……（甲三266、277，零584）

……悶，為集歲貞：自……（零135）


第二，作為常貞的「歲貞」有：

齊客陳異致福于王之歲獻馬之月，穌龜以尨黽為君卒歲……（甲三
33）

〔夏〕夕之月以至來歲之夏夕，尚毋有大咎。占之：恒貞吉，無
咎。（甲三117、120）

……卒歲或至來歲之夏夕……（甲三248）

自夏夕之月以至來歲夏夕，尚毋有大咎。泝……（乙一19）

……之黽為君卒歲之貞……（乙四34）

……卒歲貞，占之：恆無咎，有。（乙四38）

……歲之貞，尚毋又有咎……（乙四40）

……之日，彭定以駁黽為君卒歲貞，占……（乙四46）

……長篁為君卒歲貞：居郢，尚毋有咎。脕占……（乙四85）

……之月丁亥之日，郊挽以□篁為君卒歲之貞。（乙四102）

……以尨黽為君卒歲之貞：尚毋。（乙四103）

……□之月丁亥之日，奠（鄭）悷以長篁為君卒歲貞。（乙四
105）

……〔為〕君集歲之貞，尚毋又有咎。占曰：恆無咎，君將喪袁，

有火戒，有外……（乙四122）

　……尨鼍為君卒歲貞，占之□……（乙四130）

　……卒歲……（零17、97）

　……歲貞：自……（零177）

　歲尚毋有〔咎〕……（零521）


另外，望山、秦家嘴和天星觀楚簡中也有部分記載可以參考：


　集歲尚自利順？（天星觀M1簡）

　集歲自利順？（天星觀M1簡）

　集歲期中將有憙。（天星觀M1簡）

　秦客公孫央問王於栽郢之歲十月丙戌之日，醢丁以長保為邸陽君番勝貞：侍王從十月以至來歲之十月，集歲尚自利順？（天星觀M1簡）①

　……自荊〔夷〕以就集歲之荊〔夷〕。（望山M1簡30）②


　　以上記載使我們相信，楚人通常以一年為單位進行占卜，貞問來年的吉凶，至於此種貞問是否放在歲首，由於目前楚曆的研究尚無統一認識，所以還不能肯定。無論如何，楚人隨著對未來一年的吉凶貞問而展開的祭禱，大致相當於《國語・楚語》中的「歲祀」。

　　對祖廟的祭祀，古文獻中往往稱為「嘗」。楚國有一組青銅器便提到了「歲嘗」：


　　楚王熊肯作鑄匜鼎，以供歲棠（嘗），戊寅。（〈楚王酓肯鼎〉，

---

① 　此條採用前引晏昌貴〈秦家嘴「卜筮祭禱」簡釋文輯校〉的綴合。

② 　此條簡的綴合，採用望山簡整理者的說法，參見〈望山一、二號墓竹簡釋文與考釋〉，載湖北省文物考古研究所編《江陵望山沙塚楚墓》，文物出版社1996年版，第259頁注44。

載《殷周金文集成》4・2479）

集脰（廚）祉鼎，集脰（廚），楚王酓（熊）肯作鑄鐈鼎，以供歲嘗（嘗）。（〈集脰鼎〉，載《殷周金文集成》5・2623）

楚王酓（熊）忎（悍）戰獲兵銅，正月吉日，窒鑄喬（鐈）鼎之蓋[1]，以供歲忎（嘗）。（〈楚王酓忎鼎〉，載《殷周金文集成》5・2794、2795）

楚王酓（熊）肯作鑄金簠，以供歲嘗，乙。（〈楚王酓悍簠〉，載《殷周金文集成》9・4549、4550、4551）

楚王酓（熊）忎（悍）作為貴盤，以供歲 棠（嘗）。（〈楚王忎酓盤〉，載《殷周金文集成》16・10100）

楚王酓（熊）忎（悍）戰獲兵銅，正月吉日，窒鑄小盤，以供歲棠（嘗）。冶師紹坴、佐陳共為之。（〈楚王酓忎盤〉，載《殷周金文集成》16・10158）

郙陵君王子申，攷載造簠蓋，攷立（涖）歲棠（嘗），以祀皇祖，以會父兄。（〈郙陵君豆〉，載《殷周金文集成》9・4694、4695）

郙陵君王子申，攷載造金鑒，攷立（涖）歲棠（嘗），以祀皇祖，以會父兄……（〈郙陵君鑒〉，載《殷周金文集成》16・10297）

唯正月初吉壬申，余鄭大子之孫與兵，擇余吉金，自作宗彝，其用享用孝于我皇祖文考，丕陳春秋歲嘗。余嚴敬茲禋㝅，穆穆熙熙，至於孫孫。參拜稽首於皇考烈祖，俾萬世無期，極於後民，永寶教之。（《與兵壺》）[2]

---

① 上博簡《弟子問》有「考（巧）言窒色，未可謂仁」之句，因此籍中常見「巧言令色」，故張光裕先生將此窒字訓作善、令一類的意思。把楚王熊悍器中的「窒鑄」訓為「巧鑄」、「善鑄」很合適。參見馬承源主編《上海博物館簡藏楚竹書》（五），上海古籍出版社2005年版，第282頁。

② 劉彬徽、劉長武：《楚系金文彙編》，湖北教育出版社2009年版，第484—486頁。王人聰：〈鄭大子之孫與兵壺考釋〉，載《古文字研究》第24輯，中華書局2002年版，第233—239頁。

郯陵器的自銘已經表明，所謂「歲嘗」是祭祀祖先、會同親族的祭祀。從楚王熊悍等器自銘的「正月吉日」來看，楚人祭祖之歲嘗，恐亦多在歲首之正月。這一組楚王熊悍器的年代一般相信是戰國晚期，與目前常見的楚簡材料時代相近。由此可以互證，楚人存在著每年正月祭祀祖先的禮制，與《國語‧楚語》中的「歲祀」和楚簡中的「歲貞」基本相同。

（二）「**秋貞**」與「**秋嘗**」。以三個月為時限進行的季節性貞卜，在新蔡簡中也有所見，例如：

……以至十月，三月……（甲三191）

……鄗鰍為君貞：在郢為三月，尚自宜順也。□占之：亡。（乙四35）

……八月有女子之貞，九月、十月有外□……（乙四106）

因為這幾條材料的貞問時間主要集中在八、九、十這三個月，姑且稱之為「秋貞」，這很容易使人聯想到文獻中的「秋嘗」（與上文所言「歲嘗」不同）。《國語‧楚語》中所謂「時類」指一年四季的季節之祭，文獻中對每個季節的祭名說法不一，但對秋天為嘗祭則一般無異義，「烝嘗」在古文獻中成為四時之祭的專名。楚簡中可見到的嘗祭內容有：

擇良日冬夕至嘗（嘗）于社戠牛，饋之。（天星觀M1簡）

……之日，月饋東宅公，嘗（嘗）巫；甲戌，祭……（望山M1簡113）

…… 嘗（嘗）祭〔灶？〕……（望山M1簡140）

值得注意的是，包山簡有載：「迻石被裳之祝，至秋三月賽禱邵

王特牛，饋之。」（簡214）賽禱是對神靈福佑的回報之祭，所謂「逐
石被裳之祝」，是對前一年占卜許願（簡199—200）的兌現。之所以
稱為「秋三月」，彭浩先生已經指出，它就是文獻中的「秋嘗」，即
秋天在宗廟進行的祭祀[①]。無獨有偶，在天星觀簡中也有「秋三月」
的記載，可惜因殘斷而不能得其上下文意。不過，在秦家嘴楚簡中的
相關記錄豐富了我們對秋季之祭的認識：

方秋三月，賽禱五〔世〕……（秦家嘴M13簡14）

野以其有病之恙也，至秋三月，瘥，毋死，與妻子母……（秦家
嘴M99簡3）

秋三月擇良月良日，舉禱大地主一豭，舉禱太……纓之吉玉。疾
速瘥，速賽之。占之吉。（秦家嘴M99簡14）

《漢書·郊祀志》載，秦人統一後，對崤山以東的五山二川和華山
以西的七山四川，實行春季歲禱、秋冬賽禱的定制，由此反觀上述楚
祭禱簡中的秋三月賽禱，應當是流行很早的時令之祭。

劉源先生指出：「禮書把祠、禴、嘗、烝視為四時之祭的說法得
不到西周、春秋時代可靠史料的支持，如大多數學者的意見，四時之
祭的說法是戰國以後才有的。」[②]本章此處的討論，不能否定這個結
論，但卻可以支持戰國時期存在四時之祭的結論。

（三）「**月貞**」與「**月饋**」。除了有「歲貞」、「秋貞」之外，楚
地卜筮祭禱簡中還有「月貞」。天星觀簡中有「為君月貞」的記錄[③]，包

---

① 彭浩：〈包山二號楚墓卜筮和祭禱竹簡的初步研究〉，載湖北省荊沙鐵路考古隊編《包山楚
墓》附錄23，文物出版社1991年版，第561頁。滕壬生：《楚系簡帛文字編》，湖北教育出版
社1995年版，第579頁。
② 劉源：《商周祭祖禮研究》，商務印書館2004年版，第58—62頁。
③ 彭浩：〈包山二號楚墓卜筮和祭禱竹簡的初步研究〉，載湖北省荊沙鐵路考古隊編《包山楚
墓》附錄23，文物出版社1991年版，第558頁。

山簡有「爨月期中尚毋有恙」（簡221）的記錄，均屬此例。天星觀M1
楚簡中的月貞記錄，經常呈現為「盡……月」或「盡……之月」的句
式。前引晏昌貴先生〈天星觀「卜筮祭禱」簡釋文輯校〉一文已對此
做了歸納：

　　齊客紳朡問王於栽郢之歲爨月己酉之日，義懌以白靇為君月貞：
侍王盡爨月，尚自利訓（順）？占之恒貞吉。謀然有外慼，有敓
（祟），敓之，與禱祍戠牛，樂……（天星觀M1簡）[1]

　　秦客公孫鞅問王於栽郢之歲冬夕之月甲寅之日，醢丁以寶家為君
月貞：盡冬夕之月，侍王尚自利順？占之，小有。[2]

　　侍王，盡夏夷之月尚自利順？恒貞吉，少又憂躬身，且又外惡，
又敓（祟），以其故敓之……（天星觀M1簡）

　　軛朡志以保家為君月貞。（天星觀M1簡）

　　侍王盡獻馬之月。（天星觀M1簡）

　　侍王盡爨月。（天星觀M1簡）

　　侍王盡屈夕之月。（天星觀M1簡）

　　侍王盡夏夕之月。（天星觀M1簡）

　　侍王盡冬夕之月。（天星觀M1簡）

　　盡夏夕之月。（天星觀M1簡）

　　盡冬夕之月。（天星觀M1簡）

　　盡屈夕之月。（天星觀M1簡）

　　盡八月……（天星觀M1簡）

　　顯然，「盡……月」所貞問的都是這一個月的吉凶禍福。在新蔡

---

① 黃錫全：《湖北出土商周文字輯證》圖版179，武漢大學出版社1992年版。
② 滕壬生：《楚系簡帛文字編》，湖北教育出版社1995年版，第1171—1172頁。

簡中這種內容亦有所見：

……占之曰：吉。盡八月疾瘥……（甲二25）

之月尚毋有咎？躬身尚自宜順？定……（乙一9、乙二17）

夕之月尚〔無有咎？〕……（零275）

……〔占之〕曰：甚吉。未盡八月疾必瘥。（甲三160）

以上的「月貞」記錄，可能不是因疾病而致的臨時貞問，而應當視為某種形式的常貞，即每月進行的定期貞問。這可以與楚簡中的「月饋」記錄相對應：

……之日，月饋東宅公，崇（嘗）巫；甲戌，祭……（望山M1簡113）

……月饋……（望山M1簡141）

所謂「月饋」，可能就是定期的「月貞」之後針對該月的定期祭禱，實即前引《國語‧楚語》中的「月享」。從望山簡的祭禱記錄推測，東宅公可能是墓主悼固的祖父或曾祖父。那麼，對其實行月祭說明了什麼呢？

望山墓墓主身分為下大夫，按照《國語‧楚語》和《禮記‧祭法》的規定，其祖神都只能享受四時之祭，其「月饋」的規格顯然已僭禮越規，與前揭舉禱用牲的僭越特點是一樣的。

綜上所述，我們認為：楚簡中有「歲貞」，楚器銘文中有「歲嘗」，這相當於文獻中的「歲祀」；楚簡中有「秋貞」和「秋嘗」，這相當於文獻中的「時類」；楚簡中有「月貞」和「月饋」，這相當於文獻中的「月享」。這樣，《楚語》中的「日祭、月享、時類、歲祀」，大致都可以落到實處。

新蔡簡公佈之後，陳偉先生仍用「疾病貞」和「歲貞」來理解簡文材料，但他同時也指出了新蔡簡中貞問時限與包山簡的矛盾：「關於歲貞與疾病貞，或者常規性貞問與非常規性貞問的劃分便發生問題。」①在此基礎上，我們以為，從目前的楚簡材料來看，不妨將楚簡中的貞問和祭禱都分成兩個部分：其一，是上文揭示的有一定時間規律的貞卜，可以稱為「常貞」；與之相對應的祭禱，可以稱為「常禱」。其二，是因疾病、穀熟、仕進、旅行等理由所進行的臨時貞卜，可以稱為「散貞」；與之相對應的祭禱，可以稱為「散禱」②。

　　再進一步，古人之「祭」和「禱」向來是兩個不同層面的概念，在各類秦、楚《日書》中也有明確的分稱，例如九店《日書》：「凡吉日，利以祭祀、禱祠。」（簡41③）這裡的「祭祀」，正是我們所說的常貞與常禱；而「禱祠」，則相當於我們所說的散貞與散禱。這樣，便可將卜筮祭禱簡分為「祭祀簡」和「禱祠簡」兩部分。

　　在進行所謂「楚禮」與中原禮制對比的研究中，我們認為，應當格外關注「祭祀簡」所記錄的「常貞」和「常禱」。從目前的楚簡材料來看，楚人祭祀之禮似乎並未超出中原禮書的框架，雖然其中僭越之處甚多。正如王國維先生所說：「《楚辭》序祭祀事，與《特牲饋食》、《少牢饋食》略同，惟尊卑有殊，而節目不異。④」

---

① 陳偉：〈葛陵楚簡所見的卜筮與禱祠〉，載《出土文獻研究》第 6 輯，上海古籍出版社2004年版，第34—42頁。
② 關於新蔡簡祭禱內容的分類，可參見宋華強〈新蔡葛陵楚簡初探〉一文的相關論述。邴尚白先生主張將新蔡簡的卜筮祭禱記錄分作時段貞問和遇事貞問兩類，讀者可以參見氏著《葛陵楚簡研究》，臺灣大學中國文學研究所博士學位論文，2007年。
③ 湖北省文物考古研究所、北京大學中文系：《九店楚簡》，中華書局2000年版，第50頁。
④ 王國維：《王國維學術隨筆》，社會科學文獻出版社2002年版，第10頁。

## 第二節　祭禱儀式

20世紀以來，楚地發掘出土了大批卜筮祭禱簡。望山M1、天星觀M1、包山M2、新蔡葛陵M1，以及秦家嘴M1、M13和M99都有所見，發掘報告一般稱為「卜筮簡」、「祭禱簡」，或「卜筮祭禱簡」。邴尚白先生指出，九店楚墓M56所出《日書》簡26有「禱祠」的說法，簡41又有「祭祀、禱祠」的說法，可見楚人將祭祀、禱祠是分開處理的[①]。

李零先生主張將此類簡稱為「占卜簡」[②]。陳偉先生主張將其稱為「卜筮禱祠記錄」[③]。我們認為，這類簡文中專門的祭祀記錄並不多，大部分文辭都是占禱連言的，即第一次占卜（敘辭、命辭、占辭）後對占得的某種祟源進行祭禱或攻解巫術（「以其故敓之，禱於××××神，思攻解於××××神」），然後再進行第二次占卜（命辭、占辭），得到占卜結果。在這樣一種格式中，祭禱只是系列巫術中的一部分，所以沿用原來的舊稱「卜筮祭禱簡」，也無不可。

通過卜筮祭禱簡來研究楚人的祭禮，是目前最直接的第一手史料。從這些記載來看，楚人祭禱鬼神的方式很多，包括舉禱、熊禱、賽禱、就禱、祝禱、薦禱、侑禱、祭、厭、饋、犒、告、獻、饋、纓、貢、百、樂、刉、享，等等，約20多種。工藤元男將包山簡中的祭禱用語分為「祭禱名」和「祭祀法」兩類，前者指「舉禱」、「熊禱」、「賽禱」三種，而祭祀之法則包括「饋」、「犒」、「享」等[④]。對此問題，研究成果極為豐富，限於篇幅，不再一一列舉。對於這些祭

---

① 邴尚白：《楚國卜筮祭禱簡研究》，臺灣埔裡，暨南大學中國語文學系碩士學位論文，1999年。邴尚白：《葛陵楚簡研究》，臺灣大學中國文學研究所博士學位論文，2007年，第192頁。

② 李零：《中國方術考》，東方出版社2000年版，第278頁。

③ 陳偉：《新出楚簡研讀》，武漢大學出版社2010年版，第105—106頁。

④ 〔日〕工藤元男：〈包山楚簡「卜筮祭禱簡」的構造與系統〉，載《東洋史研究》第59卷第4號，2001年3月，第659—660頁。

禱儀式不能全部涉及，僅選取其中重要的幾種加以討論。

## 一、舉禱

楚地卜筮祭禱簡中，「舉」字有時寫作「獀」，有時寫作「塁」，有時寫作「澳」。主要見於如下幾批簡文[①]：

### （一）包山M2楚簡[②]

獀（舉）禱于宮地主一羖；惕于親父蔡公子家特牛、豬、酒食，饋之；惕親母肥豕、酒食；獀（舉）禱東陵連囂肥豕、酒食。叀石被裳之㪟，罷禱于昭王特牛，饋之；罷禱于文坪夜君、郚公子春、司馬子音、蔡公子家各特豢、酒食，夫人。（簡202—203）

塁（舉）禱蝕太一全豢；塁（舉）禱社全豬；塁（舉）禱宮行一白犬，酒食；逡雁會之祝，賽禱東陵連囂塚豕、酒食，蒿之。（簡210—211）

塁（舉）禱楚先老僮、祝融、鬻熊各一牂，思攻解于不辜。（簡217）

弄羨占之，恒貞吉，有祟見親王父殤，以其故㪟之，塁（舉）禱特牛，饋之。（簡222）

東周客許桯歸胙於栽郢之歲，臰月丙辰之日，攻尹之攻執事人夏舉、衛妝為子左尹陀塁（舉）禱于親王父司馬子音特牛，饋之。臧敢為位，既禱致命。（簡224）

東周之客許桯歸胙乍栽郢之歲，臰月丙辰之日，攻尹之攻執事人夏塁、衛妝為子左尹陀塁（舉）禱於殤東陵連囂子發，肥，蒿祭之。臧敢為位，既禱致命。（簡225）

---

① 以下內容參見楊華〈說「舉禱」——兼論楚人貞禱的時間頻率〉，載《傳統中國研究集刊》第3輯，第70—87頁。

② 湖北省荊沙鐵路考古隊：《包山楚墓》，文物出版社1991年版。

舉（舉）禱蝕太一全豢；舉（舉）禱兄弟無後者邵良、邵駍、縣骼公各塚豕、酒食，郊之。（簡227）

舉（舉）禱宮行一白犬、酒食，思攻敘於宮室。（簡229）

舉（舉）禱宮后土一羖；舉（舉）禱行一白犬、酒食，閟於大門一白犬。（簡233）

舉（舉）禱太一牂，后土、司命各一牂；舉（舉）禱大水一膚，二天子各一牂，峗山一羖；舉（舉）禱楚先老僮、祝融、鬻熊各兩羖，享祭；籌之高丘、下丘各一全〔豢〕。（簡237）

舉（舉）禱五山各一牂；舉（舉）禱昭王特牛，饋之；舉（舉）禱文坪夜君子良、郚公子春、司馬子音、蔡公子家各特豢，饋之。思攻解於詛與兵死。（簡240—241）

事盬吉之故，舉（舉）禱太一膚，后土、司命各一牂；舉（舉）禱大水一膚，二天子各一牂，峗山一羖；舉（舉）禱昭王特牛，饋之，舉（舉）禱東陵連囂塚豕、酒食，蒿之；貢之衣裳各三稱；舉（舉）禱巫一全臘，叔（且）桓（樹）保（葆），逾（愈）之。（簡243—244）

舉（舉）禱荊王，自熊繹以就武王，五牛、五豕。思攻解于水上與溺人。（簡246）

舉（舉）禱大水一犧馬；舉（舉）禱郚公子春、司馬子音、蔡公子家各特豢，饋之；舉（舉）禱社一豬。思攻解日月與不辜。（簡248）

舉（舉）禱於絕無後者各肥豬，饋之。（簡249—250）

## （二）望山M1楚簡 ①

爂月丁巳之日，為悼固遬（舉）禱東大王、聖〔王〕……（簡10）
舉（舉）禱宮行一白犬、酒食。（簡28）

———————

① 湖北省文物考古研究所：《江陵望山沙塚楚墓》，文物出版社1996年版。

舉（舉）禱太佩玉一環，后土、司命各一小環，大水佩玉一環。（簡54）

舉（舉）禱於二天〔子〕……（簡55）

……舉（舉）禱於太一環，后土、司〔命〕……（簡56）

舉（舉）禱於東宅〔公〕……（簡114）

舉（舉）禱北子肥豢、酒食。（簡116）

舉（舉）禱夫＝（大夫）之私巫，舉（舉）禱行白犬，罷禱王孫喿塚豕。（簡119）

……□舉（舉）禱北宗一環……舉（舉）禱逨一羯。（簡125）

舉（舉）禱北……（簡126）

舉（舉）禱於宮……（簡127）

……舉（舉）……（簡147）


### （三）天星觀M1楚簡 ①

既滄然以憂＝然，不欲食以脅，尚毋有咎？占之，恒貞吉，無咎，小有□，有祟，攻之，舉（舉）禱……②

舉（舉）禱太一牲。

舉（舉）禱大禍戠牛。

舉（舉）禱大水一牲。

舉（舉）禱于二天子各兩牂、兩羚。

舉（舉）禱宮地主一羚。

---

① 天星觀簡的釋文，引自晏昌貴〈天星觀「卜筮祭禱」簡釋文輯校〉，載丁四新主編〈楚地出土簡帛文獻思想研究〉第二輯，湖北教育出版社2005年版，第265—298頁。晏文均作「舉禱」。

② 此條轉引自于成龍〈包山二號楚墓卜筮簡中若干問題的探討〉，載《出土文獻研究》第5輯，科學出版社1999年版，第165頁。

舉（舉）禱社戠牛，樂之。

舉（舉）禱行一白犬。游巫……

舉（舉）禱宮禖豬豕、酒食。

舉（舉）禱祏戠牛，樂之。

舉（舉）禱番先戠牛，饋之。

舉（舉）禱卓公。

舉（舉）禱惠公戠豢。

舉（舉）禱東城夫人豬豕、酒食。

舉（舉）禱巫豬豕、霝酒，鋤鐘樂之。

舉（舉）禱沃京戠豢、酒食。

舉（舉）禱北宗一環。


## （四）秦家嘴M99楚簡 [1]

舉（舉）禱大地主一羖，舉（舉）禱太……


## （五）新蔡葛陵M1001楚簡 [2]

……祈福於北方，舉（舉）禱一佩璧……（甲一11）

……于司命一鹿，舉（舉）禱於。（甲一15）

……〔樂〕之，百之，貢之。舉（舉）禱於子西君戠牛，樂……
（甲一27）

……舉（舉）禱……（甲二12）

……舉（舉）禱佩玉，各羿璜。冊告自文王以就聲桓王，各束錦加

① 晏昌貴：〈秦家嘴「卜筮祭禱」簡釋文輯校〉，載《湖北大學學報》2005年第1期。
② 湖南省文物考古研究所：《新蔡葛陵楚墓》，大象出版社2003年版。

璧。（甲三137）

……舉（舉）禱於太一犆……（甲三146）

……舉（舉）禱於。（甲三147）

……攻之，舉（舉）禱荊〔亡〕……（甲三148）

……舉（舉）禱于二天子各兩牂，纓之以抌玉。（甲三162、166）

……以其故攻之，舉（舉）禱楚先＝老童、祝融、鬻熊各兩牂，祈……（甲三188、197）

……舉（舉）禱五山、柯捲（甲三195）

……鐘樂之；舉（舉）禱子西君、文夫人各特牛，饋，延鐘樂之。定占之曰：吉。氏（是）月之……（甲三200）

……舉（舉）禱一乘大路黃輢，一抌玉夐……（甲三237—1）

……之；舉（舉）禱荊亡鋼牢、酒食，夏亡特牛、酒食；舉（舉）禱……（甲三243）

……遲瘥，有祟，以其故攻之，舉（舉）禱……（甲三265）

……瘩，有祟，以其故攻之，舉（舉）禱昭王、文君……（甲三344—1）

……之，祈福，舉（舉）禱文君，太牢饋之。……（甲三419）

（禱于文夫）鋼牢，樂且貢之；舉（舉）禱於子西君鋼牢，樂……（乙一11）

（文夫人），舉（舉）禱各一佩璧，或舉（舉）禱于盛武君、令尹子叡，各大牢，百〔之〕……（乙一13）

王、文君。舉（舉）禱于昭王、獻惠王、文君各一佩玉。辛未之日禱之。（乙一21、33）

有祟見於司命、老童、祝融、穴熊。癸酉之日舉（舉）禱……（乙一22）

……〔以〕其故攻之，舉（舉）禱于昭王、獻惠王各大牢，饋，腏……（乙一29、30）

……　（　）禱于昭王大牢，樂之，百，貢。……（乙二1）

……兩犧馬，以　（　）禱……（乙二9）

……　（　）禱子西君、文夫人……（乙二24、36）

……一青犧，〔先〕之一璧；　（　）禱于地主〔一〕青犧，先之一璧；　（　）禱于二天子各牂……（乙二38、39、40、46）

……簟為君貞，忻（祈）福，　（　）禱於……（乙三6）

……□以其故　（　）禱文〔夫人〕……（乙三8）

……墨良之敓，　（　）禱于昭王、文王……（乙三28）

……玉，　（　）禱于三楚先各一牂，纓之尒〔玉〕……（乙三41）

……〔以〕其故敓之。　（　）〔禱〕……（乙四3）

牛、酒食　（　）禱於……（零1）

……　（　）禱……（零410）


　　關於「舉禱」的性質，目前學術界的意見並不統一。包山楚簡整理者將「　」、「　」都讀作「舉」，並且引用《周禮・天官冢宰・膳夫》「王日一舉」及其鄭注，認為舉禱就是「殺牲盛饌舉行祭祀」[①]。但是也有不同意見，很多學者，如周鳳五和李零先生，將其讀為「與禱」[②]。

　　後來新蔡簡公佈時，整理者遇到「舉禱」的辭例時，均隸作「與禱」，可見是贊同周、李等先生說法的。望山簡的整理者認為「　」與「　」是同一個字，但在考古報告中並沒有考證其含義[③]。後來，李家浩先生明確了他的說法，將此字讀作「與」[④]。但其後，在〈包山卜

---

① 參見湖北省荊沙鐵路考古隊編《包山楚墓》，文物出版社1991年版，第386頁注375和第561頁附錄23。

② 周鳳五：〈讀郭店楚簡《成之聞之》劄記〉，載《古文字與古文獻》試刊號，臺灣，1999年10月，第46—47頁。李零：《中國方術考》，東方出版社2000年版，第286頁。

③ 湖北省文物考古研究所：《江陵望山沙塚楚墓》，文物出版社1996年版，第254頁注23。

④ 李家浩：〈包山祭禱簡研究〉，載《簡帛研究（2001）》，廣西師範大學出版社2001年版，第25—36頁。

205

第四章　祭禮

筮簡218—219號研究〉一文中，李先生將涉及「與禱」的例句全部又改隸為「舉禱」，卻並沒有正面說明其原因 ①。

新蔡簡公佈後，主張讀作「與禱」的觀點得到了部分支持。簡乙一15記載：

公北、地主各一青犧；司命、司禍（禍）各一鹿，與禱薦之。或……

此條辭例明確寫作「與禱」，「與」字下並沒有「止」符。所以陳偉先生在〈葛陵楚簡所見的卜筮與禱祠〉一文中，直接用「與禱」來概括這類禱祠行為，並且懷疑新蔡簡中另一支簡文「……與賓禱之」（甲一23）也與之有關 ②。邴尚白先生也採用了這種說法 ③。

我們通讀新蔡簡文，發現新蔡簡中沒有「止」符的「與」字，一般都用作連詞，例如：「楚先與五山」（甲三134、甲三108、零99）、「〔地〕主與司命」（乙四97），等等。「與」字同「禱」並列出現的辭例，還有以下兩條：

……之故，與〔禱〕……（零406）
……與禱……（零689）

這兩支簡都殘泐嚴重，顯然，零406「與」字之後的「禱」字是整理者根據文義補綴而成，且不說所補綴的「禱」字能不能成立，

---

① 李家浩：〈包山卜筮簡218—219號研究〉，載《長沙三國吳簡暨百年來簡帛發現與研究國際學術研討會論文集》，中華書局2005年版，第183—204頁。
② 陳偉：〈葛陵楚簡所見的卜筮與禱祠〉，載《出土文獻研究》第六輯，上海古籍出版社2004年版。第41—42頁注24。
③ 邴尚白：《葛陵楚簡研究》，臺灣大學中國文學研究所博士學位論文，2007年，第185—186頁。

「與」字下有沒有「止」符，因為簡文殘缺也無法判定。零689也是如此，從照片上看不能斷定其「與」字下有沒有「止」符，或許它們本身就是「舉（舉）」字。如此說來，在新蔡簡中，真正能夠確定寫作「與禱」的簡文，只有乙一15一例而已，這似乎並不足以說明「舉禱」應當讀為「與禱」。

總之，新蔡簡中用作「舉禱」的「舉」，與用作連詞的「與」，區別相當明顯。在望山簡中，二者也區別分明，記載舉禱時寫作「選」或「舉」，但用作連詞時則寫作「與」，例如簡78：「……於父（犬）（太），與新（親）父，與不辜，與盟詛，與□……」這裡的「與」，下面沒有「止」符，顯然不宜讀作舉禱之「舉」。

那麼，舉禱究竟是什麼意思呢？我們同意董珊先生的看法，「舉」就是祭祀的意思①。但關於舉禱的具體內容，還可以稍加探究。

《周禮・天官塚宰》中〈內饔〉、〈膳夫〉篇兩職所記的「舉」，都是指君主生前的食饌之禮。〈內饔〉「王舉，則陳其鼎俎，以牲體實之」，意謂天子吃飯時有動物牲體陳於鼎俎，作為主食。而〈膳夫〉強調的則是天子吃肉（「殺牲盛饌」）的數量和頻率：

王日一舉，鼎十有二，物皆有俎。以樂宥食。膳夫授祭，品嘗食，王乃食。卒食，以樂徹於造。王齊日三舉。大喪則不舉，大荒則不舉，大劄則不舉，天地有災則不舉，邦有大故則不舉。

不唯天子，一般貴族生前吃飯，凡是用到肉類（具體指牢中的「肺脊」），都稱舉食之禮。例如，《儀禮・士昏禮》，新人共牢時有「祭舉、食舉」②，招待上公、諸侯、諸子，其食禮分別是「九

① 董珊：〈楚簡中從「大」聲之字的讀法〉注39，簡帛研究網，2007年7月8日。
② 《周禮・秋官司寇・大行人》

舉」、「七舉」、「五舉」，賈疏謂：「生人食有舉法。」

我們要強調的是，古人將貴族生前之「舉食」，也移植到其死後的祭祀之中。例如，《儀禮‧特牲饋食禮》是祭祖的禮儀，其中扮演祖先受祭的「屍」要享受「九飯」，即三次「三飯」。第一次享飯時，屍接過佐食（助祭者）遞過來的肺、脊，「振祭，嚌之，左執之。乃食，食舉」。鄭注：「舉言食者，明凡解體皆連肉。」也就是說，祭神時帶牲肉之飯食也稱為「舉」。《儀禮‧士虞禮》、《儀禮‧少牢饋食禮》中亦是如此。這一點很容易理解，可歸之於中國古代常見的「視死如事生」的宗教情感和禮義原則。

由此看來，卜筮祭禱簡中常見的「舉禱」，是指楚人以殺牲盛饌的舉食之禮來祭禱鬼神，簡而言之，就是給鬼神進貢肉食之飯。

從上文所列諸簡，可以歸納出楚人舉禱的對象既包括太、司命等天神，也包括社、后土、宮地主、大地主等地祇，還包括楚人的先公先王以及夭殤、荊亡、夏亡等以及五祀和巫鬼、四方神之類，範圍極廣，並不限於某種神靈。可以說，舉禱是一般性的禱神方式，而不是針對某一類神靈的特殊禮儀。

或有疑問，楚人舉禱的對象十分廣泛，是否都要進貢肉食之饌？回答是肯定的。如前所述，先秦時期祭祀祖先人鬼時立屍，祭祀天地、上帝、山川、五祀、后土等，也要立屍[①]。其享用肉食盛饌之貢，亦屬必然。

## 二、夜禱

卜筮祭禱簡記錄了楚人祭禱各類神靈的時間，有時候這種記錄非常具體，如果仔細研究，會發現其中透露出楚人祭禱儀式的某些信息。先看新蔡葛陵楚簡中的以下幾條簡文[②]：

---

① 錢玄：《三禮通論》，南京師範大學出版社1996年版，第625—627頁。
② 本章的「夜禱」和「用樂」兩部分內容，參見楊華〈新蔡簡所見祭禱禮儀二則〉，載丁四新主編《楚地出土簡帛文獻思想研究》第2輯，湖北教育出版社2005年版，第253—264頁。

庚申之昏以起辛酉之日禱之。……（簡甲三109）

……甲戌之昏以起乙亥之日薦之。……（簡甲三119）

……戊申之夕以起己〔酉〕……（簡甲三126，零95）

……起己酉禱之。……（簡甲三144）

……戊申以起己酉禱之。……（簡乙二6、31）

非常明顯，以上一組日期，庚申→辛酉、甲戌→乙亥、戊申→己酉，都是前後相繼的兩天[①]。「起」寫作记，讀作「迄」。《爾雅‧釋詁》：「迄，止也。」[②]

若是，簡文中的「某日以起某日」的「以起」，可讀為「以迄」，即從前一天開始，到後一天為止。除了祭禱的訖止時間，其開始的時間更值得特別注意。新蔡祭禱簡中多次明言起於「某日之夕」、「某日之昏」，這究竟意味著什麼？

眾所周知，古代五禮的舉行，各有時間規定，婚禮在昏，冠、聘、射、葬諸禮在晨。而祭禮的舉行時間，《禮經》中也有明載。《儀禮‧特牲饋食禮》：「厥明夕，陳鼎於門外。」可知祭祖禮是在第二天早晨舉行。這或許可以與新蔡簡文中的「甲戌之昏以起」、「戊申之夕以起」相聯繫。然而，前一天晚上的準備工作畢竟不是正式的祭禮，《禮經》對於當晚陳列祭器之後便無其他的敘述，可見當晚並無任何祭祀節目。《儀禮‧少牢饋食禮》也規定：「旦明行事。」鄭注謂：「旦日質明。」這進一步說明祭禮的正式儀式開始於第二天天大亮時。正所謂「朝奠日出，夕奠逮日」[③]。《禮記‧禮器》

---

① 在望山簡中也可見到時日前後相繼的例子，比如：「……君特牛，己未之日牛，庚申內齋。」（簡132）又例如，「癸丑、甲寅」（簡71），「〔辛〕未、壬申」（簡72）。可惜前後簡文殘泐，其義不詳。

② 對「记」字的釋讀，可參見李天虹〈新蔡楚簡補釋四則〉，簡帛研究網，2003年12月17日。

③ 《禮記‧檀弓上》。

載，季孫氏舉行祭禮，「逮暗而祭，日不足，繼之以燭」，即天沒亮就開始，至日落後還未完成，以致參與者疲憊不堪。子路為季氏之宰，改革祭禮，結果天大亮後才開始，到傍晚即告完成（「質明而始行事，晏朝而退」），頗受乃師孔子的讚揚。由此可知，晚間祭祀是「非禮」行為。

包山、望山、天星觀、新蔡等楚簡中所記錄的，都是帶有巫術性質的祭禱活動，而不是《禮經》文本中的正式的祭祖禮，二者的儀式應當有所不同。楚人禱祠鬼神，重在夜間，這與當時楚人對於鬼神活動規律的認識有關。

《楚辭·離騷》：「巫咸將夕降兮，懷椒糈而要（邀）之。」王逸《楚辭章句》謂：「言巫咸將夕從天上來下，願懷椒糈要（邀）下。」巫咸要晚上才從天上降臨人間。洪興祖《補注》：「言夕降者，神降多以夜，陳寶之類是也。」《楚辭·大招》「魂乎歸來！以娛昔只」，王逸注：「昔，夜也。」意謂晚上將魂招回而使之長夜歡娛。《楚辭·九歌·湘夫人》：「登白薠兮騁望，與佳期兮夕張。」作者與湘夫人之神的約會在晚上，屆時他果然聽到女神召喚，與之同馳而在水中築室成歡。人間世界與鬼神世界，是陰陽對立、明暗決然的兩極，趨明避暗是人類的本能追求。相反，黑暗則是鬼神的淵藪。《楚辭》中凡是神靈到來之時，其氣氛都被渲染成幽暗不明、陰森可怖。在《楚辭·九章·抽思》中特別唱道：「望孟夏之短夜兮，何晦明之若歲？惟郢路之遼遠兮，魂一夕而九逝！」意謂魂靈在夜間活動，其行甚速，從漢北到郢都，一夜之間可以九個來回。後來道教和其他中國傳統文獻中，對於鬼神與黑夜的關係，也向來認識明確，《太平經》：「生人乃陽也，鬼神迺陰也。生人屬晝，死人屬夜。……生人，與日俱也；奸鬼物，與星俱也。」[①]

---

① 〈太平經·事死不得過生法〉。王明：《太平經合校》，中華書局1960年版，第48—49頁。

既然楚人認為鬼魂都在夜間活動，那麼對鬼魂的禱祠也必然要在夜間進行，否則就不能「邀神」。九店M56楚簡《告武夷》是一篇為兵死者招魂的禱辭，其結尾之句稱：「君昔（夕）受某之聶幣、芳糧，思某來歸食如故。[①]」昔即夕，意即武夷神今夜享受某人的聶幣、芳糧之後，誠懇地希望能讓某人之魂歸來，飲食如故。從其內容來看，祝禱的儀式無疑也是在夜間舉行的。另外，雲夢秦簡《日書》中有《日夕表》，而香港中文大學所藏漢初《日書》中也有與之相類似的《日夜表》，其中見於雲夢《日書》的「夕」字均寫為「夜」，由此可見，上引新蔡簡中楚人祭禱時間中的所謂「某日之夕」，實即在「某日之夜」舉行[②]。

弄清楚了以上背景，我們會對新蔡簡中「某日之夕」、「某日之昏」的內容產生更深的理解——它們都是楚人在夜間舉行巫術活動的記錄，其舉行儀式的時間往往起於某日夜晚，至第二天結束，我們可以稱之為「夜禱」。

上引簡文所記，一般都採取「夜禱」的形式，而上引簡甲三119，則是「夜薦」的記錄，即夜間向鬼神之主供獻新鮮食物。關於夜間祭禱的的記錄，還見於同墓所出其他簡文：

……甲戌閏乙亥禱楚先與五山[③]，庚午之夕內齋。……（甲三108、134）

八月己未之夕，以君之病之〔故〕……（乙四5）

① 湖北省文物考古研究所、北京大學中文系：《九店楚簡》，中華書局2000年版，第105—110頁。
② 陳松長編著：《香港中文大學文物館藏簡牘》，香港中文大學文物館2001年版，第40頁。
③ 閏字，整理者讀為「辟」，且斷讀於此，顯然有所未安。本文將此句連讀，甲戌到乙亥是兩個連續的日子，顯然「閏」字也是到、迄一類的意思。宋華強先生將此字讀為「向（嚮）」，參見宋華強《新蔡葛陵楚簡初探》，武漢大學出版社2010年版，第424頁。何有祖先生釋為「興」，認為「甲戌興乙亥禱之」與「庚申之昏以起辛酉之日禱之」句式相同，「興」與「起」義同，參見何有祖〈楚簡散劄六則〉，簡帛研究網，2007年7月21日。

八月辛巳之夕，歸一璧於……（甲三163）

簡甲三134、108所謂「庚午之夕內齋」，是指庚午當晚進行了某種祭禱①。而簡甲三163則是辛巳日晚間向鬼神饋薦玉璧的記載。關於夜間舉行巫術的類似提示，還見於天星觀M1所出卜筮祭禱簡，如「甲午之夕」、「癸巳之夕」等②。天星觀M1卜筮祭禱簡中，有一條是從「執事人」（祭禱活動的執行者）的角度來記載該次夜禱的：「今夕執事人，夕……」③秦家嘴M99簡1：「甲申之夕，賽禱宮地主一豭，賽禱行一白犬，司命……酉（酒）食祚（酢）之。」也顯示了甲申之日進行夜禱的信息。

從前一個「夕」、「昏」，到後一個「日」，禱祠活動是連續進行的，顯然不僅限於夜間，而是一個晝夜。在簡甲一10中，也明確提到：

……貢。凡是戊辰以斂（會）己巳禱之。

從戊辰到己巳，也是連續的兩天。「會」本身有到、合之意，《說文·會部》中有一個從會從辰的字，意即日月之合宿。新蔡簡中從會的「斂」字，也意在將戊辰與其次日己巳連接起來，不過這條簡文沒有詳記是開始於前一天的夜間，或是開始於前一天的白天，或許此次祭禱用時一個晝夜。相似的情況在楚地其他祭禱簡中亦有所見，例如秦家嘴M99的一支簡：

---

① 商承祚、徐文武、顏世鉉、鄧尚白等先生指出，「內齋」即「致齋」，「野齋」即「散齋」。相關學術前史，參見楊華〈楚簡中的「上下」與「內外」——兼論楚人祭禮中的神靈分類問題〉，載《簡帛》第四輯，第221—238頁。
② 滕壬生：《楚系簡帛文字編》，湖北教育出版社1995年版，第490、1055、1071、1083、1092頁。另參見晏昌貴〈天星觀「卜筮祭禱」簡釋文輯校〉，載丁四新主編《楚地出土簡帛文獻思想研究》第2輯，湖北教育出版社2005年版。
③ 滕壬生：《楚系簡帛文字編》，湖北教育出版社1995年版，第32、90、585頁。

甲申之夕，賽禱宮地主一豶，賽禱行一白犬，司命……酒食酢
之。乙酉之日，苟慶占之吉，速瘥。①

　　從甲申之夕到乙酉之日，正好也是一個晝夜。

　　古人把一天中時間變化的大致順序歸納為：朝→晝→夕→夜。②

　　從前一天晚上（「昏」、「夕」）禱祠至次日，這樣一個時間週
期內必然要經過早晨。新蔡簡零307記有：「亡咎，己酉晨禱之。」己
酉已經是一個干支日，其後之「晨」字當不再是干支名。《說文》中有
從臼之晨和從晶之晨，二者往往通用，《晶部》之「曟」，在戰國和秦
漢文字中早就省寫為從日之晨，見於郭店、雲夢、馬王堆等簡帛，日有
時寫在辰上，有時寫在其下③。所以，上引簡文中的「己酉晨禱之」，
即「己酉晨禱之」，應當是指己酉之早晨天未亮時進行禱祠活動。如
果此種理解不誤的話，這對晝夜禱祠的時間是一個更加具體的提示。

　　以上的討論表明，楚人祭禱鬼神往往在夜間舉行，有時延續一個
晝夜；而新蔡簡的材料更加說明，楚人尤其重視夜禱。楚人此種夜間
祭禱鬼神的禮俗，向前向後都可以找到相當長遠的文化淵源。

　　裘錫圭先生指出，甲骨卜辭中有「甲子向乙丑」、「庚午夕向
辛未」、「壬辰向癸巳冥」、「丙子夕向丁丑冥」之類的辭例，他認
為「向」字的這種用法，與《詩經・小雅・庭燎》中的「夜向晨」相
同，都是一種時間過渡，表示「今夜向明」④。甲文中「甲子向乙丑」
猶言「甲子夕向乙丑」，黃天樹等學者認為，這是指甲子「日後夕」

① 此條材料，採用晏昌貴先生的綴合。參見氏文〈秦家嘴「卜筮祭禱」簡釋文輯校〉，載《湖
　北大學學報》2005年第1期。
② 《國語・魯語下・敬姜論勞逸》：「諸侯朝修天子之業命，晝考其國職，夕省其典刑，夜儆
　百工，使無慆淫，而後即安。卿大夫朝考其職，晝講其庶政，夕序其業，夜庀其家事，而後
　即安。士朝受業，晝而講貫，夕而習複，夜而計過無憾，而後即安。」
③ 湯余惠主編：《戰國文字編》，福建人民出版社2001年版，第469頁。
④ 裘錫圭：〈釋殷墟卜辭中的「𠅃」、「𣅀」等字〉，載《第2次國際中國古文字學研討會論文
　集》，香港中文大學中國語言及文學系1993年版，第73—94頁。

到乙丑「日前夕」的一段時間[①]。這與我們所指出的「夜禱」含義相同，也說明瞭楚人夜禱巫術可以上推到商代。

　　秦文化中也存在夜間禱祠的禮俗。《史記‧封禪書》和《漢書‧郊祀志》都記載，秦文公曾建立陳寶之祀，此神的活動非常神秘：

　　其神或歲不至，或歲數來，來也常以夜，光輝若流星，從東南來集於祠城，則若雄雞，其聲殷雲，野雞夜雊。[②]

　　這種與野雞有關的神靈，常在夜間到來，對其禱祠活動當然非得夜間進行不可。實際上，秦人的郊祀大都不離夜間。「秦以十月為歲首，故常以十月上宿郊見，通權火。」關於「上宿」，《史記》、《漢書》的注解有不同的理解，或以為指上旬，或以為「宿」就是齋戒。其儀式中用到的「權火」，有不同的解釋，日本學者瀧川資言《史記會注考證》引清人惠士奇謂「蓋燔柴之法遺」，以之為祭天儀式；同時又引日本學者中井積德云：「夜中行事，執事者往來，故舉火燭之。」[③]這實際上是一種特殊的照明措施，顏師古注引張晏曰：

　　權火，烽火也，狀若井絜皋矣。其法類稱，故謂之權火。欲令光明遠照，通於祀所也。漢祀五時於雍，五十里一烽火。

　　這種照明措施的形狀大概利用了杠杆原理，將火把高高舉起，以便於遠處的人都能看到。對其功能，顏師古本人也做了明確的解釋：通過這種火把的節度，使得雍地的四大時都可以在同一時刻進薦

---

① 相關學術前史，參見袁金平《新蔡葛陵楚簡字詞研究》，安徽大學博士學位論文，2007年，第16—18頁。

② 《史記‧封禪書》。

③ 〔日〕瀧川資言：《史記會注考證》，北嶽文藝出版社1999年版，第34頁。

貢品，以求禮制儀節的統一。如果不是夜間行禮，是不需要這種火把的。漢文帝繼位後，親郊渭陽五帝，也曾經「權火舉而祠，若光輝然屬天焉」[1]，其夜間行禮時，火光沖天，有如白晝。

秦人據楚後，夜禱之俗仍有所見。江陵岳山秦墓M36出土的《日書》木牘上，就有「田口人丁亥死，夕以祠之」的宜忌規定[2]。所謂「夕祠」，顯然也就是「夜禱」。當然，目前尚不能判斷秦人是將關中的舊俗帶到了楚地，還是佔領楚地後吸收了當地的夜禱巫俗。

此種夜禱禮俗，在漢代也得到繼承。《史記‧孝武本紀》和《漢書‧武帝紀》都記載，漢武帝嘗病，各類巫醫皆不能治癒，最後採用了術士游水發根的巫術，得以痊癒。於是漢武帝聽其建議，置祠甘泉，又在壽宮重序神君秩位，「神君最貴者太一，其佐曰大禁、司命之屬」。並且兌現此前對神君的諾言，與之會於甘泉。這種人神相會的儀式頗有意味：

非可得見，聞其音，與人言等。時去時來，來則風肅然也。居室帷中。時晝言，然常以夜。天子祓，然後入。因巫為主人，關飲食。所欲者言行下。

在這個巫術儀式中有三點值得注意：

第一，漢武帝齋祓而入，雖然白天也可以與之對話，但更多的時候卻是在夜中（「常以夜」）。這正如《楚辭‧遠遊》所謂：「壹氣孔神兮，於中夜存。」只要凝神靜氣，鬼魂就會在夜半來到。漢武帝所採用的以夜禱為主的巫術，無疑可以溯源至上論新蔡祭禱簡的相關記錄中。

① 《漢書‧郊祀志上》。
② 湖北省江陵文物局、荊州地區博物館：〈江陵岳山秦漢墓〉，載《考古學報》2000年第4期，第550頁。

第二，術士游水發根所重新序定的神君秩序，以太一為最貴，大禁和司命為佐，「大禁」尚未見，而「太」和「司命」等神名，則是天星觀、包山、望山、新蔡等地所出卜筮祭禱簡中的常見祭禱對象，限於篇幅，不作贅引。

第三，關於「游水發根」的來歷，《史記集解》引服虔曰：「游水，縣名。發根，人名姓。」《史記集解》又引晉灼曰：「《地理志》游水，水名，在臨淮淮浦也。」可知發根來自南方，所採用的是南方淮河流域的巫術系統，南方楚地的祭禱系統通過發根這類術士，傳承到西漢，則是毋庸置疑的了。不過，漢武帝時期，另一個被封為「五利將軍」的術士欒大，曾經衣羽衣而「夜立」白茅之上，接受漢武帝送來的「天道將軍」之印。他又「常夜祠其家，欲以下神。神未至而百鬼集矣，然頗能使之」[①]。顯然，所採取的也是夜禱之術。

漢武帝寵姬李夫人死後，被封為「文成將軍」的方士李少翁用巫術在夜間為之招魂至帷中：

> 乃夜張燈燭，設帷帳，陳酒肉，而令上居他帳，遙望見好女如李夫人之貌，還幄坐而步。又不得就視，上愈益相思悲感。[②]

李少翁和欒大同出一師，都是齊人，說明這種夜間「過陰」的巫術並不限於楚文化，在齊文化中也不少見。

「夜祠」，在漢武帝時期成為一時風尚。在巫蠱之亂中，江充曾派胡巫到處搜求巫蠱的蹤跡，「掘地求偶人，捕蠱及夜祠，視鬼染汙令有處」，注引張晏曰：「捕巫蠱及夜祭祠祝詛者，令胡巫視鬼，詐以酒醵地，令有處也。」顏師古注曰：「捕夜祠及視鬼之人，而充遣巫

---

① 《史記·封禪書》。
② 《漢書·外戚傳》。《史記·封禪書》的記載是，李少翁為漢武帝之王夫人「過陰」：「上有所幸王夫人，夫人卒，少翁以方蓋夜致王夫人及灶鬼之貌雲，天子自帷中望見焉。」

污染地上為祠祭之處，以詛其人也。」可見，夜間用酒醪進行禱祠，是當時宮中常見的宗教行為。

太一畤創于漢武帝，是西漢三大郊祀壇場之一，其上所祠祀的黃帝、冥羊、馬行、泰一、皋山山君、武夷君、陰陽使者諸神，都帶有東方和南方特色[①]。其禮儀活動也多在夜間，《史記‧樂書》：

漢家常以正月上辛祠太一甘泉，以昏時夜祠，到明而終。常有流星經於祠壇上。使僮男僮女七十人俱歌。春歌〈青陽〉，夏歌〈朱明〉，秋歌〈西暤〉，冬歌〈玄冥〉。

這種「到明而終」的「昏時夜祠」，與先秦以來楚地「某日之夕」、「某日之昏」進行夜禱的巫術，有明顯的承遞聯繫，無疑也帶有東方和南方風格。而漢宮廷夜祠時以僮男僮女歌樂的禮俗，與屈賦諸神的歌舞場面相通，也與楚祭禱簡中常見的「樂之，百之，贛（貢）之」的禮儀相當。《漢書‧禮樂志》對之記載更詳：

至武帝定郊祀之禮，祠太一於甘泉，就乾位也；祭后土於汾陰，澤中方丘也。乃立樂府，采詩夜誦，有趙、代、秦、楚之謳。以李延年為協律都尉，多舉司馬相如等數十人造為詩賦，略論律呂，以合八音之調，作十九章之歌。以正月上辛用事甘泉圓丘，使童男女七十人俱歌，昏祠至明。夜常有神光如流星止集於祠壇，天子自竹宮而望拜，百官侍祠者數百人皆肅然動心焉。

對這種「昏祠至明」的「夜誦」，顏師古注謂：「夜誦者，其言辭或祕不可宣露，故於夜中歌誦也。」這些夜誦、夜歌之辭見於《漢

① 參見楊華〈試論秦漢帝國的神權統一〉，2009年11月在日本東京早稻田大學的演講。

書‧禮樂志》，恐不完全是出於對歌辭保密的考慮；更重要的是，要追求「夜常有神光如流星止集於祠壇」的神秘效果[①]。另外，特別值得注意的是，這些夜誦、夜歌的內容，「有趙、代、秦、楚之謳」，說明漢武帝時期夜禱音樂的地域來源已經相當廣泛，呈現出文化「大一統」的氣象。

不唯如此，西漢人的廟祭也多在夜間舉行。《漢書‧儒林傳》載，漢宣帝某年八月飲酎，而後準備出京祭祠乃父昭帝之廟，因車隊先驅之「旄頭劍挺墮墜（地），首垂泥中」，以為不吉，漢宣帝讓精通《易》學的梁丘賀前來占筮，得不吉之兆，果然有霍氏後裔玄衣夜潛祖廟之中準備行刺，事發伏誅。「故事，上常夜入廟，其後待明而入，自此始也。」《漢書》的這段記載十分明確，西漢前期的廟祭均在夜間進行，與《儀禮》中「旦明行事」的規定不合，從漢宣帝開始方改為白天舉行，重新回到儒家的廟祭儀軌。這無疑是漢代禮制的一個重要變革。

綜上所述，從新蔡楚簡的祭禱記錄可推算出，楚人經常在前後相繼的兩天連續祭禱，如，庚申→辛酉、甲戌→乙亥、戊申→己酉，明顯都經歷了一個夜晚。這與楚簡中常見的「夕齋」、「夕歸（饋）」等一樣，都是指夜晚的巫術活動。再結合《楚辭》等文獻的記載，我們稱之為「夜禱」，此種夜禱禮俗，在秦人尤其是漢人的宮廷巫術中同樣常見。秦人稱之為「夕祠」，漢人稱之為「夜祠」，它可能是上古時期民間巫術的常見形式，不過由之仍可窺見漢代對楚、秦文化的繼承。

### 三、用樂

新蔡葛陵楚簡中多次提到在祭禱時用樂的情況，例如：

---

① 《漢書‧郊祀志上》載，漢武帝封禪泰山後，「封禪祠，其夜若有光，晝有白雲出封中」。夜間的光和聲，是追求宗教神秘效果的重要內容。

〔樂〕之，百之，貢之。舉禱於子西君特牛，樂……（甲一27）

……中特牛，樂之，就禱……（甲三14）

之，貢，樂之。辛酉之日禱之。……（甲三46）

……特牛，樂之。就禱戶一羊，就禱行一犬，就禱門……（甲三56）

……鐘樂之。是日……（甲三98）

……樂且貢之，舉〔禱〕。（零331-1）

相同的內容也見於天星觀楚墓M1卜筮祭禱簡中，如：

舉禱社特牛，樂之。

舉禱衽特牛，樂之。

舉禱巫豬豕、靈酒，鏽鐘樂之。

舉禱夜□特豢，樂之。

賽禱白朝特犝，樂之。

賽禱夜事特豢，樂之。

賽禱卓公訓至惠公，大牢樂之。

大牢，樂之。[①]

另外兩支比較完整的天星觀卜筮祭禱簡，說明了祭禱用樂的場合：

禱卓公順至惠公大牢，樂之，百之，贛。占之：吉，叵歲期中將有喜。[②]

---

① 關於天星觀簡的釋文，主要參考了滕壬生《楚系簡帛文字編》（湖北教育出版社1995年版，第451—452、1002頁）和晏昌貴〈天星觀「卜筮祭禱」簡釋文輯校〉（載丁四新主編《楚地出土簡帛文獻思想研究》第2輯，湖北教育出版社2005年版）兩種文本。

② 滕壬生：《楚系簡帛文字編》，湖北教育出版社1995年版，第1172頁。

齊客紳胳問王於栽郢之歲爨月己酉之日，義惺以白竈為君月貞：侍王盡爨月，尚自利順？占之恒貞吉。謀然有外慼，有敓（祟），敓之，舉禱祉特牛，樂……①

　　天星觀和新蔡葛陵墓主均為封君，規格較高，祭禱祖先時使用樂，這是其他楚簡中少見的。從二墓簡文來看，用樂祭禱的對象似乎不限於祖先，天星觀簡中的「巫」、「夜口」、「白朝」很難說是祖先人鬼，社和祉都是地域神，而新蔡簡中享受樂禱的門、行、戶等「五祀」內容，更是非人格的家居神祇。在禮書中，天神、地祇、祖先人鬼都有享祭用樂的記錄②，但像巫、祉、五祀這樣的神祇受禱時也要用樂，則是全新的材料。

　　新蔡簡顯示，祭禱時不僅僅用樂，還與貢和饋結合起來。樂、百、貢一起，形成祭禱時的一個儀式組合，這見於簡甲一27和甲三46、甲三298等簡文，如：

　　……樂之，百之，贛（貢）之。祝……（甲三298）

　　有時候，饋與樂也單獨組合，舉行儀式，這見於甲二38、39和甲三145、200等。最完整的組合，見於甲三136，即饋、樂、百、貢同時舉行：

　　……璧，以罷禱，大牢饋，腄鐘樂之，百之，贛（貢）。鹽埫貞之日：吉。既告且……

---

① 黃錫全：《湖北出土商周文字輯證》圖版179，武漢大學出版社1992年版。
② 參見楊華《先秦禮樂文化》，湖北教育出版社1997年版。

「貢（贛）」，是向神祇進獻物品①。至於「饋」，一般指進獻食物。由之引申出，凡祭以熟食黍稷者，謂之饋食。新蔡簡中專有「大牢饋」（簡零13），是向祭禱對象進獻太牢（牛、羊、豕）規格的食物之祭，其規格甚高，如楚平王就曾享受此種饋祭（簡甲三209）。

這一禮儀中最難理解的是「百」。簡文中「樂之，百之，贛（貢）之」一同出現，如簡甲三298、甲一27。大多數簡文用「百之」：

……王大牢，百之，貢。壬辰之日禱之。……（零40）
……〔樂〕之，百之，貢。以祈……（零287）

不過，有時候也稱「百」而不是「百之」，如：

舉禱于昭王大牢，樂之，百，貢。……（乙二1）

「百」應讀「如」字，後代寫作「貉」，又寫作「貊」。《經籍纂詁·陌韻》：「《孟子》大貉小貉，《穀梁傳》作大貊小貊。」貉（貊）與祭禱有關，《周禮·春官宗伯·肆師》：「凡四時之大甸獵，祭表貉，則為位。」綜合各家經解，「貉（貊）」，有兩種解釋：

第一，是一種軍事祭禱。《周禮·夏官司馬·大司馬》「表貉」下，鄭司農注謂，「貉讀為禡。」而關於禡，鄭玄與許慎之釋又不同：鄭玄認為是祭祀軍法之先，即祭黃帝或蚩尤；許慎則認為是指行軍駐紮時，祭其週圍之神——「師行所止，恐有慢其神，下而祀之曰

---

① 「貢」寫作「贛」，整理者和宋華強先生將其讀作「韽」，表示為神靈唱歌跳舞。參見宋華強《新蔡葛陵楚簡初探》，武漢大學出版社2001年版，第253—254頁。邴尚白先生已經指出其不確，參見邴尚白《葛陵楚簡研究》，臺灣大學中國文學研究所博士學位論文，2007年，第196—198頁。

第四章　祭禮

禍。<sup>①</sup>」

第二，貉、百同音（同在魚鐸部），以本音讀之，貉讀為十百之百。《周禮・春官宗伯・甸祝》「掌四時之田表貉之祝號」下，鄭玄注謂：「杜子春讀貉為『百爾所思』之百。」意即以十百倍之氣勢禱祠，而求十百倍之神佑。

對於以上二說，段玉裁和孫詒讓都主張第二義，即貉（貃）讀作十百之百<sup>②</sup>。

回到新蔡祭禱簡文的「百之」。從簡文祭禱的對象來看，似乎不是兵禱，故不應釋作禡祭。上古練兵和田獵時以樹木為標，以正行列，稱為「表」。《周禮》中有「表貉」，即在立表處舉行祭禱，以壯聲勢，祈求百十倍獲敵。楚人祭禱禮儀中的「百之」，也應當是立標而祭，這與楚簡中常見的「為位」可以互證。「百之」應當是一種動作，即以十百倍之虔誠進行祭禱，而求十百倍之神佑，其中必定包含著號祝。祭禱簡中的「樂之，百之，貢之」，蓋指用樂舞娛神、為神靈立位祭禱、為神靈供奉祭品，這是楚人高級貴族祭禱禮儀中的三個節目<sup>③</sup>。

簡文中多次提到祭禱時用鐘樂娛神，所用的鐘是「朓鐘」。此字有兩種寫法。一種寫法是，從月辶止，作朓。如：

---

① 《說文・示部》。
② 段玉裁：《說文解字注》，上海古籍出版社1988年版，第458頁。孫詒讓：《周禮正義》，中華書局1987年版，第1484—1485頁。
③ 我們最早對「樂、百、貢」的禱儀組合進行了討論，論文發表後，不少學者對「百之」提出新的看法。這些說法都有所未逮。參見楊華〈新蔡簡所見祭禱禮儀二則〉，載丁四新主編《楚地出土簡帛文獻思想研究》第2輯，湖北教育出版社2005年版，第253—274頁。另載楊華《新出簡帛與禮制研究》，臺灣古籍出版公司2007年版，第4—5頁。范常喜：〈戰國楚祭禱簡「蒿之」、「百之」補議〉，簡帛研究網，2005年8月24日。另載《中國歷史文物》2006年第5期。宋華強：〈新蔡簡「百之」、「虃之」解〉，簡帛研究網，2006年8月13日。另載宋華強《新蔡葛陵楚簡初探》，武漢大學出版社2010年版，第242—260頁。何有祖：〈新蔡簡「百之」試解〉，簡帛研究網，2007年1月23日。邴尚白：《葛陵楚簡研究》，臺灣大學中國文學研究博士學位論文，2007年，第193—200頁。

……璧，以罷禱，大牢饋，腆鐘樂之，百之，贛（貢）。鹽埜貞之曰：吉。既告且……（甲三136）

……瘥，以其故敓之，迻鹽信之敓，餯祭昭王大牢，腆鐘樂之。鄭……（甲三212、199-3）

擇日於八月腆祭競平王，以逾至文君，占之：吉。既敓之。（甲三201）

相同的寫法還見於乙三63、零8、零13等簡。「前」字上古從止從舟，作𦨶。關於腆祭，徐在國先生認為，應讀為「衍」，「衍祭」見於《周禮‧春官宗伯‧大祝》[①]。「腆鐘」就是「前鐘」，加上金部，就是「鏘鐘」。這是比較合理的解釋。陳偉先生亦認同此說[②]。在新蔡簡中，「前鐘」之「前」字還有另一種寫法，從辶止，作延，這是第一種寫法省去月部的結果，文例有：

……鐘樂之；舉禱子西君、文夫人各特牛，饋，延鐘樂之。定占之曰：吉。氏（是）月之……（甲三200）

相同的寫法還見於甲三145和甲三209等簡。關於鏘鐘，李家浩先生研究的結果是，信陽簡和天星觀簡中的「前鐘」應讀為「棧鐘」，「棧」有「編」義，棧鐘即編鐘[③]。

編鐘是禮樂重器，為高級貴族的身分象徵。楚人尚鐘，楚地已出

① 徐在國：〈新蔡葛陵楚簡中的劄記〉（二），簡帛研究網，2003年12月17日。另見徐在國〈從新蔡葛陵簡中的「延」字談起〉，載黃德寬、何琳儀、徐在國《新出楚簡文字考》，安徽大學出版社2007年版，第257—261頁。

② 陳偉：〈新蔡楚簡零釋〉，載《華學》第6輯，紫禁城出版社2003年版。另載氏著《新出楚簡研讀》，武漢大學出版社2010年版，第82—85頁。

③ 李家浩：〈信陽楚簡「樂人之器」研究〉，載《簡帛研究》第3輯，廣西教育出版社1998年版，第1—7頁。

土的編鐘近30批，達300件之多 ①，成組的大型編鐘也出土不少，一般都見於較高規格的楚墓，如淅川下寺、信陽長臺關、隨縣曾侯乙和棗陽九連墩等墓中。

天星觀、新蔡等祭禱簡文的內容，說明墓主生前將編鐘用於祭禱禮儀。這與《呂氏春秋·侈樂》所謂「楚之衰也，作為巫音」可以互相印證。那麼，此種作樂祭禱的場所在哪裡呢？據禮制，禱祠之地在壇墠，祭祀之地在宗廟。桓譚《新論》記載：

昔楚靈王驕逸輕下，簡賢務鬼，信巫祝之道，齋戒潔鮮，以祀上帝，禮群神，躬執羽紱，起舞壇前。吳人來攻，其國人告急，而靈王鼓舞自若。顧應之曰：「寡人方祭上帝，樂明神，當蒙福佑焉。不敢赴救。」而吳兵遂至，俘獲其太子及后姬以下。

楚靈王在吳兵壓境之下，仍遍禱群神，其地點正是「壇前」。這與楚簡中的「樂之，百之，貢之」這一儀式組合，大概可以相印證。「百之」如果理解為「立表、為位」，則與為壇的祭禱差不多。

在宗廟之內舉行的祭祖儀式當然也需用到樂舞。《白虎通義·德論下·崩薨》引《傳》語曰：「作樂於廟，不聞於墓；哭泣於墓，不聞於廟。」② 據之，在宗廟中進行樂舞娛神、設立神位、供奉祭品這三個節目易於理解。

在淅川下寺春秋楚墓群中出土的幾套有銘編鐘，可間接地作為此

---

① 張正明、劉玉堂：〈從楚人尚鐘看鐘氏的由來〉，載《江漢論壇》1985年第6期。楊匡民、李幼平：《荊楚歌樂舞》，湖北教育出版社1997年版，第242—256頁。

② 《白虎通義》所引此《傳》語，不知何出。《太平御覽》引楊泉詩詞謂：「古不墓祭，葬于中原而廟在大門之內，不敢外其親，平明出葬，日中反虞，不敢一日使神無依也。周衰禮廢，立寢於墓，漢因而不改，禘祫祭祀，皆於宗廟，及其末，因寢之在墓，咸往祭也。夫死者骨肉歸於土，神而有靈，豈其守夫敗壞而系於草莽哉！」陳立：《白虎通疏證》卷一一，吳則虞點校，中華書局1994年版，第558頁。關於墓葬和陵寢制度的研究，可參見楊寬《中國古代都城制度史》，上海人民出版社2003年版。

種禮儀的實物證據。M1所出《敬事天王鐘》一套9件，M2出土《王孫誥鐘》一套26件。其銘文分別提到：

唯王正月初吉庚申，□□□自作詠鈴，其眉壽無疆。敬事天王，至於父兄，以樂君子，江漢之陰陽。百歲之外，以之大行。（《敬事天王鐘》）[1]

無疑，此鐘具有現世的實用功能，即用來「以樂君子」。但是它又明確說死後將以此作為陪葬。所謂「大行」，專指死亡，《史記・李斯列傳》：「今大行未發，喪禮未終。」《史記・魏其武安侯列傳》：「案尚書大行無遺詔。」司馬貞《正義》：「天子崩曰大行也。」所謂「百歲之外，以之大行」，即指死後將以此套樂器來陪葬，這也是在出土墓葬中能夠見到這套樂器的原因。這與信陽楚墓遣策所記的功能相同。

又，清末出土於湖北宜都的《王孫遺者鐘》銘：

用享以孝于我皇祖文考，用祈眉壽。……簡簡龢鐘，用宴以喜，用樂嘉賓、父兄，及我朋友。[2]

該銘提到，此鐘的功能包括兩個方面：一是「用享以孝于我皇祖文考」，即以之祭祖；二是娛樂現世的嘉賓、父兄和朋友。用樂舞來追孝祖先，就是祭禮儀式上的「樂屍」。據《禮記・祭統》，天子、諸侯在祭祖儀式上，要親自執舞器，就舞位，帶領群臣用歌舞娛樂象徵著祖先的「皇屍」。楚人的「樂之、百之、貢之」儀式，並沒有超

---

① 趙世綱：〈淅川下寺春秋楚墓青銅銘文考索〉，載湖南省文物研究所、湖南省丹江庫區考古發掘隊、淅川縣博物館編《淅川下寺春秋楚墓》附錄1，文物出版社1991年版。

② 劉彬徽、劉長武：《楚系金文彙編》，湖北教育出版社2009年版，第93—94頁。

第四章 祭禮

出禮書所載的禮制範圍。

## 第三節 廟制

祖先之祭是楚人祭禮中最重要的內容之一。楚系青銅器有不少銘文材料都提到楚人的祭祖禮,例如:

唯王正月初吉丁亥,王子午擇其吉金,自作鼎彝盞鼎,用享以孝於我皇且(祖)文考,有祈眉壽。惻恭舒遲,畏忌翼翼,敬厥盟祀,永受其福。余不畏不差,惠於政德,淑於威儀,簡簡肅肅,令尹子庚,系民之所極,萬年無期,子孫是制。(《王子午鼎》)[1]

元年季春元日己丑,余畜孫書也擇其吉金,以作鑄缶,以祭我皇祖,虘以祈眉壽。欒書之子孫萬世是寶。(《欒書缶》或《書也尊缶》)[2]

用享以孝于我皇祖文考,用祈眉壽。……簡簡穌鐘,用宴以喜,用樂嘉賓、父兄,及我朋友。(《王孫遺者鐘》)[3]

郊陵君王子申攸,茲造鈇盒,攸薦歲嘗,以祀皇祖,以會父兄。永用之館,攸無疆。(《郊陵君豆》、《郊陵君鑒》)[4]

唯正五月初吉壬申,余鄭大子之孫與兵,擇余吉金,自作宗彝,其用享用孝于我皇祖文考,丕敕春秋歲嘗。余嚴敬茲禋眔,穆穆熙熙,

---

① 劉彬徽、劉長武:《楚系金文彙編》,湖北教育出版社2009年版,第86—87頁。
② 劉彬徽、劉長武:《楚系金文彙編》,湖北教育出版社2009年版,第290頁。此器向來通稱《欒書缶》,近年來經過重新認識,學界已認同了此器為楚式器的結論。李學勤先生認為此器的作者不是文獻中的「欒書」,而應讀作「蠻書」。李學勤:〈蠻書缶釋疑〉,載《中國社會科學院歷史研究所學刊》第2輯,商務印書館2004年版,第1—5頁。另見李學勤《中國古代文明研究》,華東師範大學出版社2009年版,第193—196頁。
③ 劉彬徽、劉長武:《楚系金文彙編》,湖北教育出版社2009年版,第93—94頁。
④ 劉彬徽、劉長武:《楚系金文彙編》,湖北教育出版社2009年版,第484—486頁。

至於孫孫。參拜稽首於皇考烈祖，俾萬世無期，極於後民，永寶教之。（《與兵壺》）[1]

以上諸器銘中都提到，作器的用途是「用享于皇祖（或皇祖文考）」。所謂「皇祖」或「皇祖文考」，是對祖先的敬稱。而「文」是對死去祖先的通稱，古籍和金文中常見的「文祖」、「文考」、「文王」都是這個意思。從上引楚器銘文來看，有些器物（如王孫遺者鐘）的製作，既是為了現世活人（「用樂嘉賓、父兄，及我朋友」），同時又兼有祭祖的功能（「孝于我皇祖文考」）。

楚人之有太廟，明載於文獻。楚共王之擇立太子，就是「埋璧於室內」，此「室」即太室祖廟[2]。晉楚泌之戰，楚人大勝，於是「祀於河，作先君宮，告成事而還。」可見，楚人在黃河岸邊建造了先王的宗廟（「先君宮」），告祭而還[3]。楚國民間之有廟祭之所，見於九店楚簡《日書》：「〔凡室不可以〕居祭室之後。」（簡49[4]）整理者已指出，此條文義與睡虎地秦簡《日書》之「當祠室，依道為小內，不宜子」（簡18背五、19背五）相同[5]。楚人之「祭室」與秦人之「祠室」，都是指祭祀之所，當然包括祖廟在內[6]。

楚地卜筮祭禱簡中經常提到祖先之祭，稱為「為位」，例如包山

① 劉彬徽、劉長武：《楚系金文彙編》，湖北教育出版社2009年版，第484—486頁。王人聰：〈鄭太子之孫與兵壺考釋〉，載《古文字研究》第24輯，中華書局2002年版。

② 《左傳・昭公十三年》：「埋璧於太室之庭。」杜預注：「太室，祖廟。」、「太室」（大室）又稱「世室」，《左傳・文公十三年》：「世室屋壞。」《公羊傳》作「世室」。《穀梁傳》謂：「大室猶世室也。周公曰大廟，伯禽曰大室，群公曰宮。」

③ 《左傳・宣公十二年》。

④ 此條「居」字，原整理者釋為「蓋」，周波先生改釋作此。周波：〈九店楚簡釋文注釋校補〉，載《江漢考古》2006年第3期。

⑤ 湖北省文物考古研究所、北京大學中文系：《九店楚簡》，中華書局2000年版，第51、116頁。

⑥ 以下內容參見楊華〈楚禮廟制研究〉，載《楚文化研究論集》第6集，湖北教育出版社2005年版，第500—511頁。

楚簡中有：

邵吉為冠（位），既禱至（致）福。（簡205、206）

臧敢為位，既禱至（致）命。（簡224、225）[1]

新蔡葛陵楚簡和天星觀楚簡中亦有類似說法[2]：

……坪夜君貞：既心悶（悶），瘇痕（脹）。以百膚體疾。卜筮為
冠（位），既……（新蔡簡甲三189）

享祭惠公於鄖之位，戠豢饋之。（天星觀簡）

思攻解於不殆（辜）、強死者與祖冠（位）。（天星觀簡）

與祖冠（位）鄖。（天星觀簡）

「位」寫作「冠」，其字從示，已表明其為接受祭禱之神靈的
性質，是一種神位。所謂「為位」，見於《周禮·春官宗伯》中《肆
師》和《小宗伯》兩職，根據清代禮學家孫詒讓的說法，就是在祭禱
時「設神位及主祭之位」[3]。為位而祭的對象，不一定限於人鬼，天
地、社稷、宗廟之祭皆需設立壇位[4]。在雲夢睡虎地秦簡《法律答問》
中，對「奇祠」的解釋是：「王室所當祠固有矣，擅有鬼立（位）也
為奇，它不為。」（簡161）所謂「鬼位」，便是指此祭祀壇位。

包山簡中提到的所謂「致福」，正如李家浩先生所指出的，它又

① 湖北省荊沙鐵路考古隊：《包山楚簡》，文物出版社1991年版。

② 河南省文物考古研究所：《新蔡葛陵楚墓》，大象出版社2003年版。本文所引天星觀簡的
釋讀，除源於滕壬生《楚系簡帛文字編》外，還參考了晏昌貴〈天星觀「卜筮祭禱」簡釋文
輯校〉，載《楚地出土簡帛文獻思想研究》第2輯，湖北教育出版社2005年版。

③ 孫詒讓：《周禮正義》，中華書局1981年版，第1461頁。

④ 關於「為位」的相關研究，可參見李家浩先生〈包山祭禱簡研究〉，載《簡帛研究（2001）》，
廣西師範大學出版社2001年版。

稱之「歸胙」，即通過分食祭品（「胙」），而得到所祭的祖先等神靈的福佑，表示此一祭禱祖先的儀式已經完成。

「致命」，包山簡整理者認為指《周禮‧春官宗伯‧大祝》中六辭之一的「命」，即宣達「以通上下親疏遠近」的命辭①。李家浩先生認為，其意即「報命」，「致命」者與「致福」者一樣，也應該是「為位」者②。那麼，所謂「致命」，也表示祭禱的執行者（邵吉、臧）已完成祭禱的任務，故而反報于墓主邵佗。

楚簡中，有時還用「既成」來表示祭禱儀式已經完成。例如：

……既城（成），且……（新蔡簡甲一17）

……□之說，占之曰：吉。既成……（新蔡簡甲三45）

……之日，薦太一犆，綏之以秘玉，祈之。既城（成），杠逾而厝（薦）之。氏（是）日國（或）……（新蔡簡甲三111）

……吉，既成……（新蔡簡零396）

……新（親）父既城（成）。新（親）母既城（成）。（包山簡202）


包山簡整理者已經指出，所謂「成」，即是《儀禮‧少牢饋食禮》中「祝告曰利成」的「成」，意即「禮畢。③」

由此，楚地卜筮祭禱簡中從「為位」到「既成」的記錄，反映出楚人的祖先祭禱是一個完整而又連續的禮儀程序。

以下根據楚簡中「為位祭禱」的記錄，來研究楚人的祖先祭禱。我們尤其關注的重點是，與傳世的《禮經》文本相對照，研究楚人廟

① 湖北省荊沙鐵路考古隊：《包山楚墓》，文物出版社1991年版，第389頁注450。
② 參見李家浩先生〈包山祭禱簡研究〉，載《簡帛研究（2001）》，廣西師範大學出版社2001年版，第29—30頁。
③ 湖北省荊沙鐵路考古隊：《包山楚墓》，文物出版社1991年版，第386頁注386。

制問題，進而考察所謂楚禮。目前可資引用的楚簡資料，主要來源於包山楚墓、望山楚墓、天星觀楚墓、新蔡平夜君成墓、秦家嘴楚墓等。其中包山楚簡最為系統，根據整理者所排簡序，簡226－248所記為同一天（「大司馬悼滑將楚邦之師徒以鄗郢之歲刑夷之月己卯之日」）進行的十次貞禱，所祭禱的人鬼包括楚先三人、荊王（「自熊麗以就武王」）、昭王、死者的直系祖先四人、叔伯長輩、兄弟、其他厲鬼。如果把這同一天所祭禱之人鬼作為一個單元來考察，可發現這中間只有直系祖先曾兩次被禱，其他諸鬼均只享祭一次，這似乎說明，在同一天中雖然可能祭禱多個人鬼，但他們一般不會重複，而具有內在的完整性。

## 一、先公·三楚先

《國語·楚語上》所載的楚國太子之教中，專有《世》教，楚人對於其祖先世系是十分清楚的。《史記·楚世家》謂：

> 楚之先祖出自帝顓頊高陽。……高陽生稱，稱生卷章，卷章生重黎。重黎為帝嚳高辛居火正，甚有功，能光融天下，帝嚳命曰祝融。……帝乃以庚寅日誅重黎，而以其弟吳回為重黎後，複居火正，為祝融。吳回生陸終，陸終生子六人……六曰季連，芈姓，楚其後也。……周文王之時，季連之苗裔曰鬻熊。

《史記》之《集解》、《索隱》均引《世本》及各家注認為，卷章又名老童，見於《史記集解》所引譙周之說。正如李學勤先生所指出的，卷章即老童的誤寫[1]。

重黎被命為祝融，居火正之官，在楚國歷史上向來受尊祭；而鬻熊在春秋時期已被列為楚人之「吾先」之一，楚武王曾說：「吾先鬻

---

① 李學勤：〈論包山簡中一楚先祖名〉，載《文物》1988年第8期。

熊，文王之師也，早終。成王舉我先公，乃以子男田令居楚，蠻夷皆率服。<sup>①</sup>」

近30年來，在楚地出土的卜筮祭禱簡中包含了大量關於楚人祖先祭禱的史料，這對於研究楚人的先公具有重要意義。包山M2簡217、237中提到「楚先」有三人：

舉禱楚先老童、祝融、鬻熊各一牂。（簡217）
舉禱楚先老童、祝融、鬻熊各兩牂。（簡237）

望山M1簡文提到「楚先既禱」（簡124），所謂「楚先」也是這三人：

……〔楚〕先老童、祝〔融〕……（簡120）
鬻熊各一牂。（簡121）
……〔楚〕先老童、祝融各一羖……（簡122-123）
……□㻬既禱，楚先既禱……（簡124）<sup>②</sup>

在新蔡簡中，「楚先」之前，加上「三」字，更加明確了「三楚先」是一個固定的享祭組合：

……薦三楚先，客（各）……（甲三105）
……□就禱三楚先屯一牂，綏之翗玉；就禱□□……（甲三214）
就禱三楚先屯一牂，綏之翗玉，壬辰之日禱之。……（乙一17）
……□就禱三楚〔先〕……（乙三31）

---

① 《史記·楚世家》。
② 參見〈望山一、二號墓竹簡釋文與考釋〉注101、102，載湖北省文物考古研究所編《江陵望山沙塚楚墓》附錄2，文物出版社1996年版，第272—273頁。

……三楚先、地主、二天子、鄩山、北〔方〕……（乙四26）

……之，就禱三楚〔先〕……（零314）

……玉，舉禱于三楚先各一牂，緅之牂玉……（乙三41）

在新蔡祭禱簡文中，此三楚先的具體名稱稍有變化，有時作「老童、祝融、鬻熊」，有時作「老童、祝融、穴熊」：

……〔老〕童、祝融、穴熊芳屯一……（甲三35）

……甲戌辟，乙亥禱楚先與五山，庚午之夕內齋。（甲三134、108）

……以其故敓（說）之。舉禱楚先：老童、祝融、鬻熊，各兩牂。祈……（甲三188、197）

有祟見於司命、老童、祝融、穴熊。癸酉之日舉禱……（乙一22）

融、穴熊各一牂，緅之牂玉，壬辰之日禱之。……（乙一24）

……于楚先與五山……（零99）

……〔祝〕融、穴能，就禱北……（零254、162）

……命、老童……（零429）

……〔祝〕融、穴熊、昭〔王〕……（零560、522、554）

根據新蔡楚簡整理者賈連敏先生的研究，簡文中稱「三楚先」的共7例，凡稱「三楚先」者，其後不再綴老童、祝融和穴熊這些具體的先祖名。其中稱「楚先」的共4例，稱「楚先」者，其後有時帶老童等具體的先祖之名[①]。

在「三楚先」這個先祖的組合之中，老童、祝融的寫法比較容易確認，但鬻熊寫作「嫛酓」或「褮酓」，李學勤先生讀作「鬻熊」，

---

① 賈連敏：〈論新蔡竹簡中的楚先祖名〉，載《華學》第7輯，中山大學出版社2004年版。

李家浩先生讀作「長琴」①。現在，新蔡楚簡中又出現了一個「老童、祝融和穴熊」的組合，前二者與包山、望山等簡文相同，唯「穴熊」（有時寫作「空酓」，有時寫作「穴酓」）與「褢熊」有異。學者們對此也有不同的看法，新蔡簡整理者賈連敏先生認為，新蔡簡的三人組合說明，包山簡、望山簡中的「媸酓」也應當讀作「穴熊」②。也有學者認為，穴熊就是鬻熊，二者在聲韻和寫法上有可通之處③。也有學者否認穴熊就是鬻熊的異寫④。

《楚辭・離騷》稱「帝高陽之苗裔」；《史記・楚世家》說「楚之先祖出自帝顓頊高陽」；《大戴禮記・帝系》亦謂「顓頊娶于滕氏，滕氏奔之子謂之女祿氏，產老童」。楚人似以顓頊高陽為始祖。在新蔡簡中，也有類似的說法：

> ……我先出自刞遹（遆），宅茲沮漳，以徙遷居。（簡甲11、24）

根據董珊先生的研究，「刞遆」二字可讀為「顓頊」，若是，新蔡簡便與文獻記載銜接起來了⑤。但是在這兩段簡文中，以第一人稱「我」的口氣敘述到顓頊，顯然是冊告或昭告之辭，並非祭禱的記錄，也不能表明顓頊享受了祭禱的饋奉。因此，我們認為，楚人祭禱的先祖（先公），仍是「三楚先」。

結合以上戰國楚簡的祭禱信息，似乎可以得出兩點結論：

---

① 李學勤：〈論包山簡中一楚先祖名〉，載《文物》1988年第8期。李家浩：〈包山竹簡所見楚先祖名及相關的問題〉，載《文史》第42輯。
② 賈連敏：〈論新蔡竹簡中的楚先祖名〉，載《華學》第7輯，中山大學出版社2004年版。
③ 魏宜輝、周言：〈再談新蔡楚簡中的「穴熊」〉，簡帛研究網，2004年11月8日。
④ 宋華強：〈離騷三後即新蔡簡「三楚先」說——兼論穴熊不屬「三楚先」〉，簡帛研究網，2005年3月4日。
⑤ 董珊：〈新蔡楚簡所見的「顓頊」和「雎漳」〉，簡帛研究網，2003年12月7日。

第一，早在春秋時期，楚人祭祖時就以祝融和鬻熊為先公的祖合，上引楚簡材料不僅證實了這一點，而且更加清楚地表明，楚人所祭的「三楚先」組合已固定為老童、祝融和鬻熊。

　　第二，由這三人所組成的「楚先」組合，不僅受祭於王室，而且在其附庸國、封君、大夫以及所有貴族祭祖時也必須受到尊祭。夔人本亦熊氏，名為熊摯，他生病時曾禱于先祖鬼神，只是未奏效（「熊摯有疾，鬼神弗赦」），於是「自竄於夔」，即分宗立支了。然而，即使分宗另立，也必須祭祀楚先，否則便是忘祖，成為楚國攻打的口實，《左傳·僖公二十六年》所載楚人之伐夔，正是如此。包山墓主邵氏是楚昭王之後，出於小宗，與王室已有數代之隔，但在其祭禱簡中仍然有對這三位楚先的祭禱。望山墓主亦然。這些都說明由楚始祖和兩位楚先公組成的「楚先」，其享祭之廣泛性。

　　在戰國時期楚人的祖先譜系中，還有另外一種說法，即伏羲—炎帝—祝融一系，這在長沙子彈庫出土的戰國楚帛書〈四時篇〉中，已有所見 ①。但是看來他們只存在于南方楚地的神話傳說中，在楚人祭祀體系中是否享有祭位，目前還沒有確切的史料證據。

### 二、先王·荊王

　　受命稱王後的傑出祖先稱為「先王」。商人卜辭中，把上甲至帝辛的各世稱為先王；周人之受命先王自文王始，周人的廟祭系統中，以文王和武王代表諸先王享受祭祀，成為不祧之祖，有不遷之廟 ②。楚人先王之祭最初見於包山楚簡：

① 李學勤：〈楚帛書中的古史與宇宙觀〉，載張正明主編《楚史論叢》（初編），湖北人民出版社1984年版，第145—154頁。院文清：〈楚帛書中的神話傳說與楚先祖譜系略證〉，載王光鎬主編《文物考古文集》，武漢大學出版社1997年版，第258—271頁。

② 關於周之先公、先王，歷代注疏爭訟不決，說詳《周禮·春官宗伯》之〈司服〉、〈守祧〉諸篇注疏，參見孫詒讓《周禮正義》，中華書局1987年版，第1620—1625，1675—1681頁。

舉禱荊王，自畲（熊）麗以就武王，五牛、五豕。（簡246）①

熊麗是鬻熊之孫，約當周文、武之時。楚武王（前740年－前690年在位）名熊通，楚人稱王，實始於此，也是楚國歷史上著名的君主。「就」字整理者原釋作「庚」，後有學者釋作「適」②，李零先生釋為「就」③。郭店簡發表後，一般改釋為「就」，意為「往」、「到」。從熊麗到楚武王熊通，約經三百多年，歷十九代。主祭者邵佗把這一時期視為一個單獨的階段，所以將他們一起供祭，奉獻了五牛、五豕，從其物牲的數量來看，應當是一種集體合祭。

雖然楚人稱王自熊通（楚武王）始，但楚人向來以蠻夷自居，獨立于中原文化之外，正如楚武王所說：「王不加位，我自尊耳。」楚靈王和子革就曾稱熊繹為「我先王」④，夔稱熊摯（熊繹玄孫）也是「我先王」⑤，他們都在熊通稱王之前。所以楚人在祭祀時，將受封之後、稱王之前的諸先人也統稱為「荊王」，是可以理解的。

可見，鬻熊之前稱為「先公」時期，稱為「楚先」；熊麗之後則應當是「先王」時期，稱「荊王」。在祭祀時，鬻熊之前的「楚先」與其後的「荊王」區別相當明確：前者享祭分別「各一牂」（包山簡217）、「各兩祜」（包山簡237）、「各一牂」（望山簡122–123）、「屯一牂」（新蔡簡乙一17）、「各一牂」（新蔡簡乙三41）、「各兩牂」（新蔡甲三188、197）、「各一牂」（乙一24）。而對「荊王」

---

① 「麗」，包山簡整理者原釋作「罜」，讀為「熊繹」，有多位學者改釋作「麗」。熊繹是熊麗之孫，他們對於楚之開國始封的意義相同。何琳儀：〈包山楚簡選釋〉，載《江漢考古》1993年第3期。李零：〈考古發現與神話傳說〉，載《學人》第5輯，江蘇文藝出版社1994年版。湯余惠：〈包山楚簡讀後記〉，載《考古與文物》1993年第2期。陳偉：《包山楚簡初探》，武漢大學出版社1996年版，第170—172頁。
② 陳偉：《包山楚簡初探》，武漢大學出版社1996年版，第171—173頁。
③ 李零：《中國方術考》，東方出版社2000年版，第280、289頁。
④ 《左傳・昭公十二年》。
⑤ 《左傳・僖公二十六年》。

第四章　祭禮

所舉行的集體合祭，是多代人共享「五牛、五豕」。

根據諸家經典，古人祭祖有天子七廟、諸侯五廟之說，但西漢的劉歆認為，這些廟數指「祖」廟之數，而「宗（廟）不在此數中。宗，變也」①。所謂有變數的宗，楚人的熊麗、武王正可當之：前者首次得到中原天子的承認；後者公開稱王，抗衡中原。他們都是楚國歷史上「有功德」、可「宗之」的強主，所以作為「荊王」的代表而享祭。當然，這一時期的楚國歷史上還有楚文王、楚莊王等多位功業卓著的統治者，很可能在享祭時也有特別的奉祠，這從總數「五牛、五豕」中多少有些反映，但正因為在祭祀制度上這些楚王屬「不可預設數」，所以只以「自熊麗以就武王」統稱之。

新蔡楚簡所見祭禱對象很多，其中也有「荊王」一類，例如：

賽禱于荊王以逾，訓（順）至文王以逾……（簡甲三5）②

舉禱，佩玉，各□璜；冊告，自文王以就聖（聲）桓王，各束錦加璧。（簡甲三137）

以祔玉，荊王就禱，刑牢，祔；文王以豢，就禱大牢，祔。……（簡乙四96）

……荊王，文王以逾，至文君□□……（簡零301、150）

「以逾」意為「以降」③。平夜君成所祭禱之「荊王」，似乎以楚

---

① 《漢書·韋賢傳》。

② 此條簡文，原整理者將「以逾」屬下讀，現參考何琳儀先生意見，改屬上讀。何琳儀：〈新蔡竹簡選釋（上）〉，簡帛研究網，2003年12月7日。另載《安徽大學學報》2004年第3期。

③ 湯余惠、何琳儀、陳偉、侯乃峰諸先生都指出，楚卜筮祭禱簡中的「某某以逾」實即「某某以降」之意。湯余惠：《戰國銘文選》，吉林大學出版社1993年版。陳偉：《郭店竹書別釋》，湖北教育出版社2002年版，第19頁。陳偉：〈楚人禱祠中的人鬼系統以及相關問題〉，載氏著《新出楚簡研讀》，武漢大學出版社2010年版，第103—132頁。何琳儀：〈新蔡竹簡選釋（上）〉，載《安徽大學學報》2004年第3期。侯乃峰：〈《上博七·武王踐阼》小劄三則〉，復旦大學出土文獻與古文字研究中心網，2009年1月3日。

文王為界，分作兩個享祭段落：文王之前其上限不詳；文王以下可延至「聖桓王」（楚聲王）①，有時逾至文君，即墓主平夜君成的父或祖。

楚文王熊貲（前689年—前677年在位）是楚武王之子。在包山簡中，從熊麗到楚武王是「荊王」的一個祭祀段落；而在新蔡簡中，楚文王以下又是一個祭祀段落。這恐怕不是偶然。

從楚文王到平夜君成經常祭禱的直系親祖，其間要經過堵敖、成王、穆王、莊王、共王、康王、郟敖、靈王數代。我們認為，楚平王（競平王）可能是另一個段落的界標——從文王到平王之前，也應當屬平夜君成的「先王」階段；而楚平王以下，則屬平夜君成的直系親祖階段。所以，祭禱簡文中才特別明載：「腜祭競平王以逾至文君」（簡甲三201），「賡于競平王、邵（昭）王……」（甲三69）

### 三、直系親祖
### （一）包山M2楚簡
包山祭禱簡中有多處祭禱直系親祖的記載，如：

罷禱于邵（昭）王特牛，饋之。罷禱文坪夜君、郚公子春、司馬子音、蔡公子家各特豢、酒食，罷禱于夫人特豬。（簡200）

悘于新（親）父蔡公子家特〔牛〕、豬，饋之；悘於親母肥豣、酒食；舉禱東陵連囂肥塚、酒食。移石被裳之敓，罷禱于邵王特牛，饋之。罷禱于文坪夜君、郚公子春、司馬子音、蔡公子家各特豢、酒食，夫人特豬、酒食。（簡202-204）

相似的祭祀順序和祭祀內容，還見於簡206、214-215、239-240、

---

① 「聖桓王」通于「聲王」，已見於望簡。湖北省文物考古研究所：《江陵望山沙塚楚墓》附錄2，文物出版社1996年版，第254—255頁。

第四章　祭禮

237

248等。簡文中提到親父是蔡公子家，親王父（祖父）是司馬子音，所以整理者據之排出墓主邵佗直系親祖的順序是：昭王—文坪夜君子良—邵公子春—司馬子音—蔡公子家。

包山楚簡公佈後，不少學者曾對邵氏家族的世系做了復原研究，除了整理者彭浩先生的相關研究（見《包山楚墓》附錄）之外，吳郁芳先生根據史料記載和包山楚簡復原了邵（昭）氏家譜，限於篇幅，茲不贅引[①]。

由於自楚昭王元年至邵佗病卒，即西元前515年至西元前316年，前後共200年，平均一代人超過33歲，所以包山楚簡的整理者懷疑：「（楚）昭王至文平夜君之間至少還有一代人，因不是邵佗的直系祖先，簡文已略去。」[②]但吳郁芳和何浩等先生的研究，都否定這種缺環的存在，認為從楚昭王到邵佗，是一套完整的、未被中斷的邵氏世系[③]。

### （二）望山M1楚簡

望山M1卜筮祭禱簡多處提到墓主生前對其先人的祭祀，如簡10、28、88、89、106—115、119等：

聖（聲）桓王、悼王各佩玉一環，東宅公佩玉一環。（簡109）

聖（聲）王、悼王、東宅公各特牛，饋祭之。（簡110）

折（哲）王各特牛，饋之。罷禱先君東宅公特牛，饋□□（簡112）

整理者據之認為：

---

① 吳郁芳：〈包山二號墓墓主昭佗家譜考〉，載《江漢論壇》1992年第1期，第62—64頁。

② 湖北省荊沙鐵路考古隊：《包山楚簡》，文物出版社1991年版，第563頁。

③ 何浩：〈文坪夜君的身分與昭氏的世系〉，載《江漢考古》1992年第3期，第68—70頁。

望山M1竹簡所祭祀的先人，有簡王、聲王、悼王等，及先君東宅公和王孫棨等人。東宅公之名有時緊接在悼王之後出現，他應該是悼王之子，同時也是悼固這一支的始祖。所以悼固以悼為氏，這與楚莊王之後以莊為氏同例。王孫棨大概是東宅公之子，東宅公是王子，所以他的兒子是王孫。悼固不稱王孫，輩分應低於王孫棨。①

這樣說來，望山簡中墓主悼固祭禱的直系親祖是：簡王—聲王—悼王—東宅公—王孫棨。

### （三）新蔡M1001楚簡

新蔡簡中祭禱直系祖先的簡文有：

舉禱，佩玉，各□璜；冊告，自文王以就聖桓王，各束錦加璧。（簡甲三137）。

……葦為君貞，祈福于邵（昭）王、獻王、柬大王……（簡甲一21）

……〔無〕咎。有祟見於邵（昭）王、文……（簡甲三2）

擇日於八月腏祭競平王以逾至文君。占之：吉。既敘之。（簡甲三201）

有祝（祟）見於邵王、蕙（惠）王、文君、文夫人、子西君。就禱……（簡甲三213）

……〔有〕敓（祟）見於邵（昭）王、文王、文夫人、子西君。是……（簡乙一6）

王、文君。舉禱于昭王、獻惠王、文君各一佩玉。辛未之日禱之。（簡乙一21、33）

其故敓之，舉禱于昭王、獻王各大牢，饋，腏……（簡乙一29、30）

---

① 朱德熙、裘錫圭、李家浩：〈望山一號墓竹簡的性質和內容〉，載湖北省文物考古研究所編《江陵望山沙塚楚墓》附錄3，文物出版社1996年版，第310—312頁。

第四章　祭禮

……一犆，就禱昭王、惠王屯……（簡乙四12）

簡文整理者已經指出，平夜君成最近的直系祖先有：其祖平夜文君（即見於包山簡的子良）、其父王孫厭，與之相近的享祭人鬼有文夫人、子西君、盛武君等。但是，綜合分析該墓所出祭禱簡文，可以發現：第一，昭王在祭禱中出現的次數極多；第二，平王、昭王、惠王、簡王（柬大王）同時受祭，成為一條清晰的世系。所以，墓主平夜君成祭禱的直系親祖世系應當是：平王—昭王—平夜文君—王孫厭。另外受祭的惠王是平夜文君的兄弟，即墓主的祖父之兄；簡王是惠王之子，即墓主父親的堂兄[①]。

### （四）天星觀M1楚簡

在考古簡報公佈的簡文中，受到祭祀的有惠公、卓公，他們應是墓主人番剩的直系親祖，例如：

賽禱惠公戠豢，饋之。

賽〔禱〕惠公首以豚豕。

賽禱卓公訓至惠公，大牢樂之。

速賽禱惠公戠豢。

由於天星觀簡的材料尚待完全公佈，所以目前對墓主番剩的世系尚不能復原。

相對於戰國時期的其他國家而言，《史記·楚世家》和其他史料所載的戰國楚王世系相對明確，歧義不多。為便於討論，現將楚王世

---

① 關於平夜君成的世系，學界有多種不同的說法，可參考宋華強〈試論平夜君成即平夜文君之子〉，簡帛研究網，2006年5月26日。劉信芳：〈新蔡葛陵楚墓的年代以及相關問題〉，載《長江大學學報》（社會科學版）2004年第1期，第5—8頁。徐在國：〈新蔡葛陵楚簡劄記（二）〉，簡帛研究網，2003年12月17日。

系加以列表，並將以上楚簡中反映的貴族直系祖先的祭祀譜系附列其後，以進行對比：

表4-3　楚簡所見楚貴族世系表

| 平王—昭王—惠王—簡（東）王—聲（聖）王—悼王—蕭王—宣王—威王—懷王 | 《史記·楚世家》 |
|---|---|
| 平王—昭王—惠王—簡王—聲（聖）王<br>　平夜文君……………………平夜君成 | 新蔡M1001 |
| 昭王—文坪夜君（子良）—邵公子春—司馬子音—蔡公子家—左尹邵佗 | 包山M2 |
| 簡王（東大王）—聲（聖）王—悼王—東宅公—王孫棠—悼固 | 望山M1 |

　　從上表可以看出，包山墓主邵佗從蔡公子家上祭至楚昭王，換言之，他祭祀了其父親、祖父、曾祖、高祖和從之得氏的楚王（昭王），共五代；望山墓主悼固也上祭了其父親（王孫棠）、祖父（東宅公）、曾祖（悼王）、高祖（聲王）和得氏之王（簡王）五代。所以，彭浩先生指出：「從文坪夜君到邵佗大約是先後相接的五代人。」[①] 陳偉先生在望山簡公佈不久也指出：「連續祭祀五代先人，大概是戰國中期楚國貴族中的流行作法。」[②] 新蔡楚簡部分資料公佈後，陳偉先生又指出：「平輿君成身為楚國封君，地位大致相當於卿，比大夫高出一等。從這三例（包山、望山和新蔡——引者）看，可能戰國時楚人封君一級祭祀七代先人，大夫一級祭祀五代先人。[③]」

　　關於楚人祭禱五代祖先的材料，在秦家嘴楚墓所出祭禱簡文已有所見，例如：

①　彭浩：〈包山二號楚墓卜筮祭禱竹簡的初步研究〉，載湖北省荊沙鐵路考古隊編《包山楚墓》附錄23，文物出版社1991年版，第563頁。
②　陳偉：〈望山楚簡所見的卜筮與禱祠——與包山楚簡相對照〉，載《江漢考古》1997年第2期，第73—75頁。收入氏著《新出楚簡研讀》，武漢大學出版社2010年版，第41—47頁。
③　陳偉：〈新蔡楚簡零釋〉，載《華學》第六輯，第95—99頁。收入氏著《新出楚簡研讀》，武漢大學出版社2010年版，第82—86頁。

□禱□都于五世王父以逾至新（親）父，凡紫□員（雲）……（秦家嘴M1簡2）

乙未之日，賽禱五世以至新（親）父母肥豢。（秦家嘴M13簡1）

……貞：既□禱戠牛于五世王父王〔母〕……（秦家嘴M13簡5）

□禱之于五世王父王母訓至新（親）父母，疾……壴速賽之。（秦家嘴M99簡10）

賽禱于五世王父王母……地主、司命、司禍，各一殤，纓之吉玉北方一環。（秦家M99簡11）①

所謂「五世」，在簡文中均寫為「五殜」，即五代人。類似關於五世祭禱的材料，還見於新蔡楚簡和曹家崗楚簡中：

……□疾，恒由（思）郫亥敚於五世……（新蔡簡乙四27）

……己未之日，就禱三世之殤。（新蔡簡乙四109）

五世王父以逾至親父。（曹家崗M1簡2）②

從以上簡文所載楚人祭先祖的數量以及簡文本身對其祖先世代之數的揭示，都表明「五世」是楚人祭禱先祖的定數。在最新公佈的上海博物館藏戰國楚簡《天子建州》篇中，有關於各級貴族廟數的禮制規定：

凡天子七殜（世），邦君五〔殜〕，〔大夫〕三殜（世），士二

---

① 此處所引的材料及其編號，均採用上揭晏昌貴先生的輯校和綴合。
② 黃岡市博物館、黃州區博物館：〈湖北黃岡兩座中型楚墓〉，載《考古學報》2000年第2期，第257—284頁。此條轉引自陳偉〈鄂君啟節——延綿30年的研讀〉，載氏著《新出楚簡研讀》，武漢大學出版社2010年版，第339頁。

牒（世）。（簡1-2）<sup>①</sup>

楚簡中祭禱「五世」的記載，與《禮記》各篇（如〈王制〉、〈喪服小記〉、〈大傳〉等）中的相關規定大致相符，可以理解為楚人遵守了中原禮制的宗法制度和親屬制度<sup>②</sup>。但細加分析，目前還存在著不少與此種認識相抵牾的證據：

第一，望山簡的資料否定了這一點。在望山簡中，除了以上所說的五代祖先外，還有饋祭「哲王」特牛的記載（簡112），整理者推測哲王可能是楚肅哲王的雙字之謚<sup>③</sup>。雙字之謚見諸楚聲王，楚聲王在望山簡109中稱為「聖桓王」，這與壽縣楚王墓所出曾姬壺銘「聖桓之夫人」相印證。況且，在新出的新蔡平夜君墓楚簡中，亦有「自文王以就聖（聲）桓王」（簡137）的記載，證明雙字之謚的說法是正確的<sup>④</sup>。如果楚肅王也享祭的話，那麼望山M1墓主悼固所祭當為六人，而非五人。

第二，從楚簡所載祭品的排列規律來看，亦與五代祖先之說不符。在包山簡中，享受特豢之饋的是邵佗的四親祖（高祖、曾祖、祖、父），這是一個固定的組合（見簡200、202-203、205-206、214-215，參見後文所附之表4-5），而昭王則享受的是特牛之饋，高於此四代親祖，說明得氏之祖昭王似乎是遊離於核心四親祖之外的。

在望山簡中，聲王、悼王、東宅公三人享祭的組合出現了兩次（簡109、110），都是各饋特牛，或各佩玉一環，說明望山簡的核心

① 馬承源主編：《上海博物館藏戰國楚竹書（六）》，上海古籍出版社2007年版。

② 陳偉：〈楚人禱祠中的人鬼系統以及相關問題〉，載氏著《新出楚簡研讀》，武漢大學出版社2010年版，第103—132頁。

③ 湖北省文物考古研究所：《江陵望山沙塚楚墓》，文物出版社1996年版，第254—255頁注24，第269頁注89。

④ 《白虎通義》卷二〈謚〉論雙字之謚謂：「謚或一言，或兩言何？文者以一言為謚，質者以兩言為謚。」可知雙字之謚在上古並不少見。陳立：《白虎通疏證》，吳則虞點校，中華書局1994年版，第71頁。

直系親祖至少是三代。簡王所享受的貢物也是佩玉一環，雖然沒有與聲王一悼王一東宅公三人同時享祭的證據，但簡28載明其所享貢物也是佩玉一環，簡106和簡107又記載向簡王歸（饋）玉，說明他與前三者的規格相當。更重要的是，載明聲王一悼王一東宅公三人同時享祭的簡109和簡110，都是上文不足的殘簡，所殘缺的內容可能就是簡王，所以有理由認為，簡王一聲王一悼王一東宅公四代是一個核心的親祖組合，他們的享祭相同。而王孫喿卻在此組合之外，理由是：其一，按照整理者的推定，王孫喿是東宅公的下一輩，記載聲王一悼王一東宅公三人同時享祭的簡109和簡110，其下文都是足文，然而在同一支簡文中，東宅公之後卻並沒有王孫喿享祭的記錄；其二，王孫喿所享受的祭品只見有「塚塚」（簡119），如果把包山簡中的祭品規格作為參照，其規格比聲王一悼王一東宅公三人組合所享受的祭品要低兩檔（第一檔為特牛，第二檔為特豢，第三檔為塚塚），而且「塚塚」不是核心直系親祖的祭品，而是旁系族親（如包山簡中的東陵連囂、兄弟無後者）所享之祭品，故而王孫喿可能並不屬墓主悼固的核心親祖之列，他與其他直系親祖的關係還須謹慎考慮。這樣說來，望山簡中的核心親祖仍是四代，而不是五代[①]。

眾所周知，周人祭祖，廟數有定，天子七廟：太祖（后稷）、（文、武）二祧、四親廟（高祖、曾祖、祖、父）。四親廟是周禮中祖先祭祀的核心內容，隨著等級的變化而遞減。《禮記・文王世子》：「五廟之孫，祖廟未毀，雖為庶人，冠、取妻必告，死必赴，練、祥則告。」禮書中所謂「五世」，其實強調的就是四代親祖。上文的論述表明，在目前已知的楚貴族祭祖譜系中，包山M2的核心親祖是四廟，望山M1的核心親祖也似為四廟，這與周禮中的祭祀制度基本

① 要指出的是，「哲王」所享受的貢物是饋特牛，也沒有與聲王一悼王一東宅公三人同時享祭的證據。所以，他可能也是遊離於核心直系親祖之外的。

可以對接。新蔡平成夜君墓雖然祭了七代祖先，其核心親祖究竟是幾廟，由於材料所限，爭論較多，尚不能確定。所以，僅從所祭祖先之數目來復原楚人的廟制，似乎尚為時過早；或者說，對目前的簡文記載，還需要做更細緻的分析。在此，我們試圖從其他角度來分析楚人的祭祖問題。

首先，楚人所禱祀的直系親祖中究竟包括哪些人？

楚人親祖祭祀結構可以概括為三部分：得氏之王+始封之別子+再分宗後的各代親祖。

先看包山楚簡。根據考證，包山簡中提到的文坪夜君子良，就是曾侯乙墓竹簡中所載為之賵賻助喪的坪夜君，即楚昭王之子、楚惠王之弟，因為沒有當上令尹而改封于平夜（輿），位居封君[①]。世襲的封君是新蔡平夜君成這一系，而包山墓主邵佗家族顯然屬平夜君的旁系，從郚公子春以後便另立一支了。也就是說，平夜君相對于楚王室而言是小宗，而邵佗家族相對于平夜君而言，更是小宗的小宗。這樣，邵佗的直系親祖的祭祀結構就是：

三代小宗（分宗始立之君郚公子春+其後裔司馬子音、蔡公子家）+上溯一代始封別子（平夜君文）+上溯一代得氏之王（昭王）

可見，與邵佗之祖、父輩屬堂兄弟關係的歷代平夜君並未享祭，只有一代始封之君享祭；與邵佗之祖、父輩屬族兄弟關係的歷代楚王，也只有始出之王即得氏之王（昭王）一代受到祭祀。這似乎意味著，楚人小宗沒有祭祀大宗的資格和權力，這是非常符合中原禮制的。

<hr />

① 裘錫圭：〈談談隨縣曾侯乙墓的文字資料〉，載《文物》1979年第7期，第25—32頁。吳郁芳：〈包山二號墓墓主昭佗家譜考〉，載《江漢論壇》1992年第1期，第62—64頁。何浩：〈文坪夜君的身分與昭氏的關係〉，載《江漢考古》1992年第3期，第68—70頁。

第四章　祭禮

再看望山楚簡。因為悼氏是從楚悼王得氏，所以墓主悼固上祭的五代祖先，包括三代楚王和悼氏的兩代直系親祖（東宅公、王孫橾都應該是悼氏），前者即楚悼王的直系後裔是大宗，而後者相對於楚王室而言是小宗。可見，悼固的直系親祖祭祀的結構應該是：

兩代小宗（分宗始立之君東宅公＋其後裔王孫橾）＋上溯三代大宗（得氏之王〔悼王〕＋上溯兩代楚王〔聲王、簡王〕）

然而，如果把楚肅王也放入這個祭祀系統的話，則與周禮所謂「支子不祭」的原則產生了悖離①。因為悼固屬小宗，楚肅王為楚悼王之子、東宅公的兄弟，那麼墓主悼固的祭祀對象就已擴延至其祖父昆弟。換言之，他以旁系小宗的身分祭祀了王室的嫡裔大宗。如果說楚肅王在望山楚簡中的身分確認還存在爭議的話，那麼新蔡平夜君墓所出祭禱簡文，則更加說明楚人背離了「支子不祭」的原則。

平夜君之始封在楚惠王時，如包山楚簡所示，名為「文」②。但新蔡墓主平夜君成與楚王室的關係，還不能完全清理出來③。據現有的材料，有兩種可能：

第一，假設從平夜君文到平夜君成之間存在著世代缺環，平夜君成是從聲王那裡分封出來，他只不過繼承了因某種原因而中斷的平夜

---

① 《禮記‧曲禮下》：「支子不祭，祭必告于宗子。」鄭玄注：「不敢自專，謂宗子有故，支子當攝而祭者也，五宗皆然。」其實質是，小宗庶子沒有資格為嫡子大宗立廟致祭。

② 也有學者（如李零先生）認為「文」並非平夜君之名，西周金文常見「文祖」、「文考」和「前夫人」一類字眼，「文」字是用於死去的先人的通稱。參見李零《中國方術考》，東方出版社2000年版，第289—290頁。

③ 上揭何浩先生文指出，《三代吉金文存》（卷三）中錄有一個坪夜君成，據說活動于楚肅、宣王時代。另在包山楚簡司法文書中也有一個平夜君，與邵佗同為楚懷王時人。這兩個平夜君與新蔡墓主平夜君成似乎不是同一個人，否則，他的生活年代至少可晚到4世紀的晚期；換言之，從公元前470年左右始封的平夜君文到肅、宣、懷王時期的平夜君成，一個半世紀只經歷了兩代人，似不可信。

君的封號而已。在這種情況下，他為什麼還要祭祀始封之君平夜君文呢？又是什麼原因使得平夜君之封被中斷了呢？目前的史料都無法做出解釋。

第二，假設從平夜君文到平夜君成之間沒有世代缺環，平夜君文就是平夜君成的父輩。因新蔡簡中被祭禱的對象還有子西，此人就是曾侯乙墓簡所記載的令尹，與楚惠王、楚太子、平夜君文一起賵贈車馬，所以幾乎可以肯定新蔡簡中的平夜君文，與曾侯乙簡和包山簡中提到的文平夜君是同一個人。據吳郁芳先生的考證，曾侯乙入葬（前433年）時，平夜君文的年齡已過花甲，卒年或早于楚聲王（前407年—前401年在位）不遠。那麼，由平夜君成世襲封地，這期間楚聲王應已去世。

第二種情形似乎更為合理。在這種情況下，新蔡墓主平夜君成對於直系親祖的祭禱結構，應當包括其父（平夜君文），然後再從楚昭王向上溯祭：

小宗平夜君文（假設為其父，亦即平夜之始封君）一代＋上溯大宗王系（昭王、平王、靈王、康王⋯⋯）

然而事實上，新蔡楚簡的禱祭對象，除其父（平夜君文）、祖父（昭王）、曾祖（平王）之外，還包括其伯父（惠王）、堂兄弟（簡王）和侄（聲王）。平夜君一系相對於王室而言屬別子小宗，後面三人都是王室大宗，這三人的享祭，與上述「支子不祭」的原則更是完全背離的。

祭祀制度與宗法制度是表裡一致的，應當聯繫起來考察。文獻有載：「楚國之舉，恒在少者。」「芈姓有亂，必季實立。[1]」早有學者

___

[1] 《左傳・文公元年》、《左傳・昭公十三年》。

指出，楚人立嫡以幼少為先①。但也有學者提出異議，認為楚君之立仍以嫡長子繼承制為主②。比較折中的說法是，楚人實行的是選立制（「立王」、「立君」），即在所有直系諸子中預定儲君，在此種情況下，不分長幼，一旦完成選立，諸王子之間才有明確的嫡庶之分③。楚簡所見楚人小宗可祭大宗的事實，似乎可以與楚人長幼嫡庶之別不甚分明的歷史現象相互印證④。

這使人想起楚地卜筮祭禱簡中經常見到的所謂「北子」、「北宗」之名，可以作為楚人重視庶族的一個證據。相關簡文有：

……□於東宅公、社、北子、行□□……（望山簡115）

……栽陵君肥塚酒食。舉禱北子肥豢、酒食。速瘥，賽之。（望山簡116）

……王之北子各塚塚酒食，蒿之，思〔攻解〕宮室□……（望山簡117）

……北子塚塚酒食……（望山簡118）

……□舉禱北宗一環，舉禱迻一羝，社□其古胎……（望山簡125）

……北宗……（新蔡簡零107）

……北宗，各一□……（新蔡簡零476）

---

① 童書業：《春秋史》，山東大學出版社1987年版，第48頁。趙錫元：〈論商代的繼承制度〉，載《中國史研究》1980年第4期，第25—39頁。

② 何浩、張君：〈試論楚國的君位繼承制〉，載《中國史研究》1984年第4期，第3—13頁。

③ 唐嘉弘：〈論楚王的繼承制度〉，載《中州學刊》1990年第1期，第109—114頁。羅運環：〈楚國的太子制度研究〉，載《江漢論壇》2000年第7期，第70—72頁。

④ 楊華〈楚禮廟制研究〉一文發表後，賈海生先生又對楚簡所見之禮做了進一步考察，認為楚人祭禮中自卑而不別於尊者，不僅繼別之子祖先君，繼禰之子祖別子，而且卑統皆上祖君統，以兄道宗之而不以臣道尊之。這樣導致楚人之小宗不別于大宗，大宗不別於君統，繼別與繼禰宗子皆以正統自居。參見賈海生〈楚簡所見楚禮考論〉，載《文史》2008年第4期，第5—45頁。

……〔北〕宗、靈〔君子〕……（新蔡簡零602）

……□舉禱北宗一環。（天星觀簡125）

晏昌貴先生認為「北宗」係指北斗神[1]。我們亦曾籠統地認為它們與楚人分封之君有關[2]。最近宋華強先生指出，這裡的「北子」即「別子」，「北宗」即「別宗」[3]。傳世楚系青銅器中子化盤有「中子」之名：「中子化用保楚王，用正栯（呂），用罤（擇）其吉金，自作盤。」[4]「中子」或可讀為「仲子」，可與楚簡中的「北子」相對應思考。如果此種釋讀可信的話，則楚人重視庶族、庶子的傳統可在卜筮祭禱簡中得以證實。

另外，商代甲骨文中已有關於「北宗」（或「宗北」）的祭禱，如「饗史于燎北宗不……大雨」、「受于宗北」，另外還有關於「北子」、「北示」的祭禱記錄，也值得注意[5]。金文中也有類似的稱呼，李學勤先生已指出他們就是與嫡子相對的「別子」[6]。

### 四、楚人祭祖譜系的禮制意義

綜上所述，楚人祖先祭祀結構大致可以勾勒出來，它由楚先、歷代楚王和直系親祖三部分組成。第一，楚先即楚之先公，通常是老童、祝融和鬻熊的三人組合，在楚簡中稱為「三楚先」；第二，楚王即楚之先王，指從熊麗到主祭者直系親祖之前的各代楚王，他們享受

① 晏昌貴：〈天星觀「卜筮祭禱」簡釋文輯校〉，載丁四新主編《楚地出土簡帛文獻思想研究》第二集，湖北教育出版社2005年版。
② 楊華：〈楚簡中的諸「司」及其經學意義〉，載《中國文化研究》2006年第1期，第20—31頁。
③ 宋華強：〈由楚簡「北子」、「北宗」說到甲骨文「丁宗」、「帝宗」〉，中國簡帛學國際論壇（2008）論文，芝加哥大學東亞語言與文明系，2008年10月30日—11月2日。
④ 劉彬徽、劉長武：《楚系金文彙編》，湖北教育出版社2009年版，第52頁。
⑤ 姚孝遂、肖丁：《殷墟甲骨刻辭類纂》，中華書局1998年版，第64—67頁。
⑥ 李學勤：〈長子、中子和別子〉，載氏著《中國古代文明研究》，華東師範大學出版社2009年版，第93頁。

第四章　祭禮

的是集體合祭，但在合祭中，通常選取幾位著名的楚王為位致祭，在楚簡中稱為「荊王」或「某王以訓至某王」，其中楚武王、文王是界標性的先王；第三，核心直系親祖的人數，一般是四代，他們應當包括從之得氏的楚王、始封之君和分宗後的各代親祖。這個祭祀結構可以表述為：

楚先三人（老童、祝融、鬻熊）+歷代楚王（多人為代表的集體祭位）+四代核心直系親祖（得氏之王、始封之君和分宗後的各代親祖）

如此看來，楚人有一定的宗廟遷毀之制，並非如商人那樣新喪皆入祀譜、有增無毀①。然而，這一祭祀體系與周禮中的廟祭之制是否相合，還須加以比較。

《儀禮·喪服》：「諸侯之子稱公子，公子不得禰先君；公子之子稱公孫，公孫不得祖諸侯。此自卑別於尊者也。」《禮記·郊特牲》：「諸侯不敢祖天子，大夫不敢祖諸侯。」庶出者即使是公子，也不能在家中建立乃父（天子或諸侯）的禰廟；同理，庶出者即使是公孫，也不得在家中建立乃祖（天子或諸侯）的祖廟。

誠然，上揭幾種楚簡所載均為禱祀而非廟祭，然而禱祀與廟祭絕對是相互關聯的，由前者可以推測出後者的規格。《禮記·祭法》中有細密的規定，根據鄭玄注及歷代經解，我們可以知道周禮中的祭祀結構分為以下幾個層次：

第一，始祖，即祖考，天子對之實行月祭，諸侯對之實行四時祭（春享、夏禘、秋嘗、冬蒸）。

第二，四親祖，即考（父親）、王考（祖父）、皇考（曾祖）、

① 王國維：〈殷周制度論〉，載氏著《觀堂集林》，中華書局1959年版，第452—480頁。彭林：〈論遷廟禮〉，載《慶祝楊向奎先生教研60年論文集》，河北教育出版社1998年版。

顯考廟（高祖），在天子的廟祭中，四代親祖均享受月祭，而諸侯以下的貴族隨著等級的降低，所月祭的親祖代數遞減，月祭以遠的親祖只能享受四時祭，或者臨時的壇、墠之禱。

第三，二祧，即高祖之父和高祖之祖，天子對二祧實行時祭，「諸侯無祧」（鄭注），只在需要祈禱時實行臨時的壇、墠之禱，以下貴族對於祧祖只以人鬼祀之。

第四，遠祖，其廟被毀遷之後，按昭、穆之制歸於二祧廟，即為人鬼，只能享受幾年一度的祫祭（即合祭）。諸侯以下等級越低，廟數越少，遷廟為鬼的祖先越近，到士、庶人一無宗廟，親祖死即為鬼。

這些遠近祖先所受到的祭祀，依其等級而有別，可以用下表反映出來：

表4–4　貴族祭禱時月廟壇等次表

| | 考 | 王考 | 皇考 | 顯考 | 祖考 | 二祧 | 壇 | 墠 | 鬼 |
|---|---|---|---|---|---|---|---|---|---|
| 王 | 月祭 | 月祭 | 月祭 | 月祭 | 月祭 | 時祭 | 禱 | 禱 | 鬼 |
| 諸侯 | 月祭 | 月祭 | 月祭 | 時祭 | 時祭 | 無祧 | 禱 | 禱 | 鬼 |
| 大夫 | 時祭 | 時祭 | 時祭 | 禱 | 禱 | 無 | 鬼 | 鬼 | 鬼 |
| 嫡士 | 時祭 | 時祭 | 禱 | 鬼 | 鬼 | 無 | 鬼 | 鬼 | 鬼 |
| 官師 | 祭 | 附於考廟 | 鬼 | 鬼 | 鬼 | 無 | 鬼 | 鬼 | 鬼 |
| 士庶人 | 鬼於寢 | 鬼 | 鬼 | 鬼 | 鬼 | 無 | 鬼 | 鬼 | 鬼 |

根據《禮經》，祭與禱不同，前者有週期規定的常祭，後者則是有事則禱、無事則罷的臨時之祭[1]。臨時之禱設有壇、墠，而楚簡所見的楚地祖先祭禱，無論是歲貞還是疾病貞，一般都是先貞而後禱，是因事而禱，是對貞人所卜定的結果的實施，常見的內容有仕進、疾

---

[1] 《禮記·祭法》孔疏：「若無所祈禱，則不得祭也。」

病、出入侍王、居室吉凶等，基本屬因事祈福的範疇。前述楚簡中的
「為位」，大概相當於禮書中的壇、墠，它們不是嚴格的廟祭，但
可從這種對應中推測出楚地的祭禮。

根據相關考古報告，包山M2為二槨三棺，墓主邵佗為上大夫等
級；望山M1為一槨二棺，墓主悼固身為下大夫。按照周禮，他們的廟
制應該三廟二壇。江陵天星觀M1一槨（七室）三棺，墓主番剩屬上
卿等級的貴族；新蔡平夜君墓二槨二棺，位居封君。即使以封君埒諸
侯，他們的廟制應該止於五廟一壇一墠。然而，上述墓主之祭禱對象
大都出現了與周禮不符的現象：

第一，關於始祖。始祖又稱太祖、祖考，其祭廟和祭位是「不遷
之祖」，各級貴族的始祖意義不同：天子之太祖為「王家之始」[①]，周
王室以后稷為太祖；諸侯以始封之君為始祖，例如，魯國以周公為太
祖，齊國以姜尚為太祖；至於大夫，則以宗法上的「別子」為始祖[②]，
即以始爵、始立的小宗為太祖；嫡士以下不祭始祖[③]。包山、望山墓主
所禱之始祖應該分別是鄩公子春和東宅公，新蔡墓主所禱之始祖應該
是平夜君文，然而事實上他們都將其祖祭譜系上溯到了王室，且遠祭
「楚先」三人，與《禮記・祭法》之規定顯然不合。

第二，關於禱、鬼之別。祭→禱→鬼，是親屬關係越來越遠的三
種祭奠方式。諸侯祖祭，高祖以遠便屬遷廟之主，但壇、墠之禱可上
溯至曾祖和曾祖之父；大夫祖祭，祖父以遠便屬遷廟之主，但壇、墠
之禱可上溯至曾祖和高祖。這些禱祠範圍之外的遷廟之主屬「鬼」，
屬鬼的遠祖，其神主藏于太祖廟之夾室，平時不設壇位，「雖有祈

---

① 《禮記・祭法》孔疏：「祖，始也，此廟為王家之始，故雲祖考也，計則祖考之廟當在二
　　祧、壇、墠之上。」

② 《禮記・祭法》鄭注：「大夫祖考，謂別子也。」

③ 關於始祖之立，參見清代梁章鉅《稱謂錄》卷一、鄭珍《親屬記》卷下，中華書局1996年
　　版，第1—2、544—555頁。

禱，亦不得及」，只在祫禘之祭（大合祭）時才合食享祭。有學者已經指出，楚人先王之祭（「自熊麗以就武王」）可與之相比擬[1]，但如上述，楚人的集體合祭有具體的物牲限定，歸於有代表性的明功聖德之君，這與周禮有所不同。

在遠祖的待遇方面，《禮記·祭法》鄭注云：「凡鬼者，薦而不祭。」《禮記·王制》：「大夫、士宗廟之祭，有田則祭，無田則薦。」那麼，包山簡的文平夜君以上、望山簡的聲王以上，都不應該享受禱祠，只應有所謂「薦」。關於薦與祭的區別，清人金鶚辨之甚明：

> 薦者，仿乎祭禮而為之，而與祭禮異者也。祭必卜日，薦不卜日；祭有屍，薦則無屍；祭有牲，薦則無牲；祭有樂，薦則無樂。[2]

而事實上，在包山和望山的祭禱簡文中，除了以特牛、特豢、特臘罷禱直系祖先之外，還以牲牲舉禱了楚先三人，以牛、豕舉禱了列位荊王，此其一；包山簡提到「擇良月良日」歸璧琥（簡218-219），顯然是採取了「卜日」，此其二；從天星觀和新蔡簡可以看出，楚人禱祠多處用到樂，此其三。顯然包山簡文平夜君以上、望山簡聲王以上的所有禱祠，都是以禱代鬼，以祭代禱[3]。禱祀不該禱的遠祖之鬼，這在先秦不乏記載。魯定公元年，魯煬公為伯禽之子，至魯定公時其廟早毀，久已為鬼，而季氏立其宮，且禱於煬公之鬼，被譏為「淫

---

① 陳偉：《包山楚簡初探》，武漢大學出版社1996年版，第180頁。
② 金鶚：〈求古錄禮說·薦考〉，載《皇清經解》續編，清光緒二年孫憙刻本。
③ 楚人的置壇，在九店楚簡《日書》中有所反映：「凡枏（置）坦（壇）、樹邦、作邑之道：蓋西南之寓，君子居之，幽不出。」（簡45）「凡坦南……」（簡57）簡45的文字釋讀，參見劉國勝〈九店〈日書〉「相宅」篇釋文校補〉，載《簡帛研究（2002—2003）》，廣西師範大學出版社2005年版。

第四章　祭禮

祀」。凡「非其所祭而祭之」的祭禱，都會被稱為「淫祀」，淫祀無福。但是，將無福的淫祀轉化為有福的正祀，正是巫的功能。楚地多巫覡，楚簡所載的很多禱祀，都超出周禮規制，正是由巫覡操作的將無福轉化為有福的「淫祀」。

《漢書‧地理志》說，楚地「信巫鬼，重淫祀」。楚人之「信巫鬼」，從近年來南方地區的簡帛文書和墓葬實物中已有反映，且多有討論，而「重淫祀」則少有論及。從上面的研究看來，楚國上層貴族不奉行「支子不祭」的周禮，祭禱旁系的大宗諸王，可謂「淫祀」；楚人各級貴族之間，關於始祖之界限不明，可謂「淫祀」；進而，楚人之祭、禱與鬼的禮制差別不明，亦可謂「淫祀」。另外，周人以后稷為始祖，文、武二王為不遷之祧，而在楚人的祭祀系統中，始祖是一個三人的組合，而且沒有可以歸於其後的不遷之祧，其先王之祭是集體合祭，連大夫之家都可以遍祭楚人之先公、先王，這更是「淫祀」。總之，楚國的祭祖之禮勢必造成等級不明、祖神增多，以中原禮制的角度來看，便是「非其所祭而祭之」的「淫祀」。

然而，楚人的祖先祭祀體系畢竟不是濫祭。第一，其祭祀中對楚先、楚王和直系親祖的區別明確，所採取的禱祠方法不同，前二者以舉禱，後者以罷禱 ①，所用物牲也不同；第二，雖然目前還不能確定楚人禱祠直系親祖和歷代楚王的具體總數，但從包山和望山簡中可以看出，其核心親祖都是四代，說明楚人基本上實行了「親盡而毀」的廟祭原則。

眾所周知，周人所祭祖廟數有定，天子七廟，只不過鄭玄和王肅

---

① 彭浩先生指出：「罷禱的對象只限于墓主人邵佗本氏的近祖及直系先人，包括楚昭王和高祖、曾祖、祖父母及父母等人，其他的人皆不在罷禱對象之列。罷禱亦見於天星觀1號墓竹簡，被罷禱的有惠公、卓公，他們也應是墓主人番乘的直系先人。罷禱的適用範圍比舉禱要小得多，也正是由此而決定的。」這說明楚人的禱祠之禮有內在的規則，絕非濫禱。湖北省荊沙鐵路考古隊：《包山楚墓》附錄23，文物出版社1991年版，第561頁。

對其解釋不同[①]。然而，其祖先祭譜由太祖（先公）、祧廟（先王）和親廟三部分組成[②]，則無所不同。今檢諸楚人祭祀系統，基本還是沒有超出這個框架：周禮以后稷一人為始祖，楚禮以老童與祝融、鬻熊三人合稱「三楚先」；周禮以文王、武王二受命之王為不遷之祧，而楚禮對熊麗之後的歷代楚王亦有常祭，只不過是將其安排成多人為代表的集體祭位；周禮將直系親祖限定在四代，楚禮中直系親祖的數量也是四代，其中必須包括得氏之王、始封之君和分宗後的各代親祖。

所以我們認為，楚人之祖祭禮制總體框架仍然是近于周禮而別于殷制，其被中原文化斥為「淫祀」，是因為它尚沒有周禮那樣嚴格細密，存在著大量「非其所祭而祭之」的內容。

表4-5　包山楚簡所見祖先享祭內容統計

| 簡號＼祖先 | 祭禱性質 | 楚先三人 | 荊王 | 昭王 | 文坪夜君子良 | 郚公子春 | 司馬子音 | 蔡公子家 | 夫人 | 東陵連囂子發 | 兄弟無後 | 時間 |
|---|---|---|---|---|---|---|---|---|---|---|---|---|
| 200（歲貞） | 罷禱 | | | 饋/特牛 | 特奏酒食 | 特奏酒食 | 特奏酒食 | 特奏酒食 | 特臘 | | | 前318年刑夷乙未 |
| 202-203（歲貞） | 愯 | | | | | | | 饋特臘、酒食 | 肥冢、酒食 | 肥冢 | | 同上 |
| | 舉禱 | | | | | | | | | 肥冢、酒食 | | |
| | 罷禱 | | | 饋/特牛 | 特奏酒食 | 特奏酒食 | 特奏酒食 | 特奏酒食 | | | | |
| 205-206（歲貞） | 罷禱 | | | 饋/特牛 | 饋/特奏 | 饋/特奏 | 饋/特牛 | 饋/特奏 | | | | 前317年冬夕癸丑 |

---

① 鄭玄認為的七廟模式是：太祖（后稷）+文、武二祧+四親廟（高祖、曾祖、祖、父），而王肅認為文王、武王是受命之王，二者為「不遷之廟」，不在「常廟之數」，在此之外，另有七廟。那麼，王肅的宗廟構成實際上是九個：太祖（后稷）+文、武二祧+親廟二祧（已遷的高祖之祖、高祖之父）+四親廟（高祖、曾祖、祖、父）。對此，歷代爭訟不決。參見〈論《開元禮》鄭玄與王肅禮學的擇從〉。

② 《周禮‧春官宗伯‧守祧》：「掌守先公先王之廟祧，其遺衣服藏焉。」鄭玄注：「遷主所藏曰祧，先公之遷主藏於后稷之廟。先王之遷主藏于文、武之廟。」鄭玄的觀點，先公指文王、武王之前諸祖先，其神主遷藏於后稷之廟；而先王系指周人受命之後的諸王，其神主遷藏于文王、武王之廟。

第四章　祭禮

楚國禮儀制度研究

| 续表 | | | | | | | | | | | | |
|---|---|---|---|---|---|---|---|---|---|---|---|---|
| 祖先＼簡號 | 祭禱性質 | 楚先三人 | 荊王 | 昭王 | 文坪夜君子良 | 郚公子春 | 司馬子音 | 蔡公子家 | 夫人 | 東陵連囂子發 | 兄弟無後 | 時間 |
| 211（歲貞） | 賽禱 | | | | | | | | | 牺/塚豕、酒食 | | 前317年夏夷乙丑 |
| 214-215（歲貞） | 賽禱 | | 鐈/特牛 | 鐈/特薦 | 鐈/特薦 | 鐈/特薦 | | 鐈/特薦 | 鐈/特臘 | | | 同上 |
| 221-222（病貞） | 舉禱 | | | | | | 鐈/特牛 | | | | | 前317年顯月己酉 |
| 224-225（病貞） | 舉禱 | | | | | | 鐈/特牛 | | | | 牺/肥塚 | 前317年顯月丙辰 |
| 227（歲貞） | | | | | | | | | | | 牺/各塚豕、酒食 | 前316年刑夷己卯 |
| 237（病貞） | 舉禱 | 享/各兩羖 | | | | | | | | | | 同上 |
| 240-241（病貞） | 舉禱 | | 鐈/特牛 | 鐈/特薦 | 鐈/特薦 | 鐈/特薦 | 鐈/特薦 | | | | | 同上 |
| 243（病貞） | 舉禱 | | | 鐈/特牛 | | | | | | 牺/塚豕、酒食 | | 同上 |
| 246（病貞） | 舉禱 | | 五牛五豕 | | | | | | | | | 同上 |
| 248（病貞） | 舉禱 | | | 鐈/特薦 | 鐈/特薦 | 鐈/特薦 | | 鐈/特薦 | | | | 同上 |
| 249-250（病貞） | 舉禱 | | | | | | | | | | 鐈/各肥臘 | 同上 |

表4-6　望山楚簡所見祖先享祭內容統計

| 祖先＼簡號 | 祭禱性質 | 楚先三人 | 簡王（東大王） | 聲（聖）王 | 悼王 | 東宅公 | 王孫喿 | 折（哲）王 |
|---|---|---|---|---|---|---|---|---|
| 28 | 享 | | 歸/佩玉一環 | | | | | |
| 106、107 | | | 歸/玉 | | | | | |
| 109 | | | | 佩玉一環 | 佩玉一環 | 佩玉一環 | | |
| 110 | 祭 | | | 鐈/特牛 | 鐈/特牛 | 鐈/特牛 | | |
| 112 | 望禱 | | | | | 鐈/特牛 | | 鐈/特牛 |
| 113 | | | | | | 月鐈 | | |
| 114 | 舉禱 | | | | | 不詳 | | |
| 115 | | | | | | 不詳 | | |
| 119 | 罷禱 | | | | | | 塚豕 | |
| 120 | | 不詳 | | | | | | |
| 121 | | 各一牂 | | | | | | |
| 122-123 | | 各一羧 | | | | | | |

## 第四節　祭禱諸神

《周禮·春官宗伯·大宗伯》謂：

大宗伯之職：掌建邦之天神、人鬼、地祇之禮，以佐王建保邦
國。以吉禮事邦國之鬼神祇：以禋祀祀昊天上帝，以實柴祀日、月、
星、辰，以槱燎祀司中、司命、飌師、雨師。以血祭祭社稷、五祀、
五嶽。以貍（埋）沉祭山林川澤，以疈辜祭四方百物。

這是傳世文獻中關於上古祭禮最系統、最全面的概述。在這個以
天神、人鬼、地祇為序列的祭祀清單中，享祭的對象包括人鬼、昊天
上帝、日、月、星、辰、司中、司命、飌師、雨師、社稷、五祀、五
嶽、山林川澤、四方、百物。這些祭祀對象的範圍非常廣泛，可謂萬
物有靈。近年披露的戰國中晚期《秦駰禱病玉版》，就是一篇祭禱華
山之神以求解除疾病的典型禱辭，其中便提到「欲事天地、四極、三
光，山川神祇，五祀、先祖」，大致也在上述範圍之內[1]。楚人的祭祀
系統是否與之相同？

新蔡楚墓甲二40號簡提到了對於「上下內外鬼神」的祭禱，整理
者原釋為：「……下內外禔（視）禱旬所……」徐在國先生認為，原釋
為「視」之字是從「示」、「畏」聲，當釋為「鬼」，原釋為「禱」
之字應釋為「神」，這樣此句改釋為[2]：

---

[1]　關於玉版的年代，各家尚有爭議，或認為早至秦惠文王，或認為晚至秦莊襄王。相關學術
　　前史參見劉屹《敬天與崇道——中古經教道教形成的思想史背景》，中華書局2005年版，第
　　88頁。

[2]　徐在國：〈新蔡葛陵楚簡劄記〉，簡帛研究網，2003年12月17日。另載《中國文字研究》第5
　　輯，廣西教育出版社2004年版，第156頁。

……〔上〕下內外禔（鬼）神，句（苟）所……①

「上下內外鬼神」可以說是楚人祭禱範圍的一個總稱，大致包括了楚人祭禱的所有內容。楚人的這個概括，與其他中原文化的神祇概述差不多，例如，《國語‧晉語八‧鄭子產來聘》記載，晉平王生病後，韓宣子招待賓客時說：「寡君之疾久矣，上下神祇無不遍諭，而無除。」孔子生病時，弟子為之禱神時也有此種說法：

子疾病，子路請禱。子曰：「有諸？」子路對曰：「有之。《誄》曰：『禱爾於上下神祇。』」子曰：「丘之禱久矣。」②

類似的說法，還見於《尚書‧湯誥》、《尚書‧召誥》、《周禮‧春官宗伯‧小宗伯》、《漢書‧郊祀志》，甲骨、金文中也多與此同③。

從傳世文獻和已經公佈的楚簡材料來看，楚人祭禱的神錄包括：

第一，天神系列，如東皇太一（太）、東君、日、月、雲中君（雲君）、諸司（司命、司祿、司慎、司怪、司禓、司禍等）、歲，等等。

第二，地祇系列，如社（后土、地主、野地主、大地主、公主等）、山神（五山、峗山、三山、二天子、丘等）、水神（大水、大川‧大川有介、河伯、湘君、湘夫人等）、四方神，等等。

第三，人鬼系列，如三楚先、先公、先王、荊王、昭王、直系

---

① 「上」字據文義補，諸家解釋皆同。宋華強先生將「句」讀為「苟」，屬下讀，今從之。參見宋華強《新蔡葛陵楚簡初探》，武漢大學出版社2010年版，第443頁。

② 《論語‧述而》。

③ 楊華：〈楚簡中的「上下」與「內外」——兼論楚人祭禮中的神靈分類問題〉，載《簡帛》第4集，上海古籍出版社2009年版。

親祖、夭殤（殤、殤君、無壯死）、厲鬼（強死、兵死、不辜、絕無後、水上、溺人等）、荊亡、夏亡，等等。

第四，五祀，如門、戶、行、宮后土（中霤）、灶。

第五，其他神靈，如巫（私巫、游巫）、盟詛、漸木位，等等①。

限於篇幅，本書不可能對以上內容都展開討論，以下是我們對其中比較重要的部分進行的探討。

## 一、山神

山川是上古正祭中的重要內容，各類禮書皆有記載。在常祭之外，當事主有疾時，常常望祭屬地之內的群山百川，作為攻祟解病的重要手段。

南方楚人之因病而祭禱山川，文獻亦不乏記載。楚昭王有疾，卜者占得病祟之源在於河（黃河），群臣「請祭諸郊」，雖然遭到昭王的拒絕，但此種巫術在楚地的流行當是不疑的事實②。

在近年出土的楚地簡帛文字中，「山川」連言多有所見。例如，郭店簡《唐虞之道》：「聖人上事天，教民有尊也；下事地，教民有親也；時事山川，教民有敬也。」（簡4—5）又如，在新近公佈的上海博物館藏戰國楚簡中，多處提到山川之祭。上博二《魯邦大旱》記載了孔子回答魯哀公關於如何應對水旱災害的問題，其中提到「毋愛珪璧幣帛於山川」（簡2、4），正是對山川神靈的祭禱之法。上博四《柬大王泊旱》謂：

釐尹知王之病，乘龜尹速卜高山深溪。王以問釐尹高：「不谷

---

① 關於楚人祭禱神靈的研究，本書作者和其他學者都有不少前期成果可供參閱。胡雅麗：《尊龍尚鳳》，湖北教育出版社2003年版。徐文武：《楚國宗教研究》，武漢出版社2001年版。楊華：《新出簡帛與禮制研究》，臺灣古籍出版公司2007年版。楊華：〈楚地山神研究〉，載《史林》2010年第6期，第32—43頁。

② 《左傳·哀公六年》。

騷，甚病，驟夢高山深溪。吾所得地於莒中者，無有名山名溪欲祭于楚邦者乎？」（簡2+8+3）①

簡文講到楚昭王生病後，病中夢見「高山深溪」，於是向臣下詢問夢之吉凶和對當地山川神靈（「名山名溪」）的祭禱，可見在楚人疾病占卜中，山川之神起著很大作用。這種禮俗，與此前公佈的包山、望山卜筮祭禱簡的內容可以互相印證。望山簡96有：「……占之曰：吉。山川……」顯然也是墓主生前占卜疾病祟源的占辭，可惜後字殘泐，其禱儀不詳。

不過，從已知的幾批楚地卜筮祭禱簡中，仍然可以復原楚人所崇祀的山神②。

### （一）二天子

「二天子」之名，首見於包山M2楚簡，凡四例：

賽禱太佩玉一環，后土、司命、司禍各一少環，大水佩玉一環，二天子各一少環，峗山一珏。（簡213—214）

太、后土、司命、司禍、大水、二天子、峗山既皆成。（簡215）

賽禱行一白犬，歸冠帶于二天子。（簡219）

舉禱太一牂，后土、司命各一牂，舉禱大水一犉，二天子各一牂，峗山一牂。（簡237、243）

對於「二天子」的含義，整理者指出係神祇名，但沒有進一步解釋。劉信芳先生據《山海經・中山經》將之釋為「帝之二女」。劉氏

---

① 簡文的綴合和其他學術前史，參見陳偉〈《簡大王泊旱》新研〉，載《簡帛》第2輯，上海古籍出版社2007年版，第259—268頁。其中最關鍵的「莒」字，原釋作「膚」，陳斯鵬〈《柬大王泊旱》編聯補議〉改釋作此，簡帛研究網，2005年3月10日。

② 楊華：〈楚地山神研究〉，載《史林》2010年第6期，第32—43頁。

還認為《山海經・海內經》所記的山名「三天子之都」是堯之二女所葬之處，「三天子」應是「二天子」之誤[①]。湯余惠先生也認為「二天子」是山名，他認為「二天子」加上簡文後面的「山」，就是《山海經》中的「三天子・鄣山」[②]。李零先生起初將此神理解為墓主的祖考及死去的親屬，即楚宣王和楚威王，後來似乎改變了此種說法，認為「簡文列『大水』和『坐山』之間，似屬地祇」[③]。陳偉先生進而認為，帝之二女當係指洞庭之山，即湘山，而不是郭璞注《山海經》時所認定的江神[④]。李家浩先生基本支持湯先生的說法，認為「三天子・鄣山」是在「二天子」的基礎上加上一山而成[⑤]。晏昌貴先生認為，「二天子」是人神的天神化，又是山川神靈，身兼三種神格[⑥]。

新蔡葛陵簡出土後，關於「二天子」的記載大大增加，豐富了對此神靈的認識。該墓所見相關簡文有：

……薦禱一鹿，歸佩玉于二天子，各二璧；歸……（簡甲一4）

……一鹿，歸佩玉于二天子，各二……（簡甲三81、182-1）

……舉禱于二天子各兩牂，瓔之以赶玉。……（簡甲三162、166）

先之一璧，舉禱于二天子各牂……（簡乙二38、39、40、46）

……三楚先、地主、二天子、嶢山、北〔方〕……（簡乙四26）

① 劉信芳：〈包山楚簡神名與《九歌》神祇〉，載《文學遺產》1993年第5期。

② 湯余惠：〈包山楚簡讀後記〉，載《考古與文物》1993年第2期。

③ 李零：〈包山楚簡研究（占卜類）〉，載《中國典籍與文化論叢》第一輯，中華書局1993年版。另見氏著《中國方術考》（修訂本），東方出版社2000年版，第288頁。

④ 陳偉：《包山楚簡初探》，武漢大學出版社1996年版，第169—170頁。另見氏著〈湖北荊門包山卜筮楚簡所見神祇系統〉，載《考古》1999年第4期。

⑤ 李家浩：〈包山卜筮簡218—219號研究〉，載長沙市文物考古研究所編《長沙三國吳簡暨百年來簡帛發現與研究國際學術研討會論文集》，中華書局2005年版，第193—195頁。

⑥ 晏昌貴：〈楚卜筮簡所見地祇考〉，載武漢大學歷史地理研究所編《石泉先生90誕辰紀念文集》，湖北人民出版社2007年版，第341—367頁。

第四章 祭禮

……二天子，屯。（簡零335）

「二天子」之祭還見於天星觀M1和望山M1楚簡：

解于二天子與雲君以佩珥。（天星觀簡）

舉禱于二天子各兩牂、兩牂。（天星觀簡）[①]

……吉。祇一牂，后土、司命各一羯，大水一環，舉禱二天
〔子〕……（望山簡55）

「二天子」一般處於「地主」、「后土」、「大水」之後，「峗山」之前，屬地神系列當不成問題。根據上引幾批楚簡中關於「二天子」的簡文，可得出以下兩點結論：

第一，從楚人祭禱「二天子」的方法來看，其為山神的說法基本可信。對於山神的祭禱之法，以埋沉為主。《周禮·春官宗伯·大宗伯》：「以血祭祭社稷、五祀、五嶽。以貍（埋）沉祭山林川澤，以疈辜祭四方百物。」鄭注：「祭山林曰貍（埋），川澤曰沉，順其性之含藏。」因山林無水，只好埋藏；川澤有水，故沉入水中。按照賈疏的理解，社稷、五嶽和五祀之祭，既要薦血，又要埋沉，而其下之山林、川澤不必用血，僅埋沉而已。祭地之埋，專稱為瘞。孫詒讓認為，「貍（埋）沉兼牲玉幣言之」[②]，也就是說，水陸兩方面都用到了犧牲、玉帛，或用埋法，或用沉法。在包山簡213中和219中，賽禱二天子所用的是玉璧（「小環」）和「冠帶」。包山簡237、243中，舉禱二天子所用是犧牲（「牂」）。在新蔡簡中，對其所用之祭品，同樣是玉璧（「佩玉」，簡甲一4、甲三81、甲三182−1）和犧牲

① 關於天星觀楚簡的材料，參見晏昌貴〈天星觀「卜筮祭禱」簡釋文輯校〉，載丁四新主編《楚地出土簡帛文獻思想研究》第二輯，湖北教育出版社2005年版。
② 孫詒讓：《周禮正義》，中華書局1987年版，第1314—1317頁。

（「牂」，簡乙二38、39、40、46）。可見，對二天子的祭禱方法，大都以犧牲與玉搭配組合，與《周禮》所載基本相合。于成龍先生指出，一向被視為怪誕的《山海經》中，祭山的記載有25處，而用瘞祭之法達17處，瘞祭不是犧牲之祭，而是用玉之法①。這正與楚人對於「二天子」山神的祭法大致相同。不過，包山簡中對二天子用到了「歸冠帶」的祭法，則不見於文獻記載。

第二，「二天子」為兩座山或兩個神靈。在上引楚簡中，對此神的祭禱，大都用到「各」字，或為「各兩牂」、「各牂」，或為「各一少環」、「各二璧」，新蔡簡零335還用到「屯」字，當訓為「皆」。②這都說明，「二天子」確實是並列的兩個神祇，而不是一個。今之湘山即君山，又名洞庭山，在洞庭湖中，似是一座山。倘若如此，則二天子是否就是洞庭湖之湘山，還有待於更多出土材料來證明。

從「二天子」的識讀，可以促進某些金文字詞的釋讀。傳世品《齊侯壺》（又名《洹子孟姜壺》）中有「于二天子，用璧、玉備（佩）一司（笥）」之句，由於「上」字是上短下長的二橫，與「二」字形近，所以過去被誤釋為「上天子」。現在楚簡中「二天子」之神十分清楚，而且《齊侯壺》銘文中所記用璧和玉佩，與楚簡記載相同。由此，此器銘文完全可以重釋。③

## （二）三土皇、三公主

睡虎地秦簡《日書》乙種《行行祠》：

東南行，祠道左；西北行，祠道右。其號曰：「大常行！」合三

---

① 于成龍：〈《山海經》祠祭「嬰」及楚卜筮簡「瘞」字淺說〉，載《古文字研究》第25輯，中華書局2004年版。
② 「屯」訓為皆，參見朱德熙〈戰國文字研究（六種）〉，載《朱德熙古文字論集》，中華書局1995年版，第32—35頁。
③ 重釋的銘文參見楊華〈楚簡中的諸「司」及其經學意義〉，載《中國文化研究》2006年第1期，第20—31頁。另收入氏著《新出簡帛與禮制研究》，臺灣古籍出版公司2007年版。

第
四
章

祭
禮

土皇，乃為四席，席餟，其後亦席三餟。其祝曰：「無王事，唯福是司，勉飲食，多投福。」（簡145-146）[①]

這是在出行時將行神與「三土皇」之神一同祝禱的儀式。為行神和三土皇一起共擺放四張席子，然後在前三張席上擺放三種酒食（黍稷、祭肉、酒醴）[②]，對行神與三土皇一樣，也擺放了三種酒食，然後開始祝禱。新近公佈的孔家坡漢簡《日書》中，也提到了類似的神祇：

《死》：卯有疾，三日小間，九日大間。患三公主。丁卯蚤食有疾，赤色死。（簡355壹）[③]

睡虎地秦簡的年代與孔家坡漢簡的年代相近，出土地點相距不遠，所以「三公主」與「三土皇」可能是同神異名。

「三土皇」、「三公主」是什麼神呢？在孔家坡漢簡公佈之前，徐富昌先生曾指出，睡虎地秦簡中的「三土皇」可能就是《史記·封禪書》中的「三社主」[④]。《史記·封禪書》：「于杜亳有三社主之祠。」清人梁玉繩《史記志疑》謂「社」為「杜」之誤，「五」乃「三」之訛[⑤]。《漢書·郊祀志》作「五杜主」。關中杜縣的亳（薄）亭有此神，京兆尹的杜陵也有此神，《漢書·地理志》謂「右將軍杜主祠四所」[⑥]。杜主祠祭祀周宣王時之杜伯，是關中普遍存在

---

① 睡虎地秦墓竹簡整理小組：《睡虎地秦墓竹簡》，文物出版社1990年版，第243頁。

② 《禮記·月令》鄭注：「祭黍稷、祭肉、祭醴，皆三。」

③ 湖北省文物考古研究所、隨州市考古隊：《隨州孔家坡漢墓簡牘》，文物出版社2006年版，第172頁。

④ 徐富昌：〈睡虎地秦簡《日書》中的鬼神信仰〉，載《張以仁先生七秩壽慶論文集》，臺灣學生書局1999年版，第895頁。

⑤ 〔日〕瀧川資言：《史記會注考證》第4冊，北嶽文藝出版社1999年版，第1932頁。

⑥ 王先謙：《漢書補注》第4冊，第1689頁。

的人神，似與睡虎地、孔家坡《日書》所祭不類。

雲夢睡虎地和隨州孔家坡均地處南方舊楚之地，時間跨越秦漢但相距不久，「三土皇」（「三公主」）的來源存在兩種可能：其一，它可能是關中秦地的區域性神祇，在秦漢統一之後，被秦人帶到東方，演變成東方楚地的地祇。其二，它本來就是楚地的舊神，秦人據楚後接受了此種崇祀，進而延續到漢初。

鑒於目前戰國楚地的卜筮祭禱簡中尚未發現「三公主」、「三土皇」之名，我們懷疑它們可能是秦人故地的山神。具體而言，就是關中嶽山中的三座山峰。

以「主」名山，見於《史記・封禪書》，秦始皇東游，禮祠齊地名山大川，謂之「八神」或「八主」，具體就是指齊地的泰山、梁父、三山、萊山、盛山、琅邪等山。另外，楚簡中「五山」又稱「五主山」，亦可佐證。從秦簡之「為三席」來看，「三土皇」是指三個祭禱對象，而不是一個。我們認為，它們指的是關中西嶽的三座山峰。嶽山又稱吳嶽、岍（汧）山[①]，是《爾雅》五嶽中的「西嶽」，在關中向來享有神山地位。《水經注・渭水》載：「汧水又東，會一水，水發南山西側。俗以此山為吳山，三峰霞舉，疊秀雲天，崩巒傾返，山頂相捍，望之恒有落勢。」西嶽吳山受到尊崇，其「三峰霞舉」的三主峰必然也受到尊崇，這可能正是關中的「三山」崇拜，由之而被尊為「三公主」或「三土皇」。秦文化東擴，將這種三山崇拜也帶到東方楚地。關於吳山的位置，一般認為在今陝西隴縣西南。

### （三）嵬山

包山卜筮祭禱簡中首見有所謂「嵬山」的神名：

賽禱太佩玉一環，后土、司命、司禍各一少環，大水佩玉一環，

---

① 顧頡剛：《史林雜識》（初編），中華書局1963年版，第40頁。

第四章 祭禮

二天子各一少環，峗山一斑。（簡213—214）

太、后土、司命、司禍、大水、二天子、峗山既皆成。（簡215）

舉禱大水一犢，二天子各一牂，峗山一羖。（簡237、243）

原釋作「峚山」，整理者認為當係山名，同時指出，裘錫圭先生釋坐，馬王堆帛書《雜占》「坐陽」也作「坐陽」，故將之釋為「峚山」①。望山楚簡中，墓主所患的「痤」疾，其字即從此符②。《九店楚簡》中有「桎」字，所從亦與之同③。李家浩先生似也支持包山簡中關於「峚山」的釋讀④。陳偉先生將此字釋作「峗山」，認為可能是《漢書·地理志》所載南郡之高成縣下的「洈山，洈水所出」之地⑤。上博簡第4冊《柬大王泊旱》公佈後，此字得以重新考慮。《柬大王泊旱》簡18中，整理者將之釋為「坐」或「傞」字，陳劍先生主張讀為「危」，同時指出，古代的「坐」本為「跪」字，「危」應是「跪」的初文，「危」與「坐」形音義關係密切，很可能本是一語一形之分化⑥。後來劉樂賢先生認為，楚系《日書》建除十二直中的「危」，正好與秦系建除十二直的「坐」相對應，馬王堆帛書《式法·式圖》中的「坐陽」實即「危陽」⑦。新近公佈的上博七《武王踐阼》簡9有「亞（惡）王＝（危？危）於忿連（戾）」之句，而傳世本作「惡乎危，於忿死」，簡中「危」字的寫法與包山簡的寫法相

① 湖北省荊沙鐵路考古隊：《包山楚墓》，文物出版社1991年版，第388頁注419。

② 湖北省文物考古研究所：《江陵望山沙塚楚墓》，文物出版社1996年版，第253頁注19。

③ 湖北省文物考古研究所、北京大學中文系：《九店楚簡》，中華書局2000年版，第58—59頁注5。

④ 李家浩：〈包山卜筮簡218—219號研究〉，載《長沙三國吳簡暨百年來簡帛發現與研究國際學術研討會論文集》，中華書局2005年版，第194頁。

⑤ 陳偉：《包山楚簡初探》，武漢大學出版社1996年版，第170頁。

⑥ 陳劍：〈上博竹書《昭王與龔之》和《柬大王泊旱》讀後記〉，簡帛研究網，2005年2月15日。

⑦ 劉樂賢：〈楚秦選擇術的異同及影響——以出土文獻為中心〉，載《歷史研究》2006年第6期。

同，故可確證將「坐山」改釋為「危山」是十分合適的。

在新蔡簡中，危字不從山，而寫作從邑，整理者隸作「郔山」，今依上論俱改釋為「郔山」：

……佩玉，於郔山一疏璜……（乙三44、45）
……三楚先、地主、二天子、郔山、北〔方〕……（乙四26）
……郔山一□……（零237）

從以上簡文來看，危山常跟在大水、地主、二天子之神的後面受到禱祠，當屬山神無疑。晏昌貴先生認為，簡文所指就是文獻中的三危山。在傳世文獻中，三危常與世居江漢的三苗之民相關。另外，三危山又是楚人神話中的長壽不死之地[1]。《尚書·堯典》、《大戴禮記·五帝德》、《史記·五帝本紀》、《漢書·地理志》都記載，帝堯「殺三苗于三危，以變西戎」，三危山似乎在西方，與岷山相近，具體地點不詳。

另外，《說文·危部》：「危，在高而懼也。」「三危山」或許本意就是三座高山。

### （四）五山·五主山

「五山」之名，首見於包山簡240：「舉禱五山各一牂。」李零先生認為，可能是指五大名山，但具體不詳[2]。陳偉先生認為，從用牲的「各一牂」來看，當是指五座山而非一山之名[3]。新蔡楚簡中，亦有「五山」之名，但有時又作「五主山」：

① 晏昌貴：〈楚卜筮簡所見神靈雜考（五則）〉，載《簡帛》第1輯，上海古籍出版社2006年版，第231—233頁。
② 李零：《中國方術考》（修訂本），東方出版社2000年版，第288頁。
③ 陳偉：《包山楚簡初探》，武漢大學出版社1996年版，第170頁。

五主山各一殺。（簡甲二29）[①]

……甲戌閏乙亥禱楚先與五山，庚午之夕內齋。……（簡甲三108、134）

舉禱五山、柯捲……（簡甲三195）

……于楚行與五山……（簡零99）

「五主山」與「五山」為同神異名，證明了上文中「三公主」的「主」，恐亦是山名。對於這五座山的具體所指，目前仍不得其詳。

### （五）武夷・複山・不周山

江陵九店M56簡43—44，是一篇被整理者稱為《告武夷》的祝禱之文[②]：

〔皋〕！敢告□繪之子武夷：「爾居複山之基，不周之野。帝謂爾無事，命爾司兵死者。今日某將欲食，某敢告以其妻□妻汝，〔轟〕幣、芳糧以量犢某于武夷之所：君夕受某之轟幣、芳糧，思某來歸食如故。」（簡43—44）

其中提到了武夷、複山、不周這三個神名。

關於武夷，幾乎所有學者都認為是司兵死者之神，即戰爭之神。李家浩先生指出，簡文中的「武夷」，與馬王堆漢墓帛書《太一避兵圖》的「武弟（夷）子」、《史記・封禪書》的「武夷君」、東漢鎮墓瓶到劉宋地券神祇「武夷王」，都是同一個神[③]。在漢武帝時，武

---

① 「殺」字之釋，從陳偉等著《楚地出土戰國簡冊（十四種）》，經濟科學出版社2009年版，第409頁。

② 湖北省文物考古研究所：《江陵九店東周墓》，科學出版社1995年版。湖北省文物考古研究所、北京大學中文系：《九店楚簡》，中華書局2000年版。

③ 李家浩：〈論《太一避兵圖》〉，載《國學研究》第1輯，北京大學出版社1993年版。

夷君地位提升，陪祭太一神壇，祠用乾魚，不同於其他祭法，一般認為是南方越巫的方術。

但是武夷後來演變成中國東南部的名山。劉昭瑞先生認為，自東漢起武夷神的性質發生了變化，在東漢的鎮墓文中，它變成了一般的土地神，而與秦漢簡牘告地策中常見的「安都丞」同見於東晉南朝以降的地券之中，成為與「地下兩千石」、「蒿裡父老」等幽冥主宰並列的鎮墓之神。南方地區的安都丞信仰圈與山東地區的泰山神信仰圈極其相似。饒宗頤先生認為，後世的武夷山是山因神而得名。劉昭瑞先生也認為，從西晉之末開始，武夷山也就成為了江南地區道教重要叢林之一，武夷神被帶到武夷山地區，其過程與早期天師道的南遷有關。在後世道書中，武夷山被列為道家三十六洞天之第十六洞，名為「升真化玄之天」[①]。

關於「不周」和「複山」。眾所周知，「不周」是中國古代神話中的名山，見於《淮南子》之〈天文訓〉和〈原道訓〉篇，《列子》等文獻亦有類似說法。注家認為，不周山在西北之極，昆侖山北。但具體所指，亦不得其詳。

夏德安先生推測，「複山」就是「不周」的別名，「不周」可能實際上是「複」的語音切分[②]。李家浩先生否定了這種說法，他引用《山海經·大荒西經》中「西北海之外，大荒之隅，有山而不合，名曰不周（負子），有兩黃獸守之」的記載，認為「不周」與「負子」同為兩座山，複山指的就是負山。一方面，「複」和「負」有音通關係；另一方面，因「有山而不合」，故將其中的一峰名為「不周」，而另一峰對不周山來說，是重複的山峰，故將其名為「複山」。後來

① 劉昭瑞：〈安都丞與武夷君〉，載《文史》2002年第2期。另載氏著《考古發現與早期道教研究》，文物出版社2007年版，第336—348頁。
② 夏德安：〈戰國時代兵死者的禱辭〉，載中國社會科學院簡帛研究中心編《簡帛研究譯叢》第2輯，湖南人民出版社1998年版。

人們把這座不合之山的山峰，統名為不周山，複山的名字遂逐漸被人們遺忘①。饒宗頤先生根據《水經注》的記載考證了複山的地望，他認為，春秋時期庸國所屬的魚人，其地在巴國東境，稱為魚複，地處夔州，後演化為板楯蠻之一部白虎複夷，地處川東南②。劉昭瑞先生認為，《告武夷》中的複山當是位於淮水之源平氏縣境內的大複山，這裡也是古複國的所在③。

總之，複山和不周山都是傳說中的神山，若欲將其落實到楚地某一具體的地方，恐有難度。

### （六）丘神

楚簡中常見有以「丘」為地名者，如包山簡中有繁丘（簡90）、隨丘（簡188），新蔡簡中有林丘（簡甲三1）、桑丘（簡甲三325—1、357、359）、上桑丘（簡甲三400）、茅丘（簡甲三378）、羅丘（簡乙二014）、舊丘（簡零282）、蔓丘（簡零317）等，共十多處。一般認為，這些都是地名，或是與邑、述、社等相關的地理單位。對此，已有很多學者進行過討論，研究表明，這些地理單位與秦漢乃至其後各代的農村基層社會組織有著直接的承繼關係④。

但是，在楚簡中還有一類「丘」，則被視為神祇而受到祭禱，如天星觀M1中的楚簡：

齊客紳腊問王於栽郢之歲爨月己酉之日……謀然有外慼，有祟，敓之，舉禱祗特牛，樂……⑤

舉禱祗特牛，樂之。

---

① 李家浩：〈九店楚簡「告武夷」研究〉，載氏著《著名中年語言學家自選集·李家浩卷》，安徽教育出版社2002年版，第318—328頁。
② 饒宗頤：〈說九店楚簡之武（君）與複山〉，載《文物》1997年第6期。
③ 參見劉昭瑞〈安都丞與武夷君〉，載《文史》2002年第2期。
④ 陳偉：《楚地出土戰國簡冊（十四種）》，經濟科學出版社2009年版，第456頁注4。
⑤ 黃錫全：《湖北出土商周文字輯證》圖版179，武漢大學出版社1992年版。

罷禱祏特牛。

這裡「丘」字從示，標示了它的神祇性質，而且受到舉禱、罷禱，其祭品是特牛，地位似乎不低。在包山簡中，丘還分為「高丘」和「下丘」兩種：「享祭箮之高丘、下丘各一全豢。」（簡237—238、241）簡文中「各」字，提示高丘和下丘是兩個而不是一個被祭禱的對象，所用之牲為「全豢」，比天星觀墓主所用的特牛級別要低，這可能與包山墓主的身分有關。

如何理解楚地的丘神，學術界存在著兩種不同的理解。

一種意見認為，此種丘仍是實指的地名。例如，包山簡整理者認為：「高丘，地名，見於《鄂君啟節》。下丘，地名。」[1]何琳儀先生認為，包山簡中的「高丘」就是《楚辭・離騷》和《高唐賦》中的高丘，在三峽之中[2]。李家浩先生認為，包山簡中的「箮」字讀為《漢書・地理志》沛郡屬縣「竹」，高丘、下丘就在其附近，即今安徽宿縣北的符離集附近，並認為這與此前聞一多、錢穆等人將《高唐賦》中的高丘、巫山、高唐定在淮水流域的說法相恰[3]。倘若如此，則此處之高丘、下丘便在東楚範圍之內。劉信芳先生也認為，「高丘、下丘應是實有地名，為楚人崇拜祭祀之所」[4]。

另一種意見認為，楚簡中的「丘」並非實指，而是指楚地神山。李零先生認為，高丘和下丘蓋指高丘和矮丘[5]。後來李先生又指出，《楚辭・離騷》中有「哀高丘之無女」，此處高丘與此有關[6]。晏昌貴

① 湖北省荊沙鐵路考古隊：《包山楚墓》，文物出版社1991年版，第390頁注468。
② 何琳儀：〈包山楚簡選釋〉，載《江漢考古》1993年第4期。
③ 李家浩：〈鄂君啟節銘文中的高丘〉，載《古文字研究》第22輯，中華書局2000年版。
④ 劉信芳：《包山楚簡解詁》，臺北藝文印書館2003年版，第246頁。
⑤ 李零：《中國方術考》（修訂本），東方出版社2000年版，第288頁。
⑥ 李零：〈考古發現與神話傳說〉，載《李零自選集》，廣西師範大學出版社1988年版，第63頁。

第
四
章

祭
禮

先生發揮了這種說法，引《楚辭・離騷》王逸注「楚有高丘之山」，認為高丘即高山，與《搜神記》中的「高山君」神相聯繫。

我們基本同意後一種意見，認為丘並非實指，而是指墓主所在地的丘陵之神。其理由如下：第一，丘陵之地易生鬼，本來就屬受祭之列。《說文》對「丘」有兩種解釋：一是「土之高也，非人所為也」；二是「四方高，中央下為丘」。這兩種解釋都是從自然地貌上來說的。實際上，丘之代山，文獻亦不乏記載，比如《山海經・海內南經》有「蒼梧之山」，在《山海經・海內經》中則寫為「蒼梧之丘」。「丘陵」之祭常見於禮書記載：

兆五帝於四郊，四望、四類亦如之。兆山川、丘陵、墳衍，各因其方。[1]

山林、川谷、丘陵能出雲，為風雨，見怪物，皆曰神。[2]

以上是國家祀典的規定，由各地諸侯列入正祀。楚地多丘陵，丘上多叢林，陰森恐怖，在古人看來易生鬼怪，這很容易理解。睡虎地秦簡《日書》甲種《詰咎》篇中專有「丘鬼」之名：

人無故鬼藉其宮，是是丘鬼。取故丘之土，以為偽人犬，置牆上，五步一人一犬，環其宮，鬼來揚灰擊箕以噪之，則止。（簡29—31背壹）

故丘鬼恒畏人，畏人所，為芻矢以弋之，則不畏人矣。（簡24背貳）

人過於丘墟，女鼠抱子逐人，張傘以向之，則已矣。（簡45背三）

---

① 《周禮・春官宗伯・小宗伯》。
② 《禮記・祭法》。

劉樂賢先生引《白澤精怪圖》「丘墓之精曰狼鬼」句，認為此「丘鬼」或許與狼鬼有關[1]。劉釗先生也引到此篇文獻，認為「丘」指墳墓，丘鬼就是墓中之鬼[2]。徐富昌先生認為，丘鬼可能是死於陵丘之鬼，這類鬼會無故借人室屋居住[3]。王子今先生認為，這裡的「丘」意為聚落，丘鬼之稱猶言鄉土之鬼，其厭勝之法使用了「故丘之土」，暗示著丘鬼來自故鄉[4]。然而，在同篇的上下簡文中，「丘墟」是容易生鬼的地方（簡45背叁）。「丘下之莠」又可以成為剋解哀思鬼魖的巫術道具（簡63—64背壹）。這似乎說明，丘不能理解為聚落村莊，而是指居住地附近的小山丘。在新近公佈的雲夢睡虎地77號漢墓中，出土了一些關於楚人伍子胥故事的簡文，其中提到「丘虛（墟）宗廟社稷」，丘墟與宗廟社稷聯稱，可見楚人對於丘墟的重視[5]。

第二，包山簡中丘神之名顯示出，它們其實只是墓主生活範圍內的小地名。包山簡中有「高丘」，而「下丘」與之相對；新蔡簡中有「上獻」和「下獻」（簡甲三343—2、326—1）。這種具有相對意義的地名，與古人標識地理位置的方法有關。在已公佈的放馬灘秦簡中，有上臨與下臨、上楊谷與下楊谷、上辟磨與下辟磨，都是上下相對的地名[6]。而在長沙走馬樓吳簡140多個丘名中，也有很多對應關係的丘名，例如：上伍丘—下伍丘、上俗丘—下俗丘、上和丘—和丘—下和丘、伻上丘—伻丘—伻下丘、緒中丘—緒丘—緒下丘，等

① 劉樂賢：《睡虎地秦簡日書研究》，臺北文津出版社1994年版，第235頁。
② 劉釗：《出土簡帛文字叢考》，臺灣古籍出版有限公司2004年版，第139頁。
③ 徐富昌：〈睡虎地秦簡〈日書〉中的鬼神信仰〉，載《張以仁先生七秩壽慶論文集》，臺灣學生書局1999年版，第917頁。
④ 王子今：《睡虎地秦簡〈日書〉甲種疏證》，湖北教育出版社2003年版，第354—355頁。
⑤ 湖北省文物考古研究所、雲夢縣博物館：〈湖北雲夢睡虎地M77發掘簡報〉，載《江漢考古》2008年第4期，第31—37頁。劉樂賢：〈睡虎地77號漢墓出土的伍子胥故事殘簡〉，簡帛研究網，2009年4月18日。
⑥ 甘肅省文物考古研究所：《天水放馬灘秦簡》，中華書局2009年版，第108頁。

第
四
章

祭
禮

等<sup>①</sup>。秦簡、吳簡中的上下對名，就相當於包山簡中的高下對名。而新舊對名的取名方法，與楚簡中的新丘—舊丘命名方式，也是一回事。所以，楚簡中受禱的丘神，應當是距墓主生前活動範圍不太遠的小山陵之神，將它們理解為古文獻中某一具體的山名、某一專神之名，都不太恰當。

第三，從丘神享祭的順序和祭品來看，其地位並不太高。包山簡中高下二丘的享祭順序，在太、后土、司命、大水、二天子、嶢山和諸楚先之後，說明其地位至少不高於前面諸神。祭禱「二天子」時分別用羊和玉的搭配（羘和佩玉）；祭禱「危山」時，也用到羊和玉的搭配（珇與牯）；祭禱「五山」時分別用羊牲（羘或殺）；而禱丘神時，祭品分別為「全豢」。《禮記・月令》鄭注：「牛羊曰舅，犬豕曰豢。」級別低於二天子、嶢山、五山等楚地的「名山」。

綜上所述，楚人祭禱的山神包括二天子、三土皇（三公主）、嶢山、五山（五主山）、武夷、複山、不周山以及各居民區附近的諸多丘神，這些山的具體位置恐難落實，但它們作為宗教神靈對楚人的宗教生活起到過重要作用。

## 二、水神

祭祀江河水神，屢見於先秦各地<sup>②</sup>。戰國時期，「隨水右壤，此皆廣川大水，山林谿谷，不食之地也」<sup>③</sup>。其時南陽盆地尚多「廣川大水」，江漢平原更是川澤縱橫的水鄉。新蔡卜筮祭禱簡提到了楚地的

---

① 宋超：〈長沙走馬樓吳簡中的「丘」與「里」〉，載《長沙三國吳簡暨百年來簡帛發現與研究國際學術研討會論文集》，中華書局2005年版，第77—78頁。

② 各國水神之祭，史料屢見，如《左傳・僖公十九年》載宋襄公「使邾公用鄫子于次睢之社，欲以屬東夷」，根據杜注，因睢水經陳留、梁、譙、沛、彭城入泗，此水次有妖神，故東夷祀之，「次睢之社」即為睢水沿岸之水神。又如《左傳・僖公二十一年》載，任、宿、須句、顓臾等風姓部族「實司太皞與有濟之祀」，所謂「有濟之祀」，即是其居住範圍內的濟水之神。《左傳・昭公元年》載台駘為汾河之神。秦《詛楚文》和《史記・封禪書》中所說的「湫淵」也是秦人發祥地所在的水神。

③ 黃歇上書諫止秦昭王伐楚之語，參見《史記・春申君列傳》。

主要河流：

　（及）江、漢、沮、漳，延至於淮。是日就禱楚先老童、祝
〔融〕……（甲三268）
　昔我先出自顓頊，宅茲沮、漳，以徙遷處……（甲三11、24）①

　　江、漢、沮、漳是楚地的主要大河，具有神聖的地位。史載楚昭
王有疾，拒絕祭禱黃河之神，說：「三代命祀，祭不越望。江、漢、
雎、漳，楚之望也。」②可見楚人祭祀本國水神，以此四水為中心。
　　隨著楚國地域的拓展，「楚望」之外的河流必然納入其中，楚人
之水神祭禱是否隨之有所增加，值得探討。近年出土的楚地卜筮祭禱
簡提供了部分新史料，有助於對這一問題的研究。以下先列舉楚地水
神諸名③。

**（一）大水**
　包山、望山楚簡中均有「大水」之祀：

　賽禱大水佩玉一環。（包山M2簡213）
　舉禱大水一膚。（包山M2簡238、244）
　舉禱大水一犧馬。（包山M2簡248）
　舉禱大水佩玉一環。（望山M1簡54、55）

① 賈連敏：〈新蔡葛陵楚墓出土竹簡釋文〉，載河南省文物考古研究所編《新蔡葛陵楚墓》附
　錄1，大象出版社2003年版。此處釋文，參照了董珊〈新蔡楚簡所見的「顓頊」和「雎
　漳」〉，簡帛研究網，2003年12月7日。
② 《左傳‧哀公六年》。《左傳‧僖公二十八年》載，晉楚交戰前，楚國子玉夢見河神要求他
　將自己珍愛的「瓊弁、玉纓」獻給河神，但子玉惜物而未獻，於是楚師大敗。
③ 楊華：〈楚地水神研究〉，載《江漢論壇》2007年第8期，第98—104頁。另見氏著《新出簡
　帛與禮制研究》，臺灣古籍出版公司2007年版，第77—100頁。

第
四
章

祭
禮

天星觀M1楚簡中也有祭禱「大水」的記載：

舉禱大水一牲。

賽禱大水一牲。

享薦大水一佩玉環。

此外，新蔡楚簡中也有祭禱「大水」的記載：「夏尿，享月，賽禱大水，佩玉。」（簡乙四43）

「大水」究竟是何種水神，學術界尚無定論。包山簡整理者引《史記·封禪書》，釋為「天水」。望山簡整理者亦無定論，只指出有「天水」、大江之水和大水之星名三種可能。劉信芳先生認為是天漢或銀河[1]。陳偉先生引《禮記·月令》鄭玄和高誘注，認為「大水」指淮河[2]。晏昌貴先生認為，大水即海神[3]。另外還有其他多種推測，如長江、洪水、元水、道神等。秦漢時期祭五嶽、四瀆，四瀆指江、河、淮、濟，這是秦漢大一統時期的大川之祀，鄭玄、高誘注解「大水」，蓋出於漢人理念，至於戰國時期江陵楚郢是否遠祭淮河，尚不能確定。

另外，在江蘇邗江胡場5號漢墓（漢宣帝本始四年）所出之神靈名位牘中，淮河不稱「大水」，而專有「淮河」之名[4]。所以，頗疑楚人所祀之「大水」仍是長江或漢水的專名。

## （二）江

淅川下寺M1出土的《敬事天王鐘》：「江漢之陰陽，百歲之外，

① 劉信芳：〈包山楚簡神名與《九歌》神祇〉，載《文學遺產》1993年第5期。
② 陳偉：〈包山楚簡初探〉，武漢大學出版社1996年版，第169頁。
③ 晏昌貴：〈楚卜筮簡所見神靈雜考（五則）〉，載《簡帛》第1輯，上海古籍出版社2006年版。
④ 揚州博物館、邗江縣圖書館：〈江蘇邗江胡場5號漢墓〉，載《文物》1981年第11期。

以之大行。」可見江漢早有合稱。「江」之祭禱，目前僅見新蔡卜筮祭禱簡中有「刭于江一狢，禱一塚」（簡甲三180）的記載。由此簡文自然聯想到長江。《史記・楚世家》載，楚昭王北伐而病，不願意祭禱河神，說：「自吾先王受封，望不過江、漢，而河非所獲罪也。」張守節《史記正義》：「江，荊州南大江也；漢，江也。二水楚境內也。」由《史記正義》可知，漢水亦稱「江」。《尚書・禹貢》「九江孔殷」條下，孔穎達疏謂：

> 江以南水無大小，俗人皆呼為江，或從江分出，或從外合來。

可知，有時長江支流南方人亦稱之為「江」，如《尚書・禹貢》「沱、潛既道」，孔傳：「沱，江別名。」

綜上所述，楚人祭禱長江固無所疑，但新蔡楚簡中所禱者為長江幹流抑或是其支流，還有待出土材料的進一步證實。

### （三）大川・大川有介

新蔡楚簡中多次提到「大川」之禱：

> ……食，昭告大川有介：小臣……（簡甲三21）
> ……食，昭告大川有介，曰：嗚呼哀哉！小臣成，暮生早孤……（簡零9，甲三23、57）[1]

> 有祟見於大川有介，小臣成，敬之懼……（零198、203）

「大川」為何種水神，還不十分肯定，目前僅見于新蔡簡，疑即平夜君封地內的某條大河。值得注意的是，「大川」之後加上「有

---

[1] 「暮生早孤」，整理者原作「畢孤」，劉信芳先生改釋為「早孤」，今從。參見劉信芳〈釋葛陵楚簡「暮生早孤」〉，簡帛研究網，2004年1月11日。

介」二字，究竟指什麼？此「介」字從水，寫作「沴」，何琳儀先生認為當讀為「害」①。然而，此種解釋在上引零198和零203號簡中有所未安。此句中「有祟見於大川有介」是指有祟禍在某地出現，所以平夜君成才會驚懼而加以祭禱。顯然「大川有介」是一個地點，若釋「介」為「害」，則與前言「有祟見（現）」重複。

實際上，此「介」字不必迂曲解釋，《楚辭・九章・哀郢》：「哀州土之平樂兮，悲江介之遺風。」朱熹《楚辭集注》：「介一作界，間也。」蔣驥注：「介，側畔也。」②「江介」即謂大江左右之地。姜亮夫先生認為，《楚辭・九歎・離世》之「濟湘流而南極，立江界而長吟兮」，句中「江界」實即《楚辭・九章・哀郢》所言「湘江左右之地」③。出土簡文中的「大川有介」與傳世文獻中的「江介」是一回事。新蔡簡文中的「介」字從水，是其意符。其「大川有介」的「有」字，並無實義，用以足句，如同古籍中常見的「有虞」、「有夏」、「有扈」之類④，新蔡簡中提到「大川有介」的文例都是冊告祝辭，尤其注重音節和文辭，用到此虛詞，在所必然⑤。「有祟見（現）於大川有介」，意即有祟鬼在大川之水邊降臨。曹子建詩「江界多悲風」，江邊易生風，多陰森恐怖之象，故常被疑為有祟出現。「昭告大川有介」，是指平夜君成因此而對大川及其水邊舉行冊告儀式和祭禱巫術。

---

① 何琳儀：〈新蔡竹簡選釋〉，載《安徽大學學報》2004年第3期。何文謂：「原篆左從水，右從介聲。字書所無，疑水害之『害』的專用字。碩叔父父盤『受害福』、大簋『害（右從「丮」旁）璋馬兩』之『害』，諸家多讀『介』，可資旁證。這一本義在典籍中也有孑遺。《太玄・傒》『傒禍介介也』注『介介，有害也』。」
② 蔣驥：《山帶閣注楚辭》，上海古籍出版社1984年版，第119頁。
③ 姜亮夫：《楚辭通故》第1冊，雲南人民出版社1999年版，第151頁。
④ 王引之：《經傳釋詞》第3卷，嶽麓書社1985年版，第61—64頁。
⑤ 我們這種冊告之辭注重音節的說法，並非向壁虛構，證據之一是，甲三23、36、57，乙四70，零9、198、203號這幾支表示冊告之辭的簡文中，「小臣成」之後都有一墨點，用以頓句。而按照一般的語法理解，這些三字主語之後，並不一定要頓句，之所以如此，正是因為要在向神靈宣讀告辭時必須注重音節。

另外，《詩經‧召南‧江有汜》中有「江有汜」、「江有渚」、「江有沱」句，指江及其支流（汜、沱）和小洲（渚），均與此相類，亦可參證。

### （四）漢女

《詩經‧周南‧漢廣》：「漢有遊女，不可求思。」鄭箋：「喻賢女雖出遊流水之上，人無欲求犯禮者，亦由貞潔使之然。」這是完全從儒家倫理角度所做的解釋，孔疏由之對男女貞淫的風俗大加發揮，更是南轅北轍。

東漢馬融〈廣成頌〉「湘靈下，漢女遊」下，注謂：「漢女，漢水之神女。《詩》云：漢有遊女。[1]」所謂漢水之遊女不可求者，是指她為水神，雖美卻不可求，與《詩經‧周南‧漢廣》「南有喬木，不可休思」，正可對應理解。

《穀梁傳‧定公四年》載，蔡昭侯被楚人囚于南郢，「數年然後得歸，歸而用事乎漢，曰：苟諸侯有欲伐楚者，寡人請為前列焉」。晉人范寧注謂：「用事者，禱漢水神。」可見漢水神乃是春秋時期蔡、楚的重要神祇[2]。

正因為漢水上有水神，所以西漢在漢中設祠專以祭之，《史記‧封禪書》：「沔，祠漢中。」《史記索隱》引樂產云「漢女，漢神也」。

### （五）湘君‧湘夫人

關於湘君和湘夫人，歷代有多種說法。

第一，湘君是洞庭水神，湘夫人是帝堯之二女。《楚辭‧九歌‧湘君》首句「君不行兮夷猶」下，王逸《章句》謂：

---

[1] 《後漢書‧馬融列傳》。
[2] 《公羊傳》所載略異，謂「用事於河」，注謂：「時北如晉請伐楚，因祭河。」然而，蔡侯北歸，經過漢水亦是必然。

第四章　祭禮

言湘君所在，左沅、湘，右大江，苞洞庭之波，方數百里，群鳥所集，魚鱉所聚，土地肥饒，又有險阻，故其神常安，不肯遊蕩，既設祭祀，使巫請呼之，尚複猶豫也。

「左沅、湘，右大江」，顯然是指洞庭湖，故王逸以湘君為洞庭湖之水神。王逸又以湘夫人為堯之二女。

第二，湘君是堯之女。《史記・秦始皇本紀》記載，秦始皇從南郡北還中原，遇大風，幾不得渡。於是他問隨行博士：「湘君何神？」博士對曰：「聞之，堯女，舜之妻，而葬此。」劉向《列女傳》亦主此：「二女死于江湘之間，俗謂之湘君。」西晉張華《博物志》亦沿襲此說[①]。

第三，湘君是舜，湘夫人是舜妻即堯之女。上引《史記・秦始皇本紀》條下司馬貞《索隱》謂：

《楚辭・九歌》有湘君、湘夫人。夫人是堯女，則湘君當是舜。今此文以湘君為堯女，是總而言之。

第四，湘君是娥皇，湘夫人是女英。韓愈《祭湘君夫人文》：「敢昭告於湘君、湘夫人二妃之神。……以大振顯君夫人之威神，以報靈德。」韓愈自南方流寓之地還禱此二神，作《黃陵廟碑》考證其源流：

秦博士對始皇帝云：「湘君者，堯之二女舜妃者也。」劉向、鄭玄亦皆以二妃為湘君。而《離騷》、《九歌》既有《湘君》，又有

---

① 《博物志・史補》：「洞庭之山，堯之二女，舜之二妃居之，曰湘夫人。舜崩，二妃啼，以涕揮竹，竹盡斑。」

《湘夫人》。王逸之解，以為湘君者自其水神，而謂湘夫人乃二妃也，從舜南征三苗不及，道死沅湘之間。《山海經》曰：「洞庭之山，帝之二女居之。」郭璞疑二女者，帝舜之后，不當降小水為其夫人，因以二女為天帝之女。以余考之，璞與王逸俱失矣。堯之長女娥皇，為舜正妃，故曰「君」；其二女女英，自宜降曰「夫人」也。[①]

第五，江神二女是天帝之女。正如韓愈所引《山海經·中山經·中次十二經》：「洞庭之山……帝之二女居之，是常游于江淵。」郭璞注：「天帝之二女，而處江為神。」

歷代對於湘君·湘夫人之說，莫辨其源，難有定論。但洞庭和沅湘之有水神，則是肯定的，至於其被人格化，則為後代之事。

東漢馬融的〈廣成頌〉中有「湘靈下，漢女遊」之句，唐人李賢注謂：「湘靈，舜妃，溺于湘水，為湘夫人也。見《楚辭》。」[②]可見漢唐時期關於漢女、湘女為水神之說已很普遍。

### （六）大波

天星觀卜筮祭禱簡有：「溺於大波一羚。」[③]晏昌貴先生認為「大波」即「大水」[④]。我們懷疑「大波」泛指波浪水神。《淮南子·覽冥訓》：

武王伐紂，渡于孟津，陽侯之波，逆流而擊，疾風晦冥，人馬不相見。於是武王左操黃鉞，右秉白旄，瞋目而之曰：「余任天下，誰敢害吾意者？」於是風濟而波罷。

---

① 屈守元、常思春：《韓愈全集》，四川大學出版社1996年版，第2387-2388、2491-2493頁。
② 《後漢書·馬融列傳》。
③ 滕壬生：《楚系簡帛文字編》，湖北教育出版社1995年版，第312、325、807、808頁。
④ 晏昌貴：〈天星觀「卜筮祭禱」簡釋文輯校〉，載丁四新主編《楚地出土簡帛文獻思想研究》第2輯，湖北教育出版社2005年版。

高誘注：「陽侯，陵陽國侯也。其國近水，溺水而死，其神能為大波，有所傷害，因謂之陽侯之波。」陽陵是漢之封國，高注以漢人之事擬於古典，顯然不確，劉文典《淮南鴻烈集解》已辨之於前①。揚雄〈反離騷〉：「橫江、湘以南往兮，雲走乎彼蒼吾，馳江潭之泛溢兮……陵陽侯之素波兮，豈吾累之獨見許？」應劭注：「陽侯，古之諸侯也，有罪自投江，其神為大波。陵，乘也。」②揚雄神游江湘，以「素波」為虞，可知在漢人心目中，南方確有水波之神。至於此種水波之神的來歷和人格化為漢人所附會，當是後來之事。

### （七）水上·溺人

如果說以上所列為江河水神，則「水上」和「溺人」當為水鬼。楚簡中此二名僅見于包山簡：「思攻解于水上與溺人。」（包山簡246）③

南方多水，亡命于水者為古代常見，這些因非正常死亡而不得安魂的厲鬼，常常危害人間，故而對之進行祭禱和攻解巫術。包山墓主邵佗，便在腹心疾深、上逆氣、不甘食的病危之際，對水上和溺人進行了攻解巫術。不過，「水上」與「溺人」還有所區別。

「水上」當指亡于水上者，而不是沉入水中淹死之人。例如，楚漢戰爭中楚將「大司馬咎、長史翳、塞王欣皆自剄汜水上」④。此種水上自殺者當為厲鬼。又如，《漢書·嚴助傳》載，漢武帝時遣簡忌伐南海王，適遇天暑多雨，「樓船卒水居擊棹，未戰而疾死者過半」。顏

---

① 劉文典：《淮南鴻烈集解》，中華書局1997年版，第192頁。
② 《漢書·揚雄傳》。
③ 包山簡整理者釋為「水上與沒人」，指「溺于水中之人」；李零先生釋為「水上與溺人」，指「淹死之人」，前者浮于水上，後者沉於水底，參見李零《中國方術考》（修訂本），東方出版社2000年版，第293頁。「溺」在包山簡中寫作㲻，《方言》、《廣韻》「溺」均本作休，《說文·水部·溺》段玉裁注謂：「今人用為休沒字，溺行而休廢矣。」黃盛璋先生在〈包山楚簡中若干重要制度發複與爭論未決諸關鍵字解難、決疑〉中首先指出當釋為「溺人」，載《湖南考古輯刊》第6輯，第186—199頁。
④ 《史記·項羽本紀》。

師古注：「言常居舟中水上，而又有擊棹行舟之役，故多死也。」這些冤死於舟船之人，正是「水上」厲鬼。在邗江胡場M5西漢《神靈名位牘》（西漢本始四年，即前70年）中，記載了30多個神祇名稱，其中便有「水上」之神①。在香港中文大學所藏的《序寧禱券》（東漢建初四年，即公元79年）中，也有「水上」之名：

七月廿日癸酉，令巫夏（下）脯酒，為皇母序甯下禱，皇男皇婦共為禱水上……（簡232）

〔皇男皇婦〕為序寧所禱水上……（簡233）②

「溺人」很明確，指溺水淹死者。《禮記‧檀弓上》：「死而不弔者三：畏、厭、溺。」三者都是指非正常死而不合弔哭者。而所謂「溺」，鄭注、孔疏都指「不乘橋矼」而死于水者。雲夢睡虎地秦簡《日書‧詰》中有：「人恒亡赤子，是水亡殤取之。」（簡65背反）此處的「水亡殤」，如整理者所言，是指被水淹死的未成年者。③溺水而死者危害生人，故須採取巫術以詰克之。

## （八）玄冥

玄冥，相傳為少皞之子，名脩或熙，是上古水官。《左傳‧昭公二十九年》：「水正曰玄冥。」冥即玄冥，死職為水官。《禮記‧月令》中四時迎氣於郊，皆有所配，冬月水德所祭顓頊帝，便以玄冥神為配祀。

值得注意的是，玄冥是中原地區常祭的水神。《漢書‧揚雄傳》

① 揚州博物館、邗江縣圖書館：〈江蘇邗江胡場5號漢墓〉，載《文物》1981年第11期。
② 陳松長：《香港中文大學文物館藏簡牘》，香港中文大學文物館2000年，第106頁。整理者引《韓非子》，以「水上」為河伯之神。
③ 劉樂賢先生引《莊子‧達生》「水有罔象」，認為「水亡傷」即「罔象」。參見氏著《睡虎地秦簡日書研究》，臺北文津出版社1994年版，第245頁注89。

第四章 祭禮

「以終始顓頊、玄冥之統」，注引應劭曰：「顓頊、玄冥，皆北方之神，主殺戮也。」此北方當然是指五行中水德尚黑的北方，但是《史記·鄭世家》中指出了玄冥神所轄的水域。該篇載，鄭國子產至晉問晉平公疾，晉平公問諸神之來歷，子產說：

> 昔金天氏有裔子曰昧，為玄冥師，生允格、台駘。台駘能業其官，宣汾、洮，障大澤，以處太原。帝用嘉之，國之汾川。沈、姒、蓐、黃實守其祀。今晉主汾川而滅之。由是觀之，則台駘，汾、洮神也。然是二者不害君身。山川之神，則水旱之菑祭之。

《集解》引服虔曰：「金天，少暭也。玄冥，水官也。師，長也。昧為水官之長。」由此可知，玄冥的後代台駘是汾、洮之水神。

《楚辭》諸篇中也多次提到玄冥，例如，《楚辭·遠遊》：「歷玄冥以邪徑兮，乘間維以反顧。」指作者游仙過程中道訪玄冥之神。《楚辭·大招》：「冥凌浹行，魂無逃只。」王逸《楚辭章句》：「冥，玄冥，北方之神也。……玄冥之神，遍行凌馳於天地之間。」《楚辭·九章·悲回風》：「據青冥而攄虹兮。」王逸《楚辭章句》：「上至玄冥，舒光耀也。」這些文辭，目前只見于文學作品，但是也隱約可見楚人禱祀北方玄冥神的情形。

### （九）河伯

河伯乃黃河水神，又有馮夷、冰夷、無夷等別名，其起源及傳說繁紛複雜，顧炎武《日知錄》及袁珂《中國神話傳說詞典》述之頗詳，茲不贅引[①]。黃河早在卜辭中已多見祭禱[②]，河神在商周以來一直

---

① 顧炎武：《日知錄》卷二五〈河伯〉，參見黃汝成《日知錄集釋》，上海古籍出版社2011年版，第1401—1403頁。袁珂：《中國神話傳說詞典》，上海辭書出版社1985年版，第253—254頁。

② 陳夢家：《殷墟卜辭綜述》，中華書局2004年版，第596—599頁。

列入祀典。

　　春秋晚年（前489年），楚昭王雖拒祭黃河之神，但亦不儘然。早在楚莊王伐晉時（前597年），因得黃河之利，於邲地大敗晉師，楚人最後「祀於河，作先君宮，告成事而還」。不僅祭祀了當地的黃河水神，而且還在其旁築構楚王諸廟[①]。

　　《楚辭》中更是多處言及河伯之神。《楚辭·九歌》中有〈河伯〉一篇，中言「沖風起兮橫波」、「波滔滔兮來迎」，是指其波濤洶湧之勢；「魚鱗屋兮龍堂，紫貝闕兮朱宮，靈何為兮水中」是指河伯之神居於深水之中。另外，《楚辭·天問》中也有「胡躲夫河伯，而妻彼雒嬪」之句，說明身居南方楚地的屈原對河伯傳說十分熟悉。在《楚辭·遠遊》中，還有「使湘靈鼓瑟兮，令海若舞馮夷」之句，海若為北海之神，馮夷即河伯別名，他們與南方水神湘靈同時為作者所御。河伯之名，始見於《莊子·秋水》，莊子與屈原年代相當[②]，故疑楚人本不祭河，但戰國時期中原文化南漸，黃河水神亦為南方所祭。

　　不過，勞榦先生也曾指出，《楚辭·九歌·河伯》存在著三點漏洞：第一，江、漢、沮、漳是楚人祭祀之望，楚人無祀河之理；第二，《楚辭·九歌·河伯》有「登崑崙兮四望」之句，而以崑崙為黃河之源的說法，反映了漢代的地理認識水平；第三，《楚辭·九歌·河伯》的句子有抄襲其他章句的嫌疑（如「與女遊兮九河，沖風起兮橫波」便是《楚辭·九歌·少司命》的句子）；第四，《楚辭·九歌》中的設想區域在湘楚一帶，而《楚辭·九歌·河伯》「子交手兮東行，送美人兮南浦」是從長安的角度來敘述的。這樣，河伯之神不

---

① 《左傳·宣公十二年》。
② 據錢穆先生考證，莊周生於公元前365年，卒於公元前290年；屈原生於公元前343年，卒於公元前299年。載氏著《先秦諸子系年》，商務印書館2001年版，第693—698頁。

第四章　祭禮

可能為楚人所祀<sup>①</sup>。

### （十）罔象・罔兩

《左傳・宣公三年》載，楚王伐陸渾之戎，至於雒水，觀兵周疆，問鼎之大小輕重，周王室派王孫滿出對楚王，王孫滿說：「民入川澤山林，不逢不若，魑魅罔兩，莫能逢之，用能協於上下以承天休。」鄭注：「罔兩，水神。」《說文》謂罔兩為「山川之精物」。魑魅是山林之神，罔兩是川澤之神。

罔兩又名罔象。《國語・魯語下・季桓子穿井》載孔子語：「水之怪曰龍、罔象。」韋注云：「龍，神獸也。或曰罔象食人，一曰沐腫。」《淮南子・氾論訓》：「水生罔象。」高注：「罔象，水之精也。」《廣雅・釋天》：「水神謂之罔象。」均指同一種水怪。

### （十一）池澤井泉

除了一些大的江河水神成為祭禱的對象之外，一些小的河流和水澤井泉也有自己的水神<sup>②</sup>，同樣受到楚人祭禱。天星觀卜筮祭禱簡中有：「舉禱沐京，特豢、酒食。」<sup>③</sup>這個「沐京」，大概就是小的河流或澤池。《禮記・月令》：「天子命有司祈祀四海、大川、名源、淵澤、井泉。」淵澤、井泉等小的水域也在祭禱之列。周家台秦墓M30《病方・無題》：

操杯米之池，東向，禹步〔三〕，投米，祝曰：「皋！敢告曲

①　勞榦：〈中國古代的民間信仰〉，載氏著《古代中國的歷史與文化》，中華書局2006年版，第327─329頁。

②　水中之精，除了常見的龍和罔兩之類，《管子・水地》還記載涸澤之精名慶忌，涸川之精名蟡：「或世見，或世不見者，生蟡與慶忌。故涸澤數百歲，欲之不徙，水之不絕者，生慶忌。慶忌者，其狀若人，其長四寸，衣黃衣，冠黃冠，戴黃蓋，乘小馬，好疾馳，以其名呼之，可使千里外一日反報。此涸澤之精也。涸川之精者，生於蟡。蟡者，一頭而兩身，其形若蛇，其長八尺，以其名呼之，可使取魚鱉，此涸川水之精也。」

③　滕壬生：《楚系簡帛文字編》，湖北教育出版社1995年版，第26、421、596頁。

池，某癃某破。禹步擯房槃，令某癃數去。」（簡338—339）①

　　這條病方表明，巫師在施展疾病巫術時，把「曲池」當做祝由的對象，可見其對疾病的誘發或控制力量。這可與文獻中的某些記載相印證，例如據《漢水記》記載：「漢水有泉，方圓數十步，夏常沸騰，望見白氣沖天，能瘥百病，常有數百人飲。」②周家台秦墓《病方》中的「曲池」，大概就是這樣一些具有某種神秘力量的湖澤、井池，在巫風盛行的楚地，可謂古今不乏。

　　馬王堆3號墓所出《五十二病方》中有兩種除疣術，也是通過井泉池澤來實現其祝由巫術的：

　　以月晦日之丘井有水者，以敝帚掃疣二七，祝曰：「今日月晦，掃疣北。」入帚井中。

　　以朔日，葵莖磨疣二七，言曰：「今日朔，磨疣以葵戟。」又以殺本若道旁蕳根二七，投澤若淵下。③

　　這些井、澤、淵可能對某種疾病具有控制的神力，因而成為祝由巫術的必要道具。

　　綜上所述，水神是楚地宗教崇拜中的重要內容，楚簡中的「江、漢、雎、漳」之說，與楚昭王所謂「三代命祀，祭不越望。江、漢、雎、漳，楚之望也」，正可對證。但實際上楚人所祭拜之水神恐非止此，根據文獻記載和對出土簡文的綜合考察，它們應包括「江」、「大水」、「大川」、「漢女」、「湘君」及「湘夫人」、「大波」「淮河」、「曲池」等，北方地區常見的「河伯」、「玄冥」、「罔

①　湖北省荊州市周梁玉橋遺址博物館：《關沮秦漢墓簡牘》，中華書局2001年版，第131頁。
②　《太平禦覽》卷七〇〈地部〉引。
③　馬王堆帛書整理小組：《五十二病方》，文物出版社1979年版，第55—57頁。

第
四
章

祭
禮

兩」等水神也在楚地偶有祭祀。「水上」、「溺人」等厲鬼也是楚人祭禱的對象。

### 三、社祭

社既是上古時期的地域單位，又是土地神和地域神。根據《禮記‧祭法》，古代貴族實行兩社之制，王者祭太社和王社，諸侯祭國社和侯社。《禮記‧月令》規定，仲春和仲秋之月「命民社」，顯然，庶民亦有社。這種民間基層之社，應當就是《禮記‧祭法》中的「置社」——「大夫以下成群立社，曰置社。」根據鄭玄注、《史記‧禮書》司馬貞《史記索隱》，所謂置社就是里社。

里社在先秦時期又稱為「書社」，即將社員之名籍書於社簿，它實際上是歷來實行的一種基層行政管理體制。齊、魯、衛、趙、越等地都有「書社」的記載①。當時基層里社的特點是里、社合一，聚族而居。史料早已表明，在南方楚地似乎也實行著這種里、社合一的基層管理體制。《史記‧孔子世家》載，孔子曾在楚國受到楚昭王的極高禮遇，楚昭王「將以書社地七百里封孔子」。《集解》引服虔曰：「書，籍也。」當時楚地的社廟中有專書里社成員的社籍冊。《史記索隱》謂：

古者二十五家為里，里則各立社，則書社者，書其社之人名於籍。蓋以七百里書社之人封孔子也，故下再求云「雖累千社而夫子不利」是也。

可見，楚昭王時期民間基層的里社均有詳細的里籍登記，一定地域範圍內的土地神崇拜，與該地區的行政管理體制互為表裡、聯合為

---

① 顧炎武：《日知錄》卷二二「社」條，參見黃汝成《日知錄集釋》，上海古籍出版社2011年版，第1260—1261頁。

治，這樣的里社可以說是官方化的，從中可以看到西漢里、社合一的雛形。

　　雖然此段材料的可信度曾受到部分學者懷疑[①]，但是近年來出土豐富的楚簡材料證明楚國有「里」這一行政單位的存在，已是無可爭辯的事實。在下葬年代為公元前316年的包山楚墓M2竹簡中，「里」是當時楚人進行法律訴訟的基本單位。見於簡文的里，有「郢里」（簡7）、「南陽里」（簡96）、「山陽里」（簡121）等名稱，據學者統計，包山楚簡中所記的里名，共有22處之多[②]。

　　簡文還提到多名「里公」，如「里公隋得」（簡22）、「里公登嬰」（簡27）、「里公婁毛」（簡37）、「里公苛藏」（簡42）等，這些「里公」應為里長，也就是地方基層之社——里社之長。不僅如此，里中之居民「里人」也屢見於簡文，如「里人青辛」（簡31）、「灌里人湘痌」（簡83）、「冠陵之勘里人石紳」（簡150）等。這些里人，當是這些里社的成員，如同老子是「楚苦縣厲鄉曲仁里人」[③]、劉邦是「沛豐邑中陽里人」[④]一樣。里社之社員，亦同後世所謂「社人」[⑤]。天星觀1號楚墓遣策中有「番之里人」的字句，顯然是墓主番剩同里之人助喪賵物的記錄，這對楚地里社經濟互助的社會功能是很好的說明[⑥]。郭店楚簡《六德》篇中有「里社」二字的合文，更足以說明戰國時期里、社合一的特點[⑦]。

---

① 顧頡剛引用崔述《洙泗考信錄》中孔子未曾至楚的考證，認為所謂「書社」乃齊國之地方制度，非他國所有。參見顧頡剛《浪口村隨筆》卷二「書社」條，遼寧教育出版社1998年版，第48—49頁。本文沒有採用顧先生的說法。

② 陳偉：《包山楚簡初探》，武漢大學出版社1996年版，第77頁。

③ 《史記・老子韓非列傳》。

④ 《史記・高祖本紀》。

⑤ 如《舊唐書・穆宗本紀》：「令五十人為一社，每一馬死，社人共補之，馬永無闕。」

⑥ 荊州地區博物館：〈江陵天星觀1號墓〉，載《考古學報》1982年第1期。

⑦ 參見《郭店楚墓竹簡・六德》簡22，此「里社」下有合文符，原整理者無釋。另參見李守奎《楚文字編》，華東師範大學出版社2003年版，第872頁。

河南新蔡平夜君成墓的卜筮祭禱簡中，提到里的材料共24條，如「輜子之里」（甲二27）、「竽我之里」（甲三179）、「楊里」（零72）、「堵里」（零116）、「郄里」（零402）、「稻里」（零529）等，都非常典型，一般只提到「里人」而沒有「里公」或其他身分。同墓簡文中還有大量祭禱社神的記錄，據我們統計，共出現56條，如果將其中「二社」、「三社」視為祭禱兩個社或三個社的話，那麼，平夜君封地周圍社的分佈應相當廣泛①。

對於社的禱祀，在卜筮祭禱類楚簡中記載尤多。有的直接稱為「社」，如包山楚墓中的兩支簡文：

舉禱蝕太一全豢，舉禱社一全豬，舉禱宮、行一白犬。（簡210、248）

顯然，這是對社神進行舉禱的記錄，所用物牲為豬，即乾豬肉。在年代相當的望山楚墓中，其卜筮祭禱簡文也提到「社」，如簡115：「……□東宅公、社、北子、行、□□……」同墓所出簡125顯然亦與社祭有關，可惜簡文殘泐不識②。在天星觀1號楚簡的卜筮祭禱簡中，也有「冬夕至，嘗於社，特牛」的記載③。上揭新蔡平夜君成墓所出楚簡中還有：「……司城均之述（遂），剞于洛、翟二社，二貐，禱……」（甲三349）顯然也是向洛、翟二社壇致牲的行為。新蔡祭禱簡中最常見的句式是「某里人禱於其社」，例如：

棺里人禱於其社……（乙四88）
……里人禱於其社一……（零88）
……里人禱於其社……（零168）

---

① 河南省文物考古研究所：《新蔡葛陵楚墓》附錄1，第187—231頁。
② 湖北省文物考古研究所：《江陵望山沙塚楚墓》，文物出版社1996年版。
③ 滕壬生：《楚系簡帛文字編》，湖北教育出版社1995年版，第28頁。

……堵里人禱於其〔社〕……（零116）

由於簡文過於殘泐，有些簡文只看得出是某里人祭禱的記錄，根據上列諸簡，可以知道它們應當也是該里之人禱於其社的記錄。例如：

秸室之里人禱……（乙三54）

楊里人禱……（零72）

大樜里人禱……（零11）

中楊里人……（零30）

……里人禱……（零524）

以下一些殘簡的內容，則非常明確地反映了他們禱於其社時所用之物牲：

……禱於其社。（零511）

……禱於鬼鄲之社一羜。（乙四76）

……禱於其社一羜。（乙三65）

……禱於其社一羜。（乙三53）

……禱於其社一豭……（乙二7）

……禱於其社一豭……（乙四81）

……禱於其社……（零48、512、618）

……於其社一羜……（零196、531）

……社一羜……（零252、486、乙二16、乙四74）

……社一豭。（乙二43）①

---

① 賈連敏：〈新蔡葛陵楚簡中的祭禱文書〉，載《華夏考古》2004年第3期。

第四章　祭禮

所用的犧牲，基本以豭、豬為主。里人禱於其社，說明此時一里一社，里與社還是基本合一的。同墓簡文中乾脆將對社的祭禱直接說成是對里的獻牲：「中（仲）春，竽我之里一塚。」（甲三179）每年仲春、仲秋時節兩次社祭，與《禮記•月令》的規定相合。新蔡平夜君成墓的年代初步斷定為戰國中期楚聲王至楚肅王時期，略早于包山楚墓，從中可以看到，此時楚國的里人與自己所屬的里社之間，存在著緊密的經濟和精神聯繫。

除了明確稱為「社」的祭祀之外，戰國楚簡中對於社祭還有其他幾種名稱：

（一）有的稱為「地主」：

厭一䝫于地主。（包山簡219）

地主、司命、司禍各一殉。（江陵秦家嘴M99簡11）

舉禱大地主一䝫。（江陵秦家嘴M99簡14）

司命、司禍、地主各一吉環。（天星觀M1簡）[1]

公北、地主各一青犧；司命、司禍各一鹿，舉禱，薦之。（新蔡簡乙一15）

……巳之昏薦且禱之，地主。（新蔡簡乙二13、乙三60）[2]

（二）有的稱為「侯土」：

賽禱太佩玉一環，侯土、司命、司禍各一小環。（包山簡213、237、243）

---

[1] 滕壬生：《楚系簡帛文字編》，湖北教育出版社1995年版，第614頁。

[2] 原簡「之」下有句讀符號，宋華強先生將「地主」上讀，作「禱之地主」。參見氏著《新蔡葛陵楚簡初探》，武漢大學出版社2010版，第392頁。

舉禱太佩玉一環，侯土、司命各一小環。（望山簡54、55、56）

（三）有的稱為「宮侯土」和「野地主」、「宮侯土」和「野侯土」。「野后土」之名目前在出土簡文中雖尚未見，但根據兩兩相對的原則，應當是存在的，這說明地主和侯土還存在宮、野之分：

賽禱宮侯土一豬。（包山簡214、233）
薦於野地主一豬，宮地主一豬。（包山簡208）

因為卜筮祭禱簡的格式相對固定，所祭禱的神祇之名可以互釋對校，所以楚簡中的侯土、地主，與社雖然名稱相異，但所指的都是楚地社神之祭①。

秦人佔領楚地後所實行的地方行政統治，仍然以里為基本社會單元。秦代的里、社合一，可以從陳平為里社之宰而分肉甚均的史載中得到證明②。在雲夢睡虎地秦簡《封診式》中，所有犯罪記錄都要求注明里籍，謂之「定名事里」，里內成員有「里典」、「里公士」「里士伍」、「里人」等幾種稱呼，公士和士伍均與秦漢爵制有關，這些稱呼當指里社成員的幾種身分③。里典當即里長。里人應是泛稱，所有在籍者均可稱為里人。如《封診式・毒言》記載，里人士伍丙因擅長「毒言」的巫祝之術，所以「里即有祠，丙與里人及甲等會飲食，皆莫肯與丙共杯器」。（簡91—94）意謂每年里社祭祠後進行會飲時，沒有人願意與他共享杯器④。所謂「里即有祠」，當指社祭，說明同里

① 陳偉：《包山楚簡初探》，武漢大學出版社1996年版，第164頁。
② 《史記・陳丞相世家》：「里中社，平為宰，分肉食甚均。」《史記索隱》據蔡邕《陳留東昏庫上里社碑》所載，稱其所居之地為庫上里，其所擔任之職為社宰。
③ 公士為秦漢爵之第一等，即初等；士伍為曾經有爵而被奪爵者。
④ 睡虎地秦墓竹簡整理小組：《睡虎地秦墓竹簡》，文物出版社1990年版，第162—163頁。

之人一年內有共祭社神的活動，祭祀社神後的會同宴飲是此活動的一個重要部分，這與禮書的相關制度相合。

另外，雲夢睡虎地秦簡《日書》甲種《詰》篇有：「凡邦中之立叢，其鬼恒夜呼焉，是遽鬼執人以自代也。」（簡67背貳—68背貳），《日書》乙種中也有：「中鬼見社為害。」（簡164）睡虎地《日書》甲種有如下簡文：

> 田亳主以乙巳死，杜主以乙酉死，雨師以辛未死，田大人以癸亥死。（簡149背）

整理者認為，「杜主」是指秦國雍地杜縣的杜主祠①。但這裡前後文所記之田亳主、雨師、田大人皆為地域神靈，顯然與人格神不類。頗疑這裡的「杜主」實即「社主」之誤，因上古「社」、「杜」、「土」三字實皆一字②。簡文中將社主與田亳主、田大人等神並列，恐怕與秦人將社神、稷神、先農神並列祭祀的文化禮俗有關。以上材料都說明，秦人據楚後社鬼巫術仍然大為盛行。

西漢初年有關里社的材料，見於香港中文大學博物館所藏標有孝惠三年（前192年）的漢初《日書·詰咎》，其中載有對於「畜生不息」的厭勝巫術：「取里社□土以為禺（偶）人，男女各一，置之戶下。」（簡35）③這是漢初里社的直接材料。孔家坡漢簡《日書》中有一些與社神巫術有關的信息，例如：

---

① 睡虎地秦墓竹簡整理小組：《睡虎地秦墓竹簡》，文物出版社1990年版，第227頁。
② 戴家祥：〈「社」、「杜」、「土」古本一字考〉，載《古文字研究》第15輯，中華書局1986年版，第189—194頁。
③ 陳松長：《香港中文大學文物館藏簡牘》，香港中文大學文物館2001年，第26頁。「置之戶下」，劉國勝改釋為「埋之戶下」，參見劉國勝〈港中大館藏漢簡《日書》補釋〉，簡帛研究網，2005年11月22日。

今日庚午為雞血社，此毋（無）央（殃）邪。（簡226貳）

寅有疾，四日小汗（間），五日大汗（間）。患北君冣（叢）主。丙寅日出有疾，赤色死。（簡354壹）

簡226貳記載的是用雞血祭社的宜忌。簡354壹中的「冣主」即「叢主」，正是叢社的別稱，因社壇中樹木叢立，故有此名。上引睡虎地秦簡《日書》為之「邦中立叢」，《史記‧陳涉世家》載吳廣到「叢祠」中篝火狐鳴，都是指社神所依之處。由之可見，社神仍是漢代民間巫術的重要內容。

在楚文化影響所及的江淮地區，漢代民間仍然崇拜社神。1980年，在揚州附近的江蘇邗江胡場大隊發掘了西漢墓M5（下葬年代為漢元帝建昭五年，即公元前34年），該墓所出一件《神靈名位牘》上有七列99個字，全部為神靈名稱。按右讀方式，大約可分為四組①：

第一組：江君、上蒲神君、高郵君大王、滿君、盧相氾君、中外王父母、神魂、倉天、天公；

第二組：大翁、趙長夫所□、淮河、瑜君、石里神社、城陽□君；

第三組：石里里主、宮春姬所□君□、大王、吳王、□王、泛□神王、大後垂、宮中□池、□□神社；

第四組：當路君、荊王、奚丘君、水上、□君王、□社，宮司空社、邑（？）、塞。

在這幾組神靈中，包括好幾個社神，第二組之「石里里社」和第三組之「石里里主」，顯係同一種社神，即王奉世生前所在地石里

---

① 揚州博物館、邗江縣圖書館：〈江蘇邗江胡場5號漢墓〉，載《文物》1981年第11期。

的里社之神。但是在第三組又出現「□□神社」，第四組又出現「□社」、「宮司空社」，我們認為，它們屬墓主生前所在的「私社」，即在「公社」（里社）之外由民間自發組成的社，這種社神也是墓主生前祭禱的眾神之一<sup>①</sup>。

### 四、五祀

「五祀」指五種小祀，即戶、灶、中霤、門、行等家居之神，祭之以報出入飲食之德。《周禮·天官塚宰·酒正》中有大祭、中祭、小祭之說，鄭司農注謂，大祭指天地，中祭指宗廟，小祭指五祀。平時出入飲食，都要祭五祀，或隨事而禱，無有定時。

近年來，楚地陸續出土了一些涉及「五祀」的簡牘資料和考古實物，它們對於釐清傳統經學中關於「五祀」的種種說法，有重要的史料價值。現以我們目力所及，梳理如下<sup>②</sup>：

（一）新蔡葛陵楚墓M1001楚簡。該墓所出卜筮祭禱簡，其中涉及「五祀」祭禱的簡文有8條：

……一犬，門一羊。（甲一2）

……特牛，樂之。就禱戶一羊，就禱行一犬，就禱門……（甲三56）

……靈君子，門□戶□……（甲三76）

……戶、門。有祟見於邵王、惠王、文君、文夫人、子西君，就禱……（甲三213）

就禱靈君子一豬；就禱門、戶屯一羘；就禱行一犬。壬辰之日

① 楊華：〈戰國秦漢時期的裡社與私社〉，載牟發松主編《社會與國家關係視野下的漢唐歷史變遷》，華東師範大學出版社2006年版，第109—129頁。另載楊華《新出簡帛與禮制研究》，臺灣古籍出版公司2007年版，第135—158頁。
② 楊華：〈「五祀」祭禱與楚漢文化的繼承〉，載《江漢論壇》2004年第9期，第95—101頁。另載《人大複印資料·先秦秦漢史》2005年第1期，第58—64頁。楊華：《新出簡帛與禮制研究》，臺灣古籍出版公司2007年版，第117—134頁。

〔禱之〕。（乙—28）

……之戶，一戶……（零325）

……禱門、戶。（零442）

……室审（中）戠……（乙—8）[①]

據整理者的研究，「平夜君成墓的年代或可定在（楚）悼王末年」，倘若如此，則這是迄今所見楚地最早的一批「五祀」祭禱簡文。

（二）包山M2楚簡。包山簡中涉及「五祀」的詞句極多，例如：

賽禱行一白犬。（簡208、219）

舉禱宮行一白犬，酒食。（簡211、229）

舉禱行一白犬，酒食，閟（伐）於大門一白犬。（簡233）

另外，包山簡中還有「賽禱太佩玉一環，后土、司命、司禍各一少環」。（簡213）陳偉先生將「司禍」釋為灶神，將宮后土、宮地主、司命、室諸神均釋為中雷。這樣陳先生所排列出的包山「五祀」之名便是[②]：

戶：無接受祭祀的記錄

灶：司禍

中雷：宮后土、宮地主、司命、室

---

① 袁金平在〈對《新蔡簡兩個神靈名簡說》的一點補充〉一文中，首次將新蔡簡的「室中」之祭納入「五祀」的考慮範圍，認為即是「中雷」之神，參見簡帛研究網，2006年7月12日。

② 陳偉：《包山楚簡初探》，武漢大學出版社1996年版，第165—169頁。〔日〕工藤元男：〈從卜筮祭禱簡看日書的形成〉，載武漢大學中國文化研究院編《郭店楚簡國際學術討論會論文集》，湖北人民出版社2000年版，第589—594頁。

第四章　祭禮

297

門：大門

行：行、宮行

特別幸運的是，在包山M2中還發現了祭禱「五祀」的神牌。據考古報告稱：「五塊小木牌形狀不一，分圭形、亞腰形、尖頂弧形、凹弧頂燕尾等，均為長方形的變形，長6公釐、寬1.8公釐、厚0.2公釐。每塊書一字，共書『室、門、戶、行、灶』五字。」①原考古報告將該墓所出遣策中的「大兆」木器與之相對應，將簡266中的「五皇盤」釋為「五皇祭」，後經李家浩先生重釋，「五皇盤」或「五皇祭」改釋為「五皇俎」，李釋更為妥帖，與同墓所出的木俎數目完全相合，這已成為定論②。

這樣說來，「五祀」神牌並未入包山M2的遣策。墓主生前日常生活中祭禱「五祀」，其死後亦須在陰間延續同樣的祭祀行為，這些「五祀」神牌便是墓主攜至陰間的「鬼器」。這是喪葬禮儀中「視死如生」原則的直接反映。裝有「五祀」神牌的竹笥（編號為2:415）出土於該墓西室。根據同墓所出遣策，西室隨葬器物品為「行器」——「遝（徙）之器所以行」（簡249）③。所謂「行器」，整理者稱是「供出行使用」，基本得之。西周青銅器有「行鐘」之名，指那些隨著樂隊出行在外時演奏所用的鐘④，故而「行器」應是葬者生前隨身所用的物品。事實上，西室、北室的出土物確實以生活用品「行器」（如冠飾、衣物、床、枕、幾、扇、席、梳等）為多，就連裝有「五祀」

---

① 湖北省荊沙鐵路考古隊：《包山楚墓》，文物出版社1991年版，第156頁。

② 李家浩：〈包山266號簡所記木器研究〉，載《國學研究》第2卷。另載氏著《著名中年語言學家自選集·李家浩卷》，安徽教育出版社2002年版，第222—257頁。張吟午：〈先秦楚系禮俎考述〉，載《楚文化研究論文集》第5集，黃山書社2003年版，第470—485頁。

③ 遝字，整理者原釋「尾」。陳偉先生認為「廂尾」二字應斷讀，廂指西室，尾指北室。陳偉：《包山楚簡初探》，武漢大學出版社1996年版，第192—197頁。林澐先生釋為「徙」，參見〈讀包山楚簡劄記六則〉，載《江漢考古》1992年第4期，第44頁。

④ 李純一：〈關於歌鐘、行鐘及蔡侯編鐘〉，載《文物》1973年第7期，第15—19頁。

神牌的竹笥內，也同時裝有冠飾一件和花椒籽一堆。可見，「五祀」神牌與死者生前生活用品是混雜在一起的。這充分說明瞭「五祀」屬小祀而非大祭的特點。

（三）望山M1楚簡。望山簡中有關「五祀」之禱者有如下內容：

> 享歸佩玉一環，東大王，舉禱宮行一白犬，酒食。（簡28）
> ……□於東宅公、社、北子、行、□□……（簡115）
> ……舉禱大夫之私巫，舉禱行白犬，罷禱王孫桌塚塚。（簡119）
> ……祭灶，祭……（簡139）
> ……嘗祭〔灶〕。（簡140）[①]
> 敓門，祭祀……（簡86）[②]

（四）九店M56楚簡。九店楚簡《日書》中有兩條與「五祀」相關的簡文：

> 交日：利以申戶牖，鑿井，行水事，吉。有志百事，大吉。得以納室，以祭門、行，享之。（簡27）
> 〔害〕日：利以祭門、行，敘（除）疾。（簡28）

整理者已經指出，這兩條有關「五祀」的時日選擇，與雲夢睡虎地《日書》甲種楚建除「交日」和「害日」條，完全相同[③]。

---

① 望山簡整理者已經指出，簡文中的「灶」字從宀從火告聲，此字當為灶字的異體、灶神的專字，參見湖北省文物考古研究所編《江陵望山沙塚楚墓》，文物出版社1996年版，第273頁注107。倘若如此，則包山M2楚簡中的「司禍」便不大可能是灶神之異名。參見楊華〈楚簡中的諸「司」及其經學意義〉，載《中國文化研究》2006年第1期，第2031頁。
② 此簡原釋作「敓非祭祝」，今據何有祖先生意見改釋作此。
③ 湖北省文物考古研究所、北京大學中文系：《九店楚簡》，中華書局2000年版，第48、84—85頁注85、90。

（五）雲夢睡虎地M11秦簡《日書》。雲夢睡虎地秦簡中有多處與「五祀」相關的簡文，大致分佈於四篇：

1.《日書（甲）·除》：

交日：鑿井，吉。以祭門、行，行水吉。（簡4正貳）

害日：利以除凶厲，兌（說）不祥。祭門、行，吉。（簡5正貳）

陰日：利以家室。（簡6正貳）

2.《日書》（甲）：「毋以丑除門、戶，害於驕母；毋以寅祭祀、鑿井，鄙以細□。」（簡103正貳）可見，祭祀、鑿井、除門戶，亦是平時生活中的重要內容。

3.《日書》（乙）中有系統的「祠五祀日」，並列有「五祀」祭禱的時辰宜忌：

祠室中日：辛丑，癸亥，乙酉，己酉，吉。龍，壬辰，申。

祠戶日：壬申，丁酉，癸丑，亥，吉。龍，丙寅，庚寅。

祠門日：甲申，辰，乙亥，丑，酉，吉。龍，戊寅，辛巳。

祀行日：甲申，丙申，戊申，壬申，乙亥。龍，戊、巳。

祠〔灶〕日：己亥，辛丑，乙亥，丁丑，吉。龍，辛□。

祠五祀日：丙丁灶，戊巳內中土，〔甲〕乙戶，壬癸行，庚辛〔門〕。（簡31貳—40貳）

睡虎地秦簡注釋者根據《禮記·月令》指出，「內中土」就是中霤[1]。

---

[1] 秦漢時稱臥室為「內」，如《漢書·晁錯傳》：「先為築室，一堂二內。」張家山M247漢簡《奏讞書》：「甲與男子丙偕之棺後內中和奸。」（簡183—184）「病臥內中。」（簡203）

4.《日書》（乙）又有《行祠》：「祠常行，甲辰、甲申、庚申、壬辰，吉。毋以丙、丁、戊、壬……」（簡144）同時還有關於祭祀行神的祝辭。簡148有《祠》：

祠室，己卯、戊辰、戊寅，吉。祠戶，丑、午……（簡148）

可惜此篇簡殘泐，在五祀中只有室（中霤）和戶祀兩種，其下應該還有門、行、灶諸祀的禁忌。不過僅從所餘的殘簡內容來看，其宜忌日辰與同屬乙種《日書》的《行祠》有所不同。

（六）江陵岳山秦簡《日書》。在江陵岳山秦墓出土木牘中，有兩條關於五祀之祠的材料：

祠門良日，甲申、辰、乙丑、亥、酉、丁酉，忌，丙。
祠灶良日，乙丑、酉、未、己丑、酉、癸丑、甲辰、巳（子）、辛、壬。①

在五祀中只有其二，其他三種小祀尚未得見。岳山秦墓與雲夢睡虎地秦墓年代相當，可以進一步證明秦代五祀之祠在民間已普遍流行。

（七）周家台M30秦簡《日書》。在周家台秦墓M30《日書》中，有一幅線圖（四），畫有秦始皇三十六年（前210年）的地支神位圖，十二地支按順時針方向旋轉，占據十二角。傍於其側的文字解釋是②：

① 湖北省江陵文物局、荊州地區博物館：〈江陵岳山秦漢墓〉，載《考古學報》2000年第4期，第537—563頁。
② 湖北省荊州市周梁玉橋遺址博物館：《關沮秦漢墓簡牘》，中華書局2001年版，第107—117頁。

第四章　祭禮

卅六年，置居金，上公、兵死、陽（殤）主歲，歲在中。

置居火，塾（築）囚、行、炊（灶）主歲，歲為下。

〔置居水〕……主歲。

置居土，田社、木並主歲。

置居木，里社、塚主歲，歲為上。（簡298—302壹）

相對於《禮記・月令》中的五祀配置，文中「居火」的時期由「行、灶主歲」，此種運行原則與《禮記・月令》中的排列規律有相同的一面，也有不同之處——「行」神應在居水的時節主歲，但在這裡卻與灶神同時主歲。

（八）孔家坡漢簡《日書》。在隨州孔家坡漢墓所出《日書》簡文中，亦有類似內容，集中見於整理者所歸納的《有疾》、《死》二篇[1]：

……〔辛〕汗（間）。大父巻（患）。（簡347壹）[2]

……汗（間）。人炊巻（患）。（簡348壹）

……〔甲有〕瘳，乙汗（間）。巫及室巻（患）。（簡349壹）

庚辛金也，有疾，白色日中死。非白色，丙有瘳，丁汗（間）。街行、人炊（灶）、兵患。（簡350壹）

壬癸水也，有疾，黑色季子死。非黑色，戊有瘳，己汗（間）。蚤神及水患。（簡351壹）

午有疾，三日小汗（間），七日汗（間）。禱及道，鬼尚行。庚午日失（昳）有疾，白色死。（簡358壹）

〔酉有疾〕……巻（患）門臼之鬼。（簡361）

---

① 湖北省文物考古研究所、隨州市考古隊：《隨州孔家坡漢墓簡牘》，文物出版社2006年版，第171—173頁。

② 此字整理者認為讀作「患」，可能實即「祟」字。

302

〔戌有疾〕……桊（患）門、街。戊戌黃昏有疾死。（簡362）

〔亥有疾〕……桊（患）人炊（灶）、老人。癸亥人鄭（定）有疾死。（簡363）

上引簡351壹中有「蚤神」（如果此字隸釋不誤的話），整理者認為它是五祀中的灶神。但是，在該組簡文中還有「人炊」之神，從上文所引周家台M30《日書》以及《史記·封禪書》中的「先炊」之說[1]，可知「人炊」即灶神。另外，簡351壹的占卜內容以黑色的水德為病源之祟，也不太可能指向火德的灶神。故將「蚤神」視為灶神，恐不確切。

簡349壹中的「室」，應是「室中」之省，即中霤的異名。「街行」、「街」、「道」都是行神的一種。「門」、「門臼」是門神。「人炊」是灶神的異名。倘若如此，在這兩組簡文中，門、行、灶、中霤等五祀之名基本俱全。將五祀之神與五行相對應，作為疾病祟源加以占卜和攻解，其方法與秦簡《日書》所反映的原理相同。

關於「五祀」的總名，在此前出土的楚秦簡文中未有所見，宋華強先生〈新蔡簡兩個神靈名簡說〉一文認為，新蔡葛陵楚簡零282原釋「是日就禱五世」之句，當改釋為「就禱五祀」，如此，則在戰國中期前段已有「五祀」的總名了[2]。這是此前學者未能注意的。

綜上所述，從上引文獻和簡牘材料來看，春秋至漢代，「五祀」崇拜曾在楚地廣泛流行。現將上揭出土資料與文獻記載加以排列對比，便可看出歷代經史陳訟的癥結所在：

---

① 〈史記·封禪書〉載，晉巫祠「先炊」，張守節《史記正義》謂：「先炊，古炊母之神也。」

② 宋華強：《新蔡簡兩個神靈名簡說》，簡帛研究網，2006年6月28日。宋華強：《新蔡葛陵楚簡初探》，武漢大學出版社2010年版，第234頁。

第四章　祭禮

表4-7　傳世文獻和出土簡牘所見「五祀」之名

| | |
|---|---|
| 新蔡葛陵楚簡 | 戶、行、門/門、戶、行/門、戶/戶、門 |
| 包山楚簡「五祀」神牌 | 戶、灶、室（中霤）、門、行 |
| 《禮記・月令》 | 戶、灶、中霤、門、行 |
| 睡虎地秦簡《日書（乙）》 | 灶、內中土（中霤）、戶、行、門 |
| 《禮記・曲禮》鄭注 | 戶、灶、中霤、門、行 |
| 《禮記・王制》鄭注 | 司命、中霤、門、行、厲 |
| 《禮記・祭法》 | 司命、中霤、門、行、厲 |
| 《白虎通義・五祀》 | 門、戶、井、灶、中霤 |
| 《漢書・郊祀志》 | 門、戶、井、灶、中霤 |
| 《後漢書・祭祀志》注 | 門、戶、井、灶、中霤① |

　　由上表的排列對比，至少可以得出以下幾點結論：

　　第一，關於「五祀」的名稱和順序。包山「五祀」神牌與《禮記・月令》的「五祀」名稱和順序完全相同②。至於雲夢睡虎地秦簡《日書》中的「五祀」，其中霤採用了「內中土」的異名；其「五祀」之神的順序，有學者曾經指出：「（睡虎地）《日書》五祀諸神的順序，並非如《禮記・月令》中所見的那樣。」③其實，如果按照十天干順序來看，睡虎地《日書》「五祀」順序與《禮記・月令》並無大異，都是將十天干分割成五部分，遵照甲乙戶、丙丁灶、戊巳內中土、庚辛〔門〕、壬癸行的秩序來排列的；換言之，睡虎地《日書》「五祀」順序為「灶（丙丁）、中霤（戊己）、戶（甲乙）、行（壬癸）、門（庚辛）」，如果將其按照從甲到癸的順序排列下去，所得到的名稱，與《禮記・月令》與包山「五祀」神牌仍然完全相

---

① 《後漢書・祭祀志》：「國家亦有五祀之祭，有司掌之，其禮簡於社稷云。」注謂：「五祀：門、戶、井、灶、中霤也。韋昭曰：『古者穴居，故名室中為中霤也。』」

② 上引宋華強文指出，包山楚墓中五祀神牌的排列，是考古發掘出土時的順序，與楚人實際生活中祭禱的順序不一定相同，此說有道理。宋華強：《新蔡葛陵楚簡初探》，武漢大學出版社2010年版，第237頁。

③ 參見前揭〔日〕工藤元男〈從卜筮祭禱簡看日書的形成〉一文。

同。在這個意義上，可以說，至少從戰國中期到秦人佔領楚地後，以迄西漢時期，「五祀」的內容和順序是基本穩定的，所以東漢時期鄭玄注《禮記·曲禮》和《禮記·王制》，其「五祀」的順序亦與之同。

但是在新蔡葛陵楚簡中，「五祀」只有門、戶、行和中霤出現[①]，未見有灶神的祭祀，當然，其中提到對司禍、司命和地主的祭禱，如果按照前揭陳偉先生的解釋，將司禍釋為灶神，將地主、司命均釋為中霤的話，則新蔡簡中「五祀」就已經齊備了。但是，這些神祇能否納入「五祀」系統，尚無一致結論，也不排除因簡牘殘泐而致使「五祀」記載不全的可能。僅就目前所知的三種神祇（門、戶、行）來看，它們似無固定的順序，例如，有時作門、戶、行（乙28），有時作戶、行、門（甲三56），有時作門、戶（甲三76，零442），有時又作戶、門（甲三213）。新蔡簡比包山簡早出不到100年，似乎可以這樣認為：在包山楚簡之前不到100年的時間中，楚地的「五祀」系統，無論其名稱還是順序，均尚處於形成過程中。換句話說，楚地乃至整個古代「五祀」系統的固定化，完成於戰國前中期[②]。

第二，關於祀行與祀井之爭。禮書如《禮記·祭法》、《禮記·月令》之類，其「五祀」中的第五祀皆作行（即道路神），而不作井。然而，在《白虎通義》中祀行改為祀井。高誘《呂氏春秋》注謂：「行或作井，水給人，冬生王，故祀之。」可見以井易行，始於東漢。魏晉時期的「五祀」，也相沿而祀井。到隋唐時期，鄭注「三禮」本盛行，禮家又參用《禮記·月令》、《禮記·祭法》，改為祀

---

① 袁金平《對〈新蔡簡兩個神靈名簡說〉的一點補充》一文指出，「室中」即戰國到秦代普遍存在的中霤之神，參見簡帛研究網，2006年7月12日。
② 上引宋華強〈新蔡簡兩個神靈名簡說〉一文認為，「五祀」總名既然已經出現在時代不晚於戰國中期前段的新蔡簡中，那麼「五祀」最晚在戰國早期就應該已經形成某種較為固定的組合了。

第四章　祭禮

行，但也有仍然祀井者，如李林甫修《禮記·月令》即祀井而不祀行。總之，關於祀行與祀井的爭訟，始於東漢以降①。歷代經師對之均無裁斷，清儒亦無從措手②。現從包山簡「五祀」神牌及上引其他楚、秦簡文來看，「五祀」中冬月之祀均為行神，絕無一處為祀井者。秦簡《日書》中有多處對於鑿井（「穿井」）之事的吉凶選擇③，但無一處提及祀井神的吉凶選擇。大概由於行神之祭正在冬日，而冬日又合于水德，故而漢人以訛傳訛，將祀行改為祀井了。

第三，關於七祀、五祀與三祀之爭。關於「五祀」的實行者及其等級規定，文獻中有兩種不同的說法：一種意見認為，從天子到庶人，所祀對象有等級差別：天子七祀，諸侯五祀，大夫三祀，士二祀，庶人一祀，其說見於《禮記·祭法》。另一種意見認為，從天子至大夫，所祭之「五祀」相同，沒有等級差別，其說見於《禮記·曲禮下》。歷代禮學家對之爭論不休，無定說。上舉楚簡中祭禱「五祀」的材料，對解決此問題提供了新視角。

首先，包山M2墓主身分為上大夫，他使用「五祀」之祭的事實，至少說明《禮記·祭法》中大夫用三祀（門、行、族厲）的說法並無充分的根據；其次，包山墓主所祭禱的「五祀」諸神，不是《禮記·祭法》中諸侯「五祀」的內容，而與《禮記·月令》、《禮記·曲禮》、《禮記·王制》所記相合；再次，《周禮·春官宗伯·小祝》謂，王的喪禮上屍柩出葬前要「分禱五祀」，其祀也只限於五而非七。這似乎都暗示著，《禮記·曲禮》、《禮記·王制》中大夫以上恒用「五祀」的說法更為可信，戰國中期到西漢時期的社會禮俗流行

---

① 杜佑：《通典》「禮典·沿革·吉禮·天子七祀」，中華書局1984年版，第1420頁。

② 陳立：《白虎通疏證》，吳則虞點校，中華書局1994年版，第78頁。

③ 例如，雲夢睡虎地《日書（甲）·叢辰》：「敫……可以穿井，行水，蓋屋，飲樂，外除。」（簡38正）《日書（乙）》：「建交之日，〔利〕以風（封）鑿井。」（簡16）「敫日……利以穿井蓋屋。」（簡57）

的正是此種「五祀」。

更進一步，大夫以下的平民是否也可祭禱「五祀」呢？九店M56墓主身分低為庶人（或為沒落之士），他隨葬《日書》的事實似乎有利於說明，身分在大夫以下的人也可以祭祀「五祀」。而同時，被經學家們視為「五祀」之外「七祀」的另兩種神祇——司命和厲鬼，常見於楚人的卜筮祭禱簡中，卻並不與「五祀」諸神排列在一起，說明它們雖在楚地廣泛受到祭禱，但並不屬「五祀」系列。總之，楚簡材料表明，「五祀」的五種神是穩定的，「五祀」祭禱並不受祭禱者的身分所限，貴族按照等級祭禱家居之神的說法是錯誤的，不同等級的貴族恒祭「五祀」的說法似更為可信。

# 第五章 賓　　禮

　　賓禮，作為五禮之一，是古代重要的禮儀制度。「賓，所敬
也。①」先秦時期的賓禮，有比較規範的行禮程式，這在《儀禮・
聘禮》、《儀禮・覲禮》、《禮記・聘義》、《大戴禮記・朝事》及
《周禮・秋官司寇・大行人》、《周禮・秋官司寇・小行人》中有所
記載。結合這些材料，可以在一定程度上對賓禮的儀式進行復原，以
作為我們研究楚國賓禮的基礎。

## 第一節　賓禮概述

要進行賓禮研究，必須首先對相關概念加以釐清。

### 一、賓禮的類別

《周禮・春官宗伯・大宗伯》中將賓禮分為八目：

　　春見曰朝，夏見曰宗，秋見曰覲，冬見曰遇，時見曰會，殷見曰
同，時聘曰問，殷覜曰視。

---

① 　段玉裁：《說文解字注》，上海古籍出版社1988年版，第281頁。

其中前六種禮，即「朝」、「宗」、「覲」、「遇」、「會」和「同」，在《周禮‧秋官司寇‧小行人》中被定為「君之禮」。從廣義的角度來看，這種分類是比較合理的，它們都屬「臣見君」的「朝」。但具體來看，這六種禮儀各自存在不同的特點，在此略加辨析。

### （一）朝覲禮

先來看前四種，按照《周禮‧春官宗伯‧大宗伯》的說法，它們的不同似乎僅僅區別於朝見時間的差異。但鄭玄卻明確指出它們「名殊禮異」。那麼，這是否意味著這幾種概念所表示的禮儀形式和內容皆有區別呢？《周禮‧秋官司寇‧大行人》中的說法或許可以給我們提供一點線索：這四種禮的差別還在於「朝」的具體內容和重點各有不同：春朝，是為商議一年之中將行之大事；秋覲，是為比評各邦國的功績；夏宗，是各諸侯向天子陳述自己的謀劃打算；冬遇，是為協調諸侯之間的意見紛爭。

張大亨、萬斯大和金鶚等學者認為「四時朝覲，禮當不異」[①]，而鄭玄等人卻認為朝、覲不可統而言之，除上述原因外，朝禮和覲禮在行禮地點、禮儀省備上亦存在不同。朝禮在大殿中接受諸侯呈上的禮物，天子所立的位置是寧，即大殿中屏風與門之間的地方。而覲禮是在廟中舉行的，天子接受諸侯朝見的地方是依，即戶牖間的屏風處。

綜合諸家說法，主要爭論點就在於朝禮和覲禮是否是同一種禮儀形式。認為兩者不同的學者列舉了兩者行禮的時間、地點、內容、形式的省備均有不同，而認為兩者相同的學者則舉出文獻中兩概念可以混用的例證。我們再來仔細分析一下那些記載兩者可以混用的文獻：

歲二月，東巡守，至於岱宗，柴，望秩於山川，肆覲東後。……

---

① 張大亨：《春秋五禮例宗》卷八，北京圖書館出版社2006年版。萬斯大：《禮記偶箋》卷一，載《續修四庫全書》第98冊，上海古籍出版社2002年版，第609頁。金鶚：《求古錄禮說》，載《清經解續編》卷六七五，上海書店1988年版，第333頁。

五載一巡守，群後四朝。①

　　諸侯前朝……乘墨車，載龍旂、弧韣，乃朝以瑞玉，有繅。②

　　昔者周公朝諸侯於明堂之位，天子負斧依南鄉而立。③

　　先看後兩條文獻資料，都是當用「覲」之處，卻用「朝」來替代，而第一條材料中，兩概念互言之，也可看做是用「朝」來替代前面提到的「覲」。這或許是通言和散言之別。上面所列文獻中，我們認為「朝」是作為通名而用的。但春秋時期，「朝」、「覲」兩概念的應用範圍已有所不同：

　　州籲未能和其民，厚問定君於石子。石子曰：「王覲為可。」曰：「何以得覲？」曰：「陳桓公方有寵於王，陳、衛方睦，若朝陳使請，必可得也。」厚從州籲如陳。④

　　這則材料中，「於王言覲」，而「於陳言朝」，可見「朝」這一概念所用範圍已經擴大。隨著春秋時期禮崩樂壞的時代變遷以及諸侯地位的提升，「朝」作為通名時，已不限於王之禮，正如清人萬斯大所言「覲禮唯行於王，而朝禮通於上下。君臣相見曰朝，賓主相見亦得言朝」⑤。所以，我們將賓禮八目下的前四目──朝、宗、覲、遇統稱為朝禮而言之。

### （二）會同禮

　　儘管鄭玄把「朝宗覲遇會同」六禮歸為一類，但從具體分析來

---

① 《尚書·堯典》。
② 《儀禮·覲禮》。
③ 《禮記·明堂位》。
④ 《左傳·隱公四年》。
⑤ 萬斯大：《學春秋隨筆》卷一，載《續修四庫全書》第139冊，上海古籍出版社2002年版，第247頁。

看，這兩種禮儀形式與前四種禮還是存在著不同：

> 時見者，言無常期，諸侯有不順服者，王將有征討之事，則既朝
> 覲，王為壇於國外，合諸侯而命事焉。《春秋傳》曰「有事而會，不
> 協而盟」是也。殷猶眾也。十二歲王如不巡守，則六服盡朝，朝禮既
> 畢，王亦為壇，合諸侯以命政焉。所命之政，如王巡守。殷見，四方
> 四時分來，終歲則遍。①

按此說法，「時會」或「殷同」都是在特殊情況下才會進行，
如諸侯中有不順服者，為商討征伐之事，在諸侯朝見之後，周王
便合諸侯而會，此為「時會」。古時天子12年一巡守，若逢特殊
情況，周王未能如期巡守，則四方諸侯並朝京師，此為「殷同」。
統而言之，會同禮又確實與朝禮相關，它們通常都是在朝禮之後舉
行，比如，會同禮的儀節就可在《儀禮・覲禮》中朝禮完成後得見
其端倪②。會同包括時見、殷同以及殷國。所謂「殷國」，鄭玄解釋
為「十二歲王若不巡守，則六服盡朝，謂之殷國」③，倘若如此，
它與「殷同」或許就是同一概念。時見、殷同之前都必然先進行朝
覲禮。

## 二、聘問禮

按鄭玄的理解，聘問禮亦是臣見君之禮。天子有征伐之事，又
非當朝見天子之時，諸侯便遣大夫來問天子，此為時聘。「殷覜」之
「殷」，眾也。一服朝之歲，來朝見天子的只有侯服，所以各服的諸
侯不親自朝見，便紛紛派遣卿聘於天子，即所謂眾聘。兩者可通稱為
聘禮。

---

① 《周禮・春官宗伯・大宗伯》注。
② 黃以周：《禮書通故・會盟禮通故》，中華書局2007年版，第1279頁。
③ 《周禮・夏官司馬・職方氏》鄭玄注。

從文獻記載來看，聘禮又不局限於臣見君之禮。按《周禮·秋官司寇·大行人》中的說法，聘禮不僅是「諸侯事天子」之禮，也是「天子撫諸侯」、「鄰國修好」之禮。由此可見，聘禮就是天子與諸侯之間以及諸侯與諸侯之間派使者相互問候之禮。

## 第二節 朝覲

朝禮的目的主要是區分君臣關係，在禮制要求嚴格的西周時期，朝禮僅限於諸侯定期覲見周天子。進入春秋以後，由於天子式微，諸侯爭霸迭起，各國之間也常常舉行朝見之禮，所謂「春秋之時，小國則朝，大國則否，故經所書朝事不一，皆以小事大之禮也」[①]。

### 一、文獻所見朝覲禮的儀式

（一）告廟辭行。諸侯在進行朝覲之前都會有莊重的告廟儀式，即向自己的先祖辭行。上古貴族遠行，均有告廟、祖道之禮，返家亦然。

（二）郊勞。諸侯到達天子京郊，設壇並用帷布圍之。天子派遣使者慰勞來訪諸侯以及輔助行禮的副使（介）。據《周禮·秋官司寇·大行人》的規定，上公七介，侯伯五介，子男三介。接待工作主要是由大行人和小行人負責。

（三）賜館舍。天子派司空為來訪諸侯及隨行人員安排休息之處，稱為館舍。諸侯再拜稽首以受館，並於所受館舍之內「儐使者」，以示對天子的尊敬。

（四）告覲期。天子使大夫告知諸侯朝覲天子的日期。諸侯再拜稽首。

---

① 張大亨：《春秋五禮例宗》卷八，北京圖書館出版社2006年版。

（五）觀見。朝覲之日，諸侯先在館舍中行釋幣禮，禱告道路之神——行主，意在祈求神靈保佑自己出訪成功。然後乘墨車、載龍旂、執瑞玉，往朝。天子在堂上戶牖之間，負依而立。諸侯入門右，坐，奠圭，升，王受圭。諸侯北面再拜稽首。

（六）三享王。諸侯用束帛加璧以及國中特產對天子三次獻禮，王受之。

（七）述職請罪，天子勞之。諸侯肉袒右臂，立於廟門外，入門右，北面立，謙虛地向周天子稟告自己治國無能。擯者傳王話：「伯父無事，歸寧乃邦。」諸侯再拜稽首，出。又適門西，入門左，北面立，王以對待賓客之禮慰勞之。

（八）賜諸侯車服。天子遣使者前往諸侯館舍，賜車服。諸侯升堂，西面而立，大史讀天子命書。諸侯降階，再拜稽首。大史加書於服上，諸侯受。使者出，諸侯贈使者、大史束帛匹馬。

（九）饗、食、燕之禮。最後王要設宴招待來訪諸侯，饗、食、燕是三種不同的招待禮節。饗、食是國君在宗廟以太牢宴請使者，席間有贈幣。食以飯為主，饗以酒為主。燕則是在寢內招待使者，席間無贈幣。

以上就是文獻中所見觀禮的儀節過程。楚人被中原各國視為「蠻夷」，他們對周王室是否也按照上述的禮制進行朝覲呢？

## 二、楚國的朝覲禮

楚國作為子男之國，按照六服朝覲的禮制規定，應三年朝見周天子一次。但是楚國自楚武王時即自號為王，與周天子維持著若即若離的邦屬關係。考諸古籍，整個春秋戰國時期，楚國和周王朝之間的往來並不多。即使在楚王即位，應當親自接受周天子賜命而行朝見禮之時，也未嚴格按照禮制施行。史載：

成王惲元年，初即位，布德施惠，結舊好于諸侯。使人獻天

子，天子賜胙，曰：「鎮爾南方夷越之亂，無侵中國。」於是楚地千里。[①]

賜命禮是諸侯即位之後，接受周天子授予車服之類以示對其身分認同的禮儀。但楚成王即位時，本應他親自參加的朝見禮，卻使人代勞。儘管如此，由於周王室的式微和楚國勢力的增強，周天子仍舊「賜胙」于楚王，認可諸侯的即位身分。

楚簡中也有「賜胙」之事的記載：「東周之客嘗緹致胙於栽郢之歲。」（包山M2簡13）[②]早在公元前367年，東周王室爭立，分裂為東周、西周兩個小國，東周之客就是東周國派遣的使者。此時，楚國已成為戰國七雄中最具實力的霸主之一，國運垂危的東周「致胙」於楚，顯然是不得已而為之。傳世文獻中沒有關於此事的記載，楚人自己「以事紀年」的簡文用語寫作「致胙」而非「賜胙」，雖然只是一字之別，但周王室與諸侯關係的微妙之處已昭然若揭。

楚王對周天子的朝覲禮少見於史書，而隨著楚國國力的提升，其他諸侯國對楚國的朝見活動反倒常見於史籍。《周禮·秋官司寇·大行人》鄭注曰：「父死子立曰世，凡君即位，大國朝焉，小國聘焉。」按照西周時期的禮制規定，諸侯國之間行朝禮僅限於新君即位之時。這種因為諸侯國君即位而進行互相朝見的情況，在戰國時期依然存在：

惠文君元年，楚、韓、趙、蜀人來朝。二年，天子賀。……惠王卒，子武王立。韓、魏、齊、楚、越皆賓從。[③]

---

① 《史記·楚世家》。
② 湖北省荊沙鐵路考古隊：《包山楚簡》，文物出版社1991年版。
③ 《史記·秦本紀》。

公元前337年，即秦惠文王及其子武王時，由於楚國和秦國之間實力的差距已非常明顯，楚國均至秦行朝禮。戰國晚期，楚懷王朝見秦昭王時，竟被秦國扣留。

（楚懷王）三十年，秦複伐楚，取八城。秦昭王遺楚王書曰：「……寡人願與君王會武關，面相約，結盟而去，寡人之願也。敢以聞下執事。」楚懷王見秦王書，患之。……於是往會秦昭王。昭王詐令一將軍伏兵武關……楚王至，則閉武關，遂與西至咸陽，朝章台，如蕃臣，不與亢禮。[①]

楚國正值內憂外患之時，秦昭王約楚懷王武關會盟，楚懷王一入武關就被扣留。秦人沒有採用平等的禮儀對待楚懷王（「不與亢禮」），而採用畿服制度中的蕃臣之禮對待他（「九州之外，謂之蕃國」）。《史記·秦本紀》記載此事謂：「楚懷王入朝秦，秦留之。」一個「朝」字已體現出雙方地位的差距和秦人的態度。

以上是楚國對他國的朝見。春秋時期，各國對楚國的朝見也已不局限於新君即位，大部分是因為楚國的召見而至。這與楚國不斷增強的實力密不可分，對楚國行朝禮的諸侯國，大都是實力弱于楚國的小國。以下是楚王與其他諸侯君主之間外交往來透露出的一些禮制信息：

子產相鄭伯以如楚，舍不為壇。外僕言曰：「昔先大夫相先君，適四國，未嘗不為壇。自是至今，亦皆循之。今子草舍，無乃不可乎？」子產曰：「大適小，則為壇。小適大，苟舍而已。焉用

---

① 《史記·楚世家》。

壇？……」①

　　鄭伯與魯公、宋公、陳侯、許男一起朝楚，鄭國為姬姓舊戚，以往曾經夾輔王室，在周王朝系統中具有重要地位，其國君每次親自出訪他國時，都要依禮專門除地築壇，但這次茅草不除而臨時搭起帳篷（「草舍」），隨行的外交官表示不解，與鄭國國君同行的政治家子產則從大國與小國關係的角度做了一番解釋。從這番解釋中可以看出，小國國君出使到大國，如果還要擺排場，提出一些不切實際的要求，便是引禍上身了。子產對外交禮制的解讀，完全是從政治軍事力量的懸殊對比出發的，實際上是一種外交機智，所以楊伯峻先生評論道：「鄭伯被迫朝楚，故子產所行所言如此。」②可見楚人在與諸侯朝覲禮儀上的強勢。

　　朝禮過程中，雙方互贈禮物均有明確規定。如《儀禮・覲禮》所言：「三享，皆束帛加璧，庭實唯國所有。」諸侯國覲見天子之後行享禮，所贈禮物包括布帛、玉器以及國地所出之重物，天子則賜予諸侯車服以及其他貴重之物。整個贈禮過程，周旋揖讓，十分肅穆。他國朝楚的朝見禮，雙方所贈禮物多樣，贈禮儀節雖未見記載，但《左傳》記載楚王贈禮後竟然反悔又索要回來，有時索要禮物不成竟然扣押來訪國君，楚國之「無禮」可見一斑。魯僖公十八年（前642年），鄭文公始朝楚，初次受到朝見的楚王一時興起，竟把貴重的銅賜給鄭文公，後來馬上反悔而與之盟誓，令其不能用這些銅鑄造兵器，對方只好用之鑄了三枚樂鐘。魯昭公七年（前535年），楚國著名的章華台落成時，魯昭公朝見楚王以示祝賀，楚王大享昭公，並贈與名為「大屈」的大弓。繼而悔之，又派蒍啟強去

① 《左傳・襄公二十八年》。
② 楊伯峻：《春秋左傳注》，中華書局1990年版，第1145頁。

第五章　賓禮

索要，魯昭公不得不返還給楚人。魯定公三年（前507年），蔡侯朝見楚王，贈一佩一裘給楚王。令尹子常亦想索要之，但遭到蔡侯的拒絕，於是扣押蔡侯三年之久，後來蔡人另獻佩于子常，蔡侯才得以回國。憑藉著軍事的強勢，楚人在形式上享受諸侯的朝覲禮，但在內容上並沒有像周天子對待朝覲的諸侯那樣「有禮有節」，而把贈送禮物視同兒戲，毫無誠信可言，這在禮制嚴格的西周時期是不可想像的。

當然，在大多數情況下，楚國還是按照禮制規範進行朝見禮的。下面表5-1中所列舉的楚國參與的朝覲禮，除上面所說的這些違禮行為之外，未見其他不合禮的記載。相反，楚人還有不少深知禮樂的精彩表現，甚至超過了中原貴族：魯昭公三年（前539年），鄭伯朝楚，楚靈王燕享鄭伯並賦詩〈吉日〉。按《儀禮·覲禮》規定「饗禮，乃歸」，即饗、食、燕之禮結束後，來訪使者則歸國。但楚靈王不僅賦了《詩經·小雅》中歌頌周宣王田獵的詩歌，以表示願與鄭伯共同田獵，而且在燕享之後確實與鄭伯在楚國的雲夢進行了田獵活動。楚王對宴會賦詩的禮制儀節和對《詩經》內容的熟悉程度，絲毫不遜于中原的禮樂大國。公元前535年，魯國的孟僖子輔佐魯昭公朝楚，楚國按照朝覲禮的程式為之舉行了郊勞儀式，魯國的相禮者孟僖子反而不能應答。可見，楚國作為「蠻夷之邦」，通過對中原禮制文化的吸收，在具體禮節的執行上竟然超過了禮制大國魯國的某些貴族。

從表5-1的統計來看，整個春秋時期，與楚國相關的朝覲活動都是其他諸侯國國君來楚國朝見楚王，而不是相反。春秋時期，前來朝見楚國的諸侯國主要有鄭國、宋國、蔡國、魯國，這些諸侯國的共同點是實力一般，面對軍事實力強大，可與中原強國相抗衡的楚國時，不得不降低身價前去朝覲。特別是鄭、宋兩國夾於齊、晉、楚三大強國之中，在受到某一強國武力威脅或者懾於某一強國

勢力影響的情況下，通常會以對於強國的朝覲活動來贏得幫助。因此，鄭國和宋國是朝見楚國次數最多的國家。

表5-1　楚國朝覲活動一覽表

| 序號 | 時間 | 楚國參與的朝覲 | 資料來源 |
|---|---|---|---|
| 1 | 楚成王元年（前671年） | 楚成王初即位，使人朝見周天子，天子賜胙。 | 《史記·楚世家》 |
| 2 | 楚成王三十年（前642年） | 鄭伯始朝于楚。 | 《左傳·僖公十八年》 |
| 3 | 楚成王三十四年（前638年） | 鄭文公南朝楚。 | 《史記·楚世家》 |
| 4 | 楚成王三十六年（前636年） | 宋及楚平，宋成公如楚。 | 《左傳·僖公二十四年》 |
| 5 | 楚成王三十九年（前633年） | 魯僖公朝楚，請兵以伐齊。 | 《史記·楚世家》 |
| 6 | 楚莊王十七年（前597年） | 鄭伯、許男朝楚。 | 《左傳·宣公十二年》 |
| 7 | 楚莊王十九年（前595年） | 鄭伯如楚，謀晉故也。 | 《左傳·宣公十四年》 |
| 8 | 楚康王十五年（前545年） | 子產相鄭伯以如楚，舍不為壇。同年，為宋之盟故，魯襄公及宋公、陳侯、鄭伯、許男如楚。 | 《左傳·襄公二十八年》 |
| 9 | 楚郟敖三年（前542年） | 北宮文子相衛襄公以如楚，宋之盟故也。 | 《左傳·襄公三十一年》 |
| 10 | 楚靈王二年（前539年） | 鄭伯如楚，楚靈王享之。 | 《左傳·昭公三年》 |
| 11 | 楚靈王三年（前538年） | 許男如楚，楚靈王與許男、鄭伯獵于江南。 | 《左傳·昭公四年》 |
| 12 | 楚靈王六年（前535年） | 魯昭公朝楚，孟僖子輔佐，不能答楚國的郊勞之禮。楚國章華台落成，魯昭公朝楚國而賀之。 | 《左傳·昭公七年》 |
| 13 | 楚昭王九年（前507年） | 蔡昭侯為兩佩與兩裘以如楚。 | 《左傳·定公三年》 |
| 14 | 楚威王三年（前337年） | 秦惠文王初立，楚、韓、趙、蜀朝秦。 | 《史記·秦本紀》 |
| 15 | 楚懷王十九年（前310年） | 秦武王初立，韓、魏、齊、楚、越朝秦。 | 《史記·秦本紀》 |
| 16 | 楚懷王三十年（前299年） | 楚王朝秦，秦留之。 | 《史記·秦本紀》 |

## 第三節　聘問

　　如果說朝禮強調的是君臣的尊卑之別，聘禮則更多地體現了諸侯國之間關係的維繫。聘禮儀節較為煩瑣，而且由於出使者、受聘方不同，相關禮節也會有所變化。

### 一、文獻所見聘禮的儀式

根據聘禮施行的場所變化，聘禮的程序主要包括出使前之儀，誓境假道之儀，初至受聘國之儀，聘、享之儀，禮賓、私覿之儀，歸饔餼之儀，饗食之儀，使者回國前之儀，使者歸國後之儀，下面分別述之①。

### （一）出使前之儀

**1.任命使者**。國君在決定派使臣出訪之後，首先要確定出訪人員。使團一般由正使和進行輔助工作的上介和眾介組成。

**2.出行前釋幣告廟**。出行之日的早晨，正使身著朝服將幣放在父廟中的神主前，向祖先彙報將要出行之事，隨後，將一束帛埋於西階東面，以示對神物之敬。又告祭行神，行神即道路之神，祈求神靈保佑自己出訪成功。

**3.受命遂行**。正使率介於朝門外豎旗受命。國君將用於聘享的圭和璧授給使者，夫人也將相對應的璋和琮授給使者，使者複述君命後出行。受命儀式結束後，使者直接起程，到達國郊時，要將旗幟收起並且換上便服。

### （二）誓境假道之儀

**1.誓於境**。使者在經過他國國境時要先立誓言，以表示對所經國家的尊重。

**2.過邦假道**。次介以束帛之禮請求所過之邦給以嚮導，得到允許後，方能過邦。被假道的國家要對過往使者進行接待，提供食物及其他供給。

### （三）初至受聘國之儀

**1.預習威儀**。正式入境之前要鄭重地演習行聘禮節，以防在正式行

---

① 以下儀式的整理參見李無未《周代朝聘制度研究》，吉林人民出版社2005年版，第134—137頁。

禮之時出現差錯。

2.**至境迎入**。使團到達，主國邊境上的關人詢問來者數量，國君則派士禮節性地詢問來由，並迎接入境。

3.**入境展幣**。入境後，使者收起在受聘國邊境時豎立的旗幟，換上朝服，並分別於剛入境時、步入遠郊時以及進入遠郊館舍時三次展幣，重新清點所帶禮物，以示敬重。

4.**主國進行郊勞、設館、致飧**。使者行至主國都郊，主國派遣卿用束帛加以慰勞，使者則用皮及束帛酬謝。主國夫人亦派大夫慰勞使者，入朝後由大夫引導使者及隨行人員進駐館舍，並為使者及隨行人員提供豐盛的食物，即致飧。

### （四）聘、享之儀

1.**聘禮**。使者到達後的次日清晨，主國派下大夫至館舍迎賓，賓著皮弁服，至君的外朝陳列禮物。聘禮在廟中舉行，賓向主國國君獻奉圭並轉達本國國君的問候。聘禮結束，主國國君將圭授宰藏之。

2.**享禮**。賓奉束帛加璧，陳皮於庭，揖讓而升，賓致命。主國國君再拜受幣。賓又對主國夫人進行聘享之禮，聘用璋，享用琮。

### （五）禮賓、私覿之儀

1.**主君禮賓**。主國國君以醴禮待賓，這是受聘國國君為表彰使者的功勞而象徵性地招待使者。賓禮辭後聽命。

2.**私覿**。賓以個人名義拜見主國國君。奉束錦與馬作為禮物。介也用相同禮節進行私覿。

3.**公送賓**。私覿結束後，賓告事畢，國君出寢門送賓，至大門，向使者詢問其國君及大夫的情況，並慰勞使團成員。然後使者回館休息。

### （六）歸饔餼之儀

1.**歸饔餼於賓**。死的牲口為饔，活的牲口為餼。聘享禮的次日，主國國君使卿饋贈給賓介饔餼五牢。主賓穿著皮弁服迎接。

**2.歸饔餼於介**。上介三牢，士介一牢。另外還有醯醢、米、薪芻等物。

**3.夫人饋禮**。次日傍晚，國君夫人派下大夫歸禮于賓。

### （七）饗食之儀

主國君臣饗食賓介。受聘國國君要設宴招待使者。君為賓、介行饗、食、燕之禮。食、饗、燕是三種不同的招待禮節。食、饗是國君在宗廟以太牢宴請使者，席間有贈幣。食以飯為主，饗以酒為主。燕則是在寢內招待使者，席間無贈幣。招待正使，食禮一次，饗禮兩次，燕禮無數。招待副使則一食一饗，並且可由大夫代勞。於士介則無饗食之禮。

### （八）使者回國前之儀

**1.還玉及賄禮**。君使卿至賓館舍還玉，即贈送國君之圭與贈送夫人之璋。君以束帛贈與來聘使者謂之賄，以玉、束帛、乘皮為禮。這些物品都是要帶回給國君的，以回報其聘享之意。

**2.賓行，主國送之**。使者回國之日，國君親自到使者所住之館看望，使者則需回避以示不敢接受。待國君回朝之後，賓再次朝見，請求國君允許自己回國覆命。使者離開之時，仍需向國君辭行，並表達對其款待的謝意。到達所聘國國郊後，稍作停留，國君要派卿大夫贈送禮物給使團，禮節與郊勞時相同。

### （九）使者歸國後之儀

**1.使者覆命**。使者回國到達國都近郊時，豎立旗幟表示要覆命於國君。使者將公幣、私幣皆陳於朝，宰受圭、璋藏之，國君慰勞使者，並賞賜士介。

**2.釋幣、告禰**。使者歸家，先將禮物放在自家的大門外，而後至於禰廟薦脯醢並酬勞隨行者。介亦如之。

以上就是大聘禮的儀節。小聘之禮略有不同，比如小聘無郊勞，無享禮等。另外，遇到一些特殊的情況，如「遭所聘國君喪及夫人世

子喪」、「出聘後本國君薨」、「聘賓有私喪」、「出聘賓介死」等，聘禮的儀節也會有所變通。

## 二、楚國的聘禮

楚國的聘問禮分為出聘和入聘，即楚使聘問其他諸侯國以及其他諸侯國派遣使者來楚國聘問。楚人首次行聘問之禮以結交中原諸夏的時間是公元前671年，《春秋》莊公二十三年：「荊人來聘。」杜預注曰：「蓋楚之始通，未成其禮。」此後，楚國和中原諸國交往日漸增多，據統計，僅楚國出聘就包括聘魯3次，聘齊3次，聘晉4次，聘秦2次，聘鄭1次，聘陳1次[①]。

### （一）楚國行聘原因

楚國聘問活動名目多樣，聘問原因主要集中於以下幾個方面：

**1.通嗣君**，聘立君。春秋時，本國新君即位，即遣使出聘他國，通報新君即位之事。若得知其他諸侯新君即位也會遣使者攜帶禮物聘問新君以示祝賀。楚國新君即位，要以聘問的方式通知他國，以繼續諸侯國間的友好關係，如《左傳‧襄公三十年》：「楚子使薳罷來聘，通嗣君也。」又《左傳‧昭公元年》記載楚靈王即位時，「鄭游吉如楚，葬郟敖，且聘立君」。

**2.尋盟、蒞盟**。尋盟，即盟會之後通過進行聘問活動重溫盟約，加強國與國之間的交往。蒞盟，即參與盟會。《左傳‧成公二年》：「及共王即位，將為陽橋之役，使屈巫聘於齊，且告師期。巫臣盡室以行。」晉國聯合魯國和衛國一起攻打齊國，楚國準備發動陽橋之役來救援齊國，於是派巫臣到齊國聘問，並告知出兵日期，這次聘問活動的目的就是建立軍事聯盟。另外，也有為了參與盟會並使盟會順利進行而展開的聘問活動，如《左傳‧成公十二年》記載：「晉郤至如

---

① 魏銘儀：《〈春秋左氏傳〉聘禮研究》，臺灣銘傳大學應用中國文學系2008年碩士學位論文，第52頁。

第五章　賓禮

楚聘，且蒞盟。」

3.**聘女、省親**。春秋時奉行「同姓不婚」的原則，因此邦國之間君主及卿大夫的聯姻比較普遍，很多聘問活動都和嫁娶有關。

4.**報聘與拜謝**。雖然春秋時期禮樂制度已不如西周時期規範與嚴格，但是仍遵循「禮尚往來」的原則。《左傳·成公九年》記載：「楚子使公子辰如晉，報鐘儀之使，請修好結成。」又《左傳·昭公六年》：「楚公子棄疾如晉，報韓子也。」以上皆為報聘之事。另外，可通過聘問活動對他國提供的幫助表示感謝，如《左傳·昭公十九年》，「令尹子瑕聘于秦，拜夫人也」，就是楚平王娶妻于秦之後的答謝。

## （二）楚國聘禮的特點

### 1. 合禮的表現

根據《左傳》及其他先秦文獻的記載來看，楚國在聘問活動中大多能夠遵循當時通行的禮節規範。

（1）**出聘使者的組成**。楚卿出聘，有介隨行。《左傳·昭公元年》記載：「冬，楚公子圍將聘于鄭，伍舉為介。未出竟，聞王有疾而還。伍舉遂聘。」這與《儀禮·聘禮》中當正使因故不能進行聘問時，可以由介代行其事的規定相吻合。

（2）**禮物交接儀式**。禮物稱為幣，包括圭璋璧琮、布帛、馬匹等。《左傳·桓公九年》記載：「楚子使道朔將巴客以聘於鄧。鄧南鄙鄾人攻而奪之幣。」楚國大夫道朔率巴國行人韓服聘問鄧國以結好，但是卻在鄧國南部遇到鄾人的攻擊，而且所攜帶的禮物也被搶奪。這表明楚使是遵照禮制規定持幣而往的，儘管因特殊情況財幣被奪。

（3）**假道之禮**。出聘國若遇到需要路過其他諸侯國的情況，為了表示對所經國家的尊重，應行「假道之禮」，即入境之前要奉束帛告知並請求嚮導，在得到所經國家的允許之後，在國境邊上立誓後再行進

入。楚國在行聘禮的過程中，若遇途經他國的情況，也行假道之禮。
《左傳‧昭公六年》記載：

　　楚公子棄疾如晉，報韓子也。過鄭，鄭罕虎、公孫僑、游吉從
鄭伯以勞諸柤。辭不敢見。固請見之。見，如見王，以其乘馬八匹私
面，見子皮如上卿，以馬六匹。見子產，以馬四匹。見子大叔，以馬
二匹。禁芻牧采樵，不入田，不樵樹，不采蓺，不抽屋，不強匄。誓
曰：「有犯命者，君子廢，小人降。」舍不為暴，主不慁賓。往來如
是。鄭三卿皆知其將為王也。

　　楚公子棄疾將聘於晉國，以答謝韓宣子如楚致女一事。途徑鄭
國，行假道之禮。鄭簡公率三卿親自慰勞棄疾。按照《儀禮‧聘禮》
中的規定，接待過往使者之事應由下大夫負責，但鄭簡公竟親自出
動，難怪棄疾「辭不敢見」。之後，棄疾以「私面」之禮見鄭伯與三
卿。所謂「私面」，就是《儀禮‧聘禮》中的「私覿」，是外臣在正
式的行使聘問使命之外以私人身分見東道國之君及卿大夫。棄疾受到
隆重接待，於是行私覿之禮以示感謝，這是他對禮制的靈活運用。而
且，私覿所贈與的禮物，根據接受者身分以兩為差，符合禮制等級中
「降殺以兩」的規定。在入境之前，有莊嚴的宣誓儀式，所禁之事包
括入田、砍伐樹木、摘采蔬菜、強行乞討等，如有違反，將受到嚴厲
的處罰。從「往來如是」來看，出使歸來時，還要對所經國家再行假
道之禮。楚公子棄疾的做法，雖然和《儀禮‧聘禮》中假道之禮的規
定稍有出入，但是從《左傳》中「鄭三卿皆知其將為王」的好評來
看，基本上符合當時的禮制規範。

### 2. 違禮的表現

（1）**禮容與禮儀的省備**。禮容是指行禮過程中的面部表情以及舉手
投足的表現，它也是判斷合禮與否的重要方面。楚國作為蠻夷之邦，

有時在這個方面有所忽視。《左傳‧文公九年》記載：

> 楚子越椒來聘，執幣傲。叔仲惠伯曰：「是必滅若敖氏之宗。傲
> 其先君，神弗福也。」

楚王遣使子越椒至魯國聘問，子越椒是楚國位高權重的令尹子文
從子，依仗此身分，在行禮過程中，容色傲慢，遭到受聘國魯國人的
反感。「幣」是出使國贈與受聘國的禮物，使者出行前在廟中行「授
幣」、「釋幣」禮，臨近受聘國國境時要預習贈禮儀式，入境之後還
要進行三次「展幣」，即逐次清點禮物，以示對聘問禮的重視。可
見，禮物授予儀式都有很嚴格的規定。然而子越椒作為聘問主使，卻
在此過程中面露傲色，必然會引起非議。

有時，楚國對於聘禮儀式的省備也有所調整。《左傳‧成公十二
年》載：「晉郤至如楚聘，且涖盟。」楚子招待他，子反相禮，楚人
為「地室」之樂，「金奏作於下」，使得郤至「驚而走出」。從晉使
郤至驚駭的反應來看，這一定是與中原禮制大相徑庭的場面。

（2）**故意違禮**。在有的聘禮活動中，楚國故意違背禮制規範，並把
它作為挑釁聘問國的一種外交策略，來達到其政治和軍事目的。如前
所述，楚人對「假道之禮」並非不知，甚至遵循得很好，但《左傳‧
宣公十四年》記載：

> 楚子使申舟聘於齊，曰：「無假道于宋。」亦使公子馮聘于晉，
> 不假道於鄭。申舟以孟諸之役惡宋，曰：「鄭昭宋聾，晉使不害，我
> 則必死。」王曰：「殺女，我伐之。」見犀而行。及宋，宋人止之，
> 華元曰：「過我而不假道，鄙我也。鄙我，亡也。殺其使者必伐我，
> 伐我亦亡也。亡一也。」乃殺之。楚子聞之，投袂而起，屨及於窒
> 皇，劍及於寢門之外，車及于蒲胥之市。秋九月，楚子圍宋。

楚王遣申舟聘齊，路過宋國，故意不行假道之禮。宋國因此殺掉楚國的使者，此舉正中楚國的計謀，楚國便以此為由圍攻宋國。《左傳·襄公二十八年》載：公元前546年，由宋國向戌從中斡旋，晉、楚兩國在宋國舉行了弭兵之會，該盟會規定雙方的附從國將依次去對方主國朝見。所以，次年蔡侯先到晉國朝見。按照盟會上的誓約，鄭國國君本該親自來朝見楚國，但鄭國由於遭受災害，則派大臣游吉來楚國聘問。楚國沒有按照禮制規範對來訪使者予以招待，反而加以拒絕，沒有讓游吉完成聘問活動就使之回國。《儀禮·聘禮》中雖列舉了使者出聘後，若遇到特殊情況而可以有所變禮，但是一旦已經進入聘問國國境，即使傳來本國國君死亡的消息，也會將聘問活動如約完成，所謂「聘君若薨於後，入境則遂」。楚國此為，仍是從外交利益出發，而忽視了禮儀規範本身。

按《儀禮·聘禮》規定，當來訪使者到達近郊時，主國國君應先派遣下大夫向來訪使者詢問來訪事由，並「使卿朝服用束帛勞」。可是，《左傳·昭公六年》記載：「韓宣子之適楚也，楚人弗逆。」晉國的使者韓起到楚國聘問，楚國卻沒有派人迎接。更有甚者，同年「徐儀楚聘于楚。楚子執之，逃歸。懼其叛也，使薳洩伐徐」，楚國將前來聘問的小國徐國使者扣留，之後還對其發動戰爭。這都是楚國自身倨傲態度的表現，並非不知禮儀程式。

### 3. 出土材料所見的楚國聘禮

要了解與楚相關的聘問活動，楚銅器銘文與楚簡是不容忽視的重要材料來源，其中尤以楚簡材料為多，而且主要集中在「以事紀年」的楚簡中。涉及楚國聘問活動的簡文，大致有如下內容[1]：

---

① 下文涉及到的楚簡中大事紀年的材料，參見李學勤先生〈有紀年楚簡年代的研究〉，載氏著《文物中的古文明》，商務印書館2008年版。字句的隸定方式均採用李學勤先生文章中的隸定。個別不同說法將在文中指出。

齊客陳異致福于王之歲。（新蔡簡甲三217）

秦客公孫紗（鞅）問王於蔵郢之歲。（天星觀1號墓簡，秦家嘴99號墓簡）

齊客申𦞂問王於蔵郢之歲。（天星觀1號墓簡）

左師虘聘于楚之歲。（天星觀1號墓簡）

齊客張果問王於蔵郢之歲。（望山M1簡1）

郙客囷芻問王於蔵郢之歲。（望山M1簡5）

齊客陳豫賀王之歲。（包山M2簡8）

東周之客𧪒䋣致（歸）胙於蔵郢之歲。（包山M2簡13）

宋客盛公䜊聘楚之歲。（包山M2簡198）


這些簡文格式類似，均以某國賓客「如」、「聘」、「問」楚國或者楚王的方式加以記載，似乎這已成為比較固定的表達方式。其中可以與傳世文獻相對照，並能夠確定聘問活動的參與者以及聘問時間的，有「秦客公孫紗（鞅）問王於蔵郢之歲」一條。在天星觀M1中的「『卜筮記錄』中，三條簡文記有『秦客公孫紗（鞅）問王於蔵郢之歲』的年號」[①]，此一紀年同樣也見於上引秦家嘴M99簡文中。可見秦客公孫鞅使楚，是戰國中期楚國政治和外交活動中極為重大的事件。公孫鞅其人，在秦國是一位重要人物，在秦楚兩國關係中起過重要作用。劉彬徽先生認為：「公孫鞅於公元前361年入秦，前356年開始變法，前352年升為大良造。他進行變法以後特別是他升任大良造以後不大可能再出使楚國。由此看來，公孫鞅之使楚可能早於公元前356年，約在前361—前356年之間，這與此墓相對年代為戰國中期相符。」[②]李學勤先生根據該紀事簡涉及的兩個曆日，將此年代精確為公元前

① 荊州地區博物館：〈江陵天星觀1號楚墓〉，載《考古學報》1982年第1期，第110—111頁。

② 劉彬徽：〈楚國紀年法簡論〉，載《江漢考古》1998年第7期，第61頁。

340年，並進而指出：「若將此年定為公元前340年，即秦孝公二十二年，楚宣王三十年，查《史記‧秦本紀》、《六國年表》及《商君列傳》，這時公孫鞅變法已成。到孝公二十二年，他率兵擊魏，虜魏公子卬，受封為列侯，號商君。問楚的時候仍稱『公孫鞅』，是適合的。」[①] 由於史書中未見此事的記載，無論是發掘報告，還是劉彬徽先生的分析都只是一種推測。根據紀年簡中所記曆日來斷定年代，似有一定的說服力。

其他的幾條簡文，有的只能根據傳世文獻推測出使者的身分，如天星觀1號墓中另一支紀年簡中的「齊客申朕問王於葴郢之歲」，李學勤先生認為「『齊客申朕』屬申氏，當與申縛為一家。楚威王七年（前333年），楚攻打齊國的徐州，敗齊將申縛於泗水之上，事見《戰國策‧秦策四》『或為六國說秦王』章、《齊策一》『楚威王戰勝於徐州』章，時間與簡文相似」[②]。剩下的幾則簡文資料，目前還很難通過傳世文獻確定其涉及的具體事件，我們只能通過墓主身分研究、簡文中曆日研究等初步確定其年代範圍，已列於表5-2中。

除了竹簡中的材料，楚系青銅器中也發現了以事紀年的記載方式。所見材料主要包括以下幾條：


秦客王子齊之歲，大府為王飤晉鎬。集腈。[③]（壽縣楚器大腐鎬）
郾（燕）客臧（臧）嘉歸（問）王於紀郢之箴（歲）。[④]（楚燕客銅量）

① 李學勤：〈有紀年楚簡年代的研究〉，載氏著《文物中的古文明》，商務印書館2008年版，第439頁。
② 李學勤：〈有紀年楚簡年代的研究〉，載氏著《文物中的古文明》，商務印書館2008年版，第440頁。
③ 李家浩：〈楚大府鎬銘文新釋〉，載氏著《著名中年語言學家自選集‧李家浩卷》，安徽教育出版社2002年版。
④ 李零：〈楚燕客銅量銘文補正〉，載《江漢考古》1988年第4期，第102頁。

向壽之歲，襄城公競雎所造。① （向壽戈）

王章之歲，□□□之告（造）戟□。②

陳旺之歲，佶（造）府之戟。③

根據以上銘文資料來看，青銅器銘文中大事紀年的方式較楚簡上的記載更為簡略，除第二則材料與簡文中的說法類似之外，其他均用使臣「之歲」的方式來表達。另外，學者們也一致認同這些銘文是以其他國家的使者聘問於楚之歲紀年④。由於缺乏傳世文獻的參照，這些材料所反映的具體聘問事件現在還難以考證。總之，楚簡文字和青銅器銘文為我們認識楚國的聘問活動提供了新的材料，證明戰國時期楚國與其他六國之間仍存在著比較頻繁的聘問往來。

綜合表5-2的統計，可知春秋戰國時期楚國與其他諸侯國之間的聘問活動的次數遠多於本章上節統計的楚王與其他諸侯國君之間的外交往來。從公元前671年楚國聘魯、始通中原後，隨著楚國勢力一步步地增強，在中原地區的實力不斷擴展，特別是齊桓公去世之後，楚國和晉國形成爭霸之勢，兩國間或戰或和。雙方交戰時，楚國會聘問他國謀求軍事合作；而更多的情況是，雙方想要和平修好之時，兩國會遣使互訪，由此不難理解為何楚國遣使出訪聘問晉國的次數最多。

---

① 董珊：〈向壽戈考〉，載《考古》2006年第3期，第66頁。對於這句銘文的隸定，學者意見不同。具體內容參見以下文章：周曉陸、紀達凱：〈江蘇連雲港市出土襄城楚境伊尹戈讀考〉，載《考古》1995年第1期；黃盛璋：〈連雲港楚墓出土襄城公競尹戈銘文考釋及其歷史地理問題〉，載《考古》1998年第3期；李家浩：〈楚大府鎬銘文新釋〉，載氏著《著名中年語言學家自選集·李家浩卷》，安徽教育出版社2002年版。

② 拓本見《小校經閣金文拓本》10·45·2。摹本參見黃盛璋〈燕齊兵器研究〉，載《古文字研究》1992年第19輯，第65頁。

③ 《殷周金文集成》第11251頁。

④ 湯余惠：〈楚器銘文八考〉，載《古文字論集（一）》，考古與文物編輯部出版社1983年版。劉彬徽：《楚系青銅器研究》，湖北教育出版社1995年版，第361—362頁。李家浩：〈楚大府鎬銘文新釋〉，載氏著《著名中年語言學家自選集·李家浩卷》，安徽教育出版社2002年版。

表5–2　楚國聘問活動一覽表

| | 時間 | 楚國參與的聘問 | 資料來源 |
|---|---|---|---|
| 1 | 楚武王三十八年（前703年） | 楚子使道朔將巴客以聘於鄧。 | 《左傳·桓公九年》 |
| 2 | 楚成王元年（前671年） | 楚國聘魯，始通中原。 | 《左傳·莊公二十三年》 |
| 3 | 楚成王四十四年（前628年） | 楚鬬章請平於晉，晉陽處父報聘，晉、楚始通使。 | 《左傳·僖公三十二年》 |
| 4 | 楚穆王八年（前618年） | 楚子越椒至魯國聘。 | 《左傳·文公九年》 |
| 5 | 楚莊王十九年（前595年） | 楚子使申舟聘於齊。使公子馮聘於晉。 | 《左傳·宣公十四年》 |
| 6 | 楚共王二年（前589年） | 楚共王將為陽橋之役，使屈巫聘於齊。 | 《左傳·成公二年》《國語·楚語上》 |
| 7 | 楚共王九年（前582年） | 楚子使公子辰如晉，報鐘儀之使，請修好、結成。 | 《左傳·成公九年》 |
| 8 | 楚共王十二年（前579年） | 晉國大夫郤至聘問楚國且蒞盟。冬，楚公子罷如晉聘，且蒞盟。 | 《左傳·成公十二年》 |
| 9 | 楚共王三十年（前561年） | 楚司馬子庚聘於秦，為楚共王夫人寧。 | 《左傳·襄公十二年》 |
| 10 | 楚康王十一年（前549年） | 齊侯既伐晉而懼，將欲見楚子。楚子使薳啟強如齊聘，且請期。 | 《左傳·襄公二十四年》 |
| 11 | 楚康王十三年（前547年） | 楚客聘於晉，過宋。太子知之。請野享之。 | 《左傳·襄公二十六年》 |
| 12 | 楚康王十五年（前545年） | 因蔡侯親自如晉，鄭伯使游吉如楚聘。 | 《左傳·襄公二十八年》 |
| 13 | 楚郟敖二年（前543年） | 楚子使薳罷至魯國聘，以通嗣君。 | 《左傳·襄公三十年》 |
| 14 | 楚郟敖三年（前542年） | 鄭子皮使印段如楚，以適晉告，遵從宋之盟交相見之禮。 | 《左傳·襄公三十一年》 |
| 15 | 楚郟敖四年（前541年） | 鄭國游吉聘問楚國，莽郟敖且聘立君。同年，楚公子圍聘於鄭，且娶於公孫段氏，伍舉為介。冬，楚公子圍將聘於鄭之時，聞王有疾而還。伍舉遂聘。 | 《左傳·昭公元年》 |
| 16 | 楚靈王三年（前538年） | 楚靈王使伍舉如晉，求諸侯；並為靈王求婚於晉。 | 《左傳·昭公四年》 |
| 17 | 楚靈王四年（前537年） | 晉國上卿韓宣子聘楚，送女，上大夫叔向為介。 | 《左傳·昭公五年》 |
| 18 | 楚靈王五年（前536年） | 楚公子棄疾如晉，報聘。徐國大夫儀楚聘問楚國。韓宣子來楚聘，楚人弗逆。冬，魯國叔弓聘問楚國，並慰問楚國與吳國交戰失利。 | 《左傳·昭公六年》 |
| 19 | 楚靈王十二年（前529年） | 楚平王新立，使枝如子躬聘於鄭，且致犨、櫟之田，通過聘問活動，歸還原屬鄭的犨、櫟之田，以略鄭而交好。 | 《左傳·昭公十三年》 |

| 续表 | | | |
|---|---|---|---|
| | 時間 | 楚國參與的聘問 | 資料來源 |
| 20 | 楚平王六年（前523年） | 楚子令尹子瑕聘於秦，拜夫人也。 | 《左傳·昭公十九年》 |
| 21 | 楚威王七年（前333年） | 魏王令惠施之楚，令犀首之齊，兩者所攜帶禮物相同，以此來測兩國對待魏國的態度。惠施令人告知楚王，於是楚王郊迎惠施。 | 《戰國策·魏策二·魏王令惠施之楚》 |
| 22 | 楚宣王三十年（前340年） | 秦客公孫鞅（鞅）問王於藏郢之歲。 | 天星觀1號墓簡，秦家嘴99號墓簡 |
| 23 | 楚威王元年（前339年） | 齊客申膢問王於藏郢之歲。 | 天星觀1號墓簡 |
| 24 | 楚懷王七年（前322年） | 齊客張果問王於藏郢之歲。 | 望山M1簡1 |
| 25 | 楚懷王八年（前321年） | 郙客困芻問王於藏郢之歲。齊客陳豫賀王之歲。 | 望山M1簡5包山M2簡8 |
| 26 | 楚懷王十一年（前318年） | 宋客盛公鑄聘楚之歲。 | 包山M2簡198 |
| 27 | 楚懷王十二年（前317年） | 東周之客鄦經致（歸）胙於藏郢之歲。 | 包山M2簡13 |
| 28 | 楚考烈王十二年（前251年） | 秦昭王卒，楚王使春申君弔祠于秦。 | 《史記·楚世家》 |

## 第四節　會盟

　　盟誓之前往往會有朝覲、會同的儀式，特別是會同禮，它作為盟誓的前奏，與盟誓一起構成完整的會盟禮儀式。在盟會頻仍的春秋時期，會盟禮的儀式也在逐漸地變化與發展。特別是盟誓行為，《禮經》中未見專門記載，我們只能從相關史籍如《春秋》、《左傳》、《戰國策》的記錄中得以了解。另外，相關學者對盟誓儀節的探索和整理也為我們的研究提供了幫助①。

　　我們將在此基礎上梳理會盟禮的一般儀節程式。

### 一、會盟禮的儀式

　　（一）築宮建壇，確立盟會地點。先築宮牆，周長三百步，四方各有一門。於宮中心築壇，壇就是堆土築成的高臺，壇上設堂，堂上放

---

① 相關研究參見呂靜《春秋時期盟誓研究——神靈崇拜下的社會秩序再構建》，上海古籍出版社2007年版，第170頁。

置方明。《左傳·昭公十三年》：「甲戌，同盟于平丘，齊服也。令諸侯日中造於除。」杜預注：「除地為壇，盟會處。」

（二）排定位次。各諸侯國的上介在宮內先依照同姓異姓或者爵位的高低，以旗幟為標識為國君排好位置。

（三）覲見天子。周王升壇，諸侯就其，周王揖見各個諸侯，諸侯依次升壇「奠玉」。此屬西周時期會同禮的要求，春秋時期多為諸侯國之間的盟會，故此儀節省略。

（四）殺牲、執牛耳。根據傳世文獻記載，用作盟誓的動物有家養的豬、犬、雞。《詩經·小雅·何人斯》：「出此三物，以詛爾斯。」毛傳注曰：「三物，豕、犬、雞也。」[1]動物犧牲有活葬和宰殺後再加以供奉兩種不同的做法。從《侯馬盟書》的發掘報告來看，就存在動物活葬的情況。據史書記載：「葵丘之盟，陳牲而不殺。」[2]可見，著名的「葵丘之盟」似乎就沒有殺牲。但是為了後面的歃血儀式，通常會殺牲取血。在諸侯國間進行的盟誓活動中，還會有執牛耳的儀式，就是將作為犧牲的牛宰殺後割取牛耳，放入珠盤，由參盟者持執。

（五）歃血。會盟開始後，昭告神明，宣讀盟書，然後與盟諸侯皆以牲血塗口，以示矢志不渝，此為歃血。對於「歃血」的動作，歷來存在爭議。一種觀點認為是將血含於口中，《國語·晉語》：「宋之盟，楚人固請先歃。」韋昭注：「歃，飲血也。」另一種觀點認為歃血僅僅是用手指將血塗於唇四周，《左傳·襄公九年》記載鄭國大夫子孔和子蟜的話：「與大國盟，口血未乾而背之，可乎？」因此有學者將此行為和中國古代社會「釁」的巫術祭儀聯繫起來，認為將血塗於唇之四周，是「『聖化』和『強調』」口的做法，是血塗於口的目的

---

① 呂靜：《春秋時期盟誓研究——神靈崇拜下的社會秩序再構建》，上海古籍出版社2007年版，第175頁。

② 《穀梁傳·僖公九年》。

所在」①。無論現實中採用的是哪一種儀式，在盟誓過程中都存在著競爭歃血之先後，即爭當盟主的問題，春秋史上延續很久的晉、楚爭霸，實際上就是在爭奪歃血順序的先後。

（六）宣誓。參盟者在祭壇上向神靈陳述自己將遵守的誓言，並追加若未遵守將遭受懲罰之類的詛辭。宣誓的方式分口頭和書面兩種。正式的會盟禮中通常都會有盟書。盟書一式多份，其中一份通常會置於牲口上放入土坎內掩埋，剩餘的盟書副本，與盟國代表各取一份，歸國後放置于祖廟或盟府保存。

（七）饗燕。西周時期會盟結束後，由周王宴請諸侯，有時行賓射之禮。春秋時期，諸侯間會盟結束後，由召集會盟的霸主宴請與盟者。

以上是盟會一般的儀節程式，下面來看楚國會盟禮的具體情況。

## 二、楚國的會盟禮

按照西周禮制，楚國作為蠻夷之邦，一開始是不能以與會者的身分參加會盟的。但是，隨著實力的增強，楚國先是憑藉武力征服和周邊小國形成結盟關係，以實現對這些小國的控制。公元前740年，熊通自封為王，戰勝隨、鄖、絞等小國後，強迫它們與之結盟。楚成王時期，楚國尚處於積蓄實力階段，還沒有具備主持盟會的能力，雖然參與了幾次盟會，但在史書的記載中也只是將其作為與盟國一筆帶過。邲之戰的勝利，使楚莊王登上霸主地位，憑藉與晉國相匹敵的實力，晉、楚兩國開始交替作為盟主召集盟會。兩次弭兵之會是晉、楚兩國爭霸過程中的重要角力，史書中對此著墨頗多，楚國在這些盟會中的表現頗具特點，下面我們就結合相關史料分別加以討論。

公元前579年，在宋國大夫華元的協助下，晉、楚兩國在宋國的西

---

① 呂靜：《春秋時期盟誓研究——神靈崇拜下的社會秩序再構建》，上海古籍出版社2007年版，第10頁。

門外結盟。盟辭說：

> 凡晉、楚無相加戎，好惡同之，同恤菑危，備救凶患。若有害楚，則晉伐之。在晉，楚亦如之。交贄往來，道路無壅，謀其不協，而討不庭。有渝此盟，明神殛之，俾隊其師，無克胙國。[1]

盟書約定雙方停止戰爭，並用嚴格的詛辭以防止背盟。但是這次會盟只是實現了短暫的和平，僅隔三年，楚國就打算向北部用兵，雖然大夫子襄以楚、晉之間立有盟約來提醒楚王，但是楚國司馬子反的話反映了楚王對盟會的看法：「敵利則進，何盟之有？」在楚王看來，不能因為盟會而捆住自己的手腳，限制楚國的擴張。首次弭兵之盟以破裂告終。

晉、楚兩國長期戰爭，相持不下，雙方誰都不能完全征服對方，所以都萌生求和之意。於是，公元前546年，晉、楚兩國實現了第二次弭兵之會。這是由楚國主盟的一次重要盟會，在這次盟會中楚國的表現和此前齊桓、晉文主盟時有很多不同：參加盟會的楚人「衷甲」與會，即已經穿好甲衣，隨時準備打仗。晉國太宰伯州犁以盟會重信為由建議楚人脫去甲衣，楚令尹子木卻振振有詞地表達了自己對於盟會的看法：「晉、楚無信久矣，事利而已。苟得志焉，焉用有信？」在楚人眼中，盟會只是標榜自身實力和獲取外交利益的有效方式，這和之前中原霸主齊國或者晉國對盟會的看法是不同的。

在盟誓進行的歃血儀式中，由於先歃血者被視為盟會的主盟者，晉、楚因誰先歃血再次發生爭論。最終，晉國的叔向以「諸侯歸晉之德只，非歸其屍盟也」為由，勸說趙孟以楚為先。雖然晉國再次強調了對盟主在德行方面的要求，但是仍然承認了楚國的主盟者地位。楚

---

① 《左傳‧成公十二年》。

第五章　賓禮

國也十分看重自己主盟者的身分，宋之盟後，晉、楚兩國邀眾諸侯國在虢（東虢，在今河南鄭州北）相會，重申宋盟之好。《左傳·昭公元年》載：

> 楚令尹圍請用牲，讀舊書，加於牲上而已。晉人許之。三月甲辰，盟。

此句雖然提到「用牲」，卻並未提歃血一事。杜預注：「楚恐晉先歃，故欲從舊書加於牲上，不歃血。」楊伯峻先生亦贊同此說[1]。可見，楚國十分重視主盟者的身分，也十分明瞭歃血先後所蘊含的重要意義。晉國再次同意由楚國主盟，從中也可以看出楚國的實力確實得到了中原各國的認同。在此次盟會中，還有一個細節可以體現楚國實力之強。參與此次盟會的均為各諸侯國的權重之臣，楚國派出的是令尹圍，他出席盟會時「設服、離衛」，引起與會者的紛紛議論。作為楚國令尹，公子圍身著君服，由兩衛士開道，用這種方式來炫耀自身地位，表現出對其他與盟國的輕視，同時也從一個側面體現出公子圍對楚國實力的自信。楚國在會盟過程中，也憑藉著自己的這種強大實力，對其他與盟國的威信任意踐踏，這在之前的中原盟會中是很少見的。

同樣是在此次虢之會的進行中，魯國執政季武子率兵攻打莒國，佔領了鄆邑，於是莒人到盟會上控告魯國的行徑。楚國作為主盟者，「告於晉曰：『尋盟未退，而魯伐莒，瀆齊盟。請戮其使。』」[2]

楚國認為魯國褻瀆了盟約，應該殺掉魯國的與會使者。後來由於晉卿趙文子為之求情，楚令尹圍才赦免了魯國與會使者，但是從中仍

---

① 楊伯峻：《春秋左傳注》，中華書局1990年版，第1202頁。

② 《左傳·昭公元年》。

可看出此次盟會中楚國對於晉國有壓倒之勢。公元前538年，楚靈王主持的申之會，來參加會盟的小國徐國的國君由於其母為吳國人，楚王據此懷疑其對楚國不忠，竟囚禁了徐國國君，極盡驕縱之事，引起其他與盟國的不滿。

楚國在盟會中的這些表現，一方面是因為自身的強大實力，另一方面和楚國獨特的身分有關。楚國身處南方蠻夷之地，雖然經過不斷發展，得以將勢力擴展到中原地帶，而且在和中原地區的各諸侯國交往中了解並學習了許多中原禮儀，但是本身還是保存了很多蠻夷之風，行為處事經常表現出殘酷野蠻的一面。歃血是會盟禮中十分重要的環節，通常是用牲血，多用牛血，《左傳‧定公四年》卻記載楚昭王「割子期之心，以與隨人盟」。杜預注：「當心前剖取血以盟，示其至心。」楚王與隨國結盟，竟然割隨從公子結之心取血，其野蠻之風昭然若揭。

楚國在和其他國家結盟之後又常常違反盟約，因此由楚國主盟時也會擔心其他諸侯國盟而無信，所以楚國與他國盟會後經常會交換人質，以確保雙方對盟約的遵守。《左傳‧宣公十五年》載：楚師侵宋，宋與楚講和後，宋臣華元為質，盟曰：「我無爾詐，爾無我虞。」到了戰國時期，這一現象更為常見，並且為了保證盟會的效果，人質多由國君之子或國君的兄弟來充任。如《戰國策》記載：「齊、秦約攻楚，楚令景翠以六城賂齊，太子為質。」[1]就是楚國以太子出質的方式，來贏得齊國的信任。

戰國時期楚國參與的盟會是如何進行的呢？《史記‧平原君虞卿列傳》對此有一段詳細的描述：

平原君與楚合從，言其利害，日出而言之，日中不決。十九人

---

① 范祥雍：《戰國策箋證》，范邦瑾協校，上海古籍出版社2006年版，第822頁。

謂毛遂曰：「先生上。」毛遂按劍歷階而上，謂平原君曰：「從之利害，兩言而決耳。今日出而言從，日中不決，何也？」楚王謂平原君曰：「客何為者也？」平原君曰：「是勝之舍人也。」楚王叱曰：「胡不下！吾乃與而君言，汝何為者也！」毛遂按劍而前曰：「王之所以叱遂者，以楚國之眾也。今十步之內，王不得恃楚國之眾也，王之命縣於遂手。吾君在前，叱者何也？且遂聞湯以七十里之地王天下，文王以百里之壤而臣諸侯，豈其士卒眾多哉，誠能據其勢而奮其威。今楚地方五千里，持戟百萬，此霸王之資也。以楚之強，天下弗能當。白起，小豎子耳，率數萬之眾，興師以與楚戰，一戰而舉鄢郢，再戰而燒夷陵，三戰而辱王之先人。此百世之怨而趙之所羞，而王弗知惡焉。合從者為楚，非為趙也。吾君在前，叱者何也？」

楚王曰：「唯唯，誠若先生之言，謹奉社稷而以從。」毛遂曰：「從定乎？」楚王曰：「定矣。」毛遂謂楚王之左右曰：「取雞狗馬之血來。」毛遂奉銅盤而跪進之楚王曰：「王當歃血而定從，次者吾君，次者遂。」遂定從於殿上。毛遂左手持盤血而右手招十九人曰：「公相與歃此血於堂下。公等錄錄，所謂因人成事者也。」

這次會盟禮可以概括為以下幾個步驟：（1）盟會之前先確定參盟者。如趙王派遣平原君與楚王盟，平原君確定門人20人一同前往楚國。（2）定盟前的會談與商討。因為只有雙方意見一致才能訂立盟約，所以在定盟之前，平原君和楚王在堂上商討相關事宜。按照我們前面探討的盟會儀節，平原君作為使臣，在和楚王商討之前，應該以朝見禮參拜楚王，此處未見描述。（3）定盟時，由隨從人員用銅盤盛牲血跪而進之。（4）定盟歃血時依然尊卑有序，如文中所言「王當歃血而定從，次者吾君，次者遂」。可見歃血的順序依次為楚王、平原君、毛遂。（5）其他隨從人員於堂下歃血。

此次會盟禮儀和西周乃至春秋時期的會盟禮相比較，還是存在一

些不同。西周時期的盟會首先都會有朝見禮，此處未見提及，想必即使進行也較為簡化。此外，春秋時期盟誓過程中的「執牛耳」、「加盟書於牲上」等禮節均已不見。再來看歃血時所用之血，歃血為盟時用牲是有等級區別的。平原君代表趙王與楚王盟，雙方應按照諸侯的等級用牲，但此處卻將雞、狗、馬同時混用，有違禮之嫌。

從上面所列舉楚國有關盟會的言論來看，楚國不相信也並不期望在盟會中需要通過「守禮」來贏得與盟國的認可，他們看重的是軍事實力。進入戰國時期，盟約的約束力變得更低，國與國之間結盟，大多數都需要交換人質來確保對盟約的遵守，楚國更是如此。雖然整個戰國時期，楚國也有和秦國的多次會盟，但是在傳世文獻中已經很少見到對會盟儀式的描述，或許是因為此時列國間兼併戰爭頻繁發生，國與國之間合縱連橫關係瞬息萬變，會盟禮此時已經被簡化、廢棄，漸漸退出歷史舞臺了。

表5-3　楚國盟會活動一覽表

| | 時間 | 與楚國相關的盟會 | 材料來源 |
|---|---|---|---|
| 1 | 楚武王三十七年（前704年） | 楚子合諸侯於沈鹿。黃、隨不會。楚子伐隨。軍於漢、淮之間。……秋，隨及楚平。之後，隨與楚盟。 | 《史記·楚世家》《左傳·桓公八年》 |
| 2 | 楚武王四十年（前701年） | 楚屈瑕將盟貳、軫。鄖人軍于蒲騷，將與隨、絞、州、蓼伐楚師。楚敗鄖師于蒲騷，卒盟而還。 | 《左傳·桓公十一年》 |
| 3 | 楚武王四十一年（前700年） | 楚伐絞，大敗之，為城下之盟而還。 | 《左傳·桓公十二年》 |
| 4 | 楚武王五十一年（前690年） | 令尹鬥祁、莫敖屈重，營軍臨隨。隨人懼，行成。莫敖以王命入盟隨侯，且請為會於漢汭而還。 | 《左傳·莊公四年》 |
| 5 | 楚成王十六年（前656年） | 齊桓公以楚國「苞茅不入，王祭不共」為由，率眾多諸侯國征討之，後齊、楚兩國締結了和盟條約。 | 《左傳·僖公四年》《史記·楚世家》《史記·齊太公世家》 |
| 6 | 楚成王三十一年（前641年） | 陳穆公如齊，請休好于諸侯以無忘齊桓之德。冬，盟于齊，楚國與盟。 | 《春秋·僖公十九年》 |

| | 時間 | 與楚國相關的盟會 | 材料來源 |
|---|---|---|---|
| | | 续表 | |
| 7 | 楚成王三十三年（前639年） | 宋人為鹿上之盟，以求諸侯于楚，楚人許之。秋，諸侯會宋公於盂。楚執宋襄公以伐宋。公會諸侯盟于薄，釋宋公。 | 《左傳·僖公二十一年》《史記·楚世家》 |
| 8 | 楚成王三十九年（前633年） | 楚圍宋，後合諸侯國盟于宋。 | 《左傳·僖公二十七年》 |
| 9 | 楚莊王三年（前611） | 庸人帥群蠻以叛楚，楚國反擊，秦人、巴人從楚師，群蠻從楚子盟。滅庸。 | 《左傳·文公十六年》 |
| 10 | 楚莊王十三年（前601年） | 楚莊王正其疆界，及滑汭，始與吳、越盟。 | 《左傳·宣公八年》 |
| 11 | 楚莊王十六年（前598年） | 十一年，春，楚子伐鄭，及櫟。夏，楚盟於辰陵，陳、鄭服也。 | 《春秋·宣公十一年》 |
| 12 | 楚莊王十七年（前597年） | 楚莊王圍鄭，楚國大夫潘尫入質於鄭，鄭伯弟子良出質。 | 《史記·楚世家》 |
| 13 | 楚共王二年（前589年） | 魯成公會楚公子嬰齊于蜀。魯國以公衡為質，以請盟。 | 《左傳·成公二年》 |
| 14 | 楚共王十二年（前579年） | 楚、晉兩國盟于宋西門之外，規定兩國無相加戎，互相救助災害。冬，晉侯及楚公子盟于赤棘。 | 《左傳·成公十二年》 |
| 15 | 楚共王十六年（前575年） | 楚子自武城使公子成以汝陰之田求成於鄭。鄭叛晉，子駟從楚子盟于武城。 | 《左傳·成公十六年》 |
| 16 | 楚康王十四年（前546年） | 晉、楚、齊、秦等國參與宋之盟，此後，晉楚之從國交相見。 | 《左傳·襄公二十七年》 |
| 17 | 楚郟敖四年（前541年） | 魯叔孫豹會晉趙武、楚公子圍、齊國弱、宋向戌、衛齊惡、陳公子招、蔡公孫歸生、鄭罕虎、許人、曹人於虢，尋宋之盟。 | 《左傳·昭公元年》 |
| 18 | 楚靈王三年（前538年） | 諸侯會楚于申，唯魯、衛、曹、邾不會。 | 《左傳·昭公四年》《史記·楚世家》《韓非子·十過》 |
| 19 | 楚靈王八年（前533年） | 叔弓、宋華亥、鄭游吉、衛趙厴會楚子於陳。 | 《左傳·昭公九年》 |
| 20 | 楚昭王十年（前506年） | 楚昭王割子期之心，與隨人盟。 | 《左傳·定公四年》 |
| 21 | 楚惠王十三年（前476年） | 楚沈諸梁伐東夷，三夷男女及楚師盟于敖。 | 《左傳·哀公十九年》 |
| 22 | 楚懷王二十五年（前304年） | 懷王入與秦昭襄王盟，約於黃棘。 | 《史記·楚世家》 |
| 23 | 楚懷王三十年（前299年） | 因秦對楚的不斷進攻，楚入質于齊以求平。故秦昭襄王致書楚懷王以求會於武關以結盟。楚王至，則閉武關，並西至咸陽，朝章台，如藩臣，不與亢禮。且留楚王于秦以求割地。 | 《史記·楚世家》 |

340

| | 時間 | 與楚國相關的盟會 | 材料來源 |
|---|---|---|---|
| 24 | 楚頃襄王十四年（前285年） | 楚頃襄王與秦昭襄王好會于宛，結和親。 | 《史記·楚世家》 |
| 25 | 楚頃襄王十六年（前283年） | 楚頃襄王與秦昭襄王好會于鄢。秋，復與秦王會穰。 | 《史記·楚世家》 |
| 26 | 楚頃襄王二十一年（前278年） | 楚頃襄王與秦昭襄王會於襄陵。 | 《史記·秦本紀》 |

綜上所述，楚國的賓禮主要分為朝覲、聘問和會盟三項。用「三禮」和其他文獻規定的賓禮程式來檢視，我們會發現，楚國在與中原各國的交往中，逐漸受到中原禮儀制度的影響，大都遵從各項禮制的一般儀節規範。值得注意的是，我們研究春秋時期的楚國賓禮，主要依據《左傳》的記載，而《左傳》發揚了「春秋筆法」，對合于禮的史事往往著墨較少，而對所謂「違禮」的事件則記述較多，評價苛刻。所以，《春秋》「三傳」中對楚國賓禮活動的闕載或闕評，已經間接說明楚國的賓禮大部分還是「合禮」的。

# 第六章 軍　禮

　　先秦時期楚國的軍禮，主要集中於春秋時期。正是在春秋時期，楚國逐漸成為華夏諸國的一員，並以開放進取的精神不斷吸取周文化的精髓。在這個過程中，也出現了種種形式各異的軍禮。

## 第一節　軍禮概述

　　軍禮是「五禮」之一，但相比於其他四禮（吉、凶、賓、嘉），其內涵隨歷史發展變化較大，因此需要先對傳統禮學對軍禮的界定以及分類做一些說明。

### 一、軍禮的定義

　　「軍禮」一詞最早見於《左傳・襄公三年》，晉悼公語魏絳曰：「寡人之言，親愛也。吾子之討，軍禮也。」楊伯峻注：「軍禮猶言軍法。」[1]（接排）而最早對軍禮進行詳細記載的是《周禮・春官宗伯・大宗伯》：

　　以軍禮同邦國：大師之禮，用眾也；大均之禮，恤眾也；大田之禮，簡眾也；大役之禮，任眾也；大封之禮，合眾也。

---

[1]　楊伯峻：《春秋左傳注》，中華書局1990年版，第930頁。

「大師」與「大田」即出征與田獵，把這兩者歸為軍禮容易理解。所謂「大均」是指調查戶口以平均稅收，「大役」是指進行大規模的工程建設，而「大封」則是指勘定邦國邊界。因為這三種活動都需使用大量民力，要用軍隊的法律來嚴明紀律，以保證事務的順利進行，所以也歸入軍禮之列。從魏晉南北朝開始，以「五禮」模式編修禮典，軍禮就主要指戰爭以及軍事訓練中所需要遵守的各種規定與儀式。《開元禮》、《政和五禮新儀》、《明集禮》、《清通禮》等，所載軍禮種類儘管有出入，但大都在此框架之內。雖然後世仍有以《周禮‧春官宗伯‧大宗伯》中的定義來界定軍禮的，但只是少數而已。本章所討論的軍禮以秦漢之後的定義為主，同時參考先秦時期特殊的時代特徵，加以取捨。

## 二、軍禮的種類

軍禮依戰爭而生，所以根據戰爭的不同階段，可以將軍禮大致分為戰爭前、戰爭中與戰爭後三部分。之所以說「大致」，是因為有些軍禮，如告祖、振旅等，既可在戰爭中，也可在戰爭前後舉行，為便於敘述，本章即按傳統禮書的分類劃分這些儀式。

戰爭前的軍禮在禮書中有較為明確的記載。《禮記‧王制》云：「天子將出征，類乎上帝，宜乎社，造乎禰，禡於所征之地。」這段話勾勒了先秦時期戰前軍禮的基本儀節。「類乎上帝」，一般來說，指的是在特殊情況下仿照正禮祭祀上帝以獲福佑，「類」即仿照正禮之意[①]。在戰國時期儒家的著作中，類祭上帝只有天子才能舉行，一般的諸侯是沒有這個權利的。「宜乎社」，就是對社行宜祭。社類似於後世的土地神，其在時人心中的地位隨著中國古代社會由血緣政治向

---

① 《周禮‧春官宗伯‧小宗伯》：「凡天地之大災，類社稷宗廟，則為位。」鄭注：「類者，依其正禮而為之。」關於「類」的含義，爭議頗多，此處採用鄭玄的界定。其他說法可參見龐慧〈「類」與「禡」祭〉，載《北京師範大學學報》（社科版）2005年第3期，第138—144頁。

地緣政治轉變而漸趨重要，故需在戰前祭祀之。「造乎禰」，指祭祀祖先，戰前告祖是祖先崇拜的一種表現。「禡於所征之地」，是為了多獲戰利品而祭神，鄭玄認為是祭蚩尤或黃帝[1]。除此之外，戰爭之前還有一些準備工作，如分發、修理武器的授兵和治兵等。

戰爭中的軍禮，指的是交戰雙方在開戰前到戰爭過程結束時的一系列行為，歷來的學者關注較少。清儒顧棟高的《春秋大事表》中有「乞師」，姚彥渠的《春秋會要》中有「致師」，日本學者高木智見又歸納出「犒師」、「宋襄公之仁」、「殺人之禮」諸條[2]。「乞師」是向友邦依禮請求支援。「致師」是己方派勇武之士按照一定的儀式規定，到陣前向對方炫耀武力，使對方來與自己決戰。「犒師」就是對戰場或行軍途中的敵人饋贈飲食。「宋襄公之仁」是指在戰爭中對處於劣勢的敵人網開一面以及避免以不光彩的手段襲擊對手的現象。「殺人之禮」是指在戰鬥中遵守禮制，不以多殺邀功。總之，戰爭中的軍禮表現為對禮制的遵守，是上古先民尚武精神的儀式體現。

戰爭後的軍禮，可以分為兩大部分，一是戰勝國在戰爭結束後的儀式，一是戰敗方歸國或向戰勝方投降的儀式。這些儀式其實與戰爭前的軍禮屬同一性質，在戰爭前要祭祀的神靈，一般來說在戰爭後也要進行祭告以示酬謝和尊敬。戰勝一方回國後要有「飲至」、「策勳」和「數軍實」的儀節。「飲至」是指國君或大臣外出歸國後的慰勞儀式，「策勳」指記錄出征者的功勞，「數軍實」則是戰爭之後對本方的軍事力量進行清點。而戰敗國要通過一系列的儀節向戰勝國表示臣服。

---

① 《周禮・春官宗伯・肆師》：「凡四時之大甸獵，祭表貉，則為位。」鄭注：「貉，師祭也。貉讀為十百之百，於所立表之處為師祭造軍法者，禱氣勢之增倍也。其神蓋蚩蚘，或曰黃帝。」
② 〔日〕高木智見：〈關於春秋時代的軍禮〉，載《日本中青年學者論中國史》（上古秦漢卷），上海古籍出版社1995年版，第135—143頁。

以上就是先秦時期軍禮的概況。具體到楚國來說，由於史料所限，很多軍禮都沒有文獻記載或記載簡略，下面就結合文獻中有關楚國的情況分別進行討論。

## 第二節　治兵與觀兵

關於戰爭前的軍禮，從現有的材料來看，楚國曾舉行過的至少有治兵與觀兵等儀式。其中，觀兵屬一種軍事行為，但因並非直接作戰，故將其視作戰爭前的軍禮。下面分別對此進行討論。

### 一、治兵

在討論治兵前，首先要明確「兵」的含義。兵字，甲骨文作𠬞，舊不識，唐蘭先生始釋為兵，字從兩手執斤，甲骨中文辭殘缺，用義不明[①]。金文中兵字凡12見，除兵避大武戈、新郪虎符與杜虎符外，其餘全作兵器解[②]。從戰國開始才逐漸用來指軍事、用兵及執兵之人[③]。因此，治兵的本義應當是指修繕兵器。

到春秋時，治兵成為了軍事演習甚至是戰爭的代名詞，見於楚國之例有：

（重耳）對曰：「若以君之靈，得反晉國，晉、楚治兵，遇于中原，其辟君三舍。」[④]

楚子將圍宋，使子文治兵於睽，終朝而畢，不戮一人。子玉複治

---

① 于省吾主編：《甲骨文字詁林》，中華書局1996年版，第2517—2518頁。按，《甲骨文合集》7204：「甲子卜……貞出兵，若。」7205：「貞勿出兵若。」這裡的「出兵」，似為出兵器之義。

② 張亞初：《殷周金文集成引得》，中華書局2001年版，第451頁。《殷周金文集成》第18冊，第352、353頁。

③ 顧炎武認為兵用以指執兵之人是在秦漢之後，參見黃汝成《日知錄集釋》第7卷《去兵去食》，欒保群、呂宗力校點，上海古籍出版社2006年版，第410頁。

④ 《左傳·僖公二十三年》。

兵於蒐，終日而畢，鞭七人，貫三人耳。①

　　楚子以馹至於羅汭。吳子使其弟蹶由犒師，楚人執之，將以釁鼓。王使問焉，曰：「女卜來吉乎？」對曰：「吉。寡君聞君將治兵於敝邑，卜之以守龜，曰：『余亟使人犒師，請行以觀王怒之疾徐，而為之備，尚克知之。』……」②

　　所謂「晉楚治兵」就是軍事演習。而第三條材料中的「治兵」，則成了對楚王發動戰爭的代稱。楚國由於春秋後軍事實力漸強，對治兵十分重視。治兵，不僅可以磨礪士卒、操練兵器，還可以訓練軍隊熟悉號令，整頓軍紀。

　　在治兵之前，還有一項「授兵」的儀式。《周禮‧夏官司馬‧司兵》：「掌五兵五盾，各辨其物與其等，以待軍事。及授兵，從司馬之法以頒之。」授兵儀式表明當時的兵器歸國家統一掌管，戰前則拿出來在祖廟中鄭重頒授給兵士，此種儀式的象徵意義是為了取得先祖的護佑。《左傳‧莊公四年》：「春，王正月。楚武王荊屍，授師孑焉，以伐隨。」杜注：「屍，陳也。荊亦楚也，更為楚陳兵之法。揚雄《方言》：『孑者，戟也。』然則楚始於此參用戟為陳。」③此處的授兵所在不明，以他例推斷，亦當在祖廟。

## 二、觀兵

　　觀兵是一種先秦時期戰爭中顯示軍威的儀式，楚國也用過兩次，最著名的是魯宣公三年（前606年），楚莊王問鼎中原時的觀兵：

① 《左傳‧僖公二十七年》。
② 《左傳‧昭公五年》。
③ 曾憲通根據湖北雲夢睡虎地秦簡中的秦楚月名對照表，認為荊屍乃楚月名，是正確的。但從此條材料來看，荊屍依杜注解釋為陳兵之陣似更好，作為月名當是後來演化的結果。曾憲通：〈楚月名初探〉，載《中山大學學報》1980年第1期，第98—99頁。

楚子伐陸渾之戎，遂至於洛，觀兵于周疆。定王使王孫滿勞楚子。楚子問鼎之大小輕重焉。①

楚莊王雄心勃勃，要在周之王畿進行閱兵儀式以顯示兵威，使得周王不得不派外交專家與之交涉。雖然王孫滿用巧妙的言詞打消了楚莊王的念頭，但此次觀兵規模的宏大當可想而知。

此外，魯昭公五年（前537年），楚國在伐吳之前，也曾觀兵：

楚子遂觀兵於坻箕之山。是行也，吳早設備，楚無功而還，以蹶由歸。②

這次觀兵，可能由於規模太大，使得吳國聽到了消息，預先做好了準備，所以楚國無功而返。不過，從這兩次觀兵來看，楚國的軍力是十分強大的。

類似觀兵的行為在戰爭之後也有，典籍中稱為「京觀」。京觀就是將敵人的屍體收集起來築成大丘，以紀念武功③。《左傳·宣公十二年》晉楚邲之戰後，潘黨勸楚莊王說：「君盍築武軍而收晉屍以為京觀？臣聞克敵必示子孫，以無忘武功。」而楚莊王回答潘黨的話則體現了周代禮樂文化的味道：

① 《左傳·宣公三年》。
② 《左傳·昭公五年》。
③ 《說文》：「京，人所為絕高丘也。」《爾雅·釋丘》：「絕高為之京，非人為之丘。」桂馥《說文解字義證》：「《九經字樣》，京，人所居高丘也。本書，丘，土之高也，非人所為也。淺學因京觀人所築，改本書『人所居』作『人所為』。」參見氏著《說文解字義證》，齊魯書社1987年版，第466頁。《國語·晉語八》：「趙文子與叔向游於九原。」韋昭注：「原，當作『京』也。」宋庠本作「京」。《禮記·檀弓下》：「是全要領以從先大夫于九京也。」鄭注：「京，蓋字之誤，當作『原』。」京與原皆指高地而言，古籍中可通用，參見《國語集解》，第433頁。錢穆認為古人原擇高地而居，後逐漸遷至平地，但死人之葬仍于丘丘高區，於是九原乃專指墓地。參見錢穆〈中國古代山居考〉，載《中國學術思想史論叢（一）》，生活·讀書·新知三聯書店2009年版，第54—55頁。

今我使二國暴骨，暴矣；觀兵以威諸侯，兵不戢矣……古者明王伐不敬，取其鯨鯢而封之，以為大戮，於是乎有京觀，以懲淫慝。今罪無所，而民皆盡忠以死君命，又可以為京觀乎？

潘党勸楚莊王借戰勝晉國之機，將晉國戰死將士的屍體聚集成「京觀」，以起到紀念武功的效果，但楚莊王卻認為：古代聖明的君王征伐對上不恭敬的國家，抓住它的罪魁禍首殺掉埋葬，作為一次大殺戮，這樣才有了京觀以懲戒罪惡。現在並不能明確指出晉國的罪惡在哪裡，士卒都盡忠為執行國君的命令而死，哪能建造京觀來表示懲戒呢？這裡楚莊王將築京觀說成「觀兵以威諸侯」，可見觀兵與京觀同義。從楚莊王的答語中可以看出，築京觀在前代就有，之前的京觀都是把罪魁禍首殺掉後築成大封，以示懲戒，後來則慢慢變成了將所有敵人的屍體收集堆積起來，以震懾敵軍。這與戰前通過觀兵來顯示軍威，實現恐嚇和屈服敵人，其實際功效有過之而無不及。

總之，從楚國所行的觀兵禮來看，其規模必定十分龐大威武，有著很強的威懾力，但同時楚莊王也接受了中原的文化觀念，認為有德之君不能隨意用敵方士兵的屍體來建造京觀以示懲戒，這種觀念也使得原本較為實用的觀兵行為染上了濃厚的禮儀色彩。楚莊王之所以在後世被尊為春秋霸主之一，與齊桓、晉文相並列，除顯赫的武功成就外，這種對於周禮的認同可能更為重要。


## 第三節　致師與遵禮制

春秋時期戰爭中的軍禮，有兩個明顯的特徵，一是尚武精神，二是遵守禮制。這兩點在楚國的致師與其他戰爭行為中體現得淋漓盡致，反映了楚人的勇武與對周文化的認同。下面分別加以討論。

## 一、致師

致師的主要特徵是，一方派出少數勇士，通過一系列的行為向對方炫耀武力。《周禮・夏官司馬・環人》「環人掌致師」鄭玄注曰：「致師者，致其必戰之志。古者將戰，先使勇力之士犯敵焉。」呂思勉先生補充說：「『致』之義，一為達之使往，一為引之使來。致師之事，見於《左氏》者，皆意在引敵出戰，即兵法致人而不致於人之『致』也。」①他將鄭玄「致其必戰之志」的「致」定為「達之使往」，並補以「引之使來」，認為《左傳》中的「致師」之「致」即兵法中的引敵而至，這個說法比較全面而準確。

公元前597年，晉楚邲（今河南滎陽北）之戰，楚軍向晉軍致師：

楚許伯御樂伯，攝叔為右，以致晉師。許伯曰：「吾聞致師者，禦靡旌、摩壘而還。」樂伯曰：「吾聞致師者，左射以菆，代御執轡，御下，兩馬、掉鞅而還。」攝叔曰：「吾聞致師者，右入壘，折馘、執俘而還。」皆行其所聞而複。晉人逐之，左右角之。樂伯左射馬而右射人，角不能進，矢一而已。麋興於前，射麋麗龜。晉鮑癸當其後，使攝叔奉麋獻焉，曰：「以歲之非時，獻禽之未至，敢膳諸從者。」鮑癸止之，曰：「其左善射，其右有辭，君子也。」既免。②

可見，致師這種軍禮對於戰車上的御者、車右和車左都有不同的要求：御者要將戰車駛得飛快，以至車上的旌旗像傾倒一般；充當車右的勇士要衝入敵方營中，殺死敵人取其左耳，還需生擒一個俘虜回來；充當車左的射手則要發射利箭並代替御者把持轡繩。這裡最有趣的是御者，他在車左、車右行動之時，要「兩馬、掉鞅而還」。掉鞅

---

① 呂思勉：《呂思勉讀史劄記》，上海古籍出版社1982年版，第318頁。
② 孔穎達：《春秋左傳正義》卷二三，載《十三經注疏》影印本，中華書局1980年版，第1881頁。

就是整理馬頸革①。雖然這些致師的特殊要求都是楚國的三位勇士從別處「聞」來的，但他們「皆行其所聞而複」，當然此舉引起了晉人的憤怒與追擊，然而樂伯還是憑藉著高超的射藝最終平安脫險。楚人的這次致師之所以能被《左傳》如此詳盡地記載，一方面是因為他們高超的作戰技藝，另一方面也在於其行為體現了當時通行的禮儀要求，因而得到了對手——中原盟主晉國的欣賞，楚人的禮儀修養也由此可見一斑。

致師與請戰不同，後者實戰的意味更濃。公元前632年，晉楚城濮（約今山東鄄城西南臨濮集，一說在今河南開封縣陳留附近）之戰，「子玉使鬭勃請戰，曰：『請與君之士戲，君馮軾而觀之，得臣與寓目焉』」。這裡的請戰，就是在兩軍對壘時，一方派出勇士與另一方比試。可能由於這種方式特別適合於勇武的楚人，所以在後世也能見到，《史記・項羽本紀》：「項王謂漢王曰：『天下匈匈數歲者，徒以吾兩人耳，願與漢王挑戰決雌雄，毋徒苦天下之民父子為也。』」《集解》引李奇曰：「挑身獨戰，不復須眾也。」又引臣瓚曰：「挑戰，擿嬈敵求戰，古謂之致師。」

臣瓚將單對單的決鬥認為是春秋時的致師，並不正確。這種通過個人間的比武以決定戰爭勝負的做法，其前身應當是春秋時的請戰，而非意在挑敵求戰、帶有較強儀式性的致師。需要指出的是，從《左傳》中所記邲之戰時樂伯等人的致師到秦漢之際項羽向劉邦的挑戰，雖然其形式、目的有所不同，但其中所體現出的楚人的尚武精神卻是一以貫之的。

綜上所述，致師是春秋時期的一種軍禮儀式，它的出現是周代的禮樂文化和尚武精神融合的結果，體現了那個時代的社會風尚，是後

---

① 兩馬，有兩種解釋：一為刷飾馬毛，杜預持此說；一為整齊駕車的四匹馬，為俞樾《群經平議》所主。楊伯峻認為後說合理。見楊伯峻《春秋左傳注》，中華書局1990年版，第735頁。

x

第六章　軍禮

x

世所無法模仿的。楚國的致師是勇武與禮樂的完美結合，表明楚國對中原文化的認同與吸收。

## 二、遵禮制

春秋時期的戰爭與後世不同，交戰雙方的主體多為當時的貴族，他們即使在戰鬥中也很嚴格地遵守著當時的禮制。例如，禮書有「介者不拜」的規定，即身披甲胄的戰士不需行拜禮，但在實際戰爭中，介者也有其他儀節以表示禮敬。《左傳・成公十六年》載：公元前575年，晉楚鄢陵（今河南鄢陵西北）之戰中，當晉國將軍郤至見到楚共王時，一定要下車，快步走向楚王，而楚共王也很有禮地派使者拿著弓去詢問郤至是否受傷。郤至見到楚使，便脫去頭盔，接受楚王的慰問，並回答說：自己托楚王之福，參加了戰鬥，謹向楚王報告沒有受傷，感謝楚王的慰問，由於身著鎧甲，不能下拜，所以只能向使者行肅禮①。肅即使身體向前彎曲，雙手相疊向下，類似後世的作揖。《國語・晉語六・郤至甲胄見客》曾評論郤至見楚子的言行，稱讚其「勇以知禮」。韋昭注曰：「禮，軍禮。」其實這裡的軍禮，就是周代禮制在戰爭中的反映。

同樣是在鄢陵之戰中，楚、晉還有一次彬彬有禮的往來：

欒鍼見子重之旌，請曰：「楚人謂夫旌，子重之麾也，彼其子重也。日臣之使于楚也，子重問晉國之勇，臣對曰：『好以眾整。』曰：『又何如？』臣對曰：『好以暇。』今兩國治戎，行人不使，不可謂整；臨事而食言，不可謂暇。請攝飲焉。」公許之。使行人執榼承飲，造於子重，曰：「寡君乏使，使鍼御持矛，是以不得犒從

---

① 《史記・絳侯周勃世家》：「將軍亞夫持兵揖曰：『介胄之士不拜，請以軍禮見。』」周亞夫對景帝行軍禮，大概也是作揖。關於「三肅」之「肅」，後世學者爭論頗多，或以為肅與肅拜為一事，或以為肅與肅拜不同。錢玄先生同意清代黃以周之說，認為肅拜必坐，而肅則不坐，此處從之。參見錢玄《三禮通論》，南京師範大學出版社1996年版，第530頁。

者，使某攝飲。」子重曰：「夫子嘗與吾言于楚，必是故也。不亦識乎？」受而飲之，免使者而復鼓。①

子重放過使者也是當時兩國交戰禮儀的反映，即兩國交兵，必須有使節從中傳達信息，並且使者是不能被侵害的。《左傳·成公九年》：「欒書伐鄭，鄭人使伯蠲行成，晉人殺之，非禮也。兵交，使在其間可也。」欒書殺掉鄭國的使者，被譏為非禮，可見當時戰爭中對使者的重視。

此外，在交戰時，雙方都要依自己的身分與職官行事，如果做了越分之事，就會被視為非禮，楚國在這方面的表現同樣十分突出。首先來看常被人津津樂道的「殺人之禮」。《禮記·檀弓下》：

工尹商陽與陳棄疾追吳師，及之。陳棄疾謂工尹商陽曰：「王事也。子手弓而可。」手弓。「子射諸！」射之，斃一人，韔弓。又及，謂之；又斃二人。每斃一人，掩其目。止其御曰：「朝不坐，燕不與。殺三人，亦足以反命矣！」孔子曰：「殺人之中，又有禮焉。」

楚國的工尹商陽與陳棄疾追趕吳國的軍隊。商陽先射死一人，並以手掩目。又殺死兩人後，商陽說道：「（我的身分屬於）上朝時沒有座位，燕飲時不能參與（的等級）。現在我已經殺了三個人，足夠反命了。」孔子對商陽的行為大加稱許，認為戰爭殺人的過程中也有講禮之處。對此，唐代孔穎達解釋說：

① 孔穎達：《春秋左傳正義》卷二八，載《十三經注疏》影印本，中華書局1980年版，第1919頁。

「孔子曰：殺人之中，又有禮焉」者，言其既殺人之中又有禮，則「韔弓」、「掩目」等是也。案《左氏傳》戎昭果毅，獲則殺之。商陽行仁，而孔子善之。《傳》之所云，人謂彼勍敵與我決戰，雖是胡耉，獲則殺之。此謂吳師既走而後逐之，故云「又及一人」，則是不逐奔之義，故以為有禮也。①

孔穎達所說不確。這裡孔子所稱許的「殺人之中，又有禮焉」，並非指從「韔弓」、「掩目」中所反映出的工尹商陽的仁愛之心，而是指商陽認識到自己的地位處於「朝不坐，燕不與」的級別，因此在殺人時只要做到符合自己身分的事就可以，而不需要多殺以邀功，這是遵守禮制的體現。清儒孫希旦云「言位卑禮薄，不必以多殺為功也」②，才是正確的理解。

楚人在戰爭中要遵守禮制，同樣反映在戰爭的演習——田獵之中。《左傳・昭公七年》：「楚子之為令尹也，為王旌以田。芋尹無宇斷之，曰：『一國兩君，其誰堪之？』」楚靈王公子圍在做令尹時，曾用楚王之旌去田獵，被芋尹無宇認為是僭越之舉而砍斷了旌旗的旒帶。杜預注：「析羽為旌，王旌遊至於軫。」孔穎達疏：「《周禮・夏官司馬・節服氏》：『衰冕六人，維王之大常。』鄭玄云：『王旌十二旒，兩兩以縷綴連旁，三人持之。禮，天子旌曳地。』杜以楚雖僭號稱王，未必即如天子，不應建大常旌曳地，故以諸侯解之。」③不論公子圍所用之旌是杜預所說天子級別的，還是孔穎達辯稱諸侯級別的，可以確定的是，只要爵位不同，所用旌的旒帶的長度

① 孔穎達：《禮記正義》卷一〇，中華書局1988年版，第1311頁。
② 孫希旦：《禮記集解》卷一一，沈嘯寰、王星賢點校，中華書局1989年版，第284頁。
③ 孔穎達：《春秋左傳正義》卷四四，載《十三經注疏》影印本，中華書局1980年版，第2047頁。孔穎達疏曰：「然則幹首有羽，羽為旌名，遂以旌為旗。稱其垂至軫者，謂遊至軫，非羽至軫也。」案：旌是否有斿也是爭論的問題，從出土的畫像來看，旌似乎無斿，故此處存疑，以待新證。

也就不同 [1]。

綜上所述，春秋時期，「國之大事，在祀與戎」，戰爭是關係國家民族存亡的大事。因此貴族才是軍事行動的主要參與者，一般的平民很少能有參與戰爭的無上光榮。《左傳》、《國語》中諸侯、上卿經常出現在戰場上，「在這種風氣之下，所有的人，尤其是君子，都鍛煉出一種剛毅不屈、慷慨悲壯、光明磊落的人格」[2]，而當這種尚武精神與禮樂文明結合起來時，就會產生在戰爭中「致師」和「遵禮」這樣獨特的行為。


## 第四節 不滅國與對等意識

春秋時期，隨著與華夏各諸侯國的交流越來越多，楚國逐漸接受了西周的文化。這種接受是真誠的，在戰爭中有明顯的體現。以下就分不滅國與對等意識兩點分別加以討論。

### 一、不滅國

春秋時期的戰爭多以迫使敵方屈服為目的，因而軍事威懾多於會戰。當時固然存在大國兼併小國的現象，但在大、中型國家之間交戰時，徹底摧毀對方政權、滅絕其宗祀還是很罕見的 [3]。一般來說，當目的達到時，戰勝國就會停止軍事行動，給對方繼續生存的機會。楚國在進入春秋後，也逐漸接受了這種觀念，有過幾次不滅敵國

---

[1] 《左傳·成公十六年》記載晉楚鄢陵之戰，欒鍼曰：「楚人謂夫旌，子重之麾也。」楚帥的戰車上立旌以指揮引導軍隊，但由於旌的形制特別，對方一般不容易判斷其主人，故楊伯峻注曰：「欒鍼識子重之旗幟，蓋由楚軍被俘者所供。……旗幟上書姓氏，自是戰國以後制度。」楊伯峻：《春秋左傳注》，中華書局1990年版，第889頁。

[2] 雷海宗：《中國的兵》，中華書局2005年版，第140—141頁。

[3] 黃樸民：〈從「以禮為固」到「兵以詐立」——對春秋時期戰爭觀念與作戰方式的考察〉，載《學術月刊》2003年第12期，第83—85頁。

的行為，被《左傳》記載了下來。《左傳・僖公六年》記載了許男降楚之事：

> 蔡穆侯將許僖公以見楚子于武城。許男面縛銜璧，大夫衰絰，士輿櫬。楚子問諸逢伯，對曰：「昔武王克殷，微子啟如是。武王親釋其縛，受其璧而祓之。焚其櫬，禮而命之，使復其所。」楚子從之。

面縛，楊伯峻注曰：「面縛有兩解，一謂兩手縛於胸前，殷墟出土偶人有如此者。一謂借面為偭背也，謂反其手而縛之於背，今猶如此。後說是。」銜璧，楊注：「與哀十一年《傳》『陳子行命其徒具含玉』同意，古人死多含珠玉，此所以示不生。楊寬先生的《贄見禮新探》則以為璧用以為贄，不確。楚王受璧，示許其勝。」①依楊說，面縛意指將雙手綁於背後，銜璧是口含玉璧，輿櫬即抬著棺材，三者都是表示自己不報生存的希望。

這些行為，都是周文化的體現。《史記・宋微子世家》：「周武王伐紂克殷，微子乃持其祭器造於軍門，肉袒面縛，左牽羊，右把茅，膝行而前以告。」《史記》所說，引起了後來學者的異議。孔穎達曰：「微子手縛於後，故以口銜璧，又焉得牽羊把茅也？」②梁玉繩則認為武王克紂時，微子已出奔，所以逢伯對楚子語應為妄記③。不過，楊伯峻先生認為，「微子去紂與其降周，必不是同時事。微子雖去，仍可能以其國降」，可從④。此外，楊希枚先生還提出，殷、

---

① 楊伯峻：《春秋左傳注》，中華書局1990年版，第314頁。
② 楊希枚〈先秦諸侯受降、獻捷、遣俘制度考〉一文認為，牽羊把茅的是微子左右之人，可備一說，見氏著《先秦文化史論集》，中國社會科學出版社1995年版，第157頁。
③ 〔日〕瀧川資言：《史記會注考證》，北嶽文藝出版社1999年版，第2338頁。
④ 楊伯峻：《春秋左傳注》，中華書局1990年版，第314頁。

許、賴代表的是「面縛銜璧輿櫬」式，而鄭伯代表的是「肉袒牽羊」式，兩者的不同代表了不同民族的文化差異①。總之，君王在投降時，一定要通過一些與喪禮有關的事物來表現，而非通過語言或書面文字，這與今天的情況是不同的。

同樣的事情也出現在春秋後期。《左傳·昭公四年》載：「楚子以諸侯伐吳……遂以諸侯滅賴。賴子面縛銜璧，士袒，輿櫬從之，造於中軍。王問諸椒舉。對曰：『成王克許，許僖公如是，王親釋其縛，受其璧，焚其櫬。』王從之。」楚王對於許國、賴國國君面縛、大夫銜璧、士輿櫬的行為並不了解，所以要向逢伯、椒舉詢問，並用符合周禮的方式處理。這裡需要注意的是，此時已是公元前538年，距上引魯僖公六年許男降楚已有116年，但楚王仍需要向大臣詢問才能理解周代禮制。不過，從兩次楚王的態度來看，其對於周文化的認同還是顯而易見的。

當然，除了文化認同的因素，楚國之所以不敢輕易滅國，還出於對對方祖先神靈的尊敬與畏懼。《左傳·宣公十二年》載：公元前597年，楚國圍困鄭國長達17天，鄭人為求和占卜，不吉利；為在太廟號哭和出車於街巷以死戰占卜，吉利②。得知要與楚人決戰後，城中之人在太廟大哭，守城的將士也在城牆上大哭。楚王於是退師。但鄭人立刻又修城防守，楚軍再次圍城，用三個月時間攻破了鄭國。此時，鄭伯走投無路，只有「肉袒牽羊」以示投降了。

同一事件，《公羊傳·宣公十二年》的記載則有所不同：

---

① 楊希枚：〈先秦諸侯受降、獻捷、遣俘制度考〉，載氏著《先秦文化史論集》，中國社會科學出版社1995年版，第156－157頁。

② 「臨於大宮」就是到太祖廟中哭泣。「巷出車」，楊伯峻注曰：「《御覽》480引賈逵《注》云：『巷出車，陳於街巷，示雖困不降，必欲戰也。』惠棟《補注》云：『下鄭複修城，則賈說良是。』杜《注》謂『出車於巷，示將見遷，不得安居』，不用賈說，恐不確。」參見楊伯峻《春秋左傳注》，中華書局1990年版，第719頁。

鄭伯肉袒，左執茅旌，右執鸞刀……莊王曰：「君之不令臣，交易為言，是以使寡人得見君之玉面，而微至乎此。」莊王親自手旌，左右撝軍，退舍七里。

茅旌，何休注云：「祀宗廟所用迎道神，指護祭者。斷曰藉，不斷曰旌。用茅者，取其心理順一，自本而暢乎末，所以通精誠，副至意。」鸞刀，何注：「宗廟割切之刀，環有和，鋒有鸞。執宗廟器者，示以宗廟不血食，自歸首。」兩書所記，鄭伯皆為肉袒，不過一為牽羊，一為左執茅旌、右執鸞刀，所說有異，但都是表示如果戰勝者不答應其保留社稷的請求，那麼自己也不會苟且偷生，要與宗廟社稷共存亡[1]。類似的事件還有：

楚之滅蔡也，靈王遷許、胡、沈、道、房、申於荊焉。平王即位，既封陳、蔡，而皆復之，禮也。隱大子之子廬歸於蔡，禮也。悼大子之子吳歸於陳，禮也。[2]
楚子聞蠻氏之亂也，與蠻子之無質也，使然丹誘戎蠻子嘉殺之，遂取蠻氏。既而復立其子焉，禮也。[3]

楚國不滅鄭國，是因為鄭伯提到了祖先厲、宣、桓、武的神靈。甚至對於蠻人，楚國也要在戰勝後為其重新立主，不使其祖先絕後。

綜上可知，在當時楚人的觀念中，戰勝國對於戰敗國的祖先神靈，仍然有著相當的敬畏，這從「微福」一詞中也可得到很好

① 楊希枚：〈先秦諸侯受降、獻捷、遣俘制度考〉，載氏著《先秦文化史論集》，中國社會科學出版社1995年版，第157頁。
② 《左傳·昭公十三年》。
③ 《左傳·昭公十六年》。

的說明：

　　齊侯陳諸侯之師，與屈完乘而觀之。齊侯曰：「豈不穀是為？先君之好是繼。與不穀同好如何？」對曰：「君惠徼福於敝邑之社稷，辱收寡君，寡君之願也。」①

　　徼，要也，求也，徼福即求福。齊國討伐楚國，屈完說「君惠徼福於敝邑之社稷」，意思是說您屈尊來我楚國向我們的社稷之神求得福佑②。這是一種謙虛禮貌的表達方式，其背後透露的信息是，凡一國進入另一國，就是進入了一個受對方國神靈護佑的領土，這時需要極其謹慎，否則會受到神靈的懲罰。日本學者高木智見認為：「在當時以祖先祭祀作為秩序的大背景中，人們之所以對敵人也寄以祭祀存續的希望，比較切實而具體的理由，就是認為未被子孫祭祀的鬼將變為厲鬼而頻繁作祟。……出於『神不歆非類』的重要原則，鬼神祇接受自己後裔的祭祀，自然敵方的鬼神也只接受敵方的祭祀。所以一旦毀滅了敵方，便意味著將要面臨敵方鬼神作祟的恐怖威脅。因此祭祀集團在相爭之際，即使戰勝了對方，也要最低限度地確保能使敗方繼續祭祀的必要的人員和組織。對厲鬼所產生的恐懼感，是春秋時的戰爭在征服敵人後卻使其祭祀存續的原因所在。出於同樣的原因，重封已亡之國的例子也是屢見不鮮的。」③
　　高木氏認為戰勝國延續滅國者後代的祭祀權是害怕對方祖先的

---

① 孔穎達：《春秋左傳正義》卷一二，載《十三經注疏》影印本，中華書局1980年版，第1793頁。
② 這一點也可從乞師中看出來。乞師在很大程度上是為了求得神靈的幫助，在晉楚邲之戰之前，楚國曾向唐惠侯乞兵。而實際上，唐國的軍隊在邲之戰中所起的作用根本無關輕重，楚國之所以向其乞師，實際上是要借助其祖先神靈之力給楚軍以護佑。
③ 〔日〕高木智見：〈關於春秋時代的軍禮〉，載《日本中青年學者論中國史》（上古秦漢卷），上海古籍出版社1995年版，第152—153頁。

厲鬼作祟，對於這一點賴益榮先生並不同意，他認為：「這裡並不能單純的說明延續滅國者後代的祭祀權，就是厲鬼作祟之因。就目前所存有的記載，吾人僅能說明在周代的軍禮中，對於他國的祖先，是存有很謹慎的尊重態度和禮遇。……戰爭的目的是要藉此來作為懲罰罪行的一種手段，因此在達到懲戒的目的之後，應該是要回復原來的秩序，保持舊有的美好情況，這才是軍事行動的最終目標，也是軍事行動施行時所必須遵行的一個原則。」[1]但他同時也指出：「在當時，祖先們彼此的神靈力量，在人們的眼中是有所消長，也關係著戰爭勝敗存亡之際，宗族是否得以延續，成為不可以不加以重視的一個重要因素。」可見，他們其實都認為春秋戰爭中的不滅國行為背後都含有祖先崇拜的因素，只是對此因素所起的作用，兩人看法稍有不同而已。

綜上所述，春秋時戰爭規模不大，多以迫使敵方屈服為目的。戰勝國對於戰敗國，特別是楚國對其他中原諸侯國，一般來說要保留其宗祀，不消滅對方。這種不滅國的行為背後反映的是對祖先社稷神靈力量的敬畏，但更能體現出楚人對中原文化的接受。

## 二、對等意識

這裡的對等意識，是指那種在戰爭中對處於劣勢的敵人網開一面以及避免以不光彩的手段襲擊對手的現象。公元前638年，宋楚泓之戰，宋襄公在與楚軍作戰時，不主動攻擊正在渡泓水的楚軍，而且當楚軍未列好陣勢時也不攻擊，結果得了個兵敗傷股的下場。當被國人指責時，宋襄公發表了一段著名的言論：

> 君子不重傷，不禽二毛。古之為軍也，不以阻隘也。寡人雖亡國

---

[1] 賴益榮：《周代戰爭中的神靈崇拜研究》，臺北私立靜宜大學2003年碩士學位論文，第175、176頁。

之餘，不鼓不成列。[1]

宋襄公認為戰爭中不應該攻擊已經受傷的敵人，不以頭髮斑白之人為俘虜，而且作戰時也不能憑藉險要之地以攻擊敵人。雖然他的這番話被子魚批評為「不知戰」，但卻被《公羊傳・僖公二十二年》稱讚為：「君子大其不鼓不成列，臨大事而不忘大禮，有君而無臣，以為雖文王之戰，亦不過此也。」

如何來看待這兩種截然相反的觀點？如果將宋襄公的行為放在當時的歷史環境中去考慮，其實並不難理解。當時春秋離西周時期很近，禮樂文化還有很好的遺存，像宋襄公的行為在當時並不少見。魯宣公十二年（前597年），晉楚邲之戰，也是很著名的一個例子：

晉人或以廣隊不能進，楚人惎之脫扃，少進，馬還，又惎之拔旆投衡，乃出。顧曰：「吾不如大國之數奔也。」[2]

戰鬥中晉軍頹敗，有幾輛兵車由於陷於坑中而不能前進，這時楚國的士兵並未趁機發起攻擊，而是告訴他們抽掉戰車前的橫木，這樣晉國的兵車稍稍前行了一點。但立刻戰馬又盤旋不止，楚國的士兵又告訴他們將戰車上的大旗和車軛去掉，晉國的戰車這才走了出來，向前逃跑，而車上的晉國士兵還回頭嘲笑楚國的士兵說：「我們不如你們逃跑有經驗啊！」這與宋襄公之仁一樣，都是不肯在不平等的狀態下攻擊對方。但值得注意的是，此處的行為主體是當時被中原諸侯國所懼怕而排斥的楚國。這與春秋早期楚國不惜採取各種手段消滅周圍國家以擴張自己的情形完全不同，其中的關鍵

---

① 《左傳・僖公二十二年》。
② 《左傳・宣公十二年》。

仍然是文化。

　　楚國既然在主要對手處於劣勢時都能不趁人之危，那麼當敵國有喪事時不發動攻擊也就是情理之中的事了，這在《司馬法・仁本》中被稱為「不加喪，不因凶」。《左傳・襄公四年》載：

　　三月，陳成公卒。楚人將伐陳，聞喪乃止。陳人不聽命。臧武仲聞之，曰：「陳不服于楚，必亡。大國行禮焉而不服，在大猶有咎，而況小乎？」夏，楚彭名侵陳，陳無禮故也。

　　杜注：「軍禮不伐喪。」杜預認為不伐喪是軍禮。楚國遵循此禮而陳國不服，所以當楚國再次侵伐陳國時，臧武仲站在了楚國一邊。

　　綜上所述，春秋時期，楚國在與中原諸侯國接觸的過程中，逐漸吸收西周的禮樂文化，並能在殘酷的兼併戰爭中嚴格地遵守，這不僅表現在可以做到保存戰敗國的祭祀，還突出地體現於其行為中的平等意識和與對手交戰時的尚武精神，從中可以看出楚人開闊的胸懷與進取的精神。而正是這種對周文化的真誠態度，所以當時人對楚國的觀念也在發生變化，其結果就是楚國逐漸成為了華夏諸侯國的一員。


## 第五節　獻捷與飲至

　　戰爭結束後，勝利一方在回到本國時也要舉行一系列的儀式，主要是告祭神靈和實行獎懲，其目的不僅在於慶功、獲得神佑，也在於顯示威嚴。見於楚國的最重要的儀式就是獻捷與飲至。獻捷就是勝利者在戰爭結束後向神靈進獻戰俘與勝利品，而飲至則是國君或大臣歸

國後的歡迎儀式。以下就結合傳世文獻，對楚國的獻捷禮與飲至禮加以探討。

## 一、獻捷

公元前639年，勢力漸大的宋襄公與楚子、陳侯、蔡侯、鄭伯、許男、曹伯在宋國的盂地（今河南睢縣西北）盟會，希望獲得霸主地位。但由於宋襄公在當時並無聲望，各國國君對其稱霸欲望很反感，所以與會的楚國就帶頭控制住了宋襄公[1]，並以襄公為人質攻打宋國。同年，楚成王就派大夫宜申到魯國獻捷。這次獻捷的具體情況不明，但《春秋》記載此事時稱「楚人使宜申來獻捷」。《公羊傳・僖公二十一年》解釋說：「此楚子也，其稱人何？貶。曷為貶？為執宋公貶。」《公羊傳》的作者認為由於楚國挾持了宋襄公，所以《春秋》將「楚子」改稱「楚人」，以示貶義。《穀梁傳》也說：「其不曰宋捷何也？不與楚於宋也。」《穀梁傳》的作者認為《春秋》不說「獻宋捷」，而說「獻捷」，是因為《春秋》不贊成楚國對宋國的做法。

雖然後人對楚國執宋襄公持貶斥態度，但從當時的歷史情形來看，楚國的所作所為其實是與會各中小諸侯國的共同願望。宋襄公自即位以來，國力漸強，於是就開始四處擴張。公元前645年，宋國伐草；公元前642年，宋國聯合曹、衛、邾伐齊；公元前641年，宋國執滕子嬰齊，當年秋天，宋國又包圍了曹國。至此，宋國稱霸的圖謀已昭然若揭，宋國有識之士也開始擔憂，大夫子魚對宋襄公說：

> 文王聞崇德亂而伐之，軍三旬而不降，退修教而復伐之，因壘而降。《詩》曰：「刑于寡妻，至於兄弟，以禦於家邦。」今君德無乃

---

① 《春秋・僖公二十一年》：「秋，宋公、楚子、陳侯、蔡侯、鄭伯、許男、曹伯會于盂。執宋公以伐宋。」杜預注曰：「不言楚執宋公者，宋無德而爭盟，為諸侯所疾，故總見眾國共執之文。」

猶有所闕，而以伐人，若之何？盍姑內省德乎，無闕而後動？[①]

　　子魚看出了宋襄公的野心，於是以周文王的例子勸諫宋襄公：要先修德，再圖進取。面對如此情形，魯國、楚國、齊國、陳國、鄭國在齊地會盟。《左傳》云：「陳穆公請修好于諸侯，以無忘齊桓之德。冬，盟於齊，脩桓公之好也。」杜預注曰：「宋襄暴虐，故思齊桓。」可見，當時的中原各國都對宋襄公的大興征伐十分不滿，於是就有了兩年之後楚國劫持宋襄公之事。需要注意的是，《春秋》記此事為「執宋公以伐宋」，但並未說是楚國所為，杜預解釋說：「不言楚執宋公者，宋無德而爭盟，為諸侯所疾，故總見眾國共執之文。」這與《公羊傳》、《穀梁傳》的說法完全不同。如果回到具體的歷史環境中考察就會發現，當時的楚國只是按各諸侯國的意願劫持了宋襄公，等到當年冬天，諸侯在薄盟會時，楚國就又按各國的意願放了宋襄公。所以，自始至終，楚國都沒有做錯什麼，後世的貶斥實在是一種嚴分夷夏的偏見。

　　不過，在接下來的一年，楚國在另一次獻捷中，則暴露出楚人還未完全接受周代禮制。公元前638年，楚國為救鄭國，與宋國在泓水交戰。宋襄公由於遵守古代「不重傷」、「不禽二毛」、「不阻隘」、「不鼓不成列」的作戰原則，結果大敗。戰後，為報答楚國，鄭文公派夫人羋氏、姜氏慰勞楚王，楚王借機展示了戰爭中獲得的俘虜，以顯兵威：「楚子使師縉示之俘馘。」杜預注：「師縉，楚樂師也。俘，所得囚。馘，所截耳。」這實質上就是獻捷。當然楚王這次獻捷不是在本國的宗廟中舉行，並且對象也不是神靈而是鄭國的兩位夫人，但其顯示武功的本質並未改變。之後，鄭文公還隆重地宴請了楚

---

① 孔穎達：《春秋左傳正義》卷一四，載《十三經注疏》影印本，中華書局1980年版，第1810頁。

王，夫人羋氏還帶了女眷相送。楚王好色，「取二姬以歸」。這引起了鄭國大夫叔詹的不滿：「楚王其不沒乎！為禮卒於無別。無別不可謂禮。將何以沒？」此「無別」，楊伯峻先生注云：「男女無別也，指以俘馘示文羋、姜氏，文羋送至軍及取二姬諸事。」<sup>①</sup>在這個事件中，鄭文公為了獻殷勤，讓來自楚國的夫人羋氏慰勞、送別楚王，當然不合禮。另一方面，從楚王的表現來看，似乎還不大習慣中原的禮儀。

楚國向中原諸侯國獻捷，中原諸侯國也向楚國獻捷。公元前588年，晉國聯合魯、衛、宋、曹伐鄭，結果被鄭國設下埋伏擊敗。於是鄭國派大夫皇戌向楚國獻捷。

## 二、飲至

獻捷之時，要對有功之臣行「飲至禮」。飲至就是國君或大臣外出歸國後舉行的歡迎儀式。《左傳‧桓公二年》：「凡公行，告於宗廟。反行，飲至、舍爵，策勳焉，禮也。」孔疏云：「公行者，或朝或會或盟或伐，皆是也。孝子之事親也，出必告，反必面，事死如事生，故出必告廟，反必告至……飲至者，嘉其行至，故因在廟中飲酒為樂也。」<sup>②</sup>從孔穎達的解釋可知，飲至本是一種通禮，凡是國君外出朝、會、盟、伐，都可以用此種禮儀。

其實不僅天子、諸侯用飲至禮，貴族大臣同樣可行用此禮。《孔叢子‧問軍禮》中說「饗有功于祖廟，舍爵策勳焉，謂之飲至，此天子親征之禮也」，但這可能是後人的規定。公元前570年，楚國與吳國交戰，《左傳‧襄公三年》云：

楚子重伐吳，為簡之師，克鳩茲，至於衡山。使鄧廖帥組甲

---

① 楊伯峻：《春秋左傳注》，中華書局1990年版，第400頁。
② 孔穎達：《春秋左傳正義》卷五，載《十三經注疏》影印本，中華書局1980年版，第1743頁。

三百、被練三千以侵吳。吳人要而擊之,獲鄧廖。其能免者,組甲八十、被練三百而已。子重歸,既飲至,三日,吳人伐楚,取駕。駕,良邑也。鄧廖,亦楚之良也。君子謂:「子重於是役也,所獲不如所亡。」

子重率軍攻吳,雖奪下鳩茲,但損失很大,然而他還是在回國後行飲至禮,以表示慶祝獲勝。不過很快,吳國就來報復,將楚國的良邑駕攻佔了。國人因此而責怪子重得不償失,「子重病之,遂遇心病而卒」。在這個事件中,子重是楚國大臣,但也在歸國後飲至,可見飲至並非國君專用。從本質上說,飲至就是對外出而歸的有功之人進行慰勞,主要形式是喝酒,從《左傳》記載來看,君臣都可舉行。

飲至禮最早記載于周原出土的甲骨卜辭。周原卜辭H11中有「王飲臻」的記載,其實就是飲至禮,李學勤先生指出:「此禮(即飲至)不見於殷墟卜辭,H11本辭中的王很可能是周王,不是商王。」① 由此可以推斷,楚國行飲至禮大概也是受了周文化的影響。新公佈的清華簡中有《鄁夜》篇,可與《尚書·西伯戡黎》篇對讀,反映了周武王率軍攻打商地黎而凱旋之後舉行飲至禮的場面,周武王與開國元勳畢公、召公、周公、辛公、史逸、呂尚等人親臨宴會,武王與諸功臣舉爵酬飲,賦詩言志② 。從文字風格等方面判斷,此批竹簡當屬戰國時期楚人的文本,從中不難看出,楚人對於周人的飲至禮十分熟悉。

春秋之前,戰爭結束後,如果獲得勝利,要就地舉行儀式向祖先報告。《左傳·宣公十二年》邲之戰後,楚莊王「祀於河,作先

---

① 李學勤、王宇信:〈周原卜辭選釋〉,載《古文字研究》第4輯,中華書局1980年版,第253—254頁。

② 李學勤主編:《清華大學藏戰國竹書》(壹),中西書局2010年版,第63—74、149—156頁。伏俊璉、冷江山:〈清華簡《夜》與西周時期的「飲至」典禮〉,載《西北師範大學學報》(社會科學版)2011年第1期,第59—64頁。

君宮，告成事而還」，不知是否向行主告祭，但肯定是祖先崇拜的反映。

綜上所述，楚國在戰爭結束後也會舉行一系列的儀式，如獻捷、飲至、告祖等，雖然對於這些儀式的細節現在已不太清楚，不過，它們毫無疑問都受到周文化的影響。

以上各節，分別對先秦時期楚國的軍禮進行了討論，除分析這些儀式的細節，還重點觀照了楚國對中原文化的接受過程。下面，對這一問題再做些論述。

楚國吸收周文化是一個漸進的過程，在此過程中華夏諸侯國對楚國的態度也在不斷改變。《左傳・桓公二年》：「蔡侯、鄭伯會於鄧，始懼楚也。」楊伯峻注：「此年為楚武王之三十一年，中原諸侯國患楚自此始。」①公元前684年，《春秋》記載始見楚，稱為荊：「荊敗蔡師於莘。」公元前637年，《春秋》曰：「荊人來聘。」至公元前639年，《春秋》曰：「宋公、楚子、陳侯、蔡侯、鄭伯、許男、曹伯會於盂。」楊伯峻注曰：「《經》於楚君稱『楚子』始於此。其後間有稱『楚人』者，自宣九年以後，則全稱『楚子』矣。」②

那麼，《春秋》對楚國及其國君的記載，由「荊」到「荊人」，再到「楚人」，這些名稱的變化有什麼含義嗎？《公羊傳・莊公十年》從中歸納出一例為：「州不若國，國不若氏，氏不若人，人不若名，名不若字，字不若子。」徐彥將此例與楚國聯繫起來，解「州不若國」云：「言荊不如言楚。」解「國不若氏」云：「言楚不如言潞氏、甲氏。」解「氏不若人」云：「言潞氏不如言楚人。」解「人不若名」云：「言楚人不如言介葛盧。」解「名不若字」云：「言介葛盧不如言邾婁儀父。」解「字不若子」云：「言邾婁儀父不如言楚子、吳

① 楊伯峻：《春秋左傳注》，中華書局1990年版,第90頁。
② 楊伯峻：《春秋左傳注》，中華書局1990年版,第389頁。

子。」「楚子」一詞出現得很早，1977年4月于周原遺址發現的周初甲骨中有「楚子來告」的記載，證明周初即有「楚子」之稱。而在傳世文獻中，「楚」的名稱也早在《詩經·商頌·殷武》中多次見到，「奮伐荊楚」、「維女荊楚」，都是荊楚並言。由此可見，《春秋》對楚稱呼的不斷改變，其實反映的是一個對楚國的文化認同過程。

眾所周知，春秋為禮崩樂壞之時，但這主要是指隨著周王、各諸侯國國君及世襲貴族的衰落而出現的在禮儀方面的僭越現象，若從禮制的傳播與更新角度來看，則春秋比之前有過之而無不及。具體到楚國來說，春秋是其逐步融入華夏文化圈的關鍵時期，這一點在楚國的軍禮上體現得尤為明顯。不過，隨著與中原諸侯國交往的日益頻繁，楚人也在努力地學習、吸取中原文化。晉楚鄢陵之戰，戰前楚共王登巢車觀望，對晉軍的儀式不了解，向在楚國做太宰的伯州犁發問：

王曰：「騁而左右，何也？」曰：「召軍吏也。」「皆聚於中軍矣。」曰：「合謀也。」「張幕矣。」曰：「虔卜於先君也。」「徹幕矣。」曰：「將發命也。」「甚囂，且塵上矣。」曰：「將塞井夷灶而為行也。」「皆乘矣，左右執兵而下矣。」曰：「聽誓也。」「戰乎？」曰：「未可知也。」「乘而左右皆下矣。」曰：「戰禱也。」伯州犁以公卒告王。苗賁皇在晉侯之側，亦以王卒告。皆曰：「國士在，且厚，不可當也。」[①]

楚共王對每一項晉軍的戰前行動都要向來自晉國的伯州犁發問，可見其對中原文化還不太了解。而晉國的苗賁皇在向晉侯報告楚國的軍情時，只是說了楚王的親兵情況。這也可以從側面證明，楚國軍隊

---

① 孔穎達：《春秋左傳正義》卷二八，載《十三經注疏》影印本，中華書局1980年版，第1918頁。

當時還沒有晉軍那樣的戰前儀式。不過，楚共王之前的楚莊王與之後的楚昭王卻對周文化有著深刻而獨到的理解，並能貫徹到實際的生活與決策中。

西周是我國歷史上禮制最為昌盛的時代，同時也是充滿尚武精神的時代。楚國不僅發揚了軍禮的尚武精神，還在思想上對周代軍禮有所貢獻。《左傳・宣公十二年》記載有楚莊王說的一段話：「夫文，止戈為武。……夫武，禁暴、戢兵、保大、定功、安民、和眾、豐財者也。」莊王「武」的觀念，是對周文化的發揮，也是其積極融入華夏態度的體現。

此外，楚國在學習周文化的過程中，也顯示出了博大包容的胸懷。《左傳・宣公十五年》：

使解揚如宋，使無降楚，曰：「晉師悉起，將至矣。」鄭人囚而獻諸楚，楚子厚賂之，使反其言，不許，三而許之。登諸樓車，使呼宋而告之。遂致其君命。楚子將殺之，使與之言曰：「爾既許不穀而反之，何故？非我無信，女則棄之，速即爾刑。」對曰：「臣聞之，君能制命為義，臣能承命為信，信載義而行之為利。謀不失利，以衛社稷，民之主也。義無二信，信無二命。君之賂臣，不知命也。受命以出，有死無霣，又可賂乎？臣之許君，以成命也。死而成命，臣之祿也。寡君有信臣，下臣獲考死，又何求？」楚子舍之以歸。

當時楚國圍困宋國，晉國懼楚之威，不敢發兵救援，就派解揚去騙宋國，說晉國的援軍馬上就到，叫他們不要投降。楚人抓住了解揚，讓他勸宋國投降，解揚佯裝答應，但一登上樓車，就馬上變卦。楚莊王因其無信，準備殺他。解揚在臨死前陳說君臣之信義，楚莊王聽後就放了他，可見其氣度。

甚至到春秋末期，西周禮樂真正開始崩壞，而楚人卻仍然延續著

周代的貴族精神。這一點在公元前489年的救陳之戰中得到了最好的體現，《左傳・哀公六年》載：

　　楚子在城父，將救陳，卜戰不吉，卜退不吉。王曰：「然則死也！再敗楚師，不如死。棄盟逃仇，亦不如死。死一也，其死仇乎！」命公子申為王，不可；則命公子結，亦不可；則命公子啟，五辭而後許。將戰，王有疾。庚寅，昭王攻大冥，卒于城父。子閭退，曰：「君王舍其子而讓，群臣敢忘君乎？從君之命，順也。立君之子，亦順也。二順不可失也。」與子西、子期謀，潛師閉塗，逆越女之子章，立之而後還。

　　是歲也，有雲如眾赤鳥，夾日以飛，三日。楚子使問諸周大史。周大史曰：「其當王身乎。若榮之，可移于令尹、司馬。」王曰：「除腹心之疾，而置諸股肱，何益？不穀不有大過，天其夭諸？有罪受罰，又焉移之？」遂弗榮。

　　初，昭王有疾。卜曰：「河為祟。」王弗祭。大夫請祭諸郊。王曰：「三代命祀，祭不越望。江、漢、雎、章，楚之望也。禍福之至，不是過也。不穀雖不德，河非所獲罪也。」遂弗祭。

　　楚昭王明知與吳作戰沒有勝算，但「棄盟逃仇」的惡名更加不能接受，於是即使已身患重病，昭王還是身先士卒，死於疆場。也就是在那一年，楚國出現雲彩像紅色的鳥一樣在太陽兩旁飛翔三天的怪相，周太史認為是天將降祟于昭王的徵兆，故建議昭王用一些儀式轉移到臣下身上，昭王拒絕了。他認為，如果自己沒有重大過錯，上天是不會讓自己早死的；而如果自己有罪，那麼上天的懲罰是不能被轉移的。在此之前，昭王就有病，當時占卜之人說是黃河之神在作怪，而昭王並未祭祀黃河之神。大夫們請求在郊外祭祀，昭王也沒答應。昭王的理由是，按三代的禮制規定，祭祀不能超越本國的山川。昭王

的這些見解甚至得到了孔子·的稱讚，孔子曰：「楚昭王知大道矣。其不失國也，宜哉！」

綜上所述，楚國不僅在春秋時期努力地吸收，而且還在不斷地延續並發展周文化，從而成為中國文化的重要組成部分。正如有學者所指出的：「楚人有不分此畛彼域的開放氣度。只要是先進的文化因素，無論其為物質文化、精神文化抑或制度文化，無論其來自何方，楚人都求之惟恐不得，趨之惟恐不及。制度，主要參考周朝的；文字，基本採用周人的；冶煉方面，向越人學習；鑄造方面，向隨人學習，等等。」[1]「對於任何外來的事物，凡是受他們喜愛的，楚人的『三部曲』就是：始則仿製，繼則改作，終於別創。[2]」這些判斷都是正確的，都能從楚國軍禮中得到充分的印證。

①　張正明、劉玉堂：《荊楚文化志》，上海人民出版社1998年版，第72頁。
②　張正明、劉玉堂：《荊楚文化志》，上海人民出版社1998年版，第73頁。

第六章　軍禮

# 第七章　燕　饗　禮

如同婚禮、喪禮、祭禮、軍禮一樣，楚國的燕饗禮也反映了楚人欣羨、模仿、借鑒中原禮樂文明的歷史過程。在這個歷程中，楚人並不是被動的接受，而是採取了一種「為我所用」的務實態度，既有借鑒，又有創新。

## 第一節　燕饗禮概述

待賓之禮，有饗、燕、食。其中，饗禮最為隆重。「饗」，古文獻中多作「享」。「燕」，又可通作「宴」①。故燕饗禮，亦可寫作「燕饗禮」或「燕享禮」。廣義的「燕饗禮」自可包括食禮，而狹義的「宴饗禮」僅指饗禮與燕禮。本章所論宴饗禮，乃就狹義而言。

### 一、饗禮

饗禮已亡，歷代學者只能從《周禮》、《左傳》、《禮記》等文獻中見其梗概。燕饗于《周禮·春官宗伯·大宗伯》所記「五禮」中

---

① 古「燕」、「宴」相同，如《詩經·小雅·鹿鳴》：「嘉賓式燕以敖。」《中論·藝紀》引「燕」作「宴」。又《左傳·昭公二十五年》：「明日宴飲酒樂。」《漢書·五行志》引「宴」作「燕」。

屬嘉禮，後鄭玄《儀禮注》、杜佑《通典》、秦蕙田《五禮通考》和姚彥渠《春秋會要》均從之。大概因燕饗之禮常在朝聘時舉行，今人王貴民《春秋會要》將其歸之入賓禮，此說與前代禮學家的分類不合①。

饗主敬，於廟中舉行，有酒而不飲，有肉而不食，乃貴族間上級款待下級的一項禮儀。值得注意的是，饗禮在多數情況下並非單獨舉行，而是與其他禮儀一起，構成一個更大的禮儀組合。如下面將討論的聘禮、覲禮、婚禮中有饗禮的儀節，饗禮只構成其中一部分，而非獨立的禮典。再如，打勝仗歸來後，天子、諸侯為慶軍功，亦會舉行饗禮。西周晚期《虢季子白盤》「王格周廟，宣廄爰饗」，所記乃周王為慶祝虢季子白的軍功而舉行饗禮②。

至於饗禮的種類，《禮記·王制》「凡養老，有虞氏以燕禮，夏后氏以饗禮，殷人以食禮。周人修而兼用之」下，孔疏引南朝經學家皇侃的意見，把享禮分為四類：

> 一是諸侯來朝，天子饗之……其牲則體薦，體薦則房烝。……其禮亦有飯食……二是王親戚及諸侯之臣來聘，王饗之，禮亦有飯食及酒者，親戚及賤臣不須禮隆，但示慈惠，故並得飲食之也。其酌數亦當依命，其牲折俎，亦曰殺烝也。……三是戎狄之君使來，王享之，其禮則委饗也。其來聘賤，故王不親饗之，但以牲全體委與之也。……四是享宿衛及耆老孤子，則以醉為度。③

皇侃所分四類，第二類論述不確，第四類有誤。《禮記·聘義》：「酒清，人渴而不敢飲也；肉乾，人饑而不敢食也；日莫人

---

① 王貴民、楊志清：《春秋會要》，中華書局2009年版，第361—376頁。
② 《殷周金文集成》10173。
③ 孔穎達：《春秋左傳正義》卷壹三，十三經註疏本，第1345頁。

倦，齊莊正齊而不敢解惰。」朝聘之中的饗禮，置有酒食而不飲不食，即不主於飲食，而主于禮容，天子饗親戚及諸侯之臣來朝者亦然。皇氏之所以有此誤，大概是把古人所行饗禮，與禮畢後又將舉行的宴禮，即所謂「禮終乃宴」的儀節混為一談。鄭注《周禮》「饗禮五獻，食禮五舉」云：「饗，設盛禮以飲賓也。」賈公彥疏：「盛禮者，以其饗有食有燕，兼燕與食，故云盛禮。是燕不得為饗，而饗則又兼燕與食矣。」饗後再舉行燕禮、食禮，而燕禮、食禮後不得再舉行饗禮。《國語・晉語四・秦伯享重耳》：「秦伯享公子如享國君之禮……明日宴。」先行饗禮，至第二天再行燕禮，二者涇渭分明，不可混淆。至於第四類，享宿衛及耆老孤子，以醉為度，應為燕禮，而非饗禮，近代學者許維遹已指出其誤，此不贅述[1]。

可見，饗禮種類，應另加分析。我們根據舉辦饗禮方的身分，把饗禮分為四大類：天子饗禮、諸侯饗禮、卿大夫饗禮與士饗禮。

天子饗禮，又分為四類：一是天子饗諸侯，如《儀禮・覲禮》：「饗禮乃歸。」諸侯覲見天子時，天子饗之後乃歸國；二是天子饗諸侯之臣，如《左傳・宣公十六年》所載天子饗士會；三是天子饗族人，如《國語・周語中・定王論不用全烝》：「親戚宴饗，則有肴烝。」四是天子饗夷狄之君臣。

諸侯饗禮，亦可分為三類：一是諸侯相饗，如《左傳・成公四年》所載晉侯饗齊侯；二是諸侯饗卿大夫，此于《左傳》中最為常見，如《左傳・成公十二年》所載楚王饗郤至，《左傳・成公十四年》所載衛侯饗苦成叔等；三是諸侯饗族人。

至於卿大夫饗禮、士饗禮，帶有私家舉行的意味，於經傳中並不常見，《左傳・昭公四年》叔孫豹製作孟鐘，「饗大夫以落之」，叔孫豹為魯國之卿，為其孟鐘舉行落成典禮而饗大夫，此即卿大夫饗

① 許維遹：〈饗禮考〉，載《清華學報》1947年第1期。

禮。至於士饗禮，見於《儀禮・士昏禮》，婚禮第二天，舅姑饗婦、饗送婦者，均以一獻之禮。

因《饗禮》已亡，饗禮的完整儀式現在已不可確知，我們僅能從《周禮》、《左傳》、《國語》等文獻資料中略知一二，如《左傳・昭公元年》云：

> 夏四月，趙孟、叔孫豹、曹大夫入於鄭，鄭伯兼享之。子皮戒趙孟，禮終，趙孟賦《瓠葉》。子皮遂戒穆叔，且告之。穆叔曰：「趙孟欲一獻，子其從之！」子皮曰：「敢乎？」穆叔曰：「夫人之所欲也，又何不敢？」及享，具五獻之籩豆於幕下。趙孟辭，私於子產曰：「武請於冢宰矣。」乃用一獻。趙孟為客，禮終乃宴。

在討論饗時獻酒的次數時，趙武與鄭國大夫子皮間出現了分歧。趙武欲用一獻之禮（主人獻賓、賓酢主人，主人酬賓為一獻），子皮欲用五獻。從此節關於饗禮的史料來看，第一，饗禮有「戒」。戒，告也。饗禮前，先告賓客舉行之期。此與《儀禮・公食大夫禮》、《儀禮・燕禮》、《儀禮・鄉飲酒禮》之「戒賓」禮儀是相同的。不過，在戒禮結束後，趙武賦詩明意，表達自己對將舉饗禮的看法，較為特殊，禮典中不見戒賓時有賦詩的記載。第二，大夫用一獻之禮，與常禮不合。趙孟為大夫，據《周禮・秋官司寇・大行人》上公饗禮九獻、侯伯七獻，子男五獻，趙孟為大國之卿，位同子男，當五獻。又據《禮記・樂記》鄭注，一獻乃士飲酒之禮。那麼，此處實為卿用士禮，與禮典記載不符。

《左傳》記載饗禮的條目甚多，但大都與上述事例類似，僅能從中窺見饗禮的部分儀式，而不能復原其全貌。更重要的是，春秋禮崩樂壞後，其時貴族所行饗禮，已存在大量不尊禮制的情況，這是後人利用《左傳》等文獻資料研究饗禮時，特別需要注意的地方。

## 二、燕禮

燕禮在《儀禮》一書中有所記載，與饗禮在廟中舉行相對應，它是一種在寢中舉行的飲酒禮，規格低於饗禮，有折俎而無飯食。折俎是節解了牲體，連肉帶骨置於俎上，亦稱作看烝。饗禮不得飲酒食肉，故體薦以半牲置於俎上而不節解；與之相反，燕禮可以食肉飲酒，故用節解了牲體的折俎。不過，燕禮還是以飲酒為主，不用飯食，主賓之間甚至以醉為度，表達親近歡娛之意。

結合秦蕙田的分類[①]，我們以主辦燕禮方為標準，把燕禮分為五大類，即天子燕禮、諸侯燕禮、卿大夫燕禮、鄉黨燕禮、宗族內燕禮。其中天子、諸侯燕禮內部的再細分，可以參照秦蕙田的分類法；卿大夫燕禮，於《左傳》中常見；而鄉黨燕禮，指在鄉黨內所舉行的所有燕禮，包括鄉飲酒禮、鄉射禮內的燕禮活動；宗族內燕禮，包括宗子無事燕族人及祭祀後燕族人等禮儀。

燕禮儀節，存於《儀禮・燕禮》一文中，其節目大體如下：

第一，燕前準備。凡6小節：（1）告戒設具；（2）君臣各就位次；（3）命賓；（4）命執事者；（5）納賓；（6）拜賓至。燕禮開始前，要陳設燕禮時所需禮器，同時也要安排好燕禮中的具體執事以及從旁助禮的人；君臣就位後，在眾臣中選擇大夫作為燕禮的主賓。賓在未被選定前是臣，選定後為正賓，故正賓須出朝廷大門，再次被以賓的身分迎接進來，且主人對之行拜禮。這一連續的禮儀行為，嚴格講只能當做燕禮前的準備階段。

第二，初燕禮成。凡7小節：（1）主人獻賓；（2）賓酢主人；（3）主人獻公；（4）主人自酢；（5）主人酬賓；（6）二人舉爵於公；（7）旅酬。此為第一番獻，包括完整的獻酢酬。因《儀禮・燕禮》中主人是諸侯之宰夫，為代君行獻的獻主，故有主人獻公及主人

---

① 秦蕙田：《五禮通考》卷一五八，臺灣商務印書館景印文淵閣《四庫全書》本，第810頁。

第七章　燕饗禮

不敢君必酢他，而自酢的禮節。初獻完成後，眾賓中的二人同時舉爵於公，為第一次旅酬。所謂「旅酬」，即眾賓次序上西階，與主人交互勸酒。

第三，再燕禮成。凡3小節：（1）主人獻孤、卿；（2）二大夫再媵爵；（3）公為諸公卿舉旅。再燕為燕孤、卿，亦包括完整的獻酢酬之禮。完成後，是第二番的旅酬。不過旅酬的發起者為公。

第四，三燕禮成。凡4小節：（1）主人獻大夫；（2）升歌；（3）獻工；（4）公三舉旅。初燕獻正賓，再燕獻孤卿，三燕獻大夫，同樣是獻酢酬一獻之禮。此節不同的是，有樂正升堂唱歌一節，所唱者為《詩經》之〈鹿鳴〉、〈四牡〉、〈皇皇者華〉三詩篇。樂正唱完後，主人獻之。最後公舉爵于大夫，以大夫行旅酬畢，為三燕禮成。

第五，用樂禮成。凡3小節：（1）奏笙；（2）獻笙；（3）歌笙間作，合鄉樂。此為燕禮用樂儀節，先堂下奏笙，所奏為《南郊》、《白華》、《華黍》。奏完後，主人獻奏笙者，接著堂上唱歌與堂下奏笙間作，交替而行，最後歌鄉樂而禮成。間歌與合鄉樂，均有特定的詩篇。

第六，四燕禮成。凡4小節：（1）立司正安賓；（2）主人徧獻士及旅食；（3）賓舉爵於公，為士旅酬；（4）主人獻庶子以下於阼階。前主人燕正賓、孤卿、大夫，公三舉爵三旅酬，升歌奏笙等用樂亦已備，但燕禮並未完成。此節在整個燕禮流程中，有兩個功能：一是獻士及士以下的士庶子，表明只要參與燕禮者，均會受獻；二是燕禮三正獻雖已成，但後面還有禮儀未完成，故立司正以安賓，維護好秩序，以便為將要舉行的禮儀創造條件。

第七，燕禮告備。凡3小節：（1）無算爵；（2）無算樂；（3）賓出。「無算爵」，即所有參與燕禮者，喝多少，和誰喝，都沒有規定，爵行無數，唯意所動，直到喝醉為止。「無算樂」，即升歌、奏

笙、合鄉樂，同樣無規定樂歌之數量，只求歡樂。賓出大門奏《陔》樂，整個燕禮結束。

上述儀節為《禮經》所記燕禮的一般性程序，在實際舉行時，可能會因為時間、地點以及與之前後銜接的禮儀的不同，而有所增飾刪減。如上引《左傳・昭公元年》，鄭伯享趙孟「禮終乃宴」後，行禮雙方均賦詩言志，這在《儀禮・燕禮》中是不見的。

綜上所述，饗禮與燕禮，均是宗周貴族間的待賓之禮。饗禮主敬，在廟中舉行，行禮雙方在莊敬的儀容中獻酢酬，但又不飲不食；燕禮則主歡，在寢中舉行，行禮雙方以飲酒為主，以醉為度，表達主賓歡樂之意。作為禮典，燕饗禮均可單獨舉行，但在多數情況下，是與其他禮組合而行的，如聘禮、覲禮、軍禮、婚禮、祭禮等。

以上是先秦燕饗禮的大致情況，具體到楚國，雖因資料的殘缺，難以得到系統的認識，不過，從現有資料來看，燕饗禮在楚國仍為一項重要禮儀。例如，1978年河南淅川下寺M2墓出土的王孫誥鐘，其銘文曰：

> 簡簡龢鐘，用宴以喜，以樂楚王、諸侯、嘉賓，及我父兄諸士。諻諻熙熙，萬年無期，永保鼓之。[1]

同一墓中尚出土有王子午鼎。王子午，又名子庚，即楚莊王之子，楚康王時為令尹，卒於公元前552年。據此，則王孫誥鐘的製作年代最遲不會晚於公元前552年。根據銘文記載來看，王孫誥製作此套編鐘的目的在於「用宴以喜」，即在燕禮中奏樂以歡娛賓客，而所燕的對象包括楚王、別國來聘之諸侯、嘉賓以及族內父兄等，不出上舉燕禮類型。在楚國金文中，類似銘文很常見。如春秋晚期的

---

① 劉彬徽、劉長武：《楚系金文彙編》，湖北教育出版社2009年版，第90—91頁。

《王孫遺者鐘》：「用宴以喜，用樂嘉賓、父兄及我倗友。」①《子璋鐘》：「子璋擇吉金，自作龢鐘，用宴以喜，用樂父兄諸士。」②《楚大師登鐘》：「用宴用喜，以樂諸侯及我父兄。」③《𣂏鎛鐘》：「𣂏擇其吉金，鑄其反鐘……歌樂以喜，凡（泛）及君子父兄。」④從上舉金文來看，楚人在鑄作宴饗樂器時，已具有格式化的語言，可顯示出宴饗禮在楚國貴族生活中，已具有一定的普遍性。器主生前，用其招待楚王、諸侯、嘉賓、父兄等貴族，死後又用此類器作陪葬之物，又可見楚人對此類樂器的重視程度。銘文所顯示的宴饗對象，上達楚王，下可以是族內父兄，表明宴饗禮在楚人政治、文化生活中已佔有重要地位。不過，楚人所行宴饗禮的實際情況到底如何，格式化的金文語言仍難以揭示更詳細的內容。下面我們利用傳世文獻和出土資料，詳述楚人在行宴饗活動中遵禮或違禮的情況。

## 第二節 「金奏作於下」

先秦燕饗禮必奏樂。在宗周禮樂文明系統中，樂器的規格與擺放，無疑有一套嚴格的禮儀制度。為明瞭計，列表7—1如下：

---

① 《殷周金文集成》261。
② 《殷周金文集成》113。
③ 周亞：〈楚大師登編鐘及相關問題的認識〉，載《上海博物館集刊》第11期，上海書畫出版社2008年版，第46—167頁。
④ 劉彬徽、劉長武：《楚系金文彙編》，湖北教育出版社2009年版，第112—113頁。

表7-1　周禮貴族樂懸等級表

| 級別 | 樂懸 | 方位 | 數量 |
|------|------|------|------|
| 王 | 宮懸 | 東、南、西、北 | 64 |
| 諸侯 | 軒懸 | 東、北、西 | 48 |
| 天子之卿大夫 | 判懸 | 東、西 | 32 |
| 諸侯之卿大夫 | 一肆分懸 | 西懸鐘，東懸磬 | 16 |
| 天子之士 | 特懸 | 東 | 16 |
| 諸侯之士 | 特懸之半 | 東懸磬 | 8 |

　　樂懸之制與樂器之數，與輿服、宮室之類相同，都是象徵和強化等級制度的重要文化要素。舉行禮儀時，不據名分與等級，僭越更高級的禮器禮儀，是嚴重的違禮行為。

　　在楚國歷史上有一次非常著名的燕饗活動，似乎並沒有嚴格遵守《周禮》中的禮制規定，而是標新立異地製造了一場燕饗中的「混亂」。《左傳・成公十二年》記載，楚王以享禮招待晉國使者郤至，子反為相禮者。當郤至將登堂時，突然鐘磬之聲從地下室內傳出，郤至大受驚嚇，以致逃出庭外，享禮被迫中斷。受到驚嚇的郤至，經過子反的兩度邀請，才在譏評楚國之為不足法後，入庭完成享禮儀式。楚國此次舉行的享禮，雖然有相禮者、有戒等一般饗燕禮的通例，但是其違背周禮亦是明顯的。

　　第一，所用「金奏」之樂，僭取了天子之禮。《左傳・襄公四年》記載，晉侯招待叔孫豹，用樂「金奏《肆夏》之三」及「工歌《文王》之三」，叔孫豹均不答拜，表示不接受，等到「歌《鹿鳴》之三」時，才答拜。韓獻子對叔孫豹這種「舍其大，而重拜其細」的行為，很不理解，問他所用何禮，叔孫豹答道：

　　　　三《夏》，天子所以享元侯也，使臣弗敢與聞。《文王》，兩君相見之樂也，使臣不敢及。《鹿鳴》，君所以嘉寡君也，敢不拜嘉？《四牡》，君所以勞使臣也，敢不重拜？《皇皇者華》，君教使臣

第七章　燕饗禮

381

曰：「必諮于周。」

可見「金奏」乃天子之禮①。在叔孫豹看來，「金奏《肆夏》」，乃天子招待諸侯之長所用之禮，自己作為諸侯之卿，當然不能接受。

第二，置樂器於地下室，是違禮行為。宗周禮樂制度中，樂器的數量、擺放的位置及所用的規格，均有嚴格的規定。按禮應該在庭中以「一肆分懸」（即東懸磬一堵，西懸鐘一堵）的方式，擺放鐘磬樂器。但楚國「為地室而懸」，把樂器擺放在地下室內，這與周禮是嚴重不符的。

第三，奏樂時機不恰當。根據《儀禮·燕禮》節目的要求，燕禮的奏樂是在「三燕禮成」後才開始的。換言之，《儀禮·燕禮》中最重要的儀節及賓入庭升堂，均不奏樂。郤至將登堂時，樂聲突起，便與宗周禮制不合了。

有趣的是，子反並不理解郤至被驚嚇走的緣由，在郤至以不敢用兩君相見之樂為由而拒絕入庭的情況下，還認為晉楚兩君只能在戰爭中相見，現在用天子之樂乃是「如天之福」，故邀請郤至再度參加享禮。似乎可以得出這樣的結論：楚國雖然採用了某些宗周禮樂中的儀式、禮器，但在具體施用時，往往有一定的隨意性，以實用為主，對其中本應體現出的嚴肅性，不甚了解，也不願遵循。

楚人行禮的實用主義原則，在與他國國君行燕饗禮中亦展露無遺。他們常以強勢和霸氣凌駕於其他弱國之上，並把燕饗禮儀作為爭取本國利益的手段。《左傳·昭公十一年》：「楚子伏甲而饗蔡侯于申，醉而執之。」饗禮本主敬，燕禮方才以醉為度。楚君饗蔡侯，灌醉人家後又把人家捉拿起來。又，王子圍以享禮招待趙文子，賦「《大明》之首章」。禮畢，趙文子問叔向：「令尹自以為

---

① 同件事情，還見於《國語·魯語下》，可參考。

王矣，何如？」叔向云：「王弱，令尹強，其可哉！」<sup>①</sup>王子圍，即篡奪侄子王位的楚靈王。所賦《大明》首章的大意是，歌頌周文王之光明燭照於下，故能赫赫盛於上。王子圍明顯以文王自擬，表示欲奪王位，故趙文子、叔向均知曉其將篡位。可見，在楚人的觀念中，禮制是以現實的政治目的為依據，甚至會赤裸裸地表露出來，毫不隱晦。

綜上所述，在楚國舉行的燕饗禮儀中，都缺少宗周禮樂制度所要求的嚴肅、雍容，體現的是楚人活潑和實用的「蠻夷」之風，似乎楚人在欣羨、學習宗周中原文化的同時，並沒有被中原禮制所束縛。

## 第三節 「九獻」和「庭實百旅」

楚國本為子爵，但僭稱為王，甚至「問鼎中原」<sup>②</sup>。在這種情況下，楚人僭用更高的禮儀，也就不難理解。上面談到的楚用「金奏」之禮招待晉國大夫郤至，即是如此。而楚王與其他諸侯行饗禮時，要求或逼迫對方用更高之禮待己，更是常見。《左傳·僖公二十二年》云：

丁丑，楚子入享於鄭，九獻，庭實旅百，加籩豆六品。享畢，夜出，文芈送於軍，取鄭二姬以歸。

春秋爭霸，齊桓公死後，晉惠、齊孝均非霸主之材，霸主之位暫時出現了空缺。楚成王積極進取，北上中原圖霸的野心日益增大。

---

① 《左傳·昭公元年》。
② 《左傳·宣公三年》。

第七章 燕饗禮

鄭國懾于楚國鋒芒，在齊桓公後，始終服事楚國，為之附庸。在楚王入饗鄭國之前，楚助鄭打敗宋、衛、許、滕等國的聯合入侵，且與宋戰於泓，大敗宋襄公。可以說，楚成王時代是楚國力量最強大的時期之一，直到六年後的城濮之戰，楚北上勢頭才稍微收斂。鄭對楚的依賴顯而易見。在這樣的歷史背景下，楚王到鄭國參訪，對鄭而言實乃最大的外交事件，所用禮儀與楚王的回應，均值得探討。在這次鄭文公招待楚成王的禮儀中，有三個儀式特別值得注意，即九獻、庭實旅百、加籩豆六品。

「九獻」。楊伯峻云：「主酌獻賓，賓酢主人，主人酬賓為獻，如此者九。」[1]簡而言之，主賓之間，主人獻賓，賓酢主人，主人再酬賓，獻酢酬俱全，是完整的一獻之禮。九獻，就是九個一獻之禮。《周禮・秋官司寇・大行人》：「上公之禮……饗禮九獻。」是則，九獻乃上公之禮，楚為子爵，無權受用。鄭懾于楚國實力，用之以招待楚王。楚王也實有以霸主自許的姿態。均是違禮的行為。實際上，楚王不僅讓別國以「九獻」之禮招待自己，同樣亦以「九獻」之禮招待諸侯。《國語・晉語四・楚成王享重耳》記載，公子重耳流亡到楚國，「楚成王以君禮享之，九獻，庭實旅百」。韋昭注：「九獻，上公之享禮也。」[2]重耳尚未即晉國君位，楚成王就以上公的君禮招待他，嚴格講，是不合禮制的。

「庭實旅百」。所謂「庭實」，即陳列於庭中的貢獻之物，包括玉帛、馬匹、饔餼、米筥、芻禾等。「旅百」為略舉成數，言有百數之多。杜預注：「庭中所陳，品百數也。」《左傳・宣公十四年》：「小國之免於大國也，聘而獻物，於是有庭實旅百。朝而獻公，於是有容貌采章嘉淑，而有加貨。」此乃孟獻子對齊頃公所言，據其語

---

① 楊伯峻：《春秋左傳注》，中華書局1990年版，第400頁。

② 徐元誥：《國語集解》，中華書局2002年版，第331頁。

氣，「庭實旅百」乃小國聘於大國獻物後，大國回贈之禮。杜預注：「主人實籩豆百品，實於庭以答賓。」所言甚是。又，《左傳·莊公二十二年》周太史卜筮，預言田敬仲之後代能以「庭實旅百」之禮朝于周王，那麼「庭實旅百」實指諸侯朝對天子所行之禮。由此可見，施用「庭實旅百」禮，有兩種情況，一是大國回贈小國之聘，二是諸侯朝見天子之獻物。鄭伯用以饗成王與之均不符，是不合禮制的行為。

「加籩豆六品」。加籩、加豆，乃正獻之後，為優厚賓客再添加的食物。《左傳·昭公六年》：「季孫宿如晉，拜莒田也。晉侯享之，有加籩。武子退，使行人告曰：『小國之事大國也，苟免於討，不敢求貺。得貺不過三獻。今豆有加，下臣弗堪，無乃戾也。」在季武子看來，小國服事大國，能夠免於被討伐，就不錯了。如果還能得到賞賜，那是非常幸運的事情。但所受賞賜，是不能超過三獻之禮的。現在，晉三獻之後，還有加籩，這讓自己不能接受，只能予以拒絕。晉人對季武子的這種行為，十分贊許，稱其「知禮」。可見，即使是加籩、加豆，亦是有一定等級規定的。《周禮·天官塚宰·籩人》：「加籩之實，菱、芡、栗、脯。」天子加籩僅四品，楚王加籩卻有六品，明顯不合周禮。

在「九獻」等儀式的含義大致清楚後，我們發現，只擁有子爵的楚王，在這次饗禮中所享受的禮節，明顯與其身分不相符合。《周禮·秋官司寇·掌客》規定：凡諸侯之禮，上公三饗三食三燕，侯伯三饗再食再燕，子男一饗一食一燕。在爵制上，鄭為公，楚為子，但鄭伯招待楚王卻使用了上公之禮，甚至天子之禮。楚王欣然接受了這一隆重禮節，禮畢後，不僅讓鄭文公夫人文羋送他回駐軍之處[1]，而

---

[1] 文羋在送楚成王至駐軍處前，尚與姜氏勞成王于柯澤，但《左傳》的作者以「君子」的口氣對之加以批評，其曰：「非禮也，婦人送迎不出門，見兄弟不逾閾，戎事不邇女器。」迎于柯澤，送於駐軍，文羋皆已出門，故非禮。

且還從鄭國擄娶兩位姬姓女子而歸 [①]。在整個饗禮中，楚成王以無禮始，以無禮終，難怪受到鄭國大夫叔詹的譏諷：「楚王其不沒乎！為禮卒於無別，無別不可謂禮！」6年後，楚成王的霸業敗於城濮之戰，11年後，他被世子商臣所弒，似乎驗證了叔詹的預言。

## 第四節　落禮與燕饗

所謂「落禮」，又稱為「考」，是宮室等建築工程完工後所行的落成典禮，它常與「釁」禮、宴飲等儀式相伴舉行。《禮記・檀弓下》記載：

晉獻文子成室，晉大夫發焉。張老曰：「美哉輪焉！美哉奐焉！歌於斯，哭於斯，聚國族於斯。」文子曰：「武也得歌於斯，哭於斯，聚國族於斯，是全要領以從先大夫于九京也。」北面再拜稽首。君子謂之善頌善禱。

此記趙文子新室方成時，晉大夫前往朝賀之事。張老諷諫趙武過度奢侈，認為祭祀、死喪、燕會禮儀，就此宮室足矣成之，防其再度建設。趙文子則借之祈禱，言若能保此宅，以行祭祀、死喪、燕會等禮終餘年，不被罪討，免於誅戮，最後跟從其父祖葬于九原 [②]。此處儒門後學稱讚的張老善於諷諫，文子善於祈禱，均應發生在落禮舉行過程之中。

關於落禮的記載，還見於《禮記・雜記》：「成廟則釁之」，

---

① 杜預注云：「二姬，文芈女也。」那麼，楚成王所擄二女，實與自己有血緣關係。
② 《禮記・檀弓下》鄭注：「晉大夫之墓地在九原，『京』蓋字之誤，當作『原』。」

386

「路寢成,則考之而不釁。釁屋者,交神明之道也」。孔穎達《禮記正義》云:「宗廟初成,則殺羊取血以釁之,尊而神之也。」[1]用牲血塗抹、澆飾新成的宗廟,使其具有神性。釁廟的具體禮儀,《大戴禮記·諸侯釁廟》中有詳細記載,可參考。宗廟為寄放祖先神位之處,故要取血釁宮。路寢為生人所居,只考不釁。

「考」即落禮,在宮室落禮之正禮完後,又有宴飲活動,完整的落禮應該包括宴飲禮。服虔云:「宮廟初成祭之名為考。」而鄭玄認為「考」是「設盛食以落之」。[2]《左傳·隱公五年》:「九月,考仲子之宮,將《萬》焉。」萬舞為祭祀時舉行的舞蹈,《詩經·商頌·那》「萬舞有奕」,即為祭祀成湯。此處將「考」與「萬」並舉,或表明在整個落禮過程中,既設有盛食,又有舞蹈。南朝經學家庾蔚之云:「落謂與賓客燕會,以酒食澆落之,即歡樂之義。」[3]但只講對了其中一部分。落禮既有交神明的嚴肅之舉,又能宴會賓客,表達歡樂之意。可見,落禮與燕饗是不能分開的,主人邀請賓客參加新宮室的落成典禮後,主賓歡聚一堂,飲酒作樂。

楚國的落禮還見於《左傳·昭公七年》的記載:

> 楚子成章華之台,願與諸侯落之。大宰薳啟強曰:「臣能得魯侯。」……楚子享公於新台,使長鬣者相,好以大屈。既而悔之。

楚靈王篡奪侄子之位而自立為王,不得天下人之心。靈王欲借舉行落禮之機,以籠絡諸侯,這也體現出楚人利用了禮制的靈活性與實用性。魯昭公果如薳啟強所言,親自前往參與落禮之會。後楚靈王在新建章華臺上為魯昭公舉行饗燕之禮,且用具有美須者作相禮之人,

① 孔穎達:《禮記正義》卷四三,載《十三經注疏》影印本,中華書局1980年版,第1569頁。
② 洪亮吉:《春秋左傳詁》,李解民點校,中華書局1987年版,第6頁。
③ 孔穎達:《禮記正義》卷四三,載《十三經注疏》,中華書局1980年版,第1569頁。

送魯昭公以大屈之弓，以示誇耀。不過，楚靈王事後後悔，又追回了大屈寶弓。這段材料有兩點值得注意：第一，楚國落禮後，有宴饗之禮，與中原落禮無甚差別。第二，楚靈王故意好新，以向諸侯炫耀及賞人禮物後又後悔的反復無常行徑，體現出楚人的不遵禮制。有意思的是，1987年，考古工作者在潛江龍灣發現了一大型遺址，整個遺址有200萬平方公尺，其中已發掘的放鷹台遺址，海拔32.7公尺，高出地面5公尺，為一東南向西北傾斜的崗地，長300公尺，寬100公尺，發掘有紅磚牆、曲形垛側門、貝殼路、大型方形柱穴等。位於崗地最東面的第1號臺基，南北長75公尺，東西寬60公尺。所有的證據顯示，它應屬楚國的一處大型宮殿遺址 ①。與譚其驤先生考證章華台在潛江境內，亦相吻合 ②，且又得到考古學者的確證 ③。考古與文獻的印證，加深了楚靈王建章華台的可信度。

《上海博物館館藏戰國楚竹書》（四）中〈昭王毀室〉，亦提到在楚國舉行的一次落禮：

> 昭王為室於漞之滸。室既成，將落之，王戒邦大夫以飲酒。既
> 𢍰落之，王入將落，有一君子喪服躐庭，將踰閨。寺人止之，曰⋯⋯
> （簡1）④

上述簡文，多從整理者的釋讀。其中，「落」，整理者釋為「格」，訓為「至」，已被孟蓬生、董珊等學者指出有誤 ⑤，今不從。

---

① 荊州地區博物館、潛江縣博物館：〈湖北潛江龍灣發現楚國大型宮殿基址〉，載《江漢考古》1987年第3期。

② 譚其驤：〈雲夢與雲夢澤〉，載《復旦學報》1980年第8期。

③ 方西生：〈楚章華台遺址地方初探〉，載《江漢考古》1989年第4期。

④ 馬承源主編：《上海博物館藏戰國楚竹書》（四），上海古籍出版社2004年版，第182頁。

⑤ 孟蓬生：〈上博竹書（四）間詁〉，簡帛研究網，2005年2月15日。董珊：〈讀上博藏戰國楚竹書（四）雜記〉，簡帛研究網，2005年2月20日。

簡文的大意為，楚昭王新築宮殿完工後，邀請大夫參加落成典禮。在一番祭祀典禮後，昭王進入宮殿準備舉行宴飲的儀節，結果一位穿喪服的「君子」越過中庭，欲進入內門，被寺人阻止。當然，事情的進一步發展，原來是昭王的新宮殿竟是在該男子父親的墓地上建起的，宮殿的建成妨礙了此人合葬父母遺骨，於是引起一番官司辯論。昭王了解具體情況後，毀棄了剛建成的宮殿，並改換了宴飲之地。

從《昭王毀室》所載落禮來看，其主要的儀節亦分為兩部分，即「劃落之」與「飲酒」。「劃」，整理者隸定為「劃」，其義無說。黃人二先生讀為「荊」，且認為後漏失一「王」字，荊王為見於新蔡葛陵的「三楚先」[1]。此說過於迂曲，不可從。實則，「劃」當據董珊等學者釋作「刑」，讀為「釁」[2]，其儀式為「殺牲塗血」[3]。至於「飲酒」，即祭祀後的君臣宴飲活動。《昭王毀室》所載楚國落禮，與中原落禮之既有祭祀儀式，又有宴飲活動，是一致的。

綜上所述，宴饗禮是宗周禮樂文明系統中的重要部分。饗禮行禮雙方不飲酒，不食肉，以莊重的儀容參與禮儀活動，訓示主賓之間要有恭儉之心。與之相反，燕禮飲酒食肉，以醉為度，行禮氛圍輕鬆。不過，「燕」畢竟仍是禮，「尊尊」原則仍然存在，「醉不忘禮」是其本質要求。

具體到楚國的宴饗禮儀，可以發現有兩個明顯的特色，一是借用宗周宴饗的一般禮儀，為我所用；二是僭越等級，並不嚴格遵循禮制。為何如此，要而言之：

第一，楚國身處蠻荒之地，要融入華夏文明自然有一個漫長的學習過程，對宗周禮制的精熟程度，當然比不上華夏諸國。楚以「金

① 黃人二：〈上博藏見《昭王毀室》試釋〉，載《考古學報》2008年第4期。
② 董珊：〈讀上博藏戰國楚竹書（四）雜記〉，簡帛研究網，2005年2月20日。
③ 楊華：〈先秦釁禮研究——中國古代用血制度研究之二〉，載《新出簡帛與禮制研究》，臺灣古籍出版有限公司2007年版，第207頁。

奏」之樂招待郤至，郤至以身分不符拒絕，且認為此樂只能用於兩君相朝聘時。子反卻認為晉楚兩君只可能在戰爭中相見，而大夫用天子之樂，是「如天之福」，顯示出子反對朝聘制度的無知或輕慢。

第二，春秋時代，楚國一方面在政治和軍事上積極北上爭霸，另一方面又在文化上向中原各國看齊，以求融入華夏文明的主流。楚人在與中原諸國燕飲酬酢之際，難免暴露出其強悍、傲慢乃至粗鄙的「蠻夷」本色，受到中原貴族的譏諷嘲笑，自然在所難免。

可以說，春秋戰國時期的楚國，政治、軍事上的北伐中原、爭霸天下，與文化上的向中原看齊，構成了一時難以消解的矛盾，加之自身文化上的「蠻夷」本色，致使楚人學習並遵循了某些中原禮制，但是當這些禮制與其本身利益相衝突時，曲解禮意，甚至違禮，楚人也在所不惜。

# 參 考 文 獻

## 一、基本古籍

1. 班固：《漢書》，中華書局1962年版。
2. 陳奐：《詩毛氏傳疏》，清道光二十七年陳氏掃葉山莊刻本。
3. 陳立：《白虎通疏證》，吳則虞點校，中華書局1994年版。
4. 陳壽：《三國志》，中華書局1959年版。
5. 杜佑：《通典》，中華書局1984年版。
6. 段玉裁：《說文解字注》，上海古籍出版社1988年版。
7. 范曄：《後漢書》，中華書局1965年版。
8. 高士奇：《左傳紀事本末》，中華書局1979年版。
9. 桂馥：《說文解字義證》，齊魯書社1987年版。
10. 國學整理社：《諸子集成》，中華書局2006年版。
11. 洪亮吉：《春秋左傳詁》，中華書局1987年版。
12. 胡培翬：《儀禮正義》，段熙仲點校，江蘇古籍出版社1993年版。
13. 黃汝成：《日知錄集釋》，上海古籍出版社2006年版。
14. 黃以周：《禮書通故》，中華書局2007年版。
15. 金鶚：《求古錄禮說》，清光緒二年孫熹刻本。
16. 孔穎達：《禮記正義》，上海古籍出版社2008年版。
17. 李昉：《太平御覽》，中華書局2006年版。

參
考
文
獻

18. 李如圭：《儀禮集釋》，清文淵閣四庫全書本。

19. 陸澔：《禮記集說》，鳳凰出版社2010年版。

20. 秦蕙田：《五禮通考》，清文淵閣四庫全書本，臺灣商務印書館影印。

21. 阮元：《十三經注疏》，中華書局1980年版。

22. 石聲漢：《四民月令校注》，中華書局1965年版。

23. 司馬遷：《史記》，中華書局1959年版。

24. 孫希旦：《禮記集解》，中華書局1989年版。

25. 孫星衍：《尚書今古文注疏》，中華書局2004年版。

26. 孫詒讓：《周禮正義》，中華書局1987年版。

27. 王貴民、楊志清：《春秋會要》，中華書局2009年版。

28. 王明：《太平經合校》，中華書局1960年版。

29. 王聘珍：《大戴禮記解詁》，中華書局1983年版。

30. 王肅：《孔子家語》，上海古籍出版社1990年版。

31. 王先謙：《清經解續編》，上海書店1988年版。

32. 王引之：《經傳釋詞》，嶽麓書社1985年版。

33. 魏了翁：《禮記要義》，北京圖書館出版社2003年版。

34. 向宗魯：《說苑校證》，中華書局1987年版。

35. 徐元誥：《國語集解》，中華書局2002年版。

36. 許慎：《說文解字》，中華書局1963年版。

37. 楊伯峻：《春秋左傳注》，中華書局1990年版。

38. 楊寬、吳浩坤：《戰國會要》，上海古籍出版社2005年版。

39. 姚際恒：《儀禮通論》，中國社會科學出版社1998年版。

40. 永瑢：《四庫全書總目》，中華書局1981年版。

41. 袁康、吳平：《越絕書》，上海古籍出版社1985年版。

42. 允祿等：《協紀辯方書》，廣西人民出版社1993年版。

43. 張大亨：《春秋五禮例宗》，北京圖書館出版社2006年版。

44. 張宗泰：《質疑刪存》（外二種），中華書局2006年版。

## 二、考古報告與出土文獻

1. 安徽省文物工作隊、阜陽地區博物館、阜陽縣文化局：〈阜陽雙古堆西漢汝陰侯墓發掘簡報〉，載《文物》1978年第8期。

2. 長江流域第2期文物考古工作人員訓練班：〈湖北江陵鳳凰山西漢墓發掘簡報〉，載《文物》1974年第6期。

3. 長沙市文物考古研究所、長沙簡牘博物館：〈湖南長沙望城坡西漢漁陽墓發掘簡報〉，載《文物》2010年第4期。

4. 陳松長：《香港中文大學文物館藏簡牘》，香港中文大學文物館2001年。

5. 陳偉：《楚地出土戰國簡冊（十四種）》，經濟科學出版社2009年版。

6. 陳躍鈞：〈江陵縣張家山三座漢墓出土大批竹簡〉，載中國考古學會編《中國考古學年鑒（1985年）》，文物出版社1985年版。

7. 陳躍鈞：〈江陵縣張家山漢墓竹簡〉，載中國考古學會編《中國考古學年鑒（1987年）》，文物出版社1988年版。

8. 鄂鋼基建指揮部文物小組、鄂城縣博物館：〈湖北鄂城鄂鋼53號墓發掘簡報〉，載《考古》1978年第4期。

9. 鳳凰山167號漢墓發掘整理小組：〈江陵167號漢墓發掘簡報〉，載《文物》1976年第10期。

10. 傅永魁：〈洛陽東郊西周墓發掘簡報〉，載《考古》1959年第4期。

11. 甘肅省博物館：〈甘肅武威磨嘴子漢墓發掘報告〉，載《考古》1960年第9期。

12. 甘肅省文物考古研究所：《天水放馬灘秦簡》，中華書局2009年版。

13. 甘肅省文物考古研究所：〈甘肅永昌水泉子漢墓發掘簡報〉，載

《文物》2009年第10期。

14. 高至喜：〈長沙烈士公園3號木槨墓清理簡報〉，載《文物》1959年第10期。

15. 郭偉民：〈沅陵虎溪山1號墓發掘記〉，載《文物天地》1999年第6期。

16. 郭偉民：〈虎溪山1號漢墓葬制及出土竹簡的初步研究〉，載艾蘭、邢文編《新出簡帛研究》，文物出版社2004年版。

17. 國家文物局古文獻研究室、河北省博物館、河北省文物研究所、定縣漢墓竹簡整理小組：〈定縣40號漢墓出土竹簡簡介〉，載《文物》1981年第8期。

18. 河北省文物研究所：〈河北定縣40號漢墓發掘簡報〉，載《文物》1981年第8期。

19. 河南省文物研究所：〈河南溫縣東周盟誓遺址1號坎發掘報告〉，載《文物》1983年第3期。

20. 河南省文物研究所：《信陽楚墓》，文物出版社1986年版。

21. 河南省文物研究所、河南省丹江庫區考古發掘隊、淅川縣博物館：《淅川下寺春秋楚墓》，文物出版社1991年版。

22. 河南省文物研究所、三門峽市文物工作隊：〈三門峽上村嶺虢國墓地M2001發掘簡報〉，載《華夏考古》1992年第3期。

23. 河南省文物考古研究所、三門峽市文物工作隊：〈三門峽虢國墓地M2010的清理〉，載《文物》2000年第12期。

24. 湖北省文化局文物工作隊：〈湖北江陵三座楚墓出土大批重要文物〉，載《文物》1966年第5期。

25. 湖北省博物館、孝感地區文教局、雲夢縣文化館漢墓發掘組：〈湖北雲夢西漢墓發掘簡報〉，載《文物》1973年第9期。

26. 湖北省博物館、華中師範學院歷史系：〈湖北江陵太暉觀50號楚墓〉，載《考古》1977年第1期。

27. 湖北省鄂城縣博物館：〈鄂城楚墓〉，載《考古學報》1983年第2期。

28. 湖北省博物館江陵工作站：〈江陵溪峨山楚墓〉，載《考古》1984年第6期。

29. 湖北省博物館、隨州市博物館：〈湖北隨州擂鼓墩2號墓發掘簡報〉，載《文物》1985年第1期。

30. 湖北省博物館：《曾侯乙墓》，文物出版社1989年版。

31. 湖北省荊沙鐵路考古隊：《包山楚墓》，文物出版社1991年版。

32. 湖北省荊沙鐵路考古隊：〈江陵秦家嘴楚墓發掘簡報〉，載《江漢考古》1988年第2期。

33. 湖北省宜昌地區博物館、北京大學考古系：《當陽趙家湖楚墓》，文物出版社1992年版。

34. 湖北省文物考古研究所：〈江陵鳳凰山168號漢墓〉，載《考古學報》1993年第4期。

35. 湖北省文物考古研究所：《江陵九店東周墓》，科學出版社1995年版。

36. 湖北省文物考古研究所：《江陵望山沙塚楚墓》，文物出版社1996年版。

37. 湖北省博物館：〈湖北荊州秦家山2號墓清理簡報〉，載《文物》1999年第4期。

38. 湖北省文物考古研究所、北京大學中文系：《九店楚簡》，中華書局2000年版。

39. 湖北省荊州市周梁玉橋遺址博物館：《關沮秦漢墓簡牘》，中華書局2001年版。

40. 湖北省文物考古研究所、隨州市文物局：〈隨州市孔家坡墓地M8發掘簡報〉，載《文物》2001年第9期。

41. 湖北省文物考古研究所、隨州市考古隊：《隨州孔家坡漢墓簡牘》，

參考文獻

文物出版社2006年版。

42. 湖南省文物管理委員會：〈長沙仰天湖第25號木槨墓〉，載《考古學報》1957年第2期。

43. 湖南省博物館：〈長沙瀏城橋1號墓〉，載《考古學報》1972年第1期。

44. 湖南省博物館：〈新發現的長沙戰國楚墓帛畫〉，載《文物》1973年第7期。

45. 湖南省博物館、中國科學院考古研究所：《長沙馬王堆1號漢墓》，文物出版社1973年版。

46. 湖南省博物館、中國科學院考古研究所：〈長沙馬王堆2、3號漢墓發掘簡報〉，載《文物》1974年第7期。

47. 湖南省博物館、湖南省考古研究所：《長沙楚墓》，文物出版社2000年版。

48. 湖南省文物考古研究所、懷化市文物處、沅陵縣博物館：〈沅陵虎溪山1號墓發掘簡報〉，載《文物》2003年第1期。

49. 湖南省博物館、湖南省文物考古研究所：《長沙馬王堆2、3號漢墓》（第1卷），文物出版社2004年版。

50. 黃岡市博物館、黃州地區博物館：〈湖北黃岡兩座中型楚墓〉，載《考古學報》2000年第2期。

51. 紀南城鳳凰山168號漢墓整理小組：〈湖北江陵鳳凰山168號漢墓發掘簡報〉，載《文物》1975年第9期。

52. 荊門市博物館：〈荊門十里磚廠1號楚墓〉，載《江漢考古》1989年第4期。

53. 荊州地區博物館：〈江陵高臺18號墓發掘簡報〉，載《文物》1993年第8期。

54. 荊州地區博物館：〈江陵揚家山135號秦墓發掘簡報〉，載《文物》1993年第8期。

55. 荊州地區博物館：〈湖北江陵藤店1號墓發掘報告〉，載《文物》1973年第9期。

56. 荊州地區博物館：〈江陵天星觀1號楚墓〉，載《考古學報》1982年第1期。

57. 荊州地區博物館：《江陵馬山1號楚墓》，文物出版社1985年版。

58. 荊州地區博物館：〈江陵張家山三座漢墓出土大批竹簡〉，載《文物》1985年第1期。

59. 荊州地區博物館：〈江陵馬山磚廠2號墓發掘簡報〉，載《江漢考古》1987年第3期。

60. 荊州地區博物館、潛江縣博物館：〈湖北潛江龍灣發現楚國大型宮殿基址〉，載《江漢考古》1987年第3期。

61. 荊州地區博物館：〈江陵張家山兩座漢墓出土大批竹簡〉，載《文物》1992年第9期。

62. 荊州地區博物館：〈江陵王家台15號秦墓〉，載《文物》1999年第1期。

63. 荊州地區博物館：《江陵雨臺山楚墓》，文物出版社1984年版。

64. 荊州博物館：《荊州高臺秦漢墓》，科學出版社2000年版。

65. 荊州博物館：〈湖北荊州紀南松柏漢墓發掘簡報〉，載《文物》2008年第4期。

66. 荊州博物館：〈湖北荊州謝家橋1號漢墓發掘簡報〉，載《文物》2009年第4期。

67. 李學勤：《清華大學藏戰國竹書》（壹），中西書局2010年版。

68. 臨沂金雀山漢墓發掘組：〈山東臨沂金雀山9號漢墓發掘簡報〉，載《文物》1977年第11期。

69. 盧連成、胡智生：《寶雞強國墓地》，文物出版社1988年版。

70. 馬承源：《上海博物館藏戰國楚竹書》（四），上海古籍出版社2004年版。

參考文獻

71. 馬承源：《上海博物館藏戰國楚竹書》（五），上海古籍出版社2005年版。

72. 馬承源：《上海博物館藏戰國楚竹書》（六），上海古籍出版社2007年版。

73. 睡虎地秦墓竹簡整理小組：《睡虎地秦墓竹簡》，文物出版社1990年版。

74. 蘇州博物館：《真山東周墓地——吳楚貴族墓地的發掘與研究》，文物出版社1999年版。

75. 王明欽：〈王家台秦墓竹簡概述〉，載艾蘭、邢文編《新出簡帛研究》，文物出版社2004年版。

76. 文物局古文獻研究室、安徽省阜陽地區博物館阜陽漢簡整理小組：〈阜陽漢簡簡介〉，載《文物》1983年第2期。

77. 文物編輯委員會：《文物考古工作10年》，文物出版社1990年版。

78. 楊定愛：〈江陵毛家園1號西漢墓〉，載《中國考古學年鑒（1987年）》，文物出版社1988年版。

79. 揚州博物館、邗江縣圖書館：〈江蘇邗江胡場5號漢墓〉，載《文物》1981年第11期。

80. 雲夢縣文化館：〈湖北雲夢縣珍珠坡1號楚墓〉，載《考古學集刊》第1集，中國社會科學出版社1981年版。

81. 張長壽：〈西周的葬玉：1983—1986年灃西發掘資料之八〉，載《文物》1993年第9期。

82. 張存良、吳荭：〈水泉子漢簡初識〉，載《文物》2009年第10期。

83. 張家山漢墓竹簡整理小組：〈江陵張家山漢簡概述〉，載《文物》1985年第1期。

84. 張家山247號漢墓竹簡整理小組：《張家山漢墓竹簡（247號）》，文物出版社2001年版。

85. 鄭忠華：〈印臺墓地出土大批西漢簡牘〉，載荊州博物館編《荊州

重要考古發現》，文物出版社2009年版。

86. 中國科學院考古研究所：《長沙發掘報告》，科學出版社1957年版。

87. 中國科學院考古研究所：《洛陽中州路（西工段）》，科學出版社 1959年版。

88. 中國科學院考古研究所：《灃西發掘報告：1955—1957年陝西長安縣 灃西鄉考古發掘資料》，文物出版社1962年版。

89. 中國社會科學院考古研究所：《殷墟婦好墓》，文物出版社1980 年版。

90. 中國社會科學院考古研究所：《殷墟發掘報告》，文物出版社1987 年版。

91. 周原博物館：〈1995年扶風黃堆老堡子西周墓清理簡報〉，載《文 物》2005年第4期。

92. 朱漢民、陳松長主編：《嶽麓書院藏秦簡》（壹），上海辭書出版 社2010年版。

## 三、專著

1. 艾蘭、邢文：《新出簡帛研究》，文物出版社2004年版。

2. 陳顧遠：《中國婚姻史》，上海書店1984年版。

3. 陳煌：《古代帛畫》，文物出版社2005年版。

4. 陳俊民：《藍田呂氏遺著輯校》，中華書局1993年版。

5. 陳鵬：《中國婚姻史稿》，中華書局1990年版。

6. 陳戊國：《先秦禮制研究》，湖南教育出版社1991年版。

7. 陳偉：《包山楚簡初探》，武漢大學出版社1996年版。

8. 陳偉：《郭店竹書別釋》，湖北教育出版社2002年版。

9. 陳偉：《新出楚簡研讀》，武漢大學出版社2010年版。

10. 陳子展：《楚辭直解》，復旦大學出版社1996年版。

參考文獻

11. 范祥雍：《戰國策箋證》，上海古籍出版社2006年版。

12. 高兵：《周代婚姻形態研究》，巴蜀書社2007年版。

13. 顧頡剛：《史林雜識》（初編），中華書局1963年版。

14. 郭德維：《楚系墓葬研究》，湖北教育出版社1995年版。

15. 郭沫若：《兩周金文辭大系圖錄考釋》，科學出版社1957年版。

16. 郭沫若：《文史論集》，人民出版社1961年版。

17. 胡雅麗：《尊龍尚鳳》，湖北教育出版社2003年版。

18. 黃德寬、何琳儀、徐在國：《新出楚簡文字考》，安徽大學出版社2007年版。

19. 黃錫全：《湖北出土商周文字輯證》，武漢大學出版社1992年版。

20. 薑亮夫：《楚辭通故》，雲南人民出版社1999年版。

21. 蔣驥：《山帶閣注楚辭》，上海古籍出版社1984年版。

22. 勞榦：《古代中國的歷史與文化》，中華書局2006年版。

23. 雷海宗：《中國的兵》，中華書局2005年版。

24. 李家浩：《著名中年語言學家自選集·李家浩卷》，安徽教育出版社2002年版。

25. 李零：《長沙子彈庫戰國楚帛書研究》，中華書局1985年版。

26. 李無未：《周代朝聘制度研究》，吉林人民出版社2005年版。

27. 李學勤：《文物中的古文明》，商務印書館2008年版。

28. 李學勤：《中國古代文明研究》，華東師範大學出版社2009年版。

29. 林素英：《古代生命禮儀中的生死觀》，臺北文津出版社1997年版。

30. 劉彬徽：《楚系青銅器研究》，湖北教育出版社1995年版。

31. 劉彬徽、劉長武：《楚系金文彙編》，湖北教育出版社2009年版。

32. 劉樂賢：《睡虎地秦簡日書研究》，臺北文津出版社1994年版。

33. 劉樂賢：《簡帛數術文獻探論》，湖北教育出版社2003年版。

34. 劉夢溪：《中國現代學術經典·黃侃、劉師培卷》，河北教育出版社1996年版。

35. 劉曉路：《中國帛畫與楚漢文化》，吉林教育出版社1994年版。

36. 劉信芳：《包山楚簡解詁》，臺北藝文印書館2003年版。

37. 劉屹：《敬天與崇道--中古經教道教形成的思想史背景》，中華書局2005年版。

38. 劉源：《商周祭祖禮研究》，商務印書館2004年版。

39. 劉昭瑞：《考古發現與早期道教研究》，文物出版社2007年版。

40. 呂靜：《春秋時期盟誓研究——神靈崇拜下的社會秩序再構建》，上海古籍出版社2007年版。

41. 呂思勉：《呂思勉讀史劄記》，上海古籍出版社1982年版。

42. 彭浩：《楚人的紡織與服飾》，湖北教育出版社1996年版。

43. 錢穆：《先秦諸子系年》，商務印書館2001年版。

44. 錢玄：《三禮通論》，南京師範大學出版社1996年版。

45. 錢玄、錢興奇：《三禮辭典》，江蘇古籍出版社1998年版。

46. 屈守元、常思春：《韓愈全集》，四川大學出版社1996年版。

47. 饒宗頤、曾憲通：《雲夢秦簡日書研究》，香港中文大學出版社1982年版。

48. 任銘善：《禮記目錄後案》，齊魯書社1982年版。

49. 商承祚：《戰國楚竹簡彙編》，齊魯書社1995年版。

50. 沈從文：《中國古代服飾研究》，上海世紀出版集團・上海書店出版社2002年版。

51. 沈文倬：《宗周禮樂文明考論》，杭州大學出版社1999年版。

52. 沈文倬：《菿闇文存》，商務印書館2006年版。

53. 石泉：《楚國歷史文化辭典》，湖北教育出版社1996年版。

54. 史樹青：《長沙仰天湖出土楚簡研究》，上海群聯出版社1955年版。

55. 〔日〕瀧川資言：《史記會注考證》，北嶽文藝出版社1999年版。

56. 宋華強：《新蔡葛陵楚簡初探》，武漢大學出版社2010年版。

57. 宋鎮豪：《夏商社會生活史》，中國社會科學出版社2005年版。

參考文獻

58. 湯余惠：《戰國銘文選》，吉林大學出版社1993年版。

59. 湯余惠：《戰國文字編》，福建人民出版社2001年版。

60. 唐蘭：《西周青銅器銘文分代史征》，中華書局1986年版。

61. 滕壬生：《楚系簡帛文字編》，湖北教育出版社1995年版。

62. 童書業：《春秋史》，山東大學出版社1987年版。

63. 汪玢玲：《中國婚姻史》，上海人民出版社2001年版。

64. 王關仕：《儀禮服飾考辨》，臺灣文史哲出版社1977年版。

65. 王光鎬：《文物考古文集》，武漢大學出版社1997年版。

66. 王國維：《宋元戲曲史》，上海商務印書館1933年版。

67. 王國維：《王國維學術隨筆》，社會科學文獻出版社2002年版。

68. 王宏剛、富育光：《滿族風俗志》，中央民族學院出版社1991年版。

69. 王子今：《睡虎地秦簡〈日書〉甲種疏證》，湖北教育出版社2003年版。

70. 吳小強：《秦簡日書集釋》，嶽麓書社2000年版。

71. 夏之乾：《中國少數民族的喪葬》，中國華僑出版公司1991年版。

72. 徐文武：《楚國宗教研究》，武漢出版社2001年版。

73. 楊華：《先秦禮樂文化》，湖北教育出版社1997年版。

74. 楊華：《新出簡帛與禮制研究》，臺灣古籍出版公司2007年版。

75. 楊寬：《西周史》，上海人民出版社2003年版。

76. 楊寬：《中國古代都城制度史》，上海人民出版社2003年版。

77. 楊匡民、李幼平：《荊楚歌樂舞》，湖北教育出版社1997年版。

78. 楊樹達：《春秋大義述》，上海古籍出版社2007年版。

79. 楊樹達：《漢代婚喪禮俗考》，上海古籍出版社2007年版。

80. 楊希牧：《先秦文化史論集》，中國社會科學出版社1995年版。

81. 楊志剛：《中國禮儀制度研究》，華東師範大學出版社2001年版。

82. 姚彥渠：《春秋會要》，中華書局1955年版。

83. 于省吾：《甲骨文字詁林》，中華書局1996年版。

84. 俞偉超：《先秦兩漢考古學論集》，文物出版社1985年版。

85. 詹鄞鑫：《神靈與祭祀——中國傳統宗教綜論》，江蘇古籍出版社 1992年版。

86. 張顯成：《簡帛文獻學通論》，中華書局2004年版。

87. 張亞初：《殷周金文集成引得》，中華書局2001年版。

88. 張正明：《楚史論叢》（初編），湖北人民出版社1984年版。

89. 張正明、劉玉堂：《荊楚文化志》，上海人民出版社1998年版。

90. 趙輝：《楚辭文化背景研究》，湖北教育出版社1995年版。

91. 中山大學古文字研究室楚簡整理小組：《戰國楚簡研究（二）》 （油印本），中山大學古文字研究室，1977年。

92. 周錫保：《中國古代服飾史》，中國戲劇出版社1984年版。

93. 朱德熙：《朱德熙古文字論集》，中華書局1995年版。

## 四、期刊論文

1. 安志敏、陳公柔：〈長沙戰國繒書及有關問題〉，載《文物》1963年 第9期。

2. 曹楠：〈試論晉侯墓地出土的葬玉〉，載《考古》2001年第4期。

3. 陳公柔：〈士喪禮、既夕禮禮中所記載的喪葬制度〉，載《考古學 報》1956年第4期。

4. 陳劍：〈上博竹書《昭王與龔之脽》和《簡大王泊旱》讀後記〉，簡 帛研究網，2005年2月15日。

5. 陳斯鵬：〈《柬大王泊旱》編聯補議〉，簡帛研究網，2005年3月 10日。

6. 陳松長：〈馬王堆3號漢墓木牘散論〉，載《文物》1994年第6期。

7. 陳偉：〈關於包山楚簡中的喪葬文書〉，載《考古與文物》1996年第 10期。

8. 陳偉：〈湖北荊門包山卜筮楚簡所見神祇系統〉，載《考古》1999年
　　第4期。

9. 陳偉：〈葛陵楚簡所見的卜筮與禱祠〉，載《出土文獻研究》第6輯，
　　上海古籍出版社2004年版。

10. 陳筱芳：〈周代婚禮：六禮抑或三禮？〉，載《文史》第53輯。

11. 陳振裕：〈雲夢西漢墓出土木方初釋〉，載《文物》1973年第9期。

12. 陳振裕：〈從鳳凰山簡牘看文景時期的農業生產〉，載《農業考古》
　　1982年第1期。

13. 陳直：〈長沙馬王堆漢墓的若干問題考述〉，載《文物》1972年第
　　9期。

14. 戴家祥：〈「社」、「杜」、「土」古本一字考〉，載《古文字研
　　究》第15輯，中華書局1986年版。

15. 董珊：〈新蔡楚簡所見的「顓頊」和「雎漳」〉，簡帛研究網，2003
　　年12月7日。

16. 董珊：〈讀上博藏戰國楚竹書（四）雜記〉，簡帛研究網，2005年2
　　月20日。

17. 董珊：〈向壽戈考〉，載《考古》2006年第3期。

18. 董珊：〈楚簡中從「大」聲之字的讀法〉，簡帛研究網，2007年7
　　月8日。

19. 范常喜：〈戰國楚祭禱簡「蒿之」、「百之」補議〉，簡帛研究
　　網，2005年8月24日。另載《中國歷史文物》2006年第5期。

20. 范常喜：〈馬王堆1號漢墓遣冊「級緒巾」補說〉，簡帛研究網，
　　2006年3月15日。

21. 范志軍：〈長沙馬王堆女屍所穿裹衣衾探析〉，載《華夏考古》2007
　　年第3期。

22. 方酉生：〈楚章華台遺址地方初探〉，載《江漢考古》1989年第
　　4期。

23. 伏俊璉、冷江山：〈清華簡《耆夜》與西周時期的「飲至」典禮〉，
載《西北師範大學學報》（社會科學版）2011年第1期。

24. 高崇文：〈淺談楚墓中的棺束〉，載《中原文物》1990年第1期。

25. 高大倫：〈「遣策」與「賵方」〉，載《江漢考古》1988年第2期。

26. 〔日〕高木智見：〈關於春秋時代的軍禮〉，載《日本中青年學者論
中國史》（上古秦漢卷），上海古籍出版社1995年版。

27. 〔日〕工藤元男：〈包山楚簡「卜筮祭禱簡」的構造與系統〉，載
《東洋史研究》第59卷第4號（2001年3月）。

28. 顧久幸：〈楚國婚姻形態略論〉，載《湖北社會科學》1988年第
10期。

29. 郭若愚：〈長沙仰天湖戰國竹簡文字的摹寫和考釋〉，載《上海博
物館集刊》第3期，上海古籍出版社1986年版。

30. 何浩、張君：〈試論楚國的君位繼承制〉，載《中國史研究》1984年
第4期。

31. 何浩：〈文坪夜君的身分與昭氏的世系〉，載《江漢考古》1992年第3期。

32. 何琳儀：〈包山楚簡選釋〉，載《江漢考古》1993年第3期。

33. 何琳儀：〈新蔡竹簡選釋〉（上），簡帛研究網，2003年12月7日。
另載《安徽大學學報》2004年第3期。

34. 何有祖：〈楚簡散劄六則〉，簡帛研究網，2007年7月21日。

35. 洪石：〈東周至晉代墓所出物疏簡牘及其相關問題〉，載《考古》
2001年第9期。

36. 侯乃峰：〈《上博七·武王踐阼》小劄三則〉，復旦大學出土文獻
與古文字研究中心網，2009年1月3日。

37. 後德俊：〈楚國製造玻璃問題試探〉，載《中原文物》1989年第
4期。

38. 胡平生：〈阜陽雙古堆漢簡數術書簡論〉，載中國文物研究所編
《出土文獻研究》第4輯，中華書局1998年版。

參考文獻

39. 胡平生：〈簡牘制度新探〉，載《文物》2000年第3期。

40. 胡智勇：〈楚及西漢旌幡帛畫辨析〉，載《湖北大學學報》（哲學社會科學版）1998年第4期。

41. 黃鳳春：〈楚國喪歸制度研究〉，載《江漢考古》1999年第2期。

42. 黃鳳春：〈試論包山2號楚墓飾棺連璧制度〉，載《考古》2001年第11期。

43. 黃樸民：〈從「以禮為固」到「兵以詐立」——對春秋時期戰爭觀念與作戰方式的考察〉，載《學術月刊》2003年第12期。

44. 黃人二：〈上博藏見《昭王毀室》試釋〉，載《考古學報》2008年第4期。

45. 黃盛璋：〈鄀國銅器〉，載《文博》1986年第2期。

46. 黃盛璋：〈燕齊兵器研究〉，載《古文字研究》第19輯，中華書局1992年版。

47. 黃盛璋：〈江陵高臺漢墓新出「告地策」、遣策與相關制度發複〉，載《江漢考古》1994年第2期。

48. 黃盛璋：〈連雲港楚墓出土襄城公競尹戈銘文考釋及其歷史地理問題〉，載《考古》1998年第3期。

49. 吉琨璋、宋建忠、田建文：〈山西橫水西周墓地研究三題〉，載《文物》2006年第8期。

50. 吉林大學歷史系考古專業：〈鳳凰山167號漢墓遣策考釋〉，載《文物》1976年第10期。

51. 紀烈敏等：〈鳳凰山167號墓所見漢初地主階級喪葬禮俗〉，載《文物》1976年第10期。

52. 賈連敏：〈論新蔡竹簡中的楚先祖名〉，載《華學》第7輯，中山大學出版社2004年版。

53. 江奇豔：〈戰國時期楚國喪禮中的棺束與棺飾〉，載《考古》2004年第5期。

54. 金維諾：〈談長沙馬王堆3號漢墓帛畫〉，載《文物》1974年第11期。

55. 景紅艷、辛田：〈先秦獻捷禮考論〉，載《中國文化研究》2005年第3期。

56. 黎虎：〈周代交聘禮中的對等性原則〉，載《史學集刊》2010年第2期。

57. 李家浩：〈論《太一避兵圖》〉，載《國學研究》第1輯，北京大學出版社1993年版。

58. 李家浩：〈信陽楚簡「樂人之器」研究〉，載《簡帛研究》第3輯，廣西教育出版社1998年版。

59. 李家浩：〈楚簡中的袷衣〉，載《中國古文字研究》第1輯，吉林大學出版社1999年版。

60. 李家浩：〈鄂君啟節銘文中的高丘〉，載《古文字研究》第22輯，中華書局2000年版。

61. 李家浩：〈包山祭禱簡研究〉，載《簡帛研究》（2001年），廣西師範大學出版社2001年版。

62. 李家浩：〈仰天湖楚簡剩義〉，載《簡帛》第2輯，上海古籍出版社2007年版。

63. 李家浩：〈包山竹簡所見楚先祖名及相關的問題〉，載《文史》第42輯。

64. 李零：〈楚燕客銅量銘文補正〉，載《江漢考古》1988年第4期。

65. 李零：〈考古發現與神話傳說〉，載《學人》第5輯，江蘇文藝出版社1994年版。

66. 李零：〈再論淅川下寺楚墓——讀《淅川下寺楚墓》〉，載《物》1996年第1期。

67. 李天虹：〈新蔡楚簡補釋四則〉，簡帛研究網，2003年12月17日。

68. 李學勤：〈補論戰國題銘的一些問題〉，載《文物》1960年第7期。

69. 李學勤、王宇信：〈周原卜辭選釋〉，載《古文字研究》第4輯，中華書局1980年版。

70. 李學勤：〈睡虎地秦簡《日書》與楚秦社會〉，載《江漢考古》1985年第4期。

71. 李學勤：〈光山黃國墓的幾個問題〉，載《考古與文物》1985年第2期。

72. 李學勤：〈論包山簡中一楚先祖名〉，載《文物》1988年第8期。

73. 林巳奈夫：〈長沙出土戰國帛書考〉，載《東方學報》1964年第36期。

74. 林澐：〈讀包山楚簡剳記六則〉，載《江漢考古》1992年第4期。

75. 劉彬徽：〈楚國紀年法簡論〉，載《江漢考古》1998年第7期。

76. 劉國勝：〈楚遣策制度述略〉，載《楚文化研究論集》第6集，湖北教育出版社2005年版。

77. 劉國勝：〈九店《日書》「相宅」篇釋文校補〉，載《簡帛研究》（2002—2003年），廣西師範大學出版社2005年版。

78. 劉國勝：〈包山楚墓簽牌文字補釋〉，載《古文字研究》第26輯，中華書局2006年版。

79. 劉家驥、劉炳森：〈金雀山西漢帛畫臨摹後感〉，載《文物》1977年第11期。

80. 劉樂賢：〈楚秦選擇術的異同及影響——以出土文獻為中心〉，載《歷史研究》2006年第6期。

81. 劉樂賢：〈印臺漢簡《日書》初探〉，載《文物》2009年第10期。

82. 劉曉路：〈帛畫的流布、變異與消失〉，載《美術研究》1993年第1期。

83. 劉信芳：〈包山楚簡神名與《九歌》神祇〉，載《文學遺產》1993年第5期。

84. 劉信芳：〈楚簡器物釋名（下）〉，載《中國文字》第23期，臺北

藝文印書館1997年版。

85. 劉信芳：〈釋葛陵楚簡「暮生早孤」〉，簡帛研究網，2004年1月11日。

86. 劉信芳：〈新蔡葛陵楚墓的年代以及相關問題〉，載《長江大學學報》（社會科學版）2004年第1期。

87. 劉雨：〈西周金文中的「周禮」〉，載《燕京學報》1997年第3期。

88. 劉釗：〈包山楚簡文字考釋〉，載《出土簡帛文字叢考》，臺灣古籍出版公司2004年版。

89. 劉昭瑞：〈安都丞與武夷君〉，載《文史》2002年第2期。

90. 羅運環：〈楚國的太子制度研究〉，載《江漢論壇》2000年第7期。

91. 馬怡：〈尹灣漢墓遣策劄記〉，載《簡帛研究》（2002—2003年），廣西教育出版社2005年版。

92. 孟蓬生：〈上博竹書（四）閒詁〉，簡帛研究網，2005年2月15日。

93. 莫道才：〈《汨羅民間招魂詞》的程式內容及其對《招魂》、《大招》研究的啟示〉，載《民族藝術》1997年第2期。

94. 莫道才：〈《大招》為戰國時期楚地民間招魂詞之原始記錄說〉，載《中國楚辭學》第5輯，學苑出版社2004年版。

95. 龐慧：〈「類」與「禷」祭〉，載《北京師範大學學報》（社會科學版）2005年第3期。

96. 彭浩：〈楚墓葬制初論〉，載《中國考古學會第2次年會論文集》，文物出版社1982年版。

97. 彭浩：〈戰國時期的遣策〉，載《簡帛研究》第2輯，法律出版社1996年版。

98. 彭浩：〈江陵馬磚1號墓所見葬俗略述〉，載《文物》1982年第10期。

99. 彭鴻程：〈《招魂》、《大招》與祭祀〉，載《社科縱橫》2002年第5期。

100. 錢穆：〈中國古代山居考〉，《中國學術思想史論叢》（一），生活・讀書・新知三聯書店2009年版。

101. 裘錫圭：〈談談隨縣曾侯乙墓的文字資料〉，載《文物》1979年第7期。

102. 饒宗頤：〈雲夢秦簡日書研究・稷（叢）辰〉，載饒宗頤、曾憲通《雲夢秦簡日書研究》，香港中文大學中國文化研究所考古藝術中心專刊（三），1982年。

103. 商承祚：〈戰國楚帛書述略〉，載《文物》1964年第9期。

104. 商志䪨：〈馬王堆1號漢墓「非衣」試釋〉，載《文物》1972年第9期。

105. 沈文倬：〈對《士喪禮、既夕禮禮中所記載的喪葬制度》幾點意見〉，載《考古學報》1958年第2期。

106. 史樹青：〈晉周芳命妻潘氏衣物券考釋〉，載《考古通訊》1956年第2期。

107. 宋華強：〈離騷三后即新蔡簡「三楚先」說——兼論穴熊不屬「三楚先」〉，簡帛研究網，2005年3月4日。

108. 宋華強：〈論楚簡中「卒歲」與「集歲」的不同〉，簡帛研究網，2005年11月20日。

109. 宋華強：〈試論平夜君成即平夜文君之子〉，簡帛研究網，2006年5月26日。

110. 宋少華：〈長沙西漢漁陽墓相關問題芻議〉，載《文物》2010年第4期。

111. 孫作雲：〈長沙戰國時代楚墓出土帛畫考〉，載《人文雜誌》1960年第4期。

112. 譚其驤：〈雲夢與雲夢澤〉，載《復旦學報》1980年第8期。

113. 湯余惠：〈楚器銘文八考〉，載《古文字論集》（一），考古與文物編輯部出版社1983年版。

114. 湯余惠：〈包山楚簡讀後記〉，載《考古與文物》1993年第2期。

115. 唐嘉弘：〈論楚王的繼承制度〉，載《中州學刊》1990年第1期。

116. 唐蘭等：〈座談長沙馬王堆1號漢墓〉，載《文物》1972年第9期。

117. 王龍正、倪愛武、張方濤：〈周代喪葬禮器銅翣考〉，載《考古》2006年第9期。

118. 王人聰：〈鄭大子之孫與兵壺考釋〉，載《古文字研究》第24輯，中華書局2002年版。

119. 魏宜輝、周言：〈再談新蔡楚簡中的「穴熊」〉，簡帛研究網，2004年11月8日。

120. 巫鴻：〈「生器」的概念與實踐〉，載《文物》2010年第1期。

121. 吳郁芳：〈包山2號墓墓主昭佗家譜考〉，載《江漢論壇》1992年第1期。

122. 夏德安：〈戰國時代兵死者的禱辭〉，載中國社會科學院簡帛研究中心編《簡帛研究譯叢》第2輯，湖南人民出版社1998年版。

123. 蕭兵：〈引魂之舟——楚帛畫新解〉，載《湖南考古輯刊》第2集，嶽麓書社1984年版。

124. 熊傳新：〈長沙出土楚服飾淺析〉，載《湖南考古輯刊》第2集，嶽麓書社1984年版。

125. 熊傳新：〈對照新舊摹本談楚國人物龍鳳帛畫〉，載《江漢考古》1981年第1期。

126. 徐富昌：〈睡虎地秦簡《日書》中的鬼神信仰〉，載《張以仁先生七秩壽慶論文集》，臺灣學生書局1999年版，第895頁。

127. 徐傑令：〈春秋聘問考〉，載《北方論叢》2003年第1期。

128. 徐在國：〈新蔡葛陵楚簡中的劄記〉（二），簡帛研究網，2003年12月17日。

129. 許維遹：〈饗禮考〉，載《清華學報》1947年第1期。

130. 晏昌貴：〈秦家嘴「卜筮祭禱」簡釋文輯校〉，載《湖北大學學

參考文獻

報》2005年第1期。

131. 晏昌貴：〈天星觀「卜筮祭禱」簡釋文輯校〉，載丁四新主編《楚地出土簡帛文獻思想研究》第2輯，湖北教育出版社2005年版。

132. 晏昌貴：〈楚卜筮簡所見神靈雜考（五則）〉，載《簡帛》第1輯，上海古籍出版社2006年版。

133. 楊華：〈襚‧賵‧遣——簡牘所見楚地助喪禮儀研究〉，載《學術月刊》2003年第9期。

134. 楊華：〈楚禮廟制研究〉，載《楚文化論集》第6集，湖北教育出版社2005年版。

135. 楊華：〈「諒陰不言」與王權更替——關於「三年之喪」的一個新視角〉，載《中國社會史評論》第6卷，天津古籍出版社2006年版。

136. 楊華：〈楚簡中的諸「司」及其經學意義〉，載《中國文化研究》2006年第1期。

137. 楊華：〈說「舉禱」——兼論楚人貞禱的時間頻率〉，載《傳統中國研究集刊》第3輯，上海人民出版社2007年版。

138. 楊華：〈楚地水神研究〉，載《江漢論壇》2007年第8期。

139. 楊華：〈楚簡中的「上下」與「內外」：兼論楚人祭禮中的神靈分類問題〉，載《簡帛》第4輯，上海古籍出版社2009年版。

140. 楊華：〈楚地山神研究〉，載《史林》2010年第6期。

141. 楊寬：〈「冠禮」新探〉，載《中華文史論叢》第1輯，上海古籍出版社1962年版。

142. 俞偉超：〈古史分期問題的考古學觀察〉，載《文物》1981年第5期。

143. 袁金平：〈對《新蔡簡兩個神靈名簡說》的一點補充〉，簡帛研究網，2006年7月12日。

144. 曾憲通：〈楚月名初探〉，載《中山大學學報》（哲學社會科學版）1980年第1期。

145. 張劍：〈淅川下寺楚墓的時代及其墓主〉，載《中原文物》1992年第2期。

146. 張吟午：〈先秦楚系禮俎考述〉，載《楚文化研究論文集》第5集，黃山書社2003年版。

147. 張正明、劉玉堂：〈從楚人尚鐘看鐘氏的由來〉，載《江漢論壇》1985年版第6期。

148. 趙錫元：〈論商代的繼承制度〉，載《中國史研究》1980年第4期。

149. 鄭曙斌：〈遣策的考古發現與文獻詮釋〉，載《南方文物》2005年第2期。

150. 周波：〈九店楚簡釋文注釋校補〉，載《江漢考古》2006年第3期。

151. 周鳳五：〈讀郭店楚簡《成之聞之》劄記〉，載《古文字與古文獻》（試刊號），臺灣，1999年10月。

152. 周曉陸、紀達凱：〈江蘇連雲港市出土襄城楚境伊尹戈讀考〉，載《考古》1995年第1期。

153. 周亞：〈楚大師登編鐘及相關問題的認識〉，載《上海博物館集刊》第11期，上海書畫出版社2008年版。

## 五、學位論文與會議論文

1. 邴尚白：《楚國卜筮祭禱簡研究》，臺灣暨南大學中國語文學系碩士學位論文，1999年。

2. 邴尚白：《葛陵楚簡研究》，臺灣大學中國文學研究所博士學位論文，2007年。

3. 風儀誠：《古代簡牘形式的演變──從葬物疏說起》，「2008年中國簡帛學國際文化論壇」論文，芝加哥大學東亞系，2008年10月30日─11月3日。

4. 黃儒宣：《九店楚簡研究》，臺灣師範大學國文研究所碩士論文，

參考文獻

2003年。

5. 來國龍：《〈柬大王泊旱〉的敘事結構與宗教背景——兼釋「殺祭」》，「2007年中國簡帛學國際論壇」論文，臺灣大學，2007年11月10—11日。

6. 賴益榮：《周代戰爭中的神靈崇拜研究》，臺北私立靜宜大學碩士學位論文，2003年。

7. 李家浩：《包山卜筮簡218—219號研究》，載《長沙三國吳簡暨百年來簡帛發現與研究國際學術研討會論文集》，中華書局2005年版。

8. 李明曉：《試談戰國、西漢遣策中的「亡童」與「明童」》，「中國訓詁學研究會學術年會」論文，重慶，2006年。

9. 劉國勝：《楚喪葬簡牘集釋》，武漢大學博士學位論文，2003年。

10. 裘錫圭：《釋殷墟卜辭中的「豆」、「（豆）」等字》，載《第二屆國際中國古文字學研討會論文集》，香港中文大學中國語言及文學系，1993年。

11. 魏銘儀：《〈春秋左氏傳〉聘禮研究》，臺灣銘傳大學應用中國文學系碩士學位論文，2008年。

12. 袁金平：《新蔡葛陵楚簡字詞研究》，安徽大學博士學位論文，2007年。

13. 趙平安：《夬的形義和它在楚簡中的用法——兼釋其他古文字數據中的夬字》，載《第三屆國際中國古文字學研討會論文集》，香港問學社有限公司1997年版。

# 後　記

　　本書是集體合作的結果，作者是我和我指導的博士、碩士研究生。其中內容大都是他們學位論文的一部分，此次共集一冊，算是我們師生情誼的一個紀念。近年來，由於對楚地禮制問題比較感興趣，我除了自己在喪葬和祭祀問題上做一些研究外，還特意引導學生們選擇其他楚禮問題來寫作畢業論文。在學位論文的寫作和答辯過程中，他們曾得到武漢大學歷史學院其他老師的指導和審評，在此，我要對這些同事表示感謝。其中的每一篇，答辯前我都看過和改過多遍，此次定稿又再次修改，如果仍存在問題，我負有責任。

　　劉煉撰寫第一章；薛夢瀟撰寫第二章；江奇豔撰寫第三章的第二、三、五節；郭玉娟撰寫第五章；任慧峰撰寫第六章；李志剛撰寫第七章；本人撰寫前言、第三章的第一、四節以及第四章。薛夢瀟參與全書最後的統稿工作，並幫助編列參考文獻。

　　楚禮中還有不少問題值得研究，但限於篇幅，此次未能展開，只好留待以後再作探討了。由於時間倉促，學力有限，書中錯漏在所難免，敬請同仁不吝指教。

楊華

2011年8月26日於珞珈山